수능특강

사회탐구영역 세계사

기획 및 개발

박빛나리(EBS 교과위원)
김구래(개발총괄위원)
김은미(EBS 교과위원)
박 민(EBS 교과위원)

감수

한국교육과정평가원

책임 편집

서민정

정답과 해설은 EBS*i* 사이트(www.ebs*i*.co.kr)에서 다운로드 받으실 수 있습니다.

교재 내용 문의
교재 및 강의 내용 문의는
EBS*i* 사이트(www.ebs*i*.co.kr)의 학습 Q&A 서비스를
활용하시기 바랍니다.

교재 정오표 공지
발행 이후 발견된 정오 사항을
EBS*i* 사이트 정오표 코너에서 알려 드립니다.
교재 → 교재 자료실 → 교재 정오표

교재 정정 신청
공지된 정오 내용 외에 발견된 정오 사항이 있다면
EBS*i* 사이트를 통해 알려 주세요.
교재 → 교재 정정 신청

수능특강

사회탐구영역 **세계사**

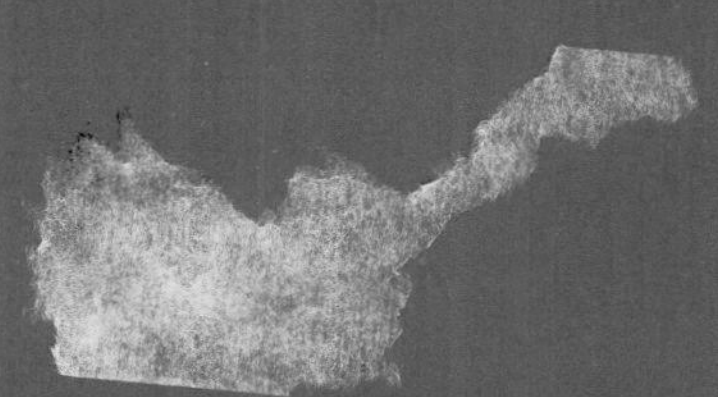

이 책의 **차례** Contents

Ⅰ 인류의 출현과 문명의 발생

Ⅱ 동아시아 지역의 역사

Ⅲ 서아시아, 인도 지역의 역사

Ⅳ 유럽, 아메리카 지역의 역사

제국주의와 두 차례 세계 대전

VI 현대 세계의 변화

이 책의 **구성과 특징** Structure

핵심 내용 정리

교과서의 핵심 내용을 쉽게 이해할 수 있도록 체계적이고 일목요연하게 정리하였습니다.

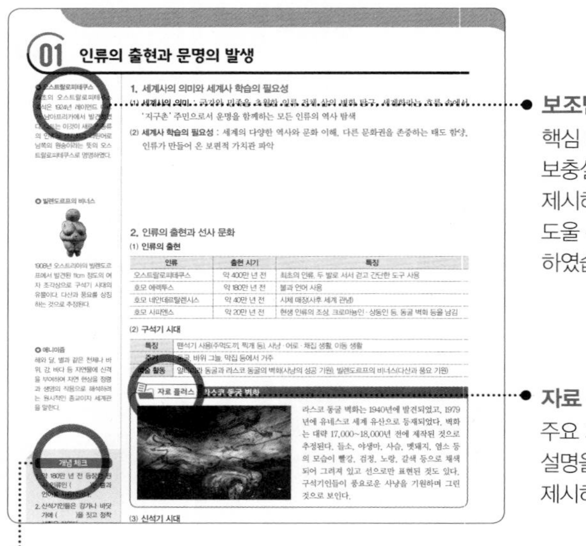

보조단 개념 설명
핵심 내용과 관련된 보충설명이나 자료를 제시하여 개념 이해를 도울 수 있도록 하였습니다.

자료 분석
주요 자료에 대한 설명을 상세하게 제시하였습니다.

개념 체크
개념 체크 문항을 통해 학습한 내용을 바로 확인하고 넘어갈 수 있도록 하였습니다.

대표 기출 확인하기

대표 기출 문제 분석을 통해 수능 경향을 확인해 볼 수 있도록 하였습니다.

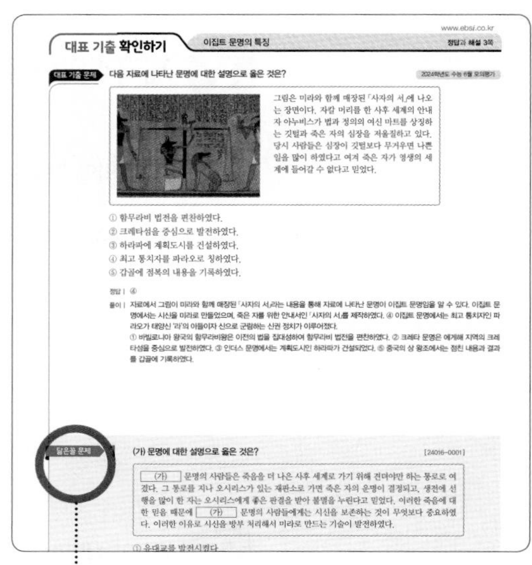

닮은꼴 문제
기출 문항을 변형한 문제를 제시하여 다양한 유형의 문제에 대비할 수 있게 하였습니다.

수능 기본 문제

기본 개념 및 원리나 간단한 분석 수준의 문항들로 구성하여 교과 내용에 대한 기본 이해 능력을 향상시킬 수 있도록 하였습니다.

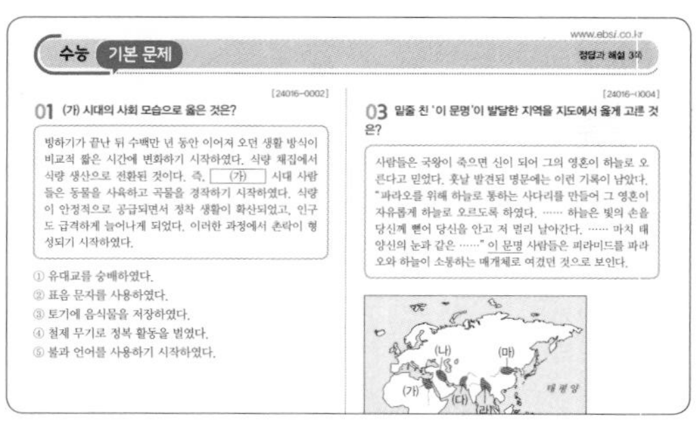

수능 실전 문제

보다 세밀한 분석 및 해석력을 요구하는 다양한 유형의 문항들을 수록하여 응용력과 탐구력 및 문제 해결 능력을 향상시킬 수 있도록 하였습니다.

문항코드
문항코드로 문제를 검색하면 해설 영상이 바로 재생될 수 있도록 하였습니다.

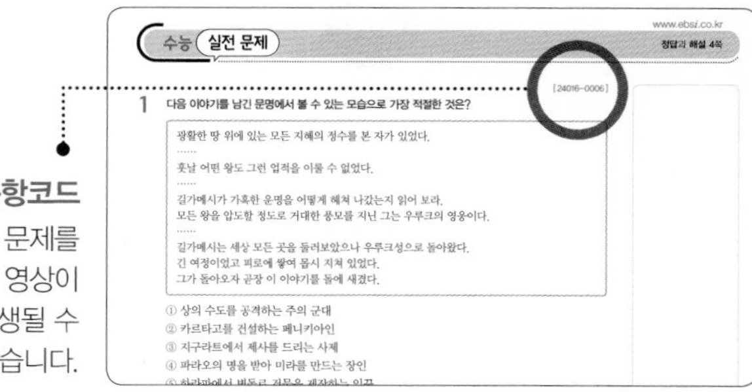

실력 플러스

대단원별로 참신한 유형, 단원 통합 문항 등을 제시하여 실전 대비 능력을 한 단계 높일 수 있도록 하였습니다.

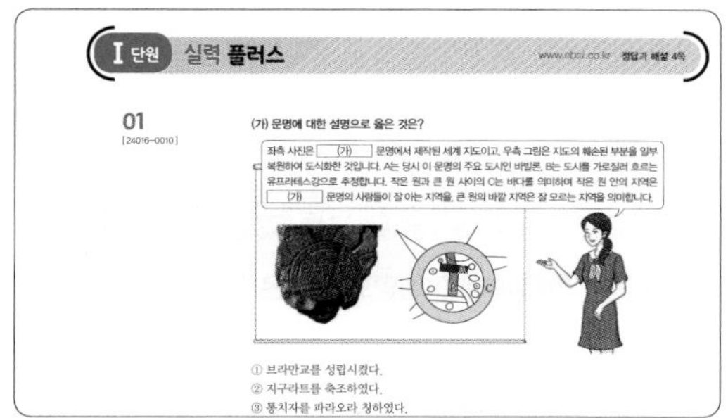

Mini Test

학습 내용을 최종 점검할 수 있는 통합 문항을 제공함으로써 수능 실전 감각을 키울 수 있도록 하였습니다.

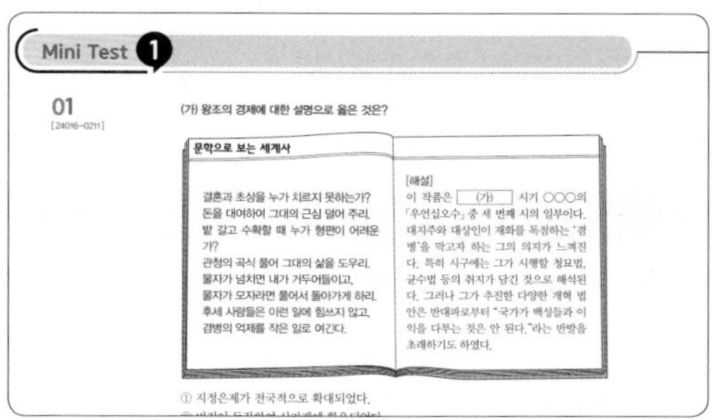

연표로 이해하는 세계사

각국의 주요 사건을 시대 순으로 일괄 정리하여 세계사의 흐름을 한눈에 파악할 수 있도록 하였습니다. 여기에 주요 사건의 이해를 돕는 설명을 제공하였습니다.

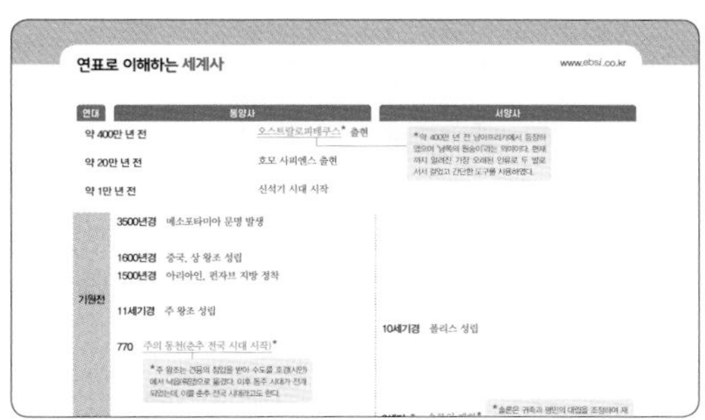

정답과 해설

정답과 오답에 대한 자세한 설명으로 문제에 대한 이해를 높이고, 유사 문제 및 응용 문제에 대한 대비가 가능하도록 하였습니다.

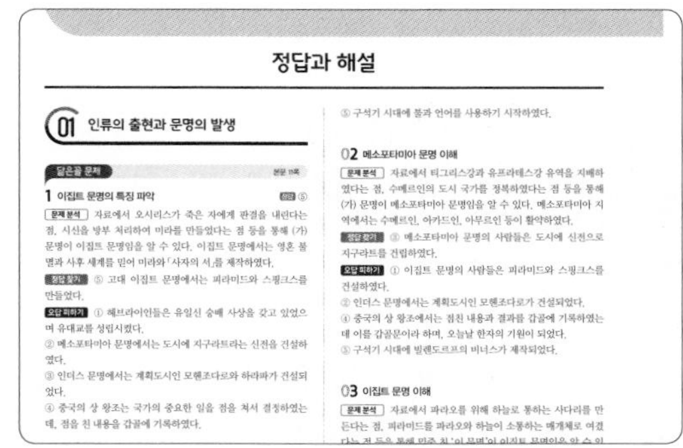

선생님

EBS 교사지원센터

교재 관련 자|료|제|공

교재의 문항 한글(HWP) 파일과
교재 이미지, 강의 자료를 무료로 제공합니다.

한글 다운로드 | 교재 이미지 | 강의 자료

- 교사지원센터(teacher.ebsi.co.kr)에서 '교사인증' 이후 이용하실 수 있습니다.
- 교사지원센터에서 제공하는 자료는 교재별로 다를 수 있습니다.

수능 고득점을 위한 EBS 교재 활용법

EBS 교재 연계 사례

2024학년도 대학수학능력시험 9번 문항

9 (가) 황제에 대한 설명으로 옳은 것은?

> (가) 은/는 로마 제국이 통합과 분열을 거듭한 혼란기에 등장한 황제였다. 그는 당시 발렌티니아누스 2세와 함께 공동으로 로마 제국을 다스리고 있었는데, 자신은 동로마 지역을, 발렌티니아누스 2세는 서로마 지역을 통치하였다. 발렌티니아누스 2세가 야심적인 장군에 의해 살해되고 새로운 황제가 옹립되자, 그는 서로마 지역으로 진군하여 혼란을 수습하고 단독으로 제국을 통치하였다. 그러나 사망하기 전에 두 아들에게 각각 서로마 지역과 동로마 지역을 물려주었고, 이를 계기로 로마 제국의 영토는 영구히 분열되었다.

① 악티움 해전에서 승리하였다.
② 크리스트교를 국교로 삼았다.
③ 호르텐시우스법을 제정하였다.
④ 콘스탄티노폴리스로 천도하였다.
⑤ 제국의 4분할 통치를 시작하였다.

2024학년도 EBS 수능특강 75쪽 5번 문항

5 (가) 황제에 대한 설명으로 옳은 것은?

> 금화 속 인물은 로마 제국의 황제인 (가) 이다. 그는 동료 황제 발렌티니아누스 2세가 죽은 이후 동로마와 서로마 지역 모두를 통치한 마지막 황제였다. 그는 죽기 전 자신의 아들인 아르카디우스와 호노리우스에게 제국을 나누어 각각 계승하게 하였고, 이후 로마 제국은 동로마 제국과 서로마 제국으로 분리되었다.

① 도편 추방제를 마련하였다.
② 수도를 이스파한으로 옮겼다.
③ 크리스트교를 국교로 선포하였다.
④ 안토니우스를 제압하고 권력을 장악하였다.
⑤ 정복지에 그리스인을 이주시키는 정책을 펼쳤다.

연계 분석 및 학습 대책

2024학년도 대학수학능력시험 세계사 9번 문항은 EBS 수능특강 75쪽 5번 문항과 연계되어 출제되었다.

EBS 수능특강 문항에서는 (가) 황제(테오도시우스 황제)와 관련된 금화를 제시하여 설명하면서, 핵심 내용으로 '로마 제국은 동로마 제국과 서로마 제국으로 분리되었다.'를 제시하고, '크리스트교를 국교로 선포하였다.'를 정답 선지로 하였다. 수능 문항에서는 테오도시우스 황제에 대해 설명하면서 핵심 내용으로 '두 아들에게 각각 서로마 지역과 동로마 지역을 물려주었고'를 제시하고, '크리스트교를 국교로 삼았다.'를 정답 선지로 하였다. 두 문항의 비교를 통해 알 수 있듯이, 수능 시험에서는 EBS 수능 연계 교재의 문항 자료와 정답을 유사하게 활용하여 연계성을 매우 높였다.

수능 시험에서 EBS 수능 연계 교재와의 연계는 다양한 방식으로 구성되는데, 연계 사례에 제시한 것처럼 EBS 수능 연계 교재에서 중요하게 다룬 내용 및 문항을 출제하기도 한다. 따라서 EBS 수능 연계 교재에서 다룬 문항의 자료와 정답 및 오답 선지를 충분히 이해하고, 세계사에서 다루는 핵심적인 사실들을 학습하는 자세가 필요하다.

2024학년도 대학수학능력시험 19번 문항

19 밑줄 친 ㉠의 사례로 가장 적절한 것은?

> 새로운 서기장은 브레즈네프 시대의 정책과 공개적으로 거리를 두며 바르샤바 조약 기구 회원국들의 내정에 개입하지 않는다는 원칙을 표명하였다. 이에 동유럽 공산주의 정권들에 대한 소련의 지원 가능성이 현격히 줄어들자, 각국 반체제 세력은 운신의 폭이 넓어졌고, 국제 외교 무대에서도 상당한 영향력을 행사하기에 이르렀다. 일반 시민들 사이에서도 개혁의 요구와 민족주의의 열기가 거세지면서 ㉠대부분의 공산주의 국가들이 혁명의 파도에 휩쓸렸다.

① 체코슬로바키아가 독립하였다.
② 헝가리에 다당제가 도입되었다.
③ 바이마르 공화국이 수립되었다.
④ 브란트가 동방 정책을 추진하였다.
⑤ 흐루쇼프가 평화 공존을 추구하였다.

2024학년도 EBS 수능완성 112쪽 19번 문항

19 밑줄 친 ㉠의 사례로 가장 적절한 것은?

> 소련에서 고르바초프는 브레즈네프의 정책과 공개적으로 거리를 두었다. 이에 소련이 동유럽 공산주의 정권을 지원하기 위해 개입할 가능성이 줄어들자 동유럽 여러 나라의 저항 세력은 운신의 폭이 넓어졌다. 1989년 바르샤바 조약 기구 회원국 내의 저항 세력들이 외교 무대에서 무시 못 할 한 축으로 부상하였고, 이에 ㉠대부분의 나라가 혁명의 파도에 휩쓸렸다. 루마니아에서 폭력으로 권력을 유지하려던 독재자 차우셰스쿠가 처형된 것 말고 대부분의 혁명이 무혈(無血) 혁명이었다.

① 빌리 브란트가 동방 정책을 펼쳤다.
② 티토가 제1차 비동맹 회의를 개최하였다.
③ 마오쩌둥 주도로 대약진 운동이 전개되었다.
④ 바웬사가 이끄는 자유 노조가 총선에서 승리하였다.
⑤ 흐루쇼프가 자본주의 국가와의 평화 공존을 주장하였다.

연계 분석 및 학습 대책

2024학년도 대학수학능력시험 세계사 19번 문항은 EBS 수능완성 112쪽 19번 문항과 연계되어 출제되었다.

EBS 수능완성 문항에서는 핵심 내용으로 '고르바초프', '소련이 동유럽 공산주의 정권을 지원하기 위해 개입할 가능성이 줄어들자', '바르샤바 조약 기구 회원국 내의 저항 세력들' 등을 제시하고, '바웬사가 이끄는 자유 노조가 총선에서 승리하였다.'를 정답 선지로 하였다. 수능 문항에서는 핵심 내용으로 '새로운 서기장', '동유럽 공산주의 정권들에 대한 소련의 지원 가능성이 현격히 줄어들자' 등을 제시하고, '헝가리에 다당제가 도입되었다.'를 정답 선지로 하였다. 수능 시험에서는 EBS 수능 연계 교재에서 다룬 '동유럽 공산주의권의 붕괴' 주제와 자료 내용을 재구성하여 연계성을 높였다.

수능 시험에서는 EBS 수능 연계 교재에서 다룬 자료를 출제하면서, EBS 수능 연계 교재 개념 정리에 있는 내용을 정답 선지로 사용하였다. 따라서 EBS 수능 연계 교재의 문항을 풀면서, 해당 문항이 다루는 주제에 대한 다양한 사실을 꼼꼼히 정리하고 이해하는 학습 태도가 필요하다.

01 인류의 출현과 문명의 발생

✪ 오스트랄로피테쿠스

최초의 오스트랄로피테쿠스 화석은 1924년 레이먼드 다트가 남아프리카에서 발견하였다. 다트는 이것이 새로운 종류의 인류라 생각하고 라틴어로 남쪽의 원숭이라는 뜻의 오스트랄로피테쿠스로 명명하였다.

✪ 빌렌도르프의 비너스

1908년 오스트리아의 빌렌도르프에서 발견된 11cm 정도의 여자 조각상으로 구석기 시대의 유물이다. 다산과 풍요를 상징하는 것으로 추정된다.

✪ 애니미즘

해와 달, 별과 같은 천체나 바위, 강, 바다 등 자연물에 신격을 부여하여 자연 현상을 정령과 생명의 작용으로 해석하려는 원시적인 종교이자 세계관을 말한다.

개념 체크

1. 약 180만 년 전 등장한 원시 인류인 (   )는 불과 언어를 사용하였다.
2. 신석기인들은 강가나 바닷가에 (   )을 짓고 정착 생활을 하였다.
3. (   )은 해, 물, 구름 등에 정령이 있다고 믿는 세계관이다.

정답

1. 호모 에렉투스 2. 움집
3. 애니미즘

1. 세계사의 의미와 세계사 학습의 필요성

(1) **세계사의 의미** : 국가와 민족을 초월한 인류 전체 삶의 변화 탐구, 세계화라는 흐름 속에서 '지구촌' 주민으로서 운명을 함께하는 모든 인류의 역사 탐색

(2) **세계사 학습의 필요성** : 세계의 다양한 역사와 문화 이해, 다른 문화권을 존중하는 태도 함양, 인류가 만들어 온 보편적 가치관 파악

2. 인류의 출현과 선사 문화

(1) 인류의 출현

인류	출현 시기	특징
오스트랄로피테쿠스	약 400만 년 전	최초의 인류, 두 발로 서서 걷고 간단한 도구 사용
호모 에렉투스	약 180만 년 전	불과 언어 사용
호모 네안데르탈렌시스	약 40만 년 전	시체 매장(사후 세계 관념)
호모 사피엔스	약 20만 년 전	현생 인류의 조상, 크로마뇽인 · 상동인 등, 동굴 벽화 등을 남김

(2) 구석기 시대

특징	뗀석기 사용(주먹도끼, 찍개 등), 사냥 · 어로 · 채집 생활, 이동 생활
주거	동굴, 바위 그늘, 막집 등에서 거주
예술 활동	알타미라 동굴과 라스코 동굴의 벽화(사냥의 성공 기원), 빌렌도르프의 비너스(다산과 풍요 기원)

자료 플러스 라스코 동굴 벽화

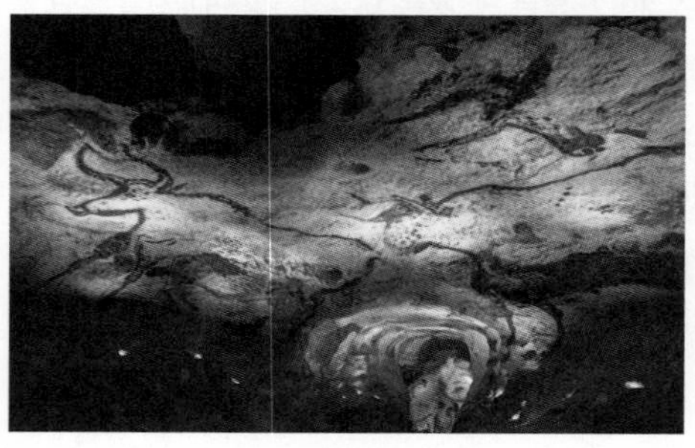

라스코 동굴 벽화는 1940년에 발견되었고, 1979년에 유네스코 세계 유산으로 등재되었다. 벽화는 대략 17,000~18,000년 전에 제작된 것으로 추정된다. 들소, 야생마, 사슴, 멧돼지, 염소 등의 모습이 빨강, 검정, 노랑, 갈색 등으로 채색되어 그려져 있고 선으로만 표현된 것도 있다. 구석기인들이 풍요로운 사냥을 기원하며 그린 것으로 보인다.

(3) 신석기 시대

시기	약 1만 년 전 시작
특징	간석기 사용(돌낫, 돌도끼, 갈돌과 갈판 등), 토기 제작, 의복 제작(베틀과 뼈바늘 이용)
주거	움집을 짓고 정착 생활 시작
신석기 혁명	농경과 목축의 시작(식량 생산 단계로 발전) → 생산력 증대, 인구 증가
신앙	애니미즘, 거석 숭배
사회 변화	혈연적인 씨족 사회(재산 공동 소유, 생산물 공동 분배) → 신석기 시대 후기에 일부 지역에서 부족 성립

3. 문명의 발생

(1) 문명의 발생 과정

① 관개 농업 발달 : 기후가 따뜻하고 수량이 풍부한 큰 강 유역에서 치수와 관개를 위해 많은 노동력 필요 → 부족 간 통합 촉진

② 도시 국가 발생 : 농경지가 확대되고 생산량이 증가하며 도시가 성립, 청동제 무기의 사용으로 정복 활동 촉진 → 도시의 지배 계급이 군사 조직을 만들고 신전과 성벽 등을 세우며 도시 국가로 발전

③ 사회 변화 : 빈부 격차 심화, 직업 분화, 문자 사용

(2) 문명의 발생 : 메소포타미아 지역의 티그리스강과 유프라테스강 유역, 이집트의 나일강 유역, 인더스강 유역, 중국의 황허강 유역

4. 메소포타미아 문명

(1) 성립 : 기원전 3500년경 티그리스강과 유프라테스강 사이의 메소포타미아 지역에서 수메르인이 우르 등의 도시 국가를 세우며 문명을 일으킴

(2) 특징

① 정치 : 왕이 신의 대리자로서 신권(신정) 정치 실시

② 종교 : 현세를 중시하는 세계관(『길가메시 서사시』), 도시에 지구라트 건설

③ 문화 : 쐐기 문자 사용, 태음력과 60진법 사용, 점성술 발달

④ 바빌로니아 왕국 : 아무르인이 세움, 함무라비 법전 편찬

자료 플러스 길가메시 서사시

태양 아래에서 영원한 생명을 누리는 자는 신들뿐이다. 인간의 수명은 유한하므로 사람들이 하는 일은 연기처럼 금세 사라져 버리네. 나는 전사하여 내 명성을 온 누리에 널리 떨치리라. '길가메시는 두려운 훔바바를 물리치고 모래벌판 전투에 생명을 바쳤다.' 나의 자손 만대를 위해 그 명성을 영원히 전하리라.

『길가메시 서사시』는 메소포타미아 문명의 도시 국가인 우루크의 왕 길가메시의 모험담을 노래하였다. 이 서사시에는 메소포타미아 문명의 여러 신을 숭배하는 종교적 특징과 현세적인 삶을 중시한 수메르인의 세계관이 반영되었다.

5. 이집트 문명

(1) 성립 : 기원전 3000년경 나일강 유역에서 도시 국가들을 통합한 통일 왕국 등장

(2) 특징

① 나일강의 주기적 범람 : 강 주변의 땅이 비옥하여 일찍부터 여러 도시 국가 형성

② 발전 : 고왕국, 중왕국, 신왕국으로 이어짐

③ 정치 : 파라오가 태양신 '라'의 아들이자 신으로 군림하는 신권 정치 실시

④ 종교 : 내세적 세계관(미라, 피라미드, 「사자의 서」)

⑤ 문화 : 상형 문자 사용(파피루스에 기록), 태양력과 10진법 사용, 측량술과 기하학 발달

✪ 메소포타미아

고대 그리스어에서 유래된 표현으로 두 강 사이에 있는 땅이라는 의미이다. 티그리스강과 유프라테스강 사이 지역을 뜻한다.

✪ 함무라비 법전

282개의 조항으로 이루어져 있으며, 쐐기 문자로 기록되어 있다. 형벌은 복수주의 성격이 강하였고, 신분에 따라 다르게 법이 적용되었다.

✪ 파피루스

이집트인들은 나일강 연안의 습지에서 자라는 파피루스를 채취한 후, 이 식물의 줄기를 이용해서 종이를 만들었다.

개념 체크

1. 메소포타미아 문명에서는 끝이 뾰족한 갈대 등을 이용하여 (　　) 문자를 점토판에 기록하였다.
2. 바빌로니아 왕국에서는 282개의 법조항으로 이루어진 (　　) 법전을 편찬하였다.
3. 이집트 문명에서는 죽은 자를 위한 안내서인 (　　)를 제작하였다.

정답

1. 쐐기 2. 함무라비
3. 「사자의 서」

✪ 베다

산스크리트어로 '지식', '계시'의 의미로 아리아인이 우주와 자연 현상을 신격화하여 찬양한 경전이다. 『리그베다』가 중심이며, 여기에서 『사마베다』, 『야주르베다』 등이 파생되었다.

✪ 카스트제의 신분 구조

제1 계급 브라만 (사제)	제사 담당
제2 계급 크샤트리아 (무사 · 귀족)	정치 · 군사적 업무에 종사
제3 계급 바이샤 (평민)	농업 · 목축 · 상업에 종사
제4 계급 수드라 (천민)	각종 천업에 종사

✪ 갑골문

거북의 배 껍질이나 짐승의 어깨뼈 등으로 점을 친 후 그곳에 점을 친 내용과 결과를 기록해 놓은 글자를 말한다.

개념 체크

1. (　　)인이 사용한 표음 문자는 그리스 세계에 전해져 알파벳의 발전에 기여하였다.
2. 아리아인은 『베다』를 제작하였고, 엄격한 신분 질서인 (　　)를 형성하였다.
3. 주 왕조는 왕은 직할지를 통치하고 나머지 지역은 왕족과 공신을 제후로 삼아 다스리도록 하는 (　　)를 시행하였다.

정답

1. 페니키아 2. 카스트제
3. 봉건제

6. 지중해 연안의 문명

(1) **히타이트** : 소아시아(아나톨리아)에서 건국, 철제 무기와 전차, 기병을 이용한 정복 활동

(2) **페니키아** : 지중해와 흑해를 무대로 해상 무역 전개, 카르타고 등 여러 도시 건설, 무역 활동의 편의 등을 위해 표음 문자 제작(→ 그리스 세계에 전해져 알파벳의 발전에 기여)

(3) **헤브라이** : 가나안(현재의 팔레스타인)에 정착하여 왕국 건설

① 솔로몬왕 때 번영, 솔로몬왕 사후 이스라엘과 유대로 분열

② 유일신 숭배 사상과 유대교 발전 → 크리스트교와 이슬람교 형성에 영향

7. 인도 문명

(1) **인더스 문명**

① 성립 : 기원전 2500년경 인더스강 유역에 도시 문명 출현, 드라비다인이 건설한 것으로 추정

② 특징 : 모헨조다로와 하라파 건설(계획도시 – 벽돌로 쌓은 성벽, 포장도로, 주택, 하수 시설, 공중목욕탕, 곡물 창고 등을 갖춤), 청동기와 상형 문자 사용, 인장 사용, 메소포타미아 지역과 교류

(2) **아리아인의 이동**

① 이동 : 중앙아시아에서 유목 생활 → 기원전 1500년경 인더스강 유역의 펀자브 지방에 정착 → 기원전 1000년경 갠지스강 유역 진출

② 특징 : 철제 농기구 사용, 카스트제 형성

③ 종교 : 브라만교 성립, 자연 현상 등을 찬미하는 『베다』 제작

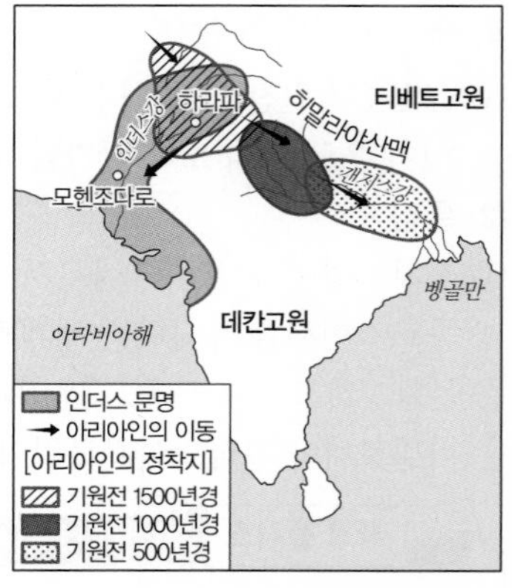

▲ 인더스 문명과 아리아인의 이동

8. 중국 문명

(1) **신석기 문화** : 황허강 유역, 창장강 유역 등에서 발달, 채도와 흑도 등 사용

(2) **하 왕조** : 기록상의 왕조, 청동기 사용

(3) **상 왕조**

① 성립 : 기원전 1600년경 황허강 중류 유역에서 등장

② 정치 : 점을 쳐서 신의 뜻을 알고 국가의 일을 결정하는 신권 정치

③ 특징 : 은허 유적(청동 무기 및 청동 제기, 갑골문), 태음력 사용, 순장의 풍습

(4) **주 왕조**

① 발전 : 기원전 11세기경 상을 멸망시키고 호경에 도읍, 황허강 유역 지배 → 창장강 유역까지 세력 확대

② 정치 : 봉건제 시행(왕은 직할지 통치, 나머지 지역은 왕족과 공신을 제후로 삼아 이들에게 봉토로 분배하여 다스리게 함)

③ 특징 : 종법(직계 적장자 상속, 혈연관계) 중시, 천명사상 강조

대표 기출 확인하기

이집트 문명의 특징

정답과 해설 3쪽

대표 기출 문제 **다음 자료에 나타난 문명에 대한 설명으로 옳은 것은?** 2024학년도 수능 6월 모의평가

그림은 미라와 함께 매장된 「사자의 서」에 나오는 장면이다. 자칼 머리를 한 사후 세계의 안내자 아누비스가 법과 정의의 여신 마트를 상징하는 깃털과 죽은 자의 심장을 저울질하고 있다. 당시 사람들은 심장이 깃털보다 무거우면 나쁜 일을 많이 하였다고 여겨 죽은 자가 영생의 세계에 들어갈 수 없다고 믿었다.

① 함무라비 법전을 편찬하였다.
② 크레타섬을 중심으로 발전하였다.
③ 하라파에 계획도시를 건설하였다.
④ 최고 통치자를 파라오로 칭하였다.
⑤ 갑골에 점복의 내용을 기록하였다.

정답 | ④

풀이 | 자료에서 그림이 미라와 함께 매장된 「사자의 서」라는 내용을 통해 자료에 나타난 문명이 이집트 문명임을 알 수 있다. 이집트 문명에서는 시신을 미라로 만들었으며, 죽은 자를 위한 안내서인 「사자의 서」를 제작하였다. ④ 이집트 문명에서는 최고 통치자인 파라오가 태양신 '라'의 아들이자 신으로 군림하는 신권 정치가 이루어졌다.
① 바빌로니아 왕국의 함무라비왕은 이전의 법을 집대성하여 함무라비 법전을 편찬하였다. ② 크레타 문명은 에게해 지역의 크레타섬을 중심으로 발전하였다. ③ 인더스 문명에서는 계획도시인 하라파가 건설되었다. ⑤ 중국의 상 왕조에서는 점친 내용과 결과를 갑골에 기록하였다.

닮은꼴 문제 **1** **(가) 문명에 대한 설명으로 옳은 것은?** [24016-0001]

(가) 문명의 사람들은 죽음을 더 나은 사후 세계로 가기 위해 견뎌야만 하는 통로로 여겼다. 그 통로를 지나 오시리스가 있는 재판소로 가면 죽은 자의 운명이 결정되고, 생전에 선행을 많이 한 자는 오시리스에게 좋은 판결을 받아 불멸을 누린다고 믿었다. 이러한 죽음에 대한 믿음 때문에 (가) 문명의 사람들에게는 시신을 보존하는 것이 무엇보다 중요하였다. 이러한 이유로 시신을 방부 처리해서 미라로 만드는 기술이 발전하였다.

① 유대교를 발전시켰다.
② 지구라트를 축조하였다.
③ 모헨조다로를 건설하였다.
④ 점을 친 내용을 갑골에 새겼다.
⑤ 피라미드와 스핑크스를 만들었다.

[24016-0002]

01 (가) 시대의 사회 모습으로 옳은 것은?

빙하기가 끝난 뒤 수백만 년 동안 이어져 오던 생활 방식이 비교적 짧은 시간에 변화하기 시작하였다. 식량 채집에서 식량 생산으로 전환된 것이다. 즉, (가) 시대 사람들은 동물을 사육하고 곡물을 경작하기 시작하였다. 식량이 안정적으로 공급되면서 정착 생활이 확산되었고, 인구도 급격하게 늘어나게 되었다. 이러한 과정에서 촌락이 형성되기 시작하였다.

① 유대교를 숭배하였다.
② 표음 문자를 사용하였다.
③ 토기에 음식물을 저장하였다.
④ 철제 무기로 정복 활동을 벌였다.
⑤ 불과 언어를 사용하기 시작하였다.

[24016-0003]

02 (가) 문명의 문화유산으로 옳은 것은?

이 인물은 티그리스강과 유프라테스강 유역을 지배한 아카드인의 왕 사르곤 1세이다. 그는 수메르인의 도시 국가를 정복하였지만 수메르인의 문자와 종교 등은 계승하였다. 이와 같이 수메르인에 의해 시작된 (가) 문명은 아카드인에게 전해졌고, 이후 아무르인에게 이어졌다.

① 

② 

③ 

④ 

⑤ 

[24016-0004]

03 밑줄 친 '이 문명'이 발달한 지역을 지도에서 옳게 고른 것은?

사람들은 국왕이 죽으면 신이 되어 그의 영혼이 하늘로 오른다고 믿었다. 훗날 발견된 명문에는 이런 기록이 남았다. "파라오를 위해 하늘로 통하는 사다리를 만들어 그 영혼이 자유롭게 하늘로 오르도록 하였다. …… 하늘은 빛의 손을 당신께 뻗어 당신을 안고 저 멀리 날아간다. …… 마치 태양신의 눈과 같은 ……." <u>이 문명</u> 사람들은 피라미드를 파라오와 하늘이 소통하는 매개체로 여겼던 것으로 보인다.

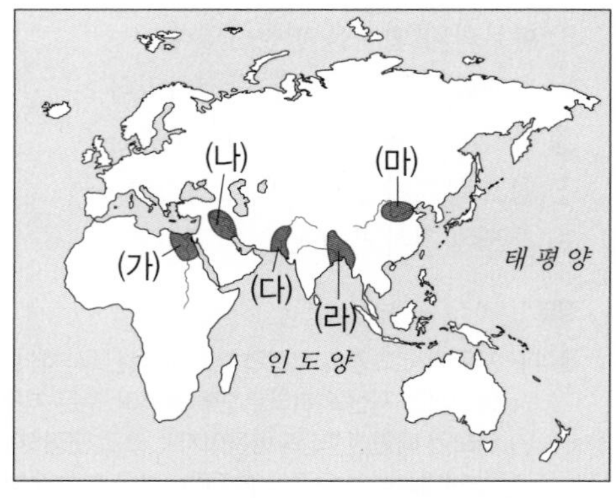

① (가) ② (나) ③ (다) ④ (라) ⑤ (마)

[24016-0005]

04 (가) 문명에 대한 설명으로 옳은 것은?

문헌으로 보는 고대 문명 – (가) 문명 편 –

"인드라는 악을 물리쳤다. 그는 마누를 위해 땅과 물을 만들었고, 기원하는 자들의 기도를 들어주었다."

해설 : 자료는 『리그베다』의 기록이다. 인드라는 인간에게 빛과 물을 주는 신성한 힘의 소유자이자, 전쟁을 이끄는 용맹한 전사로 아리아인이 추앙하는 대표적인 신이었다.

① 은허 유적을 남겼다.
② 브라만교를 신봉하였다.
③ 사자의 서를 제작하였다.
④ 알타미라 동굴 벽화를 남겼다.
⑤ 나일강 유역을 중심으로 발전하였다.

[24016-0006]

1 **다음 이야기를 남긴 문명에서 볼 수 있는 모습으로 가장 적절한 것은?**

> 광활한 땅 위에 있는 모든 지혜의 정수를 본 자가 있었다.
> ……
> 훗날 어떤 왕도 그런 업적을 이룰 수 없었다.
> ……
> 길가메시가 가혹한 운명을 어떻게 헤쳐 나갔는지 읽어 보라.
> 모든 왕을 압도할 정도로 거대한 풍모를 지닌 그는 우루크의 영웅이다.
> ……
> 길가메시는 세상 모든 곳을 둘러보았으나 우루크성으로 돌아왔다.
> 긴 여정이었고 피로에 쌓여 몹시 지쳐 있었다.
> 그가 돌아오자 곧장 이 이야기를 돌에 새겼다.

① 상의 수도를 공격하는 주의 군대
② 카르타고를 건설하는 페니키아인
③ 지구라트에서 제사를 드리는 사제
④ 파라오의 명을 받아 미라를 만드는 장인
⑤ 하라파에서 벽돌로 건물을 제작하는 일꾼

[24016-0007]

2 **(가) 문명에 대한 설명으로 옳은 것은?**

> 제5 왕조 시기가 되자 기존의 문자가 간소화되면서 '신관 문자'가 사용되기 시작하였다. 이후 '신관 문자'보다 더욱 간체화된 문자도 등장하였는데 매우 간단한 편이었고 쓰기에 아주 쉬웠다. 이 문자는 주로 평상시 기록이나 편지를 쓸 때 혹은 장부를 정리할 때 등 세속적인 사무를 볼 때 사용되었으며 '민중 문자'라고 불렸다. 사람들은 '신관 문자'와 '민중 문자'를 갈대로 만든 붓에 잉크를 묻혀 파피루스에 썼다. (가) 문명 사람들은 갈대와 비슷한 파피루스의 줄기를 자르고 눌러서 평평하게 만든 뒤 햇빛에 말려 사용하기 편리한 종이를 만들었다. 이는 당시 글을 쓰는 데 많이 사용하였던 재료로 얼마 후 고대 지중해 동부 지역에 급속도로 퍼졌다.

① 갑골문을 남겼다.
② 스핑크스를 제작하였다.
③ 함무라비 법전을 만들었다.
④ 솔로몬왕이 번영을 이끌었다.
⑤ 펀자브 지방을 중심으로 발전하였다.

[24016-0008]

3 **밑줄 친 '그들'에 대한 탐구 활동으로 가장 적절한 것은?**

> 그들은 탁월한 항해 실력을 뽐냈다. 처음에는 낮에만 항해하다가 머지않아 작은곰자리 별자리를 이용하여 야간에도 항해하였다. 그리스인이 작은곰자리를 '포이니케'라 부르는 것이 여기에서 유래하였다고 보기도 한다. 그들은 지중해 서쪽으로 활동 반경을 넓혀서 아프리카의 금과 상아, 사르데냐의 구리와 은 섞인 납 등을 교역하였고 안정적인 교역을 위해 거류지를 만들어갔다. 이렇게 해서 그들의 본거지로부터 멀리 떨어진 여러 지역에 많은 도시가 생겨났는데 그중 일부는 모국보다 더 크게 발전해 갔다. 대표적인 도시가 아프리카 해안에 위치한 카르타고였다.

① 인더스강 유역에서 출토된 유물을 정리한다.
② 바빌로니아 왕국을 건설한 민족을 찾아본다.
③ 알파벳의 발전에 기여한 표음 문자를 알아본다.
④ 빌렌도르프의 비너스를 제작한 의도를 분석한다.
⑤ 미라와 함께 사자의 서를 제작한 이유를 조사한다.

[24016-0009]

4 **다음 수업의 주제로 가장 적절한 것은?**

사진은 은허 발굴 모습과 은허에서 출토된 청동 세 발 솥, 갑골문, 순장된 사람입니다. 이러한 발굴을 통해 ○ 왕조의 실체를 구체적으로 알게 되었습니다.

▲ 발굴 모습

▲ 발굴 유물

① 아리아인의 이동과 영향
② 중국 문명의 시작과 발전
③ 구석기 시대의 예술 활동
④ 애니미즘과 거석 숭배의 양상
⑤ 천문학의 발달과 태양력의 사용

01
[24016-0010]

(가) 문명에 대한 설명으로 옳은 것은?

좌측 사진은 (가) 문명에서 제작된 세계 지도이고, 우측 그림은 지도의 훼손된 부분을 일부 복원하여 도식화한 것입니다. A는 당시 이 문명의 주요 도시인 바빌론, B는 도시를 가로질러 흐르는 유프라테스강으로 추정합니다. 작은 원과 큰 원 사이의 C는 바다를 의미하며 작은 원 안의 지역은 (가) 문명의 사람들이 잘 아는 지역을, 큰 원의 바깥 지역은 잘 모르는 지역을 의미합니다.

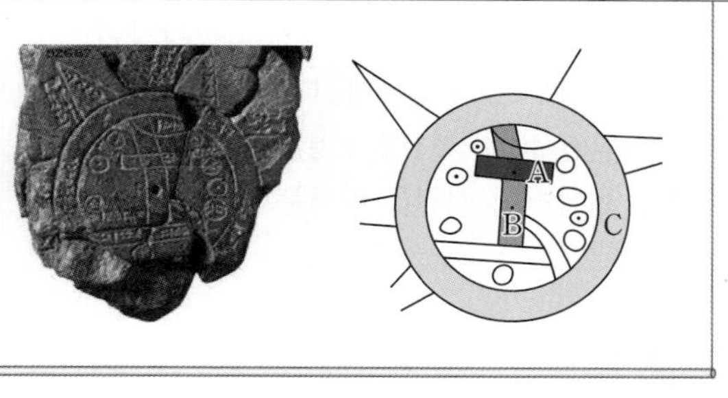

① 브라만교를 성립시켰다.
② 지구라트를 축조하였다.
③ 통치자를 파라오라 칭하였다.
④ 갑골에 점복의 내용을 기록하였다.
⑤ 자연 현상을 찬미하는 베다를 제작하였다.

02
[24016-0011]

(가) 왕조에 대한 설명으로 옳은 것은?

태사공은 다음과 같이 말하였다. "학자들은 모두 (가) 이/가 주왕을 정벌한 후 낙읍에 도읍을 세웠다고 하지만 그 실상을 종합해 보면 그렇지 않다. (가) 의 무왕이 낙읍에 도읍을 건설하고 그 아들인 성왕이 소공에게 살기에 적당한가를 점치게 한 후 그곳에 구정*을 옮겨 왔다. 그러나 (가) 은/는 호경을 도읍으로 정하였고, 견융이 유왕을 물리치자 비로소 낙읍으로 동천하였다."

* 구정 : 고대 중국에서 왕권을 상징하는 금속 제기

– 『사기』 –

① 카스트제를 시행하였다.
② 하라파에 도시를 건설하였다.
③ 이스라엘과 유대로 분열되었다.
④ 쐐기 문자로 문서를 작성하였다.
⑤ 왕족을 제후로 임명하고 봉토를 분배하였다.

02 동아시아 세계의 형성

✪ 상앙
전국 시대 진에 등용된 법가 사상가로, 엄격한 상벌 제도에 기초한 개혁을 추진하였다. 이러한 개혁은 진이 전국 시대를 통일하는 데 영향을 끼쳤다.

✪ 종횡가
전국 시대 제자백가 중 정치적 책략을 바탕으로 활동한 사람들을 지칭한다. 이들 중 일부는 진(秦)에 맞서 연, 초, 한, 위, 조, 제의 6국이 연합해야 한다고 주장하였고, 다른 세력은 진(秦)과 다른 6국이 각각 동맹을 맺어 화친할 것을 주장하였다.

1. 춘추 전국 시대

(1) **성립** : 주 왕실과 제후들 간의 혈연적 유대감이 시간이 지나면서 약화, 제후들의 강성 → 기원전 8세기경 견융의 침입으로 호경(시안)에서 낙읍(뤄양)으로 천도(동주 성립), 이후 진(秦)이 통일할 때까지를 춘추 전국 시대라고 부름

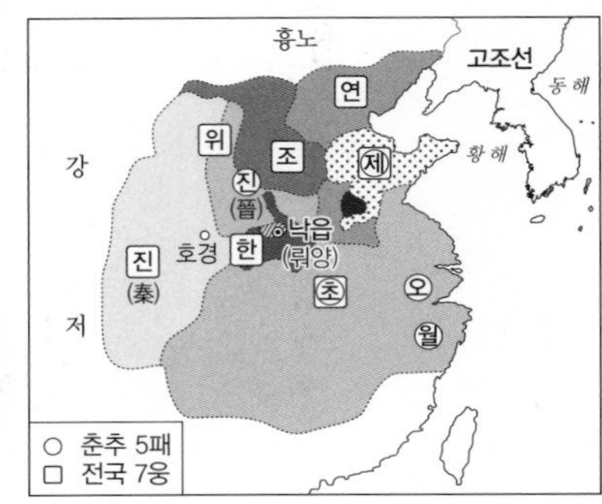

▲ 춘추 전국 시대의 정세

(2) **전개**

① 춘추 시대(기원전 770~기원전 403) : 춘추 5패가 "주 왕실을 받들고 오랑캐를 물리친다(존왕양이)."라는 명분을 내세우며 세력 확대, 다른 제후국 통제

② 전국 시대(기원전 403~기원전 221) : 전국 7웅이 약소 제후국을 병합하며 패권을 다투는 약육강식의 치열한 경쟁 전개

③ 사회 변화

구분	내용
정치	각국은 영토 국가로 발전, 점차 군현제를 통한 지방 통제 강화
경제	• 철제 농기구와 우경 보급 → 토지 개간 활발, 농업 생산량 증대, 토지 사유화 진전 • 제철업 · 직물업 등 수공업과 상업 발달, 화폐 유통(도전, 포전 등)
사회	• 소농민 가족이 사회의 기초 단위로 정착 • 사농공상의 개념 등장 • 철제 무기 사용에 따른 전쟁 양상 변화(귀족 세력의 전차 중심 → 보병과 기병 중심), 전쟁에 참여한 일반 백성의 사회적 지위 향상

④ 학문과 사상 : 부국강병을 추구하는 제후국들이 능력을 중심으로 인재를 등용하면서 사(士) 계층 성장 → 다양한 사상가와 학파(제자백가)의 등장

구분	내용
유가	공자에 의해 형성(맹자, 순자로 계승), 가족 윤리 강조, 인 · 예를 중심으로 한 도덕 정치 주장 → 중국 주류 사상으로 정착
도가	노자 · 장자에 의해 형성, 무위자연 주장 → 중국인의 자연관과 예술 · 종교 등에 영향
묵가	묵자가 대표적, 차별 없는 사랑(겸애) 주장, 검소한 생활 강조
법가	상앙 · 한비자 등, 군주의 권위 존중, 법률에 따른 엄격한 통치 주장
기타	병가, 종횡가, 음양가, 명가 등

2. 진 · 한 제국의 성립과 발전

(1) **진(秦)의 중국 통일(기원전 221)** : 법가를 바탕으로 한 개혁(상앙 주도)으로 국력 증대 → 6국을 정복하여 통일 완수

① 진시황제의 정책

구분	내용
대내	• 군현제 시행(전국을 36군으로 나누고 관리 파견) • 화폐(→ 반량전) · 도량형 · 문자 · 수레바퀴의 폭 등 통일, 분서갱유 단행
대외	흉노 축출 후 만리장성 건축, 광둥 지역까지 영토 확대

② 멸망(기원전 206) : 가혹한 통치와 대규모 토목 공사 실시 → 백성의 불만 고조 → 진시황제 사후 진승 · 오광의 난 등 각지에서 반란이 일어나 멸망

(2) **한의 건국과 발전**

① 건국(기원전 202) : 유방(한 고조)이 건국, 장안에 도읍

② 한 고조 : 군국제 실시(군현제와 봉건제 절충), 화친을 위해 흉노에 물자 제공

개념 체크

1. 주가 (   )의 침입으로 낙읍(뤄양)으로 천도한 이후부터 춘추 전국 시대가 전개되었다.
2. 상앙, 한비자 등 (   ) 사상가들은 법률에 따른 엄격한 통치를 주장하였다.
3. (   )는 화폐, 도량형, 문자를 통일하였으며, 분서갱유를 단행하였다.
4. 진시황제 사후 (   ) · 오광의 난 등 농민 봉기가 각지에서 일어났다.

정답
1. 견융 2. 법가
3. 진시황제 4. 진승

③ 한 무제의 활동
- 중앙 집권 강화 : 군현 확대, 동중서의 건의에 따라 유교 통치 이념 확립(유교의 관학화, 오경박사 설치, 태학 설립 등)
- 대외 팽창 : 장건을 대월지에 파견, 흉노 축출, 남월(남비엣)과 고조선 정복
- 경제 안정 : 잦은 대외 원정으로 국가 재정 악화 → 소금과 철의 전매제, 균수법 · 평준법 실시(물가 조절), 오수전 주조 · 유통

④ 쇠퇴 : 한 무제 사후 외척과 환관 세력의 대두 → 외척 왕망이 한을 멸망시킨 후 신 건국(왕토 사상에 따른 토지 국유화 · 노비 매매 금지 등 실시) → 호족들의 반발
⑤ 후한의 성립 : 유수(광무제)가 뤄양에 도읍(호족의 지원), 전한의 부흥 추구, 유교 장려
⑥ 후한 멸망(220) : 환관과 외척, 관료들의 세력 다툼, 호족의 대토지 소유 · 횡포 심화 → 황건적을 비롯한 농민 반란 → 후한 멸망, 위 · 촉 · 오 삼국으로 분열

(3) 한의 사회 모습

① 경제 · 사회

경제	철제 농기구의 보급 확대, 농업 기술 발달 → 농업 생산력 증대
사회	• 토지의 사유화 진전으로 빈부 격차 심화 • 호족 성장 : 대토지 소유, 지역 사회 지배, 향거리선제를 통해 관료로 진출하여 중앙 정치 주도

② 문화

사상 · 종교	• 유교 : 유가 사상이 황제와 국가 권력을 옹호하는 통치 이념화, 훈고학(경전 해석, 주석 추가) 발달 • 불교 : 비단길(사막길)을 통해 전래 • 기타 : 신선 사상과 민간 신앙, 도가 사상이 결합되어 태평도 · 오두미도 등으로 발전 → 후한 말 농민 반란에 영향
역사 편찬	사마천의 『사기』(전설 시대에서 한 무제 때까지의 역사), 반고의 『한서』(전한의 역사 정리) → 기전체 방식으로 서술(중국 정사 서술의 모범)
제지술	채윤(채륜)의 개량으로 종이 보급 확대 → 학문과 사상의 발전 촉진

3. 위진 남북조 시대

(1) 위진 남북조 시대의 형성

① 삼국 시대 : 후한 멸망 후 위 · 촉 · 오로 분열 → 진(晉)이 다시 중국 통일(280)
② 5호 16국 시대와 동진 성립 : 5호(흉노, 갈, 선비, 저, 강의 북방 민족)의 화북 진출, 여러 국가 건국 → 진 황실이 창장강 이남의 건강(난징)에서 동진 건국
③ 남북조 시대의 전개

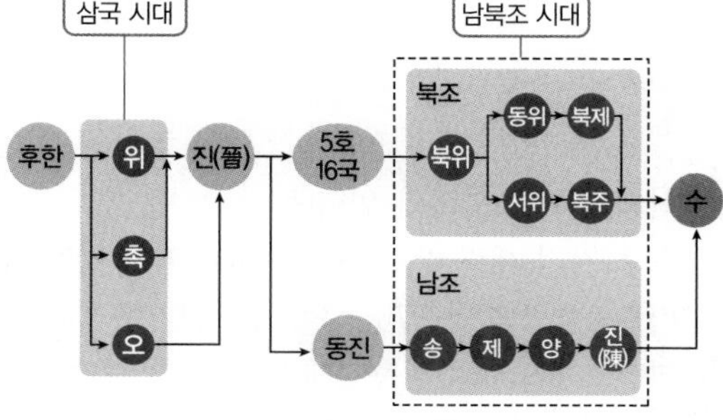

▲ 위진 남북조 시대의 전개

북조	북위(선비족)가 화북 지역 통일, 효문제 때 뤄양 천도 및 한화 정책 추진(선비어 · 선비족 복장 금지, 한어 · 한족 문화 수용, 선비족과 한족의 혼인 장려 → 호한 융합)
남조	토착민과 이주민 대립, 빈번한 왕조 교체, 북조에 밀려 영토 축소

(2) 위진 남북조 시대의 사회 · 경제

① 사회 모습
- 9품중정제의 실시 : 향촌의 인재를 선발 → 점차 능력보다 가문 중시
- 문벌 귀족의 성장 : 9품중정제를 통해 유력 호족이 관직 독점 → 문벌 귀족으로 성장(대토지 소유, 중앙 고위직 독점으로 권력 확대)

✪ 균수법과 평준법
균수법은 각 지방의 풍부한 물자를 세금으로 징수하고 이를 부족한 지방에 파는 정책이다. 평준법은 중앙에서 각지의 물자를 쌀 때 사 두었다가 비쌀 때 팔아 물가를 조절하는 정책이다. 두 정책 모두 재정 강화를 목적으로 시행되었다.

✪ 향거리선제
한대에 지방 장관이 여론을 참작하여 지방의 덕망 있는 인재를 중앙에 천거하는 관리 선발 방식이다. 특히 효와 청렴함이 중요한 기준이 되었다.

✪ 한서
반고가 아버지의 뒤를 이어 편찬한 역사서이다. 반고 사후 누이동생 등에 의해 완성되었다. 한 고조부터 왕망 때까지의 역사를 기전체로 서술한 것이 특징이다.

개념 체크

1. 한 무제는 흉노를 견제하기 위해 (　　　)을 대월지에 파견하였고, 남월(남비엣)과 고조선을 정복하였다.
2. 후한대 (　　　)이 개량한 제지술은 종이 보급에 기여하였고, 이는 학문과 사상이 발전하는 토대가 되었다.
3. 강남 지역에서 동진에 이어 (　　　)이 들어서고, 북위가 화북 지역을 통일하면서 남북조 시대가 열렸다.
4. 위진 남북조 시대에는 9품중정제를 통해 유력 호족이 관직을 독점하고 문벌 (　　　)으로 성장하였다.

정답
1. 장건 2. 채윤(채륜)
3. 송 4. 귀족

② 경제 변화

- 강남 개발 본격화 : 창장강 유역 개발 → 강남의 경제력 향상, 남조의 인구 증가
- 북위의 균전제 실시 : 자영농 육성 목적 → 수·당으로 계승

(3) 위진 남북조 시대의 문화

특징		• 북조 : 유목민의 문화와 한족 문화가 융합, 국가적 차원에서 유교 존중 • 남조 : 귀족 중심의 문화 발달, 노장사상과 청담 사상 유행(위진 시대 죽림칠현이 대표적), 지식인들의 현실 도피적 풍조 확산
종교	불교	• 북조 황실의 후원으로 발전, 대규모 석굴 사원 조성(윈강, 룽먼 등), 불경의 한자 번역 • 법현·구마라습 등 승려들이 인도와 중국을 오가며 활동
	도교	태평도, 오두미도가 도가 사상과 결합하여 도교로 발전, 교단 형성 → 황실 수용, 민간에서도 유행
기타		도연명의 「귀거래사」, 고개지의 「여사잠도」 등

4. 수·당 제국의 발전

(1) 수의 성립과 멸망

① 성립 : 북주의 양견(문제)이 수를 세운 후 남북조 통일(589)

② 통치 체제의 변화

문제	9품중정제 폐지, 과거제 실시, 균전제·조용조·부병제 정비(국가 재정 안정, 군사력 강화)
양제	대운하 건설(남북 간 물자 유통 활성화 및 경제 통합 강화), 대외 진출(돌궐, 고구려 등 공격)

③ 멸망(618) : 대규모 토목 공사, 전쟁 등 → 백성 반발 → 각지의 반란으로 멸망

(2) 당의 발전과 쇠퇴

① 건국(618) : 이연(고조)이 장안을 수도로 삼고 수립

② 발전

태종	동돌궐 복속, 율령 체제 정비 → 정치적 번영('정관의 치')
고종	서돌궐 정복, 신라와 연합하여 백제와 고구려를 멸망시킴
현종	경제 발전 등 번영의 시기('개원의 치') → 후기에 균전제, 부병제 동요 등 사회·경제 혼란 발생

③ 쇠퇴 : 주변 민족의 위협(돌궐, 토번, 위구르 등), 현종 때 안사의 난(755~763) 이후 절도사의 독자적 세력 강화 → 중앙 정부의 통치력 약화, 장원의 확대(8세기경 균전제 붕괴, 농민 몰락) → 황소의 난(875~884) 등 농민 봉기로 더욱 약화

④ 멸망 : 절도사 주전충에게 멸망(907) → 5대 10국 시대 전개

⑤ 통치 체제 : 율령 체제의 완성 → 동아시아 각국에 영향

통치 제도	3성 6부(중앙)와 주현제(지방)
농민 지배	균전제, 조용조, 부병제 → 8세기경 균전제 붕괴, 모병제 시행, 안사의 난 이후 양세법 실시
대외 정책	정복 지역에 도호부 설치, 간접적으로 지배하는 기미 정책 실시

⑥ 사회와 경제

사회	문벌 귀족이 과거와 음서를 통해 관직을 독점하고 특권 차지
경제	• 농업 생산력 증대 : 화북에서 2년 3작 가능 • 상업 발달 : 비전(일종의 약속 어음) 사용, 상인 조합인 행(行) 출현 • 국제 무역 : 서역 상인들이 비단길·바닷길 등을 통해 당과 교역, 시박사(광저우)를 통해 무역 관리, 수도 장안과 대도시에 각국 유학생·상인 등 왕래

✪ 귀거래사

5세기 초 도연명이 고향으로 돌아오는 심경을 담아 지은 시이다. 여기서 도연명은 세속과의 절연을 선언하였고, 전원 속에서 자연의 섭리에 따라 살아가겠다는 마음을 드러내고 있다.

✪ 정관의 치, 개원의 치

정관은 당 태종 시기의 연호이고, 개원은 당 현종 시기의 연호이다. 이러한 연호를 따서 번영을 누린 시기를 '정관의 치', '개원의 치'라고 불렀다.

✪ 율령 체제

율(형법), 영(행정법 등 일반 제도에 대한 규정), 격(율령의 보충 규정), 식(시행 세칙)의 형식으로 마련된 법체계에 따라 운영되는 정치 체제이다.

✪ 양세법

안사의 난 이후 양염의 건의에 따라 시행된 수취 제도로, 가구별로 자산에 따라 차등을 두어 여름과 가을에 세금을 거두었다.

개념 체크

1. 남조 지식인들의 현실 도피적인 경향은 (   )이 쓴 「귀거래사」에 반영되었다.
2. 907년 절도사 (   )에 의해 당이 무너지고 5대 10국 시대의 혼란기가 전개되었다.
3. 당은 정복 지역에 (   )를 설치하고 간접적으로 지배하는 기미 정책을 실시하였다.
4. 당대에는 일종의 약속 어음인 (   )이 사용되고 상인 조합인 행이 출현하는 등 상업이 발달하였다.

정답

1. 도연명 2. 주전충
3. 도호부 4. 비전

⑦ 문화

학문	과거제에 힘입어 유학 발달, 공영달 등이 『오경정의』 편찬(훈고학 집대성, 과거 수험서로 활용)
종교	• 불교 : 현장, 의정 등이 인도 순례 후 경전 수입 · 번역, 선종 등 유행 • 도교 : 황실의 보호를 받으며 융성 • 외래 종교 : 조로아스터교 · 이슬람교 · 네스토리우스교(경교) · 마니교 등
문예	이백 · 두보 등의 시인 활약, 당삼채 유행(이국적 특색)

(3) **동아시아 문화권의 형성과 발전** : 유교, 불교, 한자, 율령 체제가 동아시아 각국에 정착

① 유교 : 한대 이후 국가 통치 원리로 정착, 동아시아 각국의 정치 이념 · 사회 규범으로 작용

② 불교 : 중국을 거쳐 한국과 일본에 전래, 국가적 종교로 발전

③ 한자 : 동아시아 공용 문자로 소통과 교류에 기여, 각국의 문자 형성에 영향

④ 율령 체제 : 당대에 확립, 주변국에 전파되어 각국의 통치 체제 정비에 기여

5. 만주 · 한반도와 일본의 고대 국가들

(1) **만주 · 한반도** : 최초의 국가 고조선 성립 → 부여, 고구려 등 성장 → 삼국이 중앙 집권 국가로 발전 → 신라의 삼국 통일과 고구려를 계승한 발해의 성립

(2) **일본**

① 조몬 시대 : 신석기 문화, 조몬 토기와 간석기 사용, 농경 시작

② 야요이 시대 : 대륙과 한반도에서 벼농사와 금속기 전파, 여러 소국의 성립 → 이후 3세기경 30여 개 소국의 연합체 형성

③ 고대 국가의 발전

야마토 정권	• 4세기경 성립, 중국과 한반도에서 유학, 불교 등 수용 • 6세기 말 ~ 7세기 초 쇼토쿠 태자가 중앙 집권 체제 강화, 불교 진흥책 실시(아스카 문화 발달) → 600년부터 견수사 파견(견당사로 이어짐) • 당의 율령 체제 도입을 통해 국왕 중심의 통치 체제 수립을 위한 개혁 단행(다이카 개신, 645) • 7세기 말 '일본' 국호와 '천황' 칭호 사용
나라 시대 (710~794)	• 8세기 초 나라 지역에 헤이조쿄를 건설하고 천도 • 견당사 · 견신라사 파견, 율령 체제 정비 • 불교 융성 : 도다이사 대불전과 불상 건립 등 • 『고사기』, 『일본서기』, 『만엽집』 등 편찬
헤이안 시대 (794~1185)	• 8세기 말 헤이안쿄로 천도 • 귀족과 호족이 장원 확대, 지방에서 무사 계층 성장 • 9세기 말 견당사 파견 중지, 국풍 문화 발달(고유 문자 '가나' 사용, 와카 유행, 주택 · 관복 등에서 일본 특색 등장)

자료 플러스 **쇼토쿠 태자**

스이코 천황은 우마야도 황자[왕자]를 (황)태자로 삼아 모든 정무를 맡겼다. …… 태자가 곳곳에 세운 사찰의 수는 40개 이상이나 되었다. 또한 예부터 백성이 소박하기 때문에 법령 따위로 정하지 않았지만, 처음으로 관위를 정하고, 17조를 만들어 천황에게 상주하였다. …… 수가 우리 나라에 처음으로 사신을 보내와 국교를 통하였다. …… 우리 나라도 (수에) 정기적으로 사신을 파견하였다. …… 태자가 사망하자 쇼토쿠라는 시호가 추서되었다.

–『신황정통기』–

쇼토쿠 태자는 태자의 자리에 있으면서 정치를 주도하였다. 6~7세기경 쇼토쿠 태자는 중국의 선진 문물 제도를 적극 받아들이고, 국가 통치의 근간이 되는 17개 항목의 조문을 제정하는 등 고대 일본의 정치 체제 확립에 앞장섰다고 한다. 또한 백제로부터 수용된 불교를 적극 장려하여 아스카 문화가 발전하는 데 기여하였다. 호류사는 당시 건립된 대표적인 사찰이다.

✪ 아스카 문화

6세기 불교 전래 이후 7세기 전반 일본의 아스카 지역을 중심으로 발달한 일본의 불교문화를 의미한다.

✪ 다이카 개신

7세기 무렵 일본에서 추진된 정치 개혁이다. 당의 율령 체제를 모방하여 토지와 백성을 국가가 직접 지배하는 등 국왕 중심의 중앙 집권적 정치 체제를 추구하였다.

✪ 도다이사

쇼무 천황의 명에 따라 나라 시대에 세워진 불교 사원으로, 대불전에는 앉은키 약 15m에 달하는 거대한 불상이 조성되어 있다.

개념 체크

1. (　　), 불교, 한자, 율령 체제 등이 동아시아 각국에 정착되면서 동아시아 문화권이 형성되었다.
2. 대륙과 한반도를 통해 벼농사와 금속기가 일본에 전파되고, 여러 소국이 성립한 시대를 (　　) 시대라고 한다.
3. (　　) 시대에 견당사 파견이 중지되었고, 고유 문자인 '가나'가 사용되고 와카가 유행하는 등 국풍 문화가 발달하였다.

정답

1. 유교 2. 야요이
3. 헤이안

대표 기출 확인하기

수 · 당 제국의 발전

정답과 해설 5쪽

대표 기출 문제 밑줄 친 '왕조'에서 볼 수 있는 모습으로 가장 적절한 것은? 2024학년도 수능 6월 모의평가

왕조가 무리하게 시도한 고구려 원정 등으로 각계각층의 불만이 누적되면서 곳곳에서 반란이 일어났다. 당시 지방관이었던 방현령은 반란의 기세가 거세어 왕조가 곧 무너지리라고 판단하였다. 이에 그는 관직을 버리고 각지의 반란군 중에서 가장 대의가 분명하다고 여긴 이연의 군영에 투항하였다. 곧 방현령은 이연의 아들 이세민과 의기투합하였고, 훗날 황제가 된 이세민의 신임을 받으며 재상으로 활약하였다.

① 향용을 조직하는 신사
② 황소의 난을 진압하는 병사
③ 대운하 건설에 동원되는 농민
④ 교초로 물품을 구매하는 상인
⑤ 곤여만국전도를 제작하는 선교사

정답 | ③

풀이 | 고구려 원정 등을 무리하게 시도하였고, 이연 등이 반란을 일으켰다는 내용을 통해 밑줄 친 '왕조'가 수임을 알 수 있다. 자료의 이연은 당을 세운 인물이다. ③ 수 양제는 대운하를 건설하고 고구려 원정을 추진하였다.
① 19세기 후반 태평천국 운동이 일어나자 신사층이 향용을 조직하여 맞섰다. ② 황소의 난은 당대에 일어났다. ④ 교초는 원대에 널리 유통되었다. ⑤ 「곤여만국전도」는 명대에 활동한 마테오 리치가 제작하였다.

닮은꼴 문제 **1** (가), (나) 왕조에 대한 설명으로 옳은 것은? [24016-0012]

이연은 군사를 남겨 두어 하동(河東)을 포위하게 하고, 자신은 병사를 이끌고 계속 서진하였다. …… 결국 관중(關中) 지역의 여러 세력이 이연에게 항복하였다. 이연은 이들을 이끌고 (가) 의 수도를 마침내 함락하였다. 이어 양제를 상황으로 높이고 새로 공제(恭帝)를 옹립하였다. 얼마 후 이연은 공제로부터 황제 자리를 넘겨받아 (나) 을/를 열었다.

① (가) – 분서갱유를 단행하였다.
② (가) – 장건을 대월지에 파견하였다.
③ (나) – 견융의 침입을 받아 천도하였다.
④ (나) – 흉노를 몰아내고 만리장성을 쌓았다.
⑤ (가)와 (나) – 과거제를 통해 관리를 선발하였다.

[24016-0013]

01 밑줄 친 '난세'에 해당하는 시기의 상황으로 옳은 것은?

> 제후들이 전쟁을 거듭하던 난세에 예(禮)는 폐기되고 병법만 중시되어 오기(吳起)와 같은 자들의 술수(術手)만 흥하였습니다. 포악한 진(秦)이 천하를 차지한 후에는 경서를 불태우고 협서율(挾書律, 사사로이 책을 소유하지 못하도록 한 형률)을 제정하여 도(道)가 끊어지고 말았습니다.
> –『한서』–

① 상이 멸망하였다.
② 균전제가 붕괴되었다.
③ 진승과 오광이 난을 일으켰다.
④ 맹자 등의 사상가들이 활동하였다.
⑤ 효문제가 한화 정책을 추진하였다.

[24016-0014]

02 (가) 황제에 대한 설명으로 옳은 것은?

> 즉위 26년째 되는 해, (가) 은/는 천하의 제후를 모두 아울렀기 때문에 크게 평안해졌고, 황제라는 호칭을 처음 세웠다. 도량형이 규격에 맞지 않아 의심스러우니 …… 조서를 내려 모두 하나로 통일시켰다.

① 서돌궐을 정복하였다.
② 군국제를 시행하였다.
③ 동중서의 건의를 수용하였다.
④ 36개 군에 관리를 파견하였다.
⑤ 3성 6부의 중앙 관제를 마련하였다.

[24016-0015]

03 다음 상황이 전개된 왕조에서 볼 수 있는 모습으로 가장 적절한 것은?

> 장현은 어려서 『춘추』를 공부하였다. …… 건무(建武) 연간에 효렴과로 천거되어 낭(郎)에 제수되었다. 마침 『춘추』 박사관에 결원이 있었는데, 장현이 시책(試策)에서 1등으로 뽑혀 박사에 임명되었다. 몇 개월 후, 여러 학생들은 장현이 박사에 적합하지 않다고 여겼다. 이에 광무제는 이전 관직으로 돌아갈 것을 명하였고, 미처 이직하기 전에 죽었다.

① 오경정의를 편찬하는 학자
② 무덤에 넣을 당삼채를 만드는 장인
③ 사마천이 저술한 사기를 읽는 지식인
④ 윈강 석굴 사원 조성을 명령하는 황제
⑤ 죽림칠현에 대한 이야기를 남기는 시인

[24016-0016]

04 다음 자료를 활용한 탐구 주제로 가장 적절한 것은?

> • 흉노족의 유연이 사마영을 설득하며 자신의 5부 군사를 이끌고 와서 돕겠다고 청하였다. 이옥고 유선 등은 유연을 대선우로 추대하였다. 이후 한인까지 귀순해 무리가 많아지자 나라를 세운 뒤 국호를 한(漢)으로 하였다.
> • 저족의 이특은 여러 유민을 이끌고 옛 촉 땅에 들어가 삽시간에 2만여 명의 무리를 모았다. 광한에 웅거하다가 성도(成都)로 진공하였으나 패배하였다. 이특의 동생 이류가 다시 세력을 일으켰으나 병사하였고, 이특의 아들 이웅이 성도에 입성한 뒤 스스로 왕을 칭하였다.

① 돌궐과 수의 관계
② 후한의 멸망 과정
③ 춘추 5패의 세력 확장
④ 전국 7웅의 대립 양상
⑤ 5호 16국 시대의 전개

[24016-0017]

05 (가) 왕조에 대한 설명으로 옳은 것은?

이름은 양광으로, 개황 말년에 (가) 의 태자가 되었다. 즉위 후 가장 먼저 뤄양에 현인궁(顯仁宮)을 지었다. 기이한 목재와 돌을 징발하고, 좋은 나무와 신기한 풀, 진기한 새와 짐승들을 모아 궁내 동산을 채웠다. 또 통제거라는 운하를 개통하였다. 수도의 서원(西苑)에서 배를 타면 곡수와 낙수를 끌어들인 물길을 따라 하수에 닿을 수 있었다. 이어 물길이 허난의 변수와 산둥의 사수를 거쳐 황허로 이어졌다. …… 뒤에 다시 영제거를 건설하여 남쪽으로는 하수에 이르게 하고, 북쪽으로는 탁군과 통하게 하였다.

① 9품중정제를 폐지하였다.
② 서위와 동위로 나뉘었다.
③ 창장강 이남에 도읍을 두었다.
④ 정복지에 도호부를 설치하였다.
⑤ 점친 내용을 갑골에 기록하였다.

[24016-0018]

06 밑줄 친 '황제'에 대한 설명으로 옳은 것은?

이정은 소정방으로 하여금 기병을 인솔하고 선봉에 서게 하였다. 소정방이 안개를 뚫고 나아가서 적들로부터 7리 밖에 도착하였다. …… 이정이 참수한 것은 만여 급이었고, 포로로 잡은 것이 10여 만이었으며, 수가 보냈던 의성 공주를 죽이고 그 아들을 사로잡았다. 동돌궐의 힐리가한은 이미 도망쳐 사막을 건너려 하였으나 이세적이 사막 입구에 진을 치고 있었으므로 건널 수가 없었고, 이에 부하들이 모두 무리를 이끌고 항복하였다. 장수들은 영토를 음산의 북쪽에서 사막까지 넓혔다는 이러한 사실을 <u>황제</u>에게 보고하였다.

① 장건을 파견하였다.
② 양세법을 실시하였다.
③ 정관의 치를 이루었다.
④ 삼국 시대의 분열을 수습하였다.
⑤ 상앙 등 법가 사상가를 등용하였다.

[24016-0019]

07 (가)에 해당하는 내용으로 가장 적절한 것은?

○ 왕조에서 벌어진 주요 정치적 변란

- 안녹산이 자신이 관할하는 부(部)의 군사와 해족(奚族)과 거란 군사를 징발하여 모두 15만 명의 대군을 이끌고 범양을 출발하였다. …… 안녹산은 곧바로 진격해 동경(東京)인 뤄양을 함락시켰다.
- (가)
- 애제는 즉위 후에도 선제(先帝)의 연호인 천우를 계속 사용하였다. 천우 4년 즉위한 지 4년이 되지 않은 때에 애제가 주전충에게 선위하였고, 얼마 후 시해당하였다.

① 북주의 양견이 황제의 자리에 올랐다.
② 견융의 침입으로 수도가 낙읍으로 옮겨졌다.
③ 황건적의 난을 비롯한 농민 반란이 일어났다.
④ 왕망이 신을 세우고 노비 매매를 금지하였다.
⑤ 황소가 일으킨 난에 많은 농민이 가담하였다.

[24016-0020]

08 (가) 시대의 상황으로 옳은 것은?

수업 계획서

1. 수업 주제 : (가) 시대의 사회 · 문화 변화
2. 수업 진행 : 모둠별로 다음 주제에 대해 조사하고 발표하도록 지도한다.

1모둠	지방에서의 무사 계층 형성 과정
2모둠	견당사 파견을 중지하게 된 배경
3모둠	와카의 형식상 특징

① 아스카 문화가 발달하였다.
② 다이카 개신이 단행되었다.
③ 도다이사 대불전이 조성되었다.
④ 고유 문자인 가나가 사용되었다.
⑤ 고사기와 만엽집 등이 편찬되었다.

수능 실전 문제

정답과 해설 6쪽

[24016-0021]

1 다음 자료에 나타난 시기에 볼 수 있는 모습으로 가장 적절한 것은?

> 사냥개가 토끼를 쫓게 되었는데, 산을 세 바퀴나 돌고 산을 다섯 번이나 오르내리며 추격전을 벌이다가 토끼가 앞에서 힘이 다하자, 뒤쫓던 개도 쓰러졌는데, 결국 개와 토끼가 모두 기진맥진하더니 그 자리에서 죽었습니다. 한 농부가 이를 보고 힘도 들이지 않고 개와 토끼를 주워갔다고 합니다. 지금 제(齊)와 위(魏)가 개와 토끼처럼 오랫동안 대치하여 군대가 지치고 백성이 피폐해졌는데, 신은 강한 진(秦)이나 큰 초(楚)가 기회를 틈타 농부가 두 마리를 모두 취하였듯이 제와 위를 취하려 하지 않을까 걱정입니다.

① 태평도를 신봉하는 농민
② 향거리선제를 통해 등용된 관리
③ 묵자의 가르침을 공부하는 학자
④ 오수전으로 물품을 거래하는 상인
⑤ 도연명의 귀거래사를 읽는 지식인

[24016-0022]

2 (가) 왕조에 대한 설명으로 옳은 것은?

> 어떤 사람이 말하였다. “하는 목덕(木德)을 얻어 청룡이 나타나고 초목이 무성하게 자랐습니다. 상은 금덕(金德)을 얻어 은(銀)이 산에서 넘쳐 흘렀습니다. 주는 화덕(火德)을 얻어서 적오(赤烏)의 상서(祥瑞)가 있었습니다. 지금 (가) 은/는 6국을 통일하였으므로 다시 수덕(水德)의 때입니다. 예전에 목공께서 사냥을 나가 흑룡(黑龍)을 잡았는데 바로 수덕이라는 단서입니다.” 이에 (가) 의 황제는 황허의 명칭을 덕수(德水)로 고치고, 10월을 해의 처음으로 정하였다. 또 흑색을 높이고, 정사는 법치를 숭상하였다.

① 은허 유적을 남겼다.
② 광둥 지역으로 영토를 확장하였다.
③ 조정에서 선비어 사용을 금지하였다.
④ 이민족의 침입을 받아 수도를 옮겼다.
⑤ 중정관으로 하여금 인재를 추천하게 하였다.

[24016-0023]

3 **다음 자료에 나타난 시기에 볼 수 있는 모습으로 가장 적절한 것은?**

> 왕준 등이 흉노에 가서 금백(金帛) 등의 두터운 예물을 전하고, 인장을 바꿔 주었다. 이전의 인장에는 '흉노선우새(匈奴單于璽)'라고 새겨져 있었다. 하지만 그는 '새(璽)'를 제후의 인장을 뜻하는 '장(章)'으로 바꿔 '신흉노선우장(新匈奴單于章)'으로 새겨 넣었다. 새 인장을 받은 선우는 옛 인장을 넘겨주었다. 다음날 선우는 우골도후를 보내 "예전 인장에는 새(璽)로 되어 있었고, 한(漢)이라는 국명도 없었소. 또 제왕 이하에서만 '장'이라고 칭하였소. 지금 새를 없애고 신(新)이라는 국명을 덧붙였으니 다른 신하와 아무런 구별이 없소. 바라건대 옛 인장을 갖고자 하오."라고 하였다. 이에 왕준이 "우리는 천명을 좇아 새 인장을 제조하였소. 선우는 마땅히 천명을 이은 우리의 제도를 받들도록 하시오."라고 하였다.

① 과거 시험에 응시하는 학자
② 평준법의 실시를 명령하는 황제
③ 분서의 필요성을 건의하는 승상
④ 군국제에 따라 봉토를 받는 황족
⑤ 토지 국유화 조치에 반발하는 호족

[24016-0024]

4 **다음 대화가 이루어진 시기를 연표에서 옳게 고른 것은?**

> 태수 : 옛 촉 지역에서 훈련하는 진(晉)의 수군이 반드시 이곳으로 올 것입니다. 지금 창장강을 건너가 싸우다 패배하면 우리는 돌이킬 수 없게 됩니다.
> 승상 : 우리 오의 국세가 기울어 장차 망하리라는 것은 어리석은 사람도 모두 알고 있는 사실이며, 어제 오늘 일도 아닙니다. 나는 진의 수군이 이곳에 이르렀을 때, 우리 병사들이 놀라고 겁을 먹어 정비할 수 없을까 염려스럽습니다. 차라리 강을 건너면 그래도 결전을 치를 수 있을 것이고, 패배하여 목숨을 잃어도 여한이 없을 것입니다.

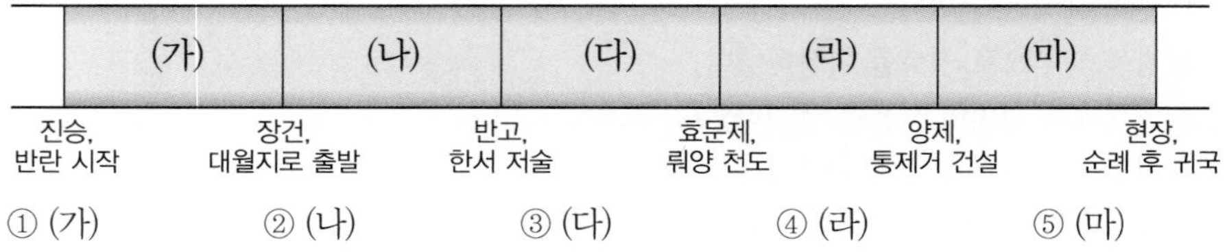

① (가)　② (나)　③ (다)　④ (라)　⑤ (마)

[24016-0025]

5 다음 자료에 나타난 왕조 시기의 상황으로 옳은 것은?

> 우문융이 상서하였다. "천하에 호구를 숨기고 도망 다니면서 교묘히 부병의 의무에서 빠지는 자가 심히 많습니다. 청컨대 점검과 단속을 하시기 바랍니다." …… 장열이 현종에게 건의하여 장사(壯士)를 모집하였다. 10일 사이에 정예병 13만 명이 모였다. 이들을 여러 위(衛)에 나눠 예속시킨 뒤 교대로 수도에 올라와 숙위하고, 기간이 만료되면 집으로 돌아가 쉬게 하였다. 이전과 달리 병농이 분리되었다.

① 상앙이 등용되어 개혁을 추진하였다.
② 공영달 등이 오경정의를 편찬하였다.
③ 사마천이 기전체의 사기를 저술하였다.
④ 동중서의 건의에 따라 태학이 세워졌다.
⑤ 혜강 등 죽림칠현이 청담을 주고받았다.

[24016-0026]

6 (가), (나) 시기 사이에 전개된 상황으로 옳은 것은?

> (가) 겐메이 천황은 정미년에 즉위하여 무신년에 개원하였다. 몬무 천황은 지토 천황이 있던 후지와라궁을 바꾸지 않고 그곳에 있었다. 겐메이 천황은 즉위 3년이 되던 해 헤이조궁으로 거처를 옮기고 수도로 삼았다.
> (나) 간무 천황은 처음에는 헤이조궁에 있었으나 야마시로의 나가오카로 옮겼다. 지금의 헤이안으로 다시 옮긴 천황은 이곳을 영구적인 수도로 만들고자 하였다.

① 견수사가 파견되기 시작하였다.
② 지방에서 무사단이 성장하였다.
③ 도다이사 대불전과 불상이 건립되었다.
④ 쇼토쿠 태자가 중앙 집권 체제를 강화하였다.
⑤ 벼농사와 금속기에 기반한 야요이 시대가 열렸다.

03 동아시아 세계의 발전 및 변동

1. 송의 발전

(1) 송의 건국과 발전

① 건국 : 5대 10국 시대의 혼란 속에서 조광윤(태조)이 건국(960)

② 황제권 강화 노력

구분	내용
내용	• 문치주의 채택 : 절도사 권한 약화, 황제가 군사권 장악, 문관 우대 • 재상 권한 축소, 과거제 개편(전시 정례화)
한계	관료 수 증가, 국방력 약화, 북방 민족 국가들의 압박 → 거란(요)과 서하에 물자(은, 비단 등) 제공 → 재정 부담 증가

③ 왕안석의 신법 : 재정난 극복, 부국강병 도모, 민생 안정 추구 → 사마광 등 보수파 관료와 대지주의 반대로 실패, 신법당과 구법당의 당쟁 격화

④ 남송의 수립과 멸망 : 금의 침입으로 화북 지역 상실, 남송 수립, 임안(항저우)을 도읍으로 삼음 → 강남 개발로 경제 안정 → 몽골(원)에 멸망(1279)

(2) 송대의 경제 : 강남 경제력이 화북 지역 능가, 도시의 번영

구분	내용
농업	• 토지 개간 활발, 새로운 농기구(용골차 등) 보급, 모내기법 보편화, 참파벼 도입 • 창장강 하류 지역이 최대의 곡창 지대로 발전, 지주 전호제의 확산
수공업	석탄 사용 확산, 제철 · 자기 · 견직업 등 발달
상업	• 상공업자들이 동업 조합(행 · 작) 결성 • 상거래가 활발해지면서 화폐 유통 증가(교자 · 회자) 등 • 해상 무역 발달(주요 무역항에 시박사 확대 설치)

(3) 송대의 사회와 문화

① 사회 : 과거제 강화, 교육 기관 증가 등으로 사대부 성장(지주층, 유교적 소양)

② 학문과 사상 : 성리학 집대성(남송 주희, 대의명분론과 화이론 중시), 역사서 편찬(사마광의 『자치통감』 등)

③ 서민 문화 : 카이펑, 항저우 등 대도시에 오락 시설 증가, 공연 성행, 잡극 · 통속 문학 유행

④ 과학 기술 : 인쇄술 발달(지식 보급과 문화 발전에 기여), 화약 무기 개발, 나침반 사용(원양 항해 활발) → 이후 이슬람 세계를 거쳐 유럽에 전파

⑤ 기타 : 『동경몽화록』(맹원로), 「청명상하도」(장택단) 등을 통해 송대 서민들의 일상생활을 알 수 있음

2. 북방 민족 국가의 대두

(1) 거란(요)

구분	내용
성장	• 야율아보기가 건국(916) • 발해를 멸망시킴, 화북의 연운 16주 차지 → 송과 화친(전연의 맹약)
통치	북면관제 · 남면관제 실시(유목민과 농경민을 이원적으로 지배)
문화	고유 문자 사용(전통문화 유지), 대장경 편찬 등

(2) 서하 : 탕구트족이 건국(1038), 동서 교역로 장악, 고유 문자 사용

▲ 거란(요)과 송(북송)의 영역

✪ 용골차
낮은 곳의 물을 끌어올려 논밭에 대는 기구로, 토지 개간에 이용되었다.

✪ 참파벼
송대에 새로 도입된 벼의 품종으로, 생육 기간이 짧고 자연재해에 강해 농업 생산력 증대에 기여하였다.

✪ 자치통감
북송 시대의 대표적인 사대부인 사마광이 황제의 명에 따라 지은 역사서로, 편년체로 편찬되었다.

✪ 연운 16주
5대 10국 시대에 석경당이 후진을 세울 때 거란(요)으로부터 받은 군사 원조 대가로 넘겨준 만리장성 이남의 16주를 말한다. 이후 송과 거란(요)은 이 지역을 두고 대립하였다.

개념 체크

1. 송 태조 (　　)은 절도사의 권한을 약화시키는 등 문치주의 정책을 실시하였다.
2. 북송 시기 (　　)은 부국강병과 민생 안정을 도모하기 위해 신법을 추진하였다.
3. 맹원로가 저술한 (　　)과 장택단이 그린 「청명상하도」를 통해 송대 서민들의 일상 생활을 엿볼 수 있다.
4. 연운 16주를 두고 대립하던 (　　)과 송은 전연의 맹약을 맺었다.

정답
1. 조광윤 2. 왕안석
3. 『동경몽화록』 4. 거란(요)

(3) 여진(금)

성장	• 아구다가 건국(1115) • 송과 연합하여 거란(요)을 공격한 후 정복 → 송의 수도인 카이펑을 함락하고 송 황제 생포(정강의 변) → 중도(베이징)로 천도(화북 지역 지배)
통치	여진족 등은 맹안 모극제, 한족 등은 주현제로 통치
문화	고유 문자 사용

▲ 금과 남송의 영역

자료 플러스 거란(요)과 금

당초 거란(요)의 마지막 황제인 천조제 야율연희는 해마다 여진족으로부터 이름난 사냥매인 해동청을 징발하였다. …… 그 괴로움을 견디기 어려웠던 여진의 아구다는 마침내 거란(요)에 반기를 들었다. …… 천조제 야율연희가 직접 정벌에 나섰으나 대패하고 말았다. …… 아구다는 마침내 연호를 제정하며 황제를 칭하였다. 국호는 대금이었다. 아구다가 친정에 나서 마침내 거란(요)의 도성인 상경(임황)을 함락시켰다.

여진족은 만주 동북부에서 거란(요)의 지배를 받고 있었다. 12세기 초 아구다가 부족을 통일하고 금을 세웠다. 금은 송과 연합한 후 거란을 공격하여 멸망시켰다. 이어 금은 송의 수도 카이펑을 함락하고 송의 황제를 포로로 끌고 갔다(정강의 변). 이에 송은 남송을 세우고 임안(항저우)으로 수도를 옮겼고, 금에 물자를 제공하는 조건으로 화친을 맺었다.

3. 몽골 제국의 발전

(1) 몽골 제국의 수립 : 13세기 테무친(칭기즈 칸)이 몽골족을 통일하고 몽골 제국 건설

발전	• 칭기즈 칸 : 천호제(유목민들을 천 호, 백 호, 십 호 단위로 편성)를 토대로 정복 전쟁 전개 → 서하와 금 공격, 중앙아시아 지역 진출 → 후손들이 유라시아에 걸친 대제국 건설 → 칭기즈 칸 사후 울루스들의 느슨한 연합체 형성 • 쿠빌라이 칸 : 대도(베이징)로 천도, 국호를 원(元)으로 개칭, 남송 정복, 두 차례의 일본 원정 추진
쇠퇴	• 쿠빌라이 칸 사후 황위 계승을 둘러싼 분쟁 격화, 황실과 귀족들의 사치와 낭비로 재정 악화 • 과중한 세금 징수, 교초 남발, 물가 폭등 → 백련교도 중심으로 홍건적의 난 발생 → 주원장(명 태조)에 의해 만리장성 이북으로 축출됨(1368)

(2) 원의 중국 지배

① 특징 : 중국식 통치 제도 활용, 몽골 제일주의 표방(몽골인이 고위 관직 독점)

② 계층 구조

- 지배층 : 몽골인과 색목인(주로 재정 업무 담당)
- 피지배층 : 한인(금의 지배를 받았던 한족 등), 남인(남송의 지배를 받았던 한족 등)

(3) 원의 경제와 문화

경제	• 농업 생산력 발전, 면직업 발달(목화 재배 확대) • 상업 발전, 대운하 정비(항저우와 대도 연결), 교초(지폐)의 통용 • 활발한 동서 교류 전개(초원길 등 동서 교역로 안정적 확보), 역참을 통해 지배력 강화, 해상 무역 번성(이슬람 상인 왕래) → 인적 · 물적 이동 활발
문화	• 서민 문화 : 원곡(희곡) 유행(『서상기』 등) • 각 민족의 종교 · 문화에 대한 관용 정책, 티베트 불교 유행, 파스파 문자 사용 • 이슬람 문화 유입으로 천문학, 역법(『수시력』 편찬), 자연 과학 등 발달 • 동서 원거리 여행 활발 → 마르코 폴로, 이븐 바투타, 교황 사절 등 방문

✪ 정강의 변
1126년 금이 송의 수도 카이펑을 점령하고 송의 휘종과 흠종 등을 포로로 끌고 간 사건이다. 정강은 당시 북송의 연호이다.

✪ 서상기
원대에 왕실보가 기존의 희곡 작품을 각색하여 만든 작품으로, 명대에도 큰 인기를 끌었다.

✪ 수시력
이슬람 역법의 영향을 받아 곽수경 등이 제작한 역법이다. 명대에도 이름만 『대통력』으로 바뀌었을 뿐 거의 그대로 시행되었다.

개념 체크

1. 금은 송의 수도 ( )을 함락하고 송의 황제를 생포하였다.
2. ( )는 여진족을 통일하고 1115년 금을 건국하였다.
3. 몽골 제국의 ( )은 대도를 수도로 삼고, 국호를 원으로 고쳤으며, 남송을 정복하였다.
4. 원대에 곽수경 등은 이슬람 역법을 참고하여 ( )을 편찬하였다.

정답
1. 카이펑 2. 아구다
3. 쿠빌라이 칸 4. 『수시력』

4. 일본 막부 정권의 성립

(1) **배경** : 헤이안 시대 후반 통치 체제 약화, 귀족과 호족의 장원 확대, 무사들이 서로 연합하거나 항쟁하면서 무사단으로 발전

(2) **가마쿠라 막부**

① 성립 : 12세기 말 미나모토노 요리토모가 가마쿠라에 막부 개창, 쇼군이 막부의 수장으로 무사들과 주종 관계 형성, 천황은 상징적인 존재로 변모

② 변천 : 13세기 후반 원의 두 차례 침공 방어 → 14세기 전반 가마쿠라 막부 멸망

5. 명의 건국과 발전

(1) **건국** : 주원장(홍무제)이 난징에 도읍하여 수립(1368), 몽골을 북으로 몰아내고 한족 왕조 부활

(2) **체제 정비**

홍무제	• 재상제 폐지(6부 직접 통솔), 학교 설립, 과거제 정비, 육유 반포 • 어린도책(토지 대장)·부역황책(호적 대장 겸 조세 대장) 정비, 이갑제 실시
영락제	자금성 건설 이후 베이징 천도, 내각 대학사 설치, 몽골 원정, 베트남 공격, 정화의 함대 파견

(3) **쇠퇴** : 환관의 득세로 정치 혼란 심화, 북로남왜(북방의 몽골과 동남 해안의 왜구)의 침입 → 16세기 후반 장거정의 개혁(일조편법 확대 실시 등) → 임진왜란 참전, 후금(청)과의 전쟁 등으로 재정난 확대

(4) **멸망** : 과중한 세금 징수 등으로 농민 봉기 발생 → 이자성의 농민군이 베이징 점령(1644)

6. 청의 성립과 발전

(1) **건국과 발전**

건국	누르하치가 팔기제를 바탕으로 여진 통합 → 후금 건국(1616) → 홍타이지가 국호를 청으로 변경, (내)몽골과 조선 공격 → 순치제 때 베이징 점령(1644)
발전	• 강희제 : 삼번의 난 진압, 타이완의 반청 세력 진압, 러시아와 네르친스크 조약 체결 • 옹정제 : 군기처 설치(정책 결정권을 황제에게 집중시킴) • 건륭제 : 티베트 · 신장 · 몽골 등 정복(최대 영토 확보)

(2) **지배 정책**

강경책	변발과 호복 강요, 사상 탄압(금서 지정, 문자옥)
회유책	주요 관직에 만주족과 한족을 같이 임명(만한 병용제), 과거제를 통해 한족 등용, 한족 지식인의 포섭을 위해 대규모 편찬 사업 실시(『사고전서』 등 편찬, 반청 사상 통제 목적도 존재)
지방 통치	한족은 군현제로 통치, 몽골 · 티베트 · 신장 등의 번부는 토착 지배자를 이용하여 간접 지배

(3) **쇠퇴** : 18세기 말 백련교의 난 발생, 팔기제의 한계 노출 등 → 세력 약화

7. 명 · 청대의 사회와 경제

(1) **신사층의 성장** : 명대에 학교와 과거제의 결합으로 신사층 형성, 세금 징수 · 치안 유지 · 향촌 교화 등에 참여, 각종 특권(요역 면제, 가벼운 형벌 면책 등), 대토지 소유, 고리대 · 공공사업 감독 · 세금 납부 대행 등으로 이익 추구

✪ 육유
명 태조 홍무제가 반포한 것으로, 여섯 조항의 유교 윤리를 담고 있다.

✪ 정화의 함대 파견
정화의 함대는 영락제 때부터 선덕제 때까지 7차례에 걸쳐 파견되었다. 정화의 함대는 남중국해, 인도양을 거쳐 아프리카의 해안까지 다녀왔다. 이 과정에서 각지의 지배자가 바치는 헌상품과 황제가 보내는 하사품 등을 운송하는 등 정화의 함대는 명 중심의 국제 질서 확대에 기여하였다.

✪ 문자옥
중국에서 문서에 적힌 문자와 내용이 통치 체제를 비판하는 경우 글쓴이를 벌하는 것을 말한다. 특히 청대에 자주 발생하였다.

✪ 만한 병용제
청은 군기처, 내각 등 중요한 기구의 고위 관료에 만주족과 한족을 함께 임명하였다.

개념 체크

1. 12세기 말 미나모토노 요리토모는 (　　)에 막부를 개창하였다.
2. 주원장은 (　　)을 수도로 명을 건국하였고, 몽골을 북쪽으로 몰아내었다.
3. 16세기 후반 내각 대학사 (　　)은 일조편법을 확대 시행하는 등 개혁을 추진하였다.
4. 청의 강희제는 삼번의 난을 진압하였고, (　　)와 네르친스크 조약을 맺었다.

정답
1. 가마쿠라 2. 난징
3. 장거정 4. 러시아

(2) 경제 발전

농업		창장강 중류(명대) · 상류(청대)가 곡창 지대로 발달, 옥수수와 고구마 등 외래 작물 전래, 상품 작물 재배(차, 면화, 담배 등) → 인구 증가에 영향
상공업		• 창장강 하류 지역에서 발달, 면직물 · 비단 · 도자기 등 → 쑤저우와 항저우 등 대도시 발달 • 산시 상인과 휘저우 상인 등 대상인 성장(회관, 공소 등 결성)
대외 무역	명대	해금 정책 실시, 주변 국가들과 조공 무역 전개(무로마치 막부 등과 감합 무역) → 16세기 후반 이후 해금 정책 완화
	청대	• 해금 정책 실시 → 타이완의 반청 세력 진압 후 상인의 해외 진출 허용 • 서양과의 무역을 광저우로 제한(공행을 통한 무역으로 제한)
동서 교역		이슬람 상인의 활동 및 서양 상인의 진출로 교역망 확대, 비단 · 차 · 도자기 수출, 일본과 아메리카 산 은의 대량 유입 → 은으로 세금 납부(명의 일조편법, 청의 지정은제)

8. 명 · 청대의 문화

명	학문	양명학 등장, 실용적 학문 발달(『천공개물』, 『본초강목』, 『농정전서』 등 편찬)
	서민 문화	『삼국지연의』, 『수호전』, 『서유기』 등 인기
	서양 문물	• 예수회 선교사들이 서양 학문 소개(무기 제조, 천문, 지리 등) • 마테오 리치 : 「곤여만국전도」 제작, 서광계와 함께 『기하원본』 간행
청	학문	고증학과 공양학 발달, 『강희자전』, 『사고전서』 등 편찬
	서민 문화	『홍루몽』 유행, 경극 유행
	서양 문물	아담 샬의 활동(역법 개정 등), 전례 문제로 서양과의 교류 위축

9. 일본 막부의 발전

(1) 무로마치 막부

① 성장 : 아시카가 다카우지가 교토에 개창(1336), 15세기 초부터 명과 감합 무역 전개

② 쇠퇴 : 쇼군의 후계자 분쟁으로 세력 약화, 전국(센고쿠) 시대 시작, 막부 붕괴

③ 도요토미 히데요시의 집권 : 전국 시대 통일, 조선 침략(임진왜란)

(2) 에도 막부

① 성립 : 도쿠가와 이에야스가 에도(도쿄)에 막부 개창(1603)

② 통치 체제

막번 체제	쇼군이 중앙과 직할지 지배, 지방 다이묘들은 쇼군에게 충성하는 대가로 영지(번)의 지배권 확보, 산킨코타이 제도 실시(다이묘 통제)
신분제	병농 분리, 무사 · 상공업자 · 농민의 직업과 신분 이동 금지 → 무사와 상공업자가 거주하는 조카마치 성장

③ 대외 정책 : 해외로 진출하는 일본 상인에게 주인장(슈인장) 발급(통제 강화) → 17세기 전반 쇄국 정책 실시(크리스트교 포교 금지, 사무역 통제) → 서양 상인 중 네덜란드 상인에게만 나가사키를 개방하여 무역 허용, 중국 · 조선과 교역 전개

④ 경제 발전 : 농업 발달, 상품 작물 재배 증가, 도로망 정비로 상공업 발전, 도시 성장 → 조닌(상인, 수공업자) 성장, 도시 상공업자들의 동업 조합 조직

⑤ 문화

조닌 문화	가부키(노래, 춤 등이 어우러진 연극)와 우키요에(인물, 풍속 등을 소재로 한 다색 목판화) 유행
난학	네덜란드인을 통해 의학과 천문학 등 전래 → 난학(란가쿠) 발달

✪ 감합
명이 무역을 통제하기 위해 발급한 무역 허가증으로, 절반은 명에서 보관하고 다른 절반은 교역 상대국에게 보냈다. 상대국의 배가 명에 입항할 때에 반드시 감합을 제출해야 하였다.

✪ 천공개물
명 말의 학자 송응성이 편찬한 책으로, 방적 · 제지 · 조선 등 여러 제조 기술에 대해 그림을 곁들여 해설한 것이 특징이다.

✪ 서광계
명 말의 대표적인 학자로, 예수회 선교사들과 교류하며 서양의 과학 기술에 관심을 가져 『기하원본』을 간행하였고, 『농정전서』를 저술하였다.

✪ 산킨코타이 제도
다이묘들로 하여금 정기적으로 영지에서 나와 가족들이 인질로 머무는 에도에 와서 근무하며 쇼군의 지휘를 받게 한 제도이다. 이 과정에서 다이묘들은 재정적으로 어려움을 겪게 되었다. 한편 산킨코타이 제도는 도로망 정비와 상공업 발전에 영향을 끼쳤다.

개념 체크

1. 명 · 청대에는 (　　　) 상인과 휘저우 상인과 같은 대상인이 출현하는 등 상공업이 발달하였다.
2. 청은 (　　　)에 공행을 두어 서양과의 무역을 전담하게 하였다.
3. (　　　)는 1603년 에도에 막부를 세웠다.
4. 에도 막부는 네덜란드 상인에게 (　　　) 앞바다에 조성한 데지마에서 무역하도록 허용하였다.

정답

1. 산시 2. 광저우
3. 도쿠가와 이에야스
4. 나가사키

대표 기출 문제 밑줄 친 '이 황제'가 통치한 왕조에 대한 설명으로 옳은 것은? 2024학년도 수능 6월 모의평가

그림은 티베트 불교풍의 문수보살로 형상화된 이 황제의 모습을 묘사하고 있다. 그는 티베트, 신장 등을 아우르는 광대한 영역의 다민족 제국을 통치하였다. 그 밖에 한족 지식인을 회유하기 위해 『사고전서』를 편찬하였고, 영국 매카트니 사절단의 무역 확대 요구를 불필요하다고 여겨 거절하기도 하였다.

① 9품중정제를 실시하였다.
② 장안을 수도로 정하였다.
③ 파스파 문자를 제정하였다.
④ 정화의 함대를 파견하였다.
⑤ 만한 병용제를 시행하였다.

정답 | ⑤

풀이 | 『사고전서』를 편찬하였다는 등의 내용을 통해 밑줄 친 '이 황제'가 청의 건륭제임을 알 수 있다. ⑤ 청은 만한 병용제를 시행하여 한족 지배층을 회유하려 하였다.
① 위진 남북조 시대에 실시된 9품중정제는 수대에 폐지되었다. ② 장안을 수도로 삼은 것은 당 등에 해당한다. 청의 수도는 베이징이었다. ③ 파스파 문자는 몽골의 고유 문자이다. ④ 명대에 정화의 함대가 파견되었다.

닮은꼴 문제 **1** 밑줄 친 '이 황제'에 대한 설명으로 옳은 것은? [24016-0027]

그림은 만주족의 복장을 하고 독서하는 모습으로 표현된 이 황제의 초상화이다. 여기에는 학문을 좋아하는 유가적 군주로서의 이미지를 드러내는 동시에 만주족의 주체성을 유지하려는 그의 의지가 반영되어 있다. 그는 삼번의 난과 타이완의 정씨 세력을 진압하여 왕조의 통치를 안정시키는 데 기여하였다.

① 이갑제를 마련하였다.
② 군기처를 설치하였다.
③ 서하와 금을 공격하였다.
④ 베이징에 자금성을 건설하였다.
⑤ 네르친스크 조약을 체결하였다.

대표 기출 확인하기

무로마치 막부의 특징

정답과 해설 8쪽

대표 기출 문제 (가) 막부에 대한 설명으로 옳은 것은?

2023학년도 수능

> 쇼군이 '가키쓰의 변'으로 피살된 후 (가) 의 권위는 점차 실추되었다. 대규모 반란이 빈번해지면서 다이묘에 대한 통제도 약화되었다. 이후 호소카와 가쓰모토와 야마나 모치토요의 대립이 고조되었고 대란이 발발하였다. 교토는 주요 전장이 되어 큰 피해를 입었다. 이를 계기로 (가) 의 정치적 영향력이 위축되었고 다이묘들이 패권을 다투는 상황이 한 세기가량 이어졌다.

① 헤이조쿄로 천도하였다.
② 원의 침입을 막아내었다.
③ 감합 무역을 전개하였다.
④ 다이카 개신을 추진하였다.
⑤ 메이지 유신을 단행하였다.

정답 | ③

풀이 | 쇼군 피살 이후 대란이 벌어졌고, 이를 계기로 다이묘들이 패권을 다투는 상황이 한 세기가량 이어졌다는 내용을 통해 (가) 막부가 무로마치 막부임을 알 수 있다. 15세기 후반 쇼군의 후계자 자리를 둘러싼 분쟁으로 무로마치 막부가 쇠퇴하면서 약 1세기 동안 전국 시대의 혼란이 계속되었다. ③ 무로마치 막부는 명과 감합 무역을 전개하였다.
① 8세기 초 헤이조쿄로 천도하면서 나라 시대가 열렸다. ② 가마쿠라 막부가 원의 2차례에 걸친 침입을 막아내었다. ④ 다이카 개신은 7세기 중엽 단행되었다. ⑤ 1868년 수립된 메이지 정부가 추진한 근대적 개혁을 메이지 유신이라고 한다.

닮은꼴 문제 **2** 밑줄 친 '막부'에 대한 설명으로 옳은 것은?

[24016-0028]

> 교토에 새로 수립된 막부의 위세는 등등하였다. 제3대 쇼군의 저택인 하나노고쇼는 천황의 처소 북쪽에 자리하였으며, 규모 역시 2배가량 컸다. 하지만 하나노고쇼는 쇼군의 후계 문제를 두고 교토를 휩쓴 오닌의 난으로 불에 타버렸다. 잿더미로 변해버린 하나노고쇼는 마치 기울어가는 막부의 운명과도 같았다.

① 데지마를 조성하였다.
② 견수사를 파견하였다.
③ 도다이사를 창건하였다.
④ 헤이안쿄를 건설하였다.
⑤ 명으로부터 책봉받았다.

[24016-0029]

01 다음 상황이 전개되던 시기에 볼 수 있는 모습으로 가장 적절한 것은?

> 등관이 상소하여 말하길 "폐하는 상의 이윤 및 주의 여상과 같은 뛰어난 신하의 보좌를 받고 있습니다. 백성들은 청묘법과 모역법 등 신법의 시행으로 기뻐 춤추고 있습니다."라고 하였다. 또 신법을 주도한 그에게도 서신을 보내 정책을 칭송하였다. 이후 등관은 중서검정(中書檢正)에 임명되었다.

① 훈련하는 팔기 소속 군인
② 왕안석을 비판하는 보수파 관료
③ 서상기 공연을 관람하는 도시 주민
④ 내각 대학사 설치를 명령하는 황제
⑤ 만주족 관리와 정사를 논의하는 한족 관리

[24016-0030]

02 (가) 왕조에 대한 설명으로 옳은 것은?

> (가) 은/는 송 조정이 서하에 의해 흔들리는 틈을 타 소특말을 사신으로 송에 보냈다. 그리고 자신들이 후진의 석경당으로부터 할양받았던 땅 중에서 한족이 다시 빼앗은 옛 땅을 되돌려 달라고 청하였다. 이때 부필이 사신을 접대하게 되었는데, 부필은 논변을 주고받은 끝에 영토 할양을 강력히 저지하였다. …… 그러나 결국 전연의 맹약에 따라 송이 매년 제공하던 세폐에 은과 비단을 추가로 더 주는 조건으로 화의가 결정되었다.

① 카이펑을 함락시켰다.
② 수시력을 편찬하였다.
③ 분서갱유를 단행하였다.
④ 고유 문자를 사용하였다.
⑤ 탕구트족에 의해 세워졌다.

[24016-0031]

03 (가) 왕조에 대한 설명으로 옳은 것은?

> 군사적으로 요를 압박하는 상황임에도 불구하고, 양박은 요에 사신을 보내 개국의 명분을 얻을 것을 (가) 의 황제에게 건의하였다. 황제는 고심 끝에 이를 받아들여 요에 사신을 보냈다. 요에서도 (가) 에 사신을 보내왔는데, 황제는 그 사신에게 "짐을 형으로 섬기고, 해마다 토산물을 바치도록 하라. …… 너희 나라가 송, 서하, 고려와 주고받은 국서 등을 바치면 화약을 맺을 것이다."라고 하였다.

① 아구다에 의해 세워졌다.
② 동위와 서위로 나뉘었다.
③ 광저우에 공행을 설치하였다.
④ 화폐를 반량전으로 통일하였다.
⑤ 점친 내용을 갑골에 기록하였다.

[24016-0032]

04 밑줄 친 '황제'에 대한 설명으로 옳은 것은?

> 지원 12년 바얀이 군대를 이끌고 창장강을 건넌 이후 승전 소식이 날마다 보고되었고, 정복이 눈앞에 다가왔다. 아흐마드가 <u>황제</u>에게 말하기를 "강남에 회자 유통 문제를 두고 신하들 사이에 의견들이 상반됩니다."라고 하였다. <u>황제</u>가 말하기를 "짐은 일찍이 그 일을 다른 신하들과 논의한 바 있다. 저들의 회자는 교초로 교환하는 것이 마땅하다. 조속히 시행하도록 하라."라고 하였다. …… 이후 임안(항저우)이 드디어 함락되었다.

① 동돌궐을 복속하였다.
② 삼번의 난을 진압하였다.
③ 국호를 원으로 바꾸었다.
④ 9품중정제를 폐지하였다.
⑤ 절도사의 권한을 회수하였다.

[24016-0033]

05 다음 조치를 내린 왕조에 대한 학생의 발표 내용으로 가장 적절한 것은?

상도 서쪽과 남쪽에 역참을 세우도록 하라. 남쪽 역참에서부터 연경(후에 대도로 개칭)에 이르는 길에 다시 역참을 두고, 한족으로 하여금 담당토록 하라. 또한 서쪽에서 상도에 이르는 길의 역참은 한족이 그 운영을 보조하게 하라.

① 황소의 난으로 쇠퇴하였어요.
② 거란족을 북면관제로 다스렸어요.
③ 연운 16주를 두고 송과 대립하였어요.
④ 서양과의 교역을 광저우로 제한하였어요.
⑤ 마르코 폴로와 이븐 바투타가 방문하였어요.

[24016-0034]

06 밑줄 친 '그'에 대한 설명으로 옳은 것은?

여러 신하들이 다음과 같이 건의하였다. "제가 듣기로 천하를 얻는 사람에게는 반드시 일정한 계획이 있다고 합니다. 이미 남방을 차지하셨으니, 마땅히 몽골과 단절하고 난징에 도읍하여 영토를 넓혀 나가야 합니다. 이렇게 하면 곧 중원을 엿보아 천하를 차지할 수 있고, 물러서더라도 창장강을 경계로 스스로 지킬 수가 있습니다. 난징은 예로부터 용이 서리고 범이 걸터앉은 듯한 산세를 갖춘 제왕의 도읍이라 하니, 풍부한 병력과 물자로 몽골을 공격하면 이길 것이고, 수비도 굳건히 할 수 있습니다." 그가 이를 받아들였다.

① 재상제를 폐지하였다.
② 군기처를 설치하였다.
③ 만한 병용제를 시행하였다.
④ 정화의 함대를 파견하였다.
⑤ 티베트와 신장을 정복하였다.

[24016-0035]

07 다음 자료에 나타난 시기의 경제 상황으로 옳은 것은?

- 영남회관의 건립은 만력 연간에 시작되었고, 왕조가 바뀐 후 확장하여 신축하였습니다. 가운데에 관우를 모시는 사당을 세웠는데, 높고 넓으며 화려했습니다. 그러나 그 옆에는 단지 작은 몇 개의 건물에 사람이 살았기 때문에 손님 접견 때에 모두 사당에서 연회를 하였습니다.
- 서방업(書坊業)은 책을 인쇄하고 사방으로 장사를 하고 있습니다. 함께 모이는 장소로는 경내에 숭덕공소를 건립하고 서적을 인쇄하였으나 일정한 행규는 없었습니다.

① 도전, 포전 등이 주조되었다.
② 균수법과 평준법이 마련되었다.
③ 약속 어음인 비전이 널리 사용되었다.
④ 자영농 육성을 위해 균전제가 마련되었다.
⑤ 옥수수, 고구마 등의 외래 작물이 재배되었다.

[24016-0036]

08 (가) 막부에 대한 설명으로 옳은 것은?

〈 (가) 막부의 수립 과정〉

겐코 3년 고다이고 천황이 황위를 회복하였다.
겐무 2년 아시카가 다카우지가 모반하였다.
겐무 3년 다카우지가 새로운 천황을 즉위시키고 막부를 수립하였다.
고다이고 천황이 요시노로 달아났다.

① 다이카 개신을 단행하였다.
② 명과 감합 무역을 전개하였다.
③ 전국 시대의 분열을 통일하였다.
④ 두 차례에 걸친 원의 침입을 물리쳤다.
⑤ 나가사키 앞바다에 인공섬을 조성하였다.

[24016-0037]

1 **(가) 왕조에서 있었던 사실로 옳은 것은?**

파일(F) 편집(E) 보기(V) 즐겨찾기(A) 도구(T) 도움말(H)

온라인 서점 서평

…… 카이펑의 북쪽 번화가에 다다랐다. 10여 리에 걸쳐 양쪽에는 백성들의 가게들이 있었고, 그 외에 황제 친위 부대들의 군영들이 서로 마주 보고 있었다. 그 밖의 마을과 거주지는 가로와 세로로 만 단위로 수를 세어야 할 정도로 많아 그 끝을 알 수 없었다. 다방과 주점, 기예를 하는 사람들의 공연장 및 음식점들이 있었다.

맹원로가 남긴 (가) 시대의 생활 모습을 담은 책이 드디어 완역되었다. 이 책에 기록된 (가) 의 수도는 오늘날 도시의 모습과 비교해도 손색이 없다. 당시 중국의 번화한 모습을 보고 싶은 사람들에게는 이보다 더 좋은 자료는 없을 것이다.

완료

① 오삼계 등이 반란을 일으켰다.
② 네스토리우스교(경교)가 전래되었다.
③ 9품중정제를 통해 인재가 추천되었다.
④ 행, 작이라는 동업 조합이 결성되었다.
⑤ 본초강목과 천공개물 등이 편찬되었다.

[24016-0038]

2 **다음 자료를 활용한 탐구 활동으로 가장 적절한 것은?**

• 지금 교자를 논할 때 이득이 두 가지이고 해독은 네 가지이다. …… 그 두 번째 해독은 위조가 많아서 소송이 날로 빈번해지는 것이다. 종이를 위조하려는 자가 어찌 없을까?
• 장휘가 당중우를 위해 순희 9년 정월에서 6월까지 다시 약 20차례에 걸쳐 지폐를 위조하였다. 이 일을 알게 된 주희가 탄핵하였고, 장휘는 소흥부로 압송되어 조사를 받았다.

① 송대의 경제 상황을 알아본다.
② 교초의 남발이 끼친 영향을 살펴본다.
③ 반량전으로 화폐가 통일된 배경을 찾아본다.
④ 안사의 난 전후 조세 제도의 변화 과정을 정리한다.
⑤ 옥수수, 감자 등의 작물 재배가 가져온 변화를 파악한다.

[24016-0039]

3 (가), (나) 시기 사이에 있었던 일로 옳은 것은?

(가) 조광윤이 놀라서 일어나 옷을 걸쳤다. 군사들이 곧 함께 부축하고 나와 황포(黃袍)를 입힌 뒤 줄을 지어 절하고 만세를 외쳤다. …… 조광윤은 장수들과 맹세한 뒤 군대를 정돈하고 인화문을 통해 입성하였다. 후주의 황제가 마침내 선위하였다.
(나) 금이 흠종에게 수도의 교외로 나올 것을 요구하였다. 이어 상황인 휘종도 나올 것을 계속 재촉하였다. …… 금은 휘종과 흠종을 이끌고 북쪽으로 돌아갔다. 당시 금은 수도에 7개월여간 머물다 돌아간 셈이다.

① 대도가 새로운 수도로 정해졌다.
② 요와 송이 전연의 맹약을 맺었다.
③ 이븐 바투타가 중국을 방문하였다.
④ 공영달 등이 오경정의를 편찬하였다.
⑤ 백련교도를 중심으로 홍건적의 난이 일어났다.

[24016-0040]

4 (가) 왕조에 대한 설명으로 옳은 것은?

과학의 날 교육 자료

역사 속 과학자 – ○○○

○○○은/는 혼천의를 만들어 천체를 관측하는 등 천문학에 관심을 갖고 있었다. (가) 의 하급 관리로서 활동하던 그는 동갑내기 왕순과 함께 태사국의 책임자로 임명된 후 역법 제작에 참여하게 되었다. 이들은 수학·천문학적 자료가 부족한 상황에서 일단 『수시력』을 완성하였다. 당연히 이를 뒷받침하는 관측과 이론적 정리가 필요하였는데, 왕순을 비롯한 동료들이 죽거나 은퇴한 상황에서 그가 주도적으로 후속 작업을 하게 되었다. 그가 『수시력』 편찬의 대표자로 후세에 전해지는 까닭이 여기에 있다.

① 일조편법을 확대 시행하였다.
② 북면관제와 남면관제를 실시하였다.
③ 서양과의 교역을 광저우로 제한하였다.
④ 왕안석을 등용하여 신법을 추진하였다.
⑤ 색목인에게 재정 업무를 담당하게 하였다.

[24016-0041]

5 밑줄 친 '외적의 공격'에 대한 탐구 활동으로 가장 적절한 것은?

> 신 장거정이 생각건대 지금 그 어떤 일보다 변방의 일이 중요합니다. 요즘 외적의 공격이 나날이 심해지고 있으나 변방의 일이 방치된 지 오래되었습니다. …… 바라옵건대 병부(兵部)로 하여금 각 변방의 총독(總督)과 순무(巡撫)들이 이전의 교훈을 착실히 거행하는지 살피도록 해야 합니다. 또한 그 실효 유무를 엄격히 조사하고 상벌을 크게 하여 방비가 갖추어지면 외적도 쉽사리 침입해 오지 못할 것입니다.

① 북로남왜의 침입 사례를 정리한다.
② 정강의 변 당시의 상황을 살펴본다.
③ 쿠빌라이 칸의 영토 확장을 조사한다.
④ 서하의 성립과 발전 과정을 알아본다.
⑤ 팔기의 편성과 활동 사례를 찾아본다.

[24016-0042]

6 밑줄 친 '황제'가 재위하던 시기의 사실로 옳은 것은?

> 한 가닥 작은 재주가 있는데도 우리 조정에 등용되지 못한 한인들은 억울해하며 괴로워하다가 타이완에서 한자리 얻을 수 있겠다고 생각하면 기꺼이 바다를 건너 타이완으로 갑니다. 또 정씨 집안은 왕이라 자처하며, 타이완에서 웅거한 지 수십 년이 되었습니다. …… 신은 황제 폐하를 위해 힘을 다해 진먼과 샤먼을 되찾았습니다. 그럼에도 정씨를 따르는 자들은 분명 정씨의 계획이 성공하지 못할 것을 알지만 오히려 함께 타이완으로 갑니다. 그 이유는 타이완에 가면 관직 한자리를 차지할 수 있지만, 우리에게 투항하면 바로 평민이 되어 버릴 뿐이라고 여기기 때문입니다.

① 정화의 함대가 파견되었다.
② 번 폐지에 반발한 반란이 일어났다.
③ 구법당의 반대로 개혁이 실패하였다.
④ 이자성의 농민군이 수도를 점령하였다.
⑤ 마테오 리치가 곤여만국전도를 제작하였다.

[24016-0043]

7 밑줄 친 '새 왕조'에 대한 설명으로 옳은 것은?

> 짐은 나라를 바로잡는 데 있어 가장 큰 일은 정확한 시간에 따라 역(曆)을 정하는 것을 급무라고 생각하였노라. …… 서양으로부터 십만 리의 바다를 건너 온 그대는 서광계에 의해 조정에 천거되었다. 역법을 담당하는 전문가들의 방법은 실은 그대보다 못하였으나, 단지 멀리서 온 외국인이라는 이유로 그대의 성공을 많은 이들이 시기하여 10여 년간 끝내 쓰임을 받지 못하였다. 그러나 짐이 나라를 승계하고 새 왕조의 기본을 정하는 초기에 그대에게 『시헌력』을 편수하도록 하였고, 드디어 완성에 이르게 되었으니, 근면하다고 일컬을 수 있겠노라.

① 자금성을 짓고 천도하였다.
② 여러 차례의 문자옥을 일으켰다.
③ 송의 황제를 포로로 사로잡았다.
④ 정복 지역에 도호부를 설치하였다.
⑤ 윈강, 룽먼 등지에 석굴 사원을 조성하였다.

[24016-0044]

8 밑줄 친 '이 막부'에 대한 설명으로 옳은 것은?

초대의 글

우키요에 전시회
– 사계(四季) –

우리 단체는 이 막부 시대에 조닌층에서 널리 유행한 다색 목판화인 우키요에 전시회를 개최합니다. 우키요에에 담긴 사계절을 비롯해 옛 일본의 다양한 모습을 감상하며 일본 문화에 대한 이해를 높이고, 양국 문화 교류의 기반을 다지는 기회가 될 것입니다. 여러분의 많은 관심과 성원 부탁드립니다.

기간 : ○○○○. ○○. ○○부터 1주일간
장소 : △△갤러리
입장료 : 무료

① 원의 침입을 막아내었다.
② 견당사 파견을 중지하였다.
③ 일본이라는 국호를 처음 사용하였다.
④ 미나모토노 요리토모에 의해 세워졌다.
⑤ 네덜란드를 통해 서양 의학 등을 받아들였다.

01
[24016-0045]

다음 자료에 나타난 시기의 상황으로 옳은 것은?

> 제(齊)의 왕이 위(魏)의 왕에게 말하기를 "내 신하 가운데 단자라는 자가 있는데 남성(南城)을 지키게 하였더니 초(楚)가 우리 쪽으로 쳐들어오지 못합니다. 내 신하 가운데 반자라는 자가 있는데 고당(高唐)을 지키게 하였더니 조(趙)가 황허에서 어업을 하지 못합니다. 내 신하 가운데 검부라는 자가 있는데 서주(徐州)를 지키게 하였더니 연(燕)과 조의 사람들이 우리에게 와서 자신들을 지켜 주기를 청합니다."라고 하였다.

① 황제가 절도사의 권한을 회수하였다.
② 진의 황실이 건강에서 나라를 세웠다.
③ 반란을 일으킨 홍건적이 세력을 확대하였다.
④ 우경의 보급으로 농업 생산력이 증대되었다.
⑤ 죽림칠현이 속세를 벗어나 청담을 논의하였다.

02
[24016-0046]

밑줄 친 ㉠ 상황이 전개되던 시기에 볼 수 있는 모습으로 가장 적절한 것은?

> 돌궐은 대대로 강도질하고 도둑질을 하였으니 백성의 원수입니다. 지금 다행히 망하였는데, 폐하께서는 그들이 항복하고 귀부해 차마 다 죽이지 못하시니 마땅히 그들을 풀어 주어 옛 땅으로 돌아가게 해야 합니다. 예전 진(晉) 초에 여러 오랑캐들이 백성들과 함께 중원에 섞여 살았는데, 황제가 오랑캐들을 변경 밖으로 쫓아내지 않아 화북 지역은 ㉠<u>결국 오랑캐들이 차지하였습니다</u>. 이는 지난 일이지만 확실히 귀감이 되는 것입니다.

① 수시력으로 날짜를 계산하는 관리
② 약속 어음인 비전을 사용하는 상인
③ 지정은제에 따라 조세를 납부하는 농민
④ 유목민 관련 사무를 처리하는 북면관의 관리
⑤ 9품중정제에 따라 관리로 등용되는 호족 자제

03
[24016-0047]

(가) 황제가 재위하던 시기의 사실로 옳은 것은?

> 베스트팔렌 조약 체결 이후 나타난 주권 국가 사이의 외교 방식을 익힌 밀레스쿠는 차르의 친서를 (가) 에게 전달하는 임무를 맡게 되었다. 밀레스쿠가 눈강(嫩江)에 도착하였을 때, 그를 맞이하러 온 (가) 의 칙사는 차르의 친서를 먼저 보려고 하였다. 밀레스쿠는 만국의 관례를 내세워 이를 부당하다고 주장하면서 베이징에서 직접 보여 주겠다고 하였다. 결국 밀레스쿠의 뜻이 관철되었다. 표면적으로는 멀리서 온 사람을 회유하는 뜻에서 그의 요구를 받아들여 베이징으로 불러들인 것이나, 현실적으로는 삼번의 난 진압이 급선무인 상황에서 남하하는 러시아와 적대적인 관계를 형성하지 않으려 했던 점이 크게 작용하였다.

① 사고전서가 편찬되었다.
② 대도가 새로운 수도가 되었다.
③ 주희가 성리학을 집대성하였다.
④ 타이완의 반청 세력이 진압되었다.
⑤ 황제를 보좌하는 내각 대학사가 마련되었다.

04
[24016-0048]

다음 규정이 적용되던 시기의 상황으로 옳은 것은?

> 1. 네덜란드인은 매년 2월 에도에 도착하여 예를 올린다. 진상품은 별도의 경로로 바친다.
> 2. 네덜란드인이 쇼군을 알현한 후 물러나 앉으면 쇼군의 측근이 나가서 말씀을 전하고 음식을 대접한다.
>   된장국, 술, 안주 2가지(장어구이, 실로 자른 삶은 계란), 과자(고마도란), 우스차

① 견당사가 파견되었다.
② 헤이조쿄가 완성되었다.
③ 아스카 문화가 발달하였다.
④ 명과 감합 무역이 전개되었다.
⑤ 가부키와 우키요에가 유행하였다.

04 서아시아의 여러 제국과 이슬람 세계의 형성

✪ 왕의 길
아케메네스 왕조 페르시아의 수도인 수사에서 사르디스를 연결하는 길이었다.

✪ 조로아스터교
조로아스터가 창시한 종교로 이 세상을 선(광명)과 악(암흑)의 신이 싸우는 장소로 보고, 인간은 선한 신의 은혜를 입어 최후의 심판 때 천국으로 갈 수 있다고 보았다. 구세주의 출현, 죽은 자의 부활, 최후의 심판 등의 교리는 이후 유대교, 크리스트교, 이슬람교 등에 영향을 주었다.

✪ 페르세폴리스
다리우스 1세 집권기에 조성되기 시작한 도시로, 각국 사신의 모습이 묘사된 부조 등이 유명하다.

✪ 마니교
마니가 창시한 종교로 불교, 크리스트교, 조로아스터교 등으로부터 영향을 받았다. 현세적 가치보다 금욕과 영적 지식을 중시하였다. 조로아스터교를 국교화한 사산 왕조 페르시아에서 많은 탄압을 받았다.

1. 고대 서아시아 세계의 발전

(1) 아시리아

① 철제 무기와 기마병을 앞세워 서아시아의 상당 부분 통일(기원전 7세기)
② 도로 정비, 정복지에 총독 파견, 수도 니네베에 왕립 도서관 건립
③ 피지배 민족을 강압적으로 통치 → 각지의 반란으로 멸망

(2) 아케메네스 왕조 페르시아

① 키루스 2세 : 제국의 기틀 마련(기원전 6세기)
② 다리우스 1세 : 지방에 총독과 감찰관('왕의 눈', '왕의 귀') 파견, 도로('왕의 길') 건설과 역참제 정비, 화폐와 도량형 정비
③ 관용 정책 : 피지배 민족에게 공납을 받는 대신 그들의 전통과 신앙 존중
④ 종교 : 조로아스터교 신봉
⑤ 문화 : 페르세폴리스 건설
⑥ 쇠퇴 : 그리스 세계와의 전쟁에서 패배, 지방 총독들의 반란 → 알렉산드로스의 침공으로 멸망(기원전 4세기)

▲ 아케메네스 왕조 페르시아의 영역

자료 플러스 | 다리우스 1세

다리우스 왕이 말하노라. 나 다리우스, 위대한 왕, 왕 중의 왕, 페르시아의 왕, 모든 나라의 왕, 히스타스페스의 아들이며 아케메네스 왕조 아르사메스의 손자이다. …… 아후라 마즈다의 축복으로 나는 왕의 자리에 올랐다. 아후라 마즈다는 나에게 왕국을 주었다. – 베히스툰(비시툰) 비문 –

아케메네스 왕조의 다리우스 1세는 베히스툰산(현재 이란 케르만샤주) 중턱의 절벽에 자신의 업적을 기록한 베히스툰 부조와 비문을 조성하였다. 부조는 다리우스 1세가 조로아스터교 최고의 신인 아후라 마즈다의 축복 아래 신하들의 호위를 받으며 반란군의 우두머리를 밟고 서 있고, 그 뒤로 8명의 포로들이 줄지어 서 있는 모습이 묘사되어 있다.

(3) 파르티아 : 알렉산드로스 제국 분열 후 이란 계통의 민족이 건국(기원전 3세기)

① 발전 : 크테시폰 등에 도읍, 로마와 인도(쿠샨 왕조), 중국(한 왕조)을 연결하는 동서 무역로 장악, 중계 무역으로 번영
② 쇠퇴 : 로마와의 대립으로 쇠퇴 → 사산 왕조 페르시아에 멸망

(4) 사산 왕조 페르시아 : 아케메네스 왕조 페르시아의 부흥을 내걸고 건국(3세기 초)

발전	크테시폰에 도읍, 메소포타미아 지역에서 인더스강 유역에 이르는 대제국 건설, 동서 교통의 요충지를 장악하여 중계 무역으로 번영
종교	조로아스터교의 국교화, 마니교 등장
문화	금속 세공품과 유리 공예품 등이 유럽과 동아시아까지 전파됨
쇠퇴	비잔티움 제국과의 계속된 전쟁과 왕실의 내분 → 이슬람 세력에 멸망(651)

개념 체크

1. 기원전 7세기에 (　　　)는 철제 무기와 기마병을 앞세워 서아시아의 상당 부분을 통일하였다.
2. (　　　)의 다리우스 1세는 '왕의 길'을 건설하고 역참제를 정비하는 등 중앙 집권 체제를 강화하였다.
3. 크테시폰을 수도로 삼은 (　　　)는 사산 왕조 페르시아에 멸망하였다.

정답
1. 아시리아
2. 아케메네스 왕조 페르시아
3. 파르티아

2. 이슬람 세계의 형성과 발전

(1) 이슬람교의 성립

① 이슬람교 성립 이전의 아라비아 사회

6세기 이전	오아시스를 중심으로 유목과 농경에 종사
6세기 이후	사산 왕조 페르시아와 비잔티움 제국의 갈등 고조 → 홍해와 아라비아해를 지나는 교역로 활성화 → 메카와 메디나 등의 도시 번성, 빈부 격차 심화, 부족 간의 대립 심화

② 이슬람교의 성립과 전파

성립	메카의 상인 무함마드가 알라를 유일신으로 하는 이슬람교 창시
특징	우상 숭배 배격, 모든 인간은 알라 앞에서 평등하다고 주장
박해	메카의 보수적인 귀족들의 박해 → 무함마드가 메카에서 메디나로 이동(헤지라, 622)
전파	메디나에서 교세 확장 → 무함마드가 메카 장악, 아라비아반도의 대부분 점령

(2) 이슬람 제국의 발전

① 정통 칼리프 시대(무함마드 사후~661) : 무함마드 사후 이슬람 공동체의 지도자로 칼리프 선출(제1대~제4대), 이집트 정복, 사산 왕조 페르시아를 멸망시킴

② 우마이야 왕조(661~750)

- 성립 : 제4대 칼리프 알리 피살 → 무아위야가 칼리프가 됨, 우마이야 가문이 칼리프 세습, 시아파와 수니파의 대립
- 통치 : 아랍인 우대, 비아랍인 차별
- 발전 : 다마스쿠스에 도읍, 인더스강 유역에서 북아프리카와 이베리아반도에 이르는 대제국 건설
- 쇠퇴 : 투르 · 푸아티에 전투에서 프랑크 왕국에 패배(732), 아바스 가문에 멸망

(3) 이슬람 제국의 변천

① 아바스 왕조(750~1258)

- 성립 : 아바스 가문이 우마이야 왕조에 불만을 가진 세력(비아랍인, 시아파)의 도움으로 건국
- 통치 : 아랍인의 특권을 폐지하고 비아랍인도 능력에 따라 등용
- 발전 : 당과의 탈라스 전투(751)에서 승리하여 동서 무역의 주도권 장악, 바그다드에 도읍, 민족과 인종을 초월한 범이슬람 제국으로 발전
- 쇠퇴 : 지방 세력의 성장, 이민족의 침입 → 셀주크 튀르크에 정치적 실권 부여 → 몽골의 침략으로 멸망(13세기)

자료 플러스 바그다드

> 알 만수르가 말하였다. "바로 여기가 내가 도읍을 건설할 곳이구나. 물품들은 유프라테스강, 티그리스강, 운하 등을 통해 여기에 당도할 수 있을 것이다. 군대와 일반 백성들을 부양할 수 있는 곳은 바로 여기뿐이다." 곧바로 그는 그곳을 구획하고 건설 자금을 책정하였다. 그는 손수 첫 번째 벽돌을 쌓고는 다음과 같이 말하였다. "알라의 이름으로, 그분을 찬미하기를. 지상은 알라의 것이다. 그분께서는 자신의 종 가운데 원하는 자를 택하시어 그것을 상속케 하신다. 알라를 경외하는 자들이 바로 그 열매를 얻게 된다."
>
> – 앨버트 후라니, 『아랍인의 역사』 –

자료에는 아바스 왕조의 제2대 칼리프인 알 만수르가 바그다드를 새 수도로 건설하는 과정이 담겨 있다. 아바스 왕조의 새 수도가 된 바그다드는 유럽과 지중해, 아시아를 잇는 교역로의 중심에 위치하여 '세계의 시장'으로 불렸으며, 유라시아 교역의 중심 도시가 되었다.

헤지라
'성스러운 이주'라는 뜻으로, 이슬람교도는 무함마드가 메카에서 메디나로 이주한 622년을 이슬람력의 시작 연도로 여긴다.

칼리프
이슬람 세계에서 무함마드를 잇는 계승자를 의미하며, 정치와 종교를 모두 장악한 제정일치 지도자였다.

시아파와 수니파
시아파는 제4대 칼리프 알리의 후손만이 칼리프가 되어야 한다고 주장하였다. 반면 수니파는 능력과 자질을 갖춘 이슬람교도라면 누구나 칼리프가 될 수 있다고 주장하였다.

개념 체크

1. 무함마드 사후 이슬람 공동체의 지도자로 (　　)가 선출되었다.
2. 무아위야가 건국한 (　　) 왕조는 다마스쿠스에 도읍을 정하였다.
3. (　　) 왕조는 당과의 탈라스 전투에서 승리하여 동서 무역의 주도권을 장악하였다.

정답
1. 칼리프 2. 우마이야 3. 아바스

② 후우마이야 왕조
- 성립 : 우마이야 왕조의 일족이 이베리아반도에 건국(756), 코르도바에 도읍
- 발전 : 유럽에 이슬람 문화 전파, 10세기 전반에 칼리프 선언

③ 파티마 왕조 : 북아프리카에 건국(10세기 초), 아바스 왕조의 권위를 부정하고 칼리프의 칭호 사용

④ 셀주크 튀르크

성장	중앙아시아에서 서아시아로 이동, 이슬람 세계에서 용병 등으로 활약, 이슬람교로 개종
발전	• 바그다드에 입성하여 아바스 왕조의 칼리프로부터 정치적 실권을 위임받음(11세기 중엽) • 지중해에서 서아시아와 중앙아시아를 아우르는 지역까지 영토 확장 • 예루살렘과 소아시아 지역으로 세력 확대 → 비잔티움 제국 압박 → 십자군 전쟁 발발
쇠퇴	장기간 지속된 전쟁 및 왕조의 분열 → 멸망

자료 플러스 셀주크 튀르크의 영토 확장

아바스 왕조의 바그다드에 입성한 투그릴 베그는 북부 이라크에서 시아파 이슬람교를 신봉한 부와이 왕조를 몰아내어 이라크, 시리아, 헤자즈를 셀주크 튀르크의 영토에 병합하였다. 투그릴 베그의 바그다드 입성은 셀주크 튀르크가 이슬람 세계의 보호자이자 지배자가 된다는 것을 시사하는 것이었다. 이후 바그다드의 칼리프는 투그릴 베그를 '동쪽과 서쪽의 술탄'으로 선포하였다. 분열되었던 서아시아와 중앙아시아의 이슬람 세계는 11세기 셀주크 튀르크의 투그릴 베그에 의해 재통일되었다.

– 이희철, 「터키 셀주크조 시대(11~14세기) 국제 통상 정책」 –

술탄은 원래 아랍어에서 '권력'이나 '권위'를 뜻하는 추상 명사였으나, 이후 '권력자'라는 의미를 띠게 되었다. 투그릴 베그는 부와이 왕조를 바그다드에서 축출하고 칼리프를 보호하여 아바스 왕조로부터 술탄의 칭호를 받았다. 이로써 셀주크 튀르크는 이슬람 세계의 보호자가 되었다.

(4) 이슬람 세계의 사회 · 경제 · 문화

사회	• 『쿠란』의 가르침이 일상생활 지배, 5행의 실천 중시(신앙 고백, 메카를 향한 예배, 라마단 기간의 금식, 가난한 사람에 대한 자선, 메카 순례) • 일부다처 허용, 돼지고기를 금기시하는 식생활 • 지즈야를 거두는 대신 피지배 민족의 종교 인정
경제	• 자유로운 상업 활동 보장 → 상인 성장, 교역로를 중심으로 도시 발달 • 이슬람 상인들은 낙타를 이용해 아프리카 내륙과 중국까지 왕래, 동아프리카 · 인도 · 동남아시아에 이르는 바닷길 교역 주도(다우선 이용)
문화	• 동서 문화 융합 : 정복지의 다양한 문화를 수용 · 융합 • 이슬람 문화권의 공통 요소 : 이슬람교, 아랍어 • 학문 : 『쿠란』 연구 과정에서 신학과 법학 발달, 아리스토텔레스의 저술이 아랍어로 번역됨 • 문학 : 『아라비안나이트』(여러 지역의 설화를 모음) • 건축 : 둥근 지붕(돔)과 뾰족한 탑을 특징으로 하는 모스크 양식과 아라베스크 무늬 사용 • 자연 과학의 발달 : 수학(인도 숫자를 도입하여 아라비아 숫자 완성), 화학(연금술 연구 등), 천문 지식과 역법 발달, 의학(이븐 시나, 『의학전범』 저술) • 이슬람 문화의 의의 : 동서 문화의 융합, 유럽의 르네상스 등에 영향, 중국의 제지법 · 나침반 · 화약 등을 유럽에 전파 → 유럽의 근대 과학 성립에 영향

✪ 파티마 왕조
무함마드의 딸이자 제4대 칼리프 알리의 부인인 파티마의 후손이라고 주장하는 세력이 그녀의 이름을 따서 세운 왕조이다. 시아파 이슬람교를 국교로 삼았으며 비잔티움 제국, 셀주크 튀르크 등과 대립하다가 12세기 후반에 멸망하였다.

✪ 라마단
이슬람력에서 9번째 달을 가리키는데, 이슬람교도는 이 기간 동안 해 뜰 무렵부터 해 질 녘까지 금식하며 절제된 생활을 한다.

✪ 지즈야
이슬람 왕조에서 정복한 지역의 이교도들에게 그들의 신앙을 인정하는 대신 징수한 인두세이다.

✪ 모스크
이슬람교도가 예배를 드리는 공간으로, 외부의 둥근 돔과 높고 뾰족한 탑(미나레트)이 특징이다.

개념 체크

1. 8세기 이베리아반도에서 성립된 (   )는 코르도바를 도읍으로 삼았다.
2. 11세기 중엽 바그다드에 입성한 (   )는 아바스 왕조의 칼리프로부터 정치적 실권을 위임받았다.
3. 이슬람 건축에서는 둥근 지붕(돔)과 뾰족한 탑을 특징으로 하는 (   ) 양식과 아라베스크 무늬가 사용되었다.

정답
1. 후우마이야 왕조
2. 셀주크 튀르크 3. 모스크

3. 이슬람 세계의 팽창

(1) 오스만 제국의 발전

① 성립 : 튀르크 계통의 오스만족이 소아시아 지역에서 건국(13세기 말) → 발칸반도 대부분 지배, 술탄 칭호 사용

② 발전
- 메(흐)메트 2세 : 비잔티움 제국을 멸망시킴(1453), 콘스탄티노폴리스(이스탄불)를 수도로 삼음
- 셀림 1세 : 이집트의 맘루크 왕조 정복, 메카와 메디나의 보호권 장악(→ 이슬람 세계의 지배자로 군림)
- 술레이만 1세 : 동유럽 진출(헝가리 정복 등), 유럽의 연합 함대 격퇴(→ 지중해 교역에서 주도적 역할), 오스만 제국의 전성기

▲ 오스만 제국의 영역

③ 통치 : 티마르제(일종의 군사적 봉건제) 실시, 데브시르메 제도를 통한 예니체리와 관료 육성

④ 경제 : 아시아와 유럽을 잇는 동서 교역의 교차로에 위치, 동서 중계 무역으로 번영

⑤ 사회 : 다른 민족과 종교에 대한 관용 정책 실시(지즈야만 납부하면 비이슬람교도의 신앙 인정), 종교 공동체인 밀레트 인정

⑥ 문화 : 이슬람 문화를 바탕으로 튀르크 · 페르시아 · 비잔티움 제국의 문화 융합, 천문학 · 수학 · 지리학 등 실용적인 학문 발달, 술탄 아흐메드 사원(블루 모스크) 건립

자료 플러스 오스만 제국의 콘스탄티노폴리스 함락

술탄 메(흐)메트 2세는 비잔티움 제국의 황제 콘스탄티누스 11세에게 항복을 제의하였다. 비잔티움 제국의 황제가 이를 거절하자 오스만 제국 군대의 본격적인 대포 발사가 시작되었다. …… 전투 개시 54일 만인 1453년 5월 29일 이른 시간에 오스만 제국 군대의 공격으로 비잔티움 제국의 성벽이 무너지면서 콘스탄티노폴리스가 함락되었다. …… 메(흐)메트 2세는 성 소피아 성당을 이슬람 사원으로 개조시켰으며, 콘스탄티노폴리스를 오스만 제국의 수도로 공포하였다. – 이희철, 『튀르크인 이야기』 –

오스만 제국의 술탄 메(흐)메트 2세는 1453년 비잔티움 제국을 멸망시킨 뒤 콘스탄티노폴리스를 새로운 수도로 삼았다. 이후 이 도시는 이스탄불로 불리기도 하였으며, 아시아와 유럽뿐 아니라 지중해와 러시아, 동유럽까지 연결하는 문명의 교차로이자 이슬람 세계의 정치 · 경제 · 문화의 최대 중심지로 번영을 누렸다.

(2) 티무르 왕조의 발전

성립	티무르가 몽골 제국의 부활을 내세우며 건국(14세기 후반)
발전	중앙아시아에서 서아시아에 이르는 제국 건설, 오스만 제국 압박, 수도 사마르칸트를 중심으로 동서 무역을 통해 번영
쇠퇴	티무르 사후 세력 약화 → 우즈베크인에게 멸망

(3) 사파비 왕조의 발전

성립	이스마일 1세가 이란 지역에서 건국(16세기 초), 시아파 이슬람교를 국교로 정함, 전통적인 페르시아의 군주 칭호인 '샤' 사용
발전	수니파 국가인 오스만 제국과 대립, 아바스 1세 때 수도를 이스파한으로 옮기고 군사력 강화
쇠퇴	왕실 내부의 갈등과 혼란, 아프간족의 침입 등으로 쇠퇴 → 멸망(18세기 전반)

✪ 맘루크 왕조

13세기 중엽부터 16세기 초까지 이집트와 시리아 일대를 통치하던 이슬람 왕조로, 맘루크(노예 출신의 군인)를 중심으로 수립되었다.

✪ 티마르제

오스만 제국의 술탄이 주로 지방의 기병에게 군사적 봉사의 대가로 토지에 대한 징세권(티마르)을 부여한 제도이다.

✪ 데브시르메 제도

오스만 제국이 정복지의 크리스트교도 청소년 등을 징발해 이슬람교로 개종시킨 후 예니체리(술탄의 친위 부대)나 관료로 육성한 제도이다.

✪ 술탄 아흐메드 사원

오스만 제국의 술탄 아흐메드 1세가 콘스탄티노폴리스(이스탄불)에 건립한 이슬람 사원으로, 6개의 첨탑과 내부의 푸른색 타일로 유명하여 '블루 모스크'라고도 불린다.

개념 체크

1. 오스만 제국의 (　　)는 콘스탄티노폴리스를 함락하여 비잔티움 제국을 멸망시켰다.
2. (　　) 왕조는 사마르칸트를 수도로 하여 동서 무역을 통해 번영하였다.
3. 이스마일 1세는 16세기 초에 (　　) 왕조를 세웠다.

정답
1. 메(흐)메트 2세 2. 티무르
3. 사파비

대표 기출 문제 밑줄 친 '이 왕조'에 대한 설명으로 옳은 것은? 2024학년도 수능 9월 모의평가

이 장신구는 에데사 전투에서 발레리아누스를 포로로 사로잡아 큰 승리를 거두었던 샤푸르 1세의 모습을 담고 있다. 샤푸르 1세는 파르티아를 멸망시킨 아르다시르 1세의 아들로 왕위를 이어받아 이 왕조의 전성기를 이루었다.

① 크테시폰을 수도로 삼았다.
② 티무르 왕조를 무너뜨렸다.
③ 우르두어를 널리 사용하였다.
④ 아프간족의 침입으로 쇠퇴하였다.
⑤ 키루스 2세 때 원통에 칙령을 새겨 반포하였다.

정답 | ①

풀이 | 자료에서 샤푸르 1세, 파르티아 멸망 등을 통해 밑줄 친 '이 왕조'가 사산 왕조 페르시아임을 알 수 있다. ① 사산 왕조 페르시아는 파르티아를 멸망시켰고, 크테시폰을 수도로 삼아 동서 무역로를 장악하면서 발전하였다.
② 티무르 왕조는 16세기 초 우즈베크인에게 멸망하였다.
③ 무굴 제국에서는 힌두어에 페르시아어, 아랍어 등이 합쳐진 우르두어가 널리 사용되었다.
④ 사파비 왕조는 왕실 내부의 갈등과 혼란, 아프간족의 침입으로 쇠퇴하다가 18세기에 멸망하였다.
⑤ 기원전 6세기에 키루스 2세가 아케메네스 왕조 페르시아의 기틀을 마련하였다.

닮은꼴 문제 **1** (가) 왕조에 대한 설명으로 옳은 것은? [24016-0049]

이 부조는 에데사 전투에서 승리하며 로마 제국의 황제 발레리아누스를 포로로 잡은 (가) 의 샤푸르 1세 모습을 담고 있다. 이 부조에서 말을 탄 인물로 형상화된 샤푸르 1세는 조로아스터교를 신봉하였으나 마니교의 창시자 마니가 백성들을 상대로 포교하는 것을 허용하는 등 종교적 관용 정책을 펼쳤다.

① 탕구트족이 건국하였다.
② 피라미드를 제작하였다.
③ 코르도바를 수도로 삼았다.
④ 비잔티움 제국을 정복하였다.
⑤ 이슬람 세력에 의해 멸망하였다.

[24016-0050]

01 (가) 국가에 대한 설명으로 옳은 것은?

이달의 추천 도서 『니네베 발굴 이야기』

○ 저자 : ○○○
○ 내용 소개 : 19세기 영국의 레이어드가 (가) 의 수도였던 니네베 일대를 발굴하면서 겪은 이야기를 생생하게 담고 있다. 그의 발굴을 계기로 기원전 7세기에 철제 무기, 전차 등을 앞세워 정복 활동을 전개한 (가) 의 실체가 드러나게 되었다.

① 은허 유적을 남겼다.
② 파스파 문자를 사용하였다.
③ 네르친스크 조약을 체결하였다.
④ 서아시아의 상당 부분을 통일하였다.
⑤ 하라파와 모헨조다로를 건설하였다.

[24016-0051]

02 (가) 왕조에 대한 탐구 활동으로 가장 적절한 것은?

사료로 읽는 세계사

다리우스 왕이 말하노라. 나 다리우스, 위대한 왕, 왕 중의 왕, 페르시아의 왕, 모든 나라의 왕, 히스타스페스의 아들이며 아르사메스의 손자이다. …… 많은 나라들이 내게 굴복하였고, 아후라 마즈다의 은총으로 나는 그들의 왕이 되었다. 페르시아, 엘람, 바빌로니아 …… 박트리아, 소그디아, 간다라, 스키티아, 사타기디아, 아라코시아 그리고 마카 등 모두 스물 세 곳의 나라이다.

[해설] 자료는 (가) 의 다리우스 1세의 명령으로 베히스툰산(현재 이란 케르만샤주) 중턱의 절벽에 고대 페르시아어, 엘람어 등을 새겨 넣은 비문의 일부이다. 비문에는 다리우스 1세의 가계와 활동을 비롯해 왕조의 창건이 아후라 마즈다의 도움을 받아 이루어졌다는 내용 등이 새겨져 있다.

① 헤지라의 의미를 파악한다.
② 카바 신전이 조성된 배경을 살펴본다.
③ 페르세폴리스의 건설 과정을 찾아본다.
④ 투르·푸아티에 전투의 결과를 조사한다.
⑤ 시아파와 수니파가 나뉘게 된 계기를 알아본다.

[24016-0052]

03 (가) 왕조에 대한 설명으로 옳은 것은?

알렉산드로스 제국이 분열된 후 카스피해 동쪽 지역에 살던 이란 계통 민족이 (가) 을/를 세웠다. 크테시폰 등을 도읍으로 삼은 (가) 은/는 기원전 2세기경에 전성기를 맞이하여 메소포타미아 평원에서 인더스강에 이르는 대제국을 건설하였다. 또한 로마와 인도의 쿠샨 왕조, 중국의 한을 연결하는 동서 무역로를 장악하고 중계 무역으로 번영을 이루었다.

① 이베리아반도로 진출하였다.
② 칼리프의 칭호를 사용하였다.
③ 몽골 제국의 부활을 내세웠다.
④ 종교 공동체인 밀레트를 인정하였다.
⑤ 사산 왕조 페르시아의 침략으로 멸망하였다.

[24016-0053]

04 밑줄 친 '이 왕조'에서 있었던 사실로 옳은 것은?

사진은 이 왕조의 샤푸르 1세(앞면)와 불의 제단 문양(뒷면)이 새겨진 금화이다. 샤푸르 1세는 로마 제국의 황제를 사로잡은 왕이며, 불의 제단 문양은 이 왕조가 국교로 삼은 조로아스터교의 아후라 마즈다를 표현한 것으로 알려져 있다.

① 마니교가 등장하였다.
② 카스트제가 성립하였다.
③ 사자의 서가 제작되었다.
④ 함무라비 법전이 편찬되었다.
⑤ 술탄 아흐메드 사원이 건립되었다.

[24016-0054]

05 밑줄 친 '이 시대'에 있었던 사실로 옳은 것은?

무함마드가 세상을 떠난 후, 그를 계승한 아부 바크르, 우마르, 우스만, 알리 등 네 명의 칼리프가 통치하는 시대로 이어졌다. 이 시대의 초기에는 넓은 안마당과 여러 개의 입구가 있는 형태, 폭이 넓고 길이가 짧은 모스크가 일반적이었다. 그런데 점차 영토가 확장되면서 각 지역의 전통적인 건축 기술과 방법이 모스크 건축에 반영되었고, 이에 따라 바스라, 쿠파, 푸스타트, 예루살렘 등에 다양한 형태의 모스크가 건립되었다.

① 수시력이 편찬되었다.
② 지구라트가 건설되었다.
③ 파티마 왕조가 수립되었다.
④ 사산 왕조 페르시아가 멸망하였다.
⑤ 수사와 사르디스를 잇는 왕의 길이 건설되었다.

[24016-0055]

06 밑줄 친 '이 왕조'에 대한 설명으로 옳은 것은?

이슬람 세력이 중앙아시아로 진출하게 된 결정적인 계기는 탈라스 전투였다. 당과 오랜 기간 대립해 왔던 튀르크계 부족은 당의 중앙아시아 진출에 반발하여 중앙아시아로 영역을 확장하려는 이 왕조를 도와 탈라스 전투에 참여하였다. 이 왕조는 튀르크계 부족, 티베트 등과 연합하여 지금의 타슈켄트 부근 탈라스강 유역에서 당군을 물리쳤다. 전투 결과, 중앙아시아 지역에 대한 당의 영향력은 급격히 감소하였고, 이 왕조가 동서 무역의 주도권을 장악하게 되었다.

① 티무르에 의해 건국되었다.
② 코르도바를 수도로 삼았다.
③ 몽골의 침략으로 멸망하였다.
④ 이집트의 맘루크 왕조를 정복하였다.
⑤ 북아프리카와 이베리아반도로 진출하였다.

[24016-0056]

07 (가) 제국에서 볼 수 있는 모습으로 가장 적절한 것은?

방송 안내 : EBS 역사 영화 시리즈

○ 제목 : 정복자 메(흐)메트 2세
○ 일시 : ◇월 ◇일 18시~20시
○ 영화 소개 : 무라트 2세의 아들인 메(흐)메트 2세는 아버지의 뒤를 이어 (가) 의 술탄이 된다. 메(흐)메트 2세는 비잔티움 제국의 수도 콘스탄티노폴리스를 점령하기 위해 그의 절친한 친구이자 충실한 신하인 하산의 도움을 받아 원정에 나선다. 마침내 콘스탄티노폴리스를 점령한 그는 이곳을 새로운 수도로 삼게 되는데 …….

① 티마르제의 실시를 알리는 관리
② 수도 사마르칸트에서 장사를 하는 상인
③ 모헨조다로에서 건물을 짓고 있는 주민
④ 바그다드에 입성하는 셀주크 튀르크의 병사
⑤ 무아위야의 칼리프 즉위 소식에 기뻐하는 이슬람교도

[24016-0057]

08 밑줄 친 '왕조'에 대한 설명으로 옳은 것은?

아바스 1세가 추진한 행정 개혁과 경제 부흥의 핵심은 거대한 수도 이스파한의 건설이었다. 수도의 건설은 권력을 중앙으로 집중시키고 왕조의 정통성을 과시하기 위해 절대적으로 필요한 사업이었다. 그리하여 아바스 1세는 가로 약 500미터, 세로 약 160미터에 이르는 메이단이샤(왕의 광장)를 중심으로 이스파한을 건설하였다. 광장은 시장, 축제의 장 또는 경기장으로 이용되었다. 주변에 상점들이 2층으로 늘어섰고, 주요 길목에는 상징성이 있는 건물과 아치를 세웠다. 광장에서 차하르바그 거리를 따라 약 4km 떨어진 곳에 샤가 외교사절을 접견하고 국가의식을 주재하는 여름 궁전이 지어졌다.

① 우즈베크인에게 멸망하였다.
② 데브시르메 제도를 실시하였다.
③ 이스마일 1세에 의해 건국되었다.
④ 프랑크 왕국과의 전투에서 패배하였다.
⑤ 자연 현상을 찬미하는 베다를 제작하였다.

[24016-0058]

1 (가) 왕조에 대한 설명으로 옳은 것은?

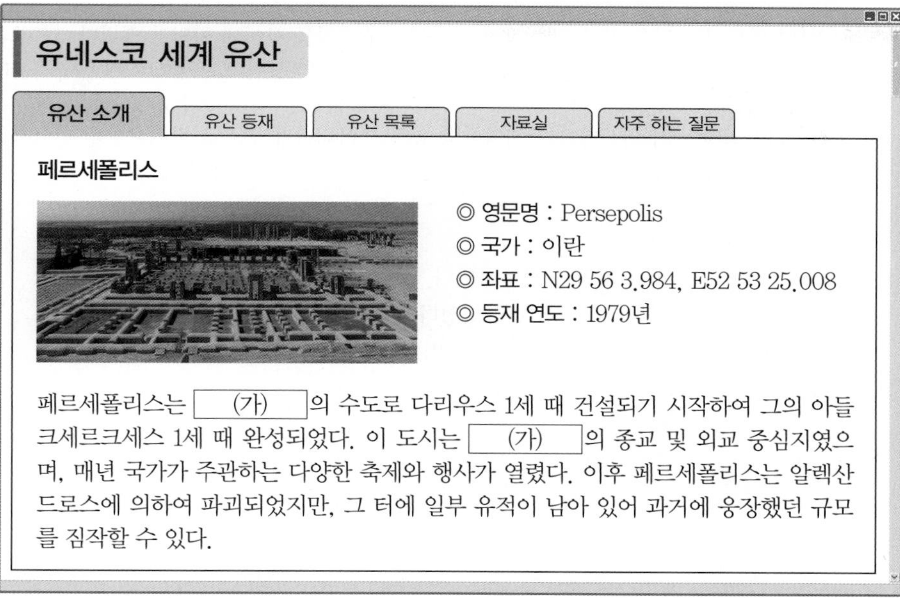

유네스코 세계 유산

유산 소개 | 유산 등재 | 유산 목록 | 자료실 | 자주 하는 질문

페르세폴리스

◎ 영문명 : Persepolis
◎ 국가 : 이란
◎ 좌표 : N29 56 3.984, E52 53 25.008
◎ 등재 연도 : 1979년

페르세폴리스는 (가) 의 수도로 다리우스 1세 때 건설되기 시작하여 그의 아들 크세르크세스 1세 때 완성되었다. 이 도시는 (가) 의 종교 및 외교 중심지였으며, 매년 국가가 주관하는 다양한 축제와 행사가 열렸다. 이후 페르세폴리스는 알렉산드로스에 의하여 파괴되었지만, 그 터에 일부 유적이 남아 있어 과거에 웅장했던 규모를 짐작할 수 있다.

① 예니체리를 창설하였다.
② 길가메시 서사시를 남겼다.
③ 네르친스크 조약을 체결하였다.
④ 카르타고 등 여러 도시를 건설하였다.
⑤ 그리스 세계와의 전쟁에서 패배하였다.

[24016-0059]

2 (가) 왕조에 대한 설명으로 옳은 것은?

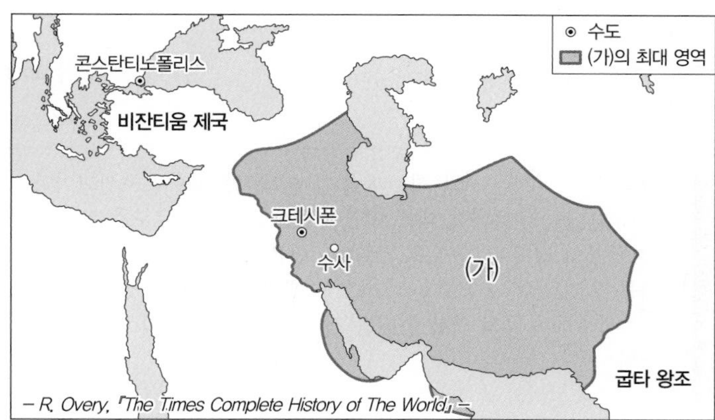

– R. Overy, 『The Times Complete History of The World』 –

① 밀레트 제도를 운영하였다.
② 조로아스터교를 국교로 삼았다.
③ 유럽의 십자군과 전쟁을 벌였다.
④ 알렉산드로스의 침공으로 멸망하였다.
⑤ 시아파와 비아랍인의 도움을 받아 성립되었다.

[24016-0060]

3 **(가), (나) 시기 사이에 있었던 사실로 옳은 것은?**

> (가) 무함마드가 세상을 떠난 뒤 이슬람 공동체의 지도자들 사이에 회의가 열렸다. 그 결과 아부 바크르가 칼리프로 선출되었는데, 그는 무함마드의 장인으로 최초의 개종자 가운데 한 명이었다.
> (나) 알리가 쿠파에서 암살당하자 시리아의 총독 무아위야가 스스로 칼리프임을 선언하였다. 알리의 장남 하산은 무아위야의 등극을 암묵적으로 인정할 수밖에 없었다.

① 헤지라가 단행되었다.
② 이슬람 세력이 이집트 지역을 정복하였다.
③ 파티마 왕조가 북아프리카에서 건국되었다.
④ 다리우스 1세가 페르세폴리스를 건설하였다.
⑤ 파르티아가 로마와 중국을 연결하는 중계 무역으로 번영하였다.

[24016-0061]

4 **(가) 제국에 대한 설명으로 옳은 것은?**

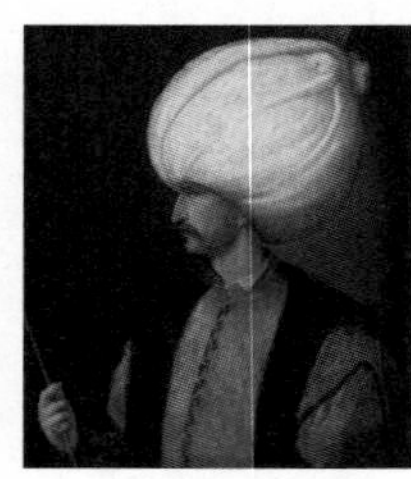

> 그림은 (가) 의 제10대 술탄 술레이만 1세의 초상화이다. 그는 선대 술탄들이 공략에 애를 먹었던 베오그라드와 로도스섬을 점령하였고 헝가리 정복에 이어 오스트리아 빈을 포위 공격하여 합스부르크 왕가를 위기로 몰아넣었다. 그리고 프레베자 해전에서 교황청과 에스파냐, 베네치아 등의 연합 함대를 격파하고 동지중해의 해상권을 장악하였다.

① 수도를 이스파한으로 옮겼다.
② 시아파 이슬람교를 국교로 삼았다.
③ 북아프리카 지역까지 영토를 확장하였다.
④ 셀주크 튀르크에 정치적 실권을 부여하였다.
⑤ 지방에 왕의 눈이라고 불린 감찰관을 파견하였다.

[24016-0062]

5 다음 지도에 나타난 도시의 역사에 대한 탐구 활동으로 가장 적절한 것은?

① 사자의 서를 제작한 목적을 찾아본다.
② 비잔티움 제국의 멸망 과정을 살펴본다.
③ 탈라스 전투가 발생한 배경을 파악한다.
④ 무함마드의 헤지라가 단행된 이유를 알아본다.
⑤ 후우마이야 왕조가 수도로 삼은 지역을 조사한다.

[24016-0063]

6 (가) 왕조에 대한 설명으로 옳은 것은?

우즈베키스탄의 옛 화폐인 500숨 뒷면에는 14세기 후반 (가) 을/를 세운 인물이 묘사되어 있다. 그는 몽골 제국의 재건이라는 목표를 내세우며 정복 활동을 펼쳐 중앙아시아에서 서아시아에 이르는 제국을 건설하였다. 그러나 그가 명을 정복하러 가던 도중에 죽은 뒤 (가) 은/는 세력이 점차 약화되다가 우즈베크인에 의해 멸망하였다.

① 사마르칸트를 수도로 삼았다.
② 사산 왕조 페르시아를 멸망시켰다.
③ 투르 · 푸아티에 전투에서 승리하였다.
④ 아케메네스 왕조 페르시아를 정복하였다.
⑤ 데브시르메 제도를 통해 예니체리를 육성하였다.

05 인도의 역사와 다양한 종교·문화의 출현

1. 고대 인도 세계의 발전

(1) 불교와 자이나교의 출현

① 배경 : 기원전 7세기경 갠지스강 유역에서 도시 국가 간의 전쟁 빈번, 상업 발달 → 크샤트리아와 바이샤 세력의 성장 → 형식화된 브라만교의 제사 의식 반대, 브라만 중심 사회 비판

② 불교 : 고타마 싯다르타(석가모니)가 창시, 인간 평등과 윤리적 실천을 통한 해탈 강조

③ 자이나교 : 바르다마나(마하비라)가 창시, 고행과 금욕 강조

(2) 마우리아 왕조의 발전

① 건국 배경 : 알렉산드로스의 원정군이 인더스강 유역 침공 → 통일 자극

② 건국 : 기원전 4세기경 찬드라굽타 마우리아가 인도 북부 통일

③ 전성기(아소카왕)

- 남부를 제외한 인도 대부분 지역을 통일
- 불경을 정리하고 산치 대탑과 같은 불탑(스투파)과 석주(돌기둥) 건립
- 상좌부 불교 발달 : 개인의 해탈 강조, 동남아시아에 전파

④ 쇠퇴 : 아소카왕 사후 급격히 쇠퇴, 이민족의 침입 → 분열

▲ 마우리아 왕조와 쿠샨 왕조의 영역

자료 플러스 아소카왕이 건립한 산치 대탑

마우리아 왕조의 제3대 국왕인 아소카왕은 불경을 정리하고 스투파(탑)를 각지에 세우는 등 불교 보호와 포교에 힘썼다. 산치 대탑은 그가 세운 것으로, 현존하는 가장 오래된 불탑으로 알려져 있다. 산치 대탑은 반구형의 돔 형태로 탑 둘레에는 부처의 일대기, 아소카왕의 성지 순례, 불교 신자들의 불교 유적지 순례 장면 등이 새겨진 4개의 문이 있다.

(3) 쿠샨 왕조의 발전

① 건국 : 1세기경 이란 계통의 쿠샨족이 세움

② 발전 : 중국, 인도, 서아시아를 연결하는 중계 무역으로 번영(한과 파르티아로 이어지는 동서 교역)

③ 전성기(카니슈카왕)

- 북인도에서 중앙아시아에 이르는 최대 영토 확보, 불교 지원과 포교에 노력
- 대승 불교 발달 : 중생의 구제 강조, 부처를 신앙의 대상으로 삼음

④ 간다라 양식 : 인도 서북부의 간다라 지방에서 발달

- 인도 문화와 헬레니즘 문화의 융합, 불상 제작
- 대승 불교와 함께 중앙아시아를 거쳐 동아시아로 전파

✪ 자이나교

바르다마나가 창시한 종교로 카스트제를 부정하고 철저한 금욕주의와 고행을 통해 해탈의 경지에 오를 수 있음을 주장하였다.

✪ 아소카왕 석주의 사자상

아소카왕이 세운 석주의 꼭대기에는 불교의 교의를 뜻하는 법륜(수레바퀴)이 새겨져 있으며, 사자, 소 등이 조각되어 있다. 그 아래 기둥 부분에는 포고문이 새겨져 있다.

✪ 간다라 양식

알렉산드로스의 침입 이후 헬레니즘 문화의 영향을 받아 간다라 지방에서 발달한 미술 양식이다. 쿠샨 왕조 시기에 이르러 간다라 지방에서는 곱슬머리, 오뚝한 코, 입체적이고 굵은 옷 주름 등 헬레니즘 시대 조각상의 모습을 닮은 불상이 만들어졌다.

개념 체크

1. 고타마 싯다르타는 브라만 중심의 사회를 비판하고 인간 평등을 강조하며 (　　)를 창시하였다.
2. 마우리아 왕조의 (　　)은 산치 대탑과 석주를 건립하는 등 불교 장려책을 실시하였다.
3. (　　) 왕조의 카니슈카왕 시기에는 중생의 구제를 강조하고 부처를 신앙의 대상으로 보는 대승 불교가 발달하였다.

정답

1. 불교 2. 아소카왕 3. 쿠샨

2. 굽타 왕조와 인도 고전 문화의 발달

(1) 굽타 왕조의 성립과 발전

① 건국 : 4세기경 갠지스강 유역에서 찬드라굽타 1세가 건국

② 발전 : 찬드라굽타 2세가 벵골만에서 인더스강 유역까지 영토 확장, 최대 영토 확보

③ 쇠퇴 : 5세기경 에프탈의 침입, 왕위를 둘러싼 내분 → 6세기에 멸망

▲ 굽타 왕조의 영역

(2) 힌두교의 발전

① 형성 : 브라만교를 바탕으로 불교 및 다양한 민간 신앙이 융합

② 숭배 대상 : 브라흐마, 비슈누, 시바 등 다양한 신을 숭배

③ 발전

- 왕들이 자신을 비슈누에 비유하며 힌두교 후원
- 카스트에 따른 의무 수행 강조, 『마누 법전』 정비(힌두교도의 일상생활에 영향)

(3) 인도 고전 문화의 발달

특징	인도 고유의 특색 강조
문학	산스크리트어가 공용어가 되면서 산스크리트 문학 발달, 칼리다사가 희곡 『샤쿤탈라』 집필, 서사시인 『마하바라타』와 『라마야나』가 정리됨
굽타 양식	간다라 양식과 인도 고유의 특색 융합(아잔타 석굴 사원 · 엘로라 석굴 사원의 불상과 벽화 등) → 중앙아시아를 거쳐 동아시아의 불교 미술에 영향
자연 과학의 발달	원주율을 이용하여 지구의 둘레 추산, 지구의 자전 파악, 영(0)과 10진법 사용 → 이슬람 세계의 자연 과학 발달에 기여

자료 플러스 굽타 왕조 시기의 미술

▲ 아잔타 석굴 사원

굽타 왕조 시기에는 인도의 고전 문화가 발달하였다. 미술에서는 간다라 양식과 인도 고유의 특색이 융합된 굽타 양식이 나타났다. 굽타 양식은 헬레니즘 문화의 영향을 강하게 받은 간다라 양식과는 달리 옷맵시의 표현에서 옷 주름의 선을 완전히 생략하고 인체의 윤곽을 그대로 드러낸 인도 고유의 색채가 뚜렷하게 나타났다. 아잔타 석굴 사원과 엘로라 석굴 사원의 벽화와 불상이 이러한 특색이 잘 반영된 작품으로 평가받고 있다. 굽타 양식은 중앙아시아와 중국을 거쳐 우리나라 미술에도 큰 영향을 끼쳤다.

3. 인도 문화와 이슬람 문화의 공존

(1) 이슬람 세력의 인도 진출

① 이슬람 세력의 침입 : 8세기경부터 인도 서북부에 침입

② 가즈니 왕조 : 펀자브 지역 차지

③ 구르(고르) 왕조 : 인도 내륙으로 세력 확장

(2) 델리 술탄 왕조 시대(13~16세기)

① 성립 · 발전 : 아이바크가 델리를 정복한 후 이슬람 왕조 수립(쿠트브 미나르 건립), 이후 델리를 중심으로 한 이슬람 왕조들이 세워짐, 북인도 지역 지배

② 사회 · 문화 : 지즈야만 납부하면 다른 종교의 신앙 인정, 카스트제에 대한 불만 등으로 일부 힌두교도가 이슬람교로 개종하기도 함, 인도 문화와 이슬람 문화의 융합 노력

✪ **에프탈**
5세기 중반부터 7세기 중반까지 아프가니스탄과 투르키스탄 일대를 지배한 민족으로, 전성기에는 인근의 30여 개 부족을 지배할 만큼 세력이 강하였다.

✪ **마하바라타**
산스크리트어로 서술된 서사시로, 북인도에서 등장하였다고 전해지는 바라타족의 두 집단 사이에서 벌어진 전쟁을 주요 내용으로 다루고 있다.

✪ **라마야나**
산스크리트어로 '라마가 나아간 길'이라는 뜻의 서사시로, 고대 인도의 이상적 군주상인 라마의 무용담을 그린 작품이다.

✪ **쿠트브 미나르**

델리 술탄 왕조 시대를 연 아이바크가 델리에 세운 탑으로, 힌두 양식과 이슬람 양식이 혼재되어 있다.

개념 체크

1. 4세기경 찬드라굽타 1세가 갠지스강 유역에서 (　　)를 건국하였다.
2. 굽타 왕조 시대에는 『샤쿤탈라』 등 (　　) 문학이 발달하였다.
3. (　　)는 델리를 정복한 후 쿠트브 미나르를 건립하였다.

정답
1. 굽타 왕조 2. 산스크리트
3. 아이바크

✪ 바부르
부계는 티무르, 모계는 칭기즈 칸의 혈통을 이어받은 것으로 알려져 있는 인물로, 자신을 몽골의 후예라 생각하여 나라 이름을 몽골을 의미하는 '무굴'이라 하였다.

✪ 시크교
16세기경 나나크가 힌두교와 이슬람교를 융합하여 만든 종교이다. 우상 숭배와 카스트제의 신분 차별을 반대하고 유일신 신앙과 인간 평등을 주장하였다.

✪ 마라타 동맹
18세기 초 아우랑제브 황제 사후에 힌두교도인 마라타족이 결성한 동맹으로, 인도 중북부로 세력을 확장하였다.

✪ 타지마할
무굴 제국의 제5대 황제인 샤자한이 아내 뭄타즈 마할을 위해 아그라의 야무나 강변에 세운 묘당으로, 힌두 · 이슬람 양식을 대표하는 건축물이다.

(3) 무굴 제국의 성립과 발전

① 성립 : 티무르의 후손으로 알려진 바부르가 16세기 초 북인도 정복, 델리 술탄 왕조를 무너뜨리고 새로운 이슬람 왕조 개창

② 발전

아크바르 황제	• 영토 확장 : 데칸고원 이남을 제외한 인도 지역 통일 • 중앙 집권 체제 확립 : 관료제와 지방 행정 구역 정비 • 정책 : 힌두교도를 관료로 등용, 토착 힌두교 집안 여인과 결혼, 비이슬람교도에 대한 지즈야 폐지
아우랑제브 황제	• 영토 확장 : 인도 남부 지역까지 진출(최대 영역 확보) • 이슬람 제일주의 지향 : 힌두교 사원 파괴, 지즈야 부활

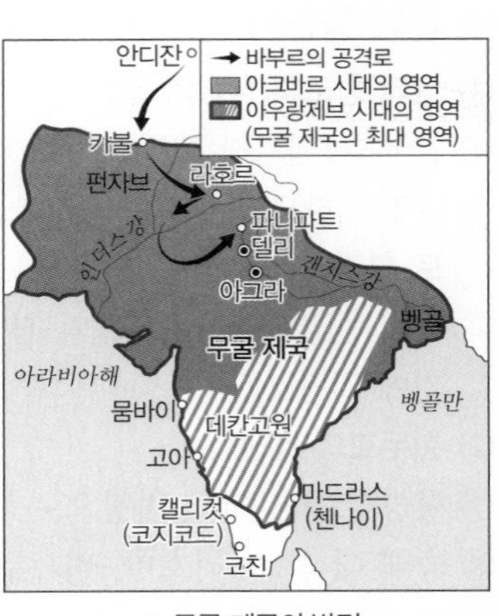

▲ 무굴 제국의 발전

③ 쇠퇴 : 시크교도(펀자브 지방)와 마라타 동맹(중부 인도) 등의 반란, 영국과 프랑스 등 서양 세력이 침투하여 세력 확장

자료 플러스 | 아크바르 황제의 관용 정책

아크바르 황제는 자이푸르의 라지푸트 출신 공주와 결혼하였다. 이는 인도 북부의 유력한 힌두교 세력이었던 라지푸트 가문이 아크바르와 무굴 제국의 방파제 역할을 하였다는 의미였다. 또한 아크바르 황제는 이슬람교 외의 종교에 대해서도 관용 정책을 실시하였으며, 비이슬람교도에게 부과되었던 세금인 지즈야도 폐지하였다.

이슬람교도였던 아크바르 황제는 다른 종교를 존중하는 정책을 펴 힌두교도에게 관직을 개방하고 비이슬람교도에게 부과한 세금인 지즈야를 폐지하였다. 그뿐만 아니라 그는 토착 힌두교도 여인과 결혼하여 힌두교 세력을 통합하고자 하였다.

(4) 무굴 제국의 경제 · 문화

① 경제 : 인도양 무역 발달(면직물 · 향신료 수출) → 신항로 개척 이후 서양 상인 진출

② 문화 : 인도 문화와 이슬람 문화의 융합

- 언어 : 힌두어에 페르시아어, 아랍어 등이 합쳐진 우르두어가 널리 사용됨, 공식 문서나 외교에서는 페르시아어 사용
- 종교 : 이슬람교 발전, 대체로 힌두교 등의 다른 종교 인정, 펀자브 지방에서는 시크교 발전(나나크가 창시, 힌두교와 이슬람교가 융합)
- 건축 : 타지마할(힌두 양식과 이슬람 양식이 혼재)
- 미술 : 무굴 회화 발달(페르시아의 세밀화와 인도 양식의 조화)

▲ 타지마할

개념 체크

1. 무굴 제국의 (   ) 황제는 힌두교도를 관료로 등용하고 지즈야를 폐지하였다.
2. (   ) 황제는 인도 남부까지 장악하여 무굴 제국의 영토를 최대로 넓혔다.
3. 무굴 제국의 샤자한 황제가 죽은 아내를 위해 만든 (   )은 힌두 · 이슬람 양식을 대표하는 건축물이다.

정답
1. 아크바르 2. 아우랑제브
3. 타지마할

(5) 인도 문화의 동남아시아 전파

① 보로부두르 : 샤일렌드라 왕조 때 자와섬에 건립, 대승 불교 사원

② 앙코르 와트 : 앙코르 왕조 때 건립, 힌두교 사원이었다가 불교 사원으로 바뀜

대표 기출 확인하기 　쿠샨 왕조의 문화

정답과 해설 16쪽

대표 기출 문제 밑줄 친 '이 왕조'의 문화에 대한 설명으로 옳은 것은? 　2024학년도 수능 6월 모의평가

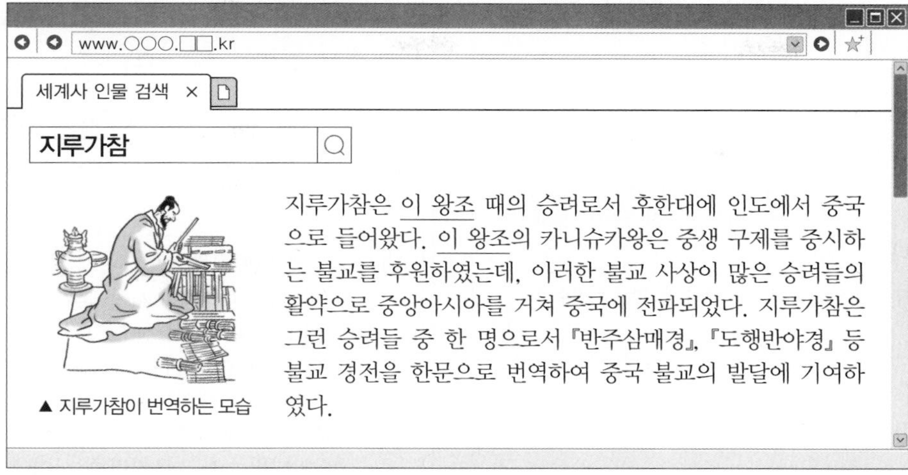

① 자이나교가 출현하였다.
② 타지마할이 조성되었다.
③ 보로부두르가 축조되었다.
④ 앙코르 와트가 건설되었다.
⑤ 간다라 미술 양식이 발달하였다.

정답 | ⑤

풀이 | 자료에서 후한대에 지루가참이 인도에서 중국으로 들어온 것, 카니슈카왕 등을 통해 밑줄 친 '이 왕조'가 쿠샨 왕조임을 알 수 있다. ⑤ 쿠샨 왕조 시대에 인도 문화와 헬레니즘 문화가 융합되면서 간다라 미술 양식이 발달하였다.
① 기원전 6세기경에 자이나교가 출현하였다. ② 무굴 제국의 황제 샤자한은 자신의 부인 뭄타즈 마할을 추모하기 위해 타지마할을 조성하였다. ③ 샤일렌드라 왕조 때 보로부두르가 자와섬에 축조되었다. ④ 앙코르 왕조 시기에 앙코르 와트가 건설되었다.

닮은꼴 문제 **1** (가) 왕조의 문화에 대한 설명으로 옳은 것은? 　[24016-0064]

이 문화유산은 1세기경 이란 계통의 유목 민족이 세운 (가) 에서 만들어진 간다라 양식의 불상이다. 인도 문화와 헬레니즘 문화가 융합된 간다라 양식은 물결 모양의 머리 모양, 오뚝한 코, 입체적인 옷의 주름 모습을 특징으로 하고 있다. 한편 (가) 은/는 카니슈카왕 때 간다라 지방을 포함한 최대 영토를 확보하는 등 전성기를 이룩하였다.

① 브라만교가 성립하였다.
② 산치 대탑이 조성되었다.
③ 대승 불교가 발달하였다.
④ 무굴 회화가 발달하였다.
⑤ 쿠트브 미나르가 건립되었다.

[24016-0065]

01 밑줄 친 '이 왕조'의 문화를 알아보기 위한 탐구 주제로 가장 적절한 것은?

> 당의 승려 현장이 남긴 『대당서역기』에는 이 왕조의 아소카왕이 산치 대탑을 비롯해 많은 탑을 건립하는 등 불교를 장려한 이야기가 소개되어 있다. 『대당서역기』에 따르면 아소카왕은 보리도량*의 보리수를 훼손하였다가 자신의 잘못을 뉘우치고 이후 여러 불탑을 건립하는 등 적극적인 불교 장려책을 실시하였다고 전한다.
>
> * 보리도량 : 석가모니가 도를 닦아 처음으로 깨달음을 얻은 보리수 아래 공간

① 굽타 양식의 유행
② 보로부두르의 특징
③ 상좌부 불교의 발달
④ 시아파와 수니파의 대립
⑤ 쿠트브 미나르 건립의 배경

[24016-0066]

02 (가)에 들어갈 내용으로 가장 적절한 것은?

이것은 여러분이 공부해 온 학습 주제에 대해 각 모둠이 만든 토의 질문이에요. 주제에 맞게 잘 만들었군요.

질문이 있는 수업

학습 주제 : ○○ 왕조의 발전

〈모둠별 토의 질문〉
* 1모둠 : 카니슈카왕의 영토 확장 성과에는 어떤 것들이 있을까?
* 2모둠 : 대승 불교는 어떤 특징을 갖고 있을까?
* 3모둠 : (가)

① 헤지라가 갖는 의미는 무엇일까?
② 간다라 양식의 특징은 무엇일까?
③ 찬드라굽타 1세의 업적에는 무엇이 있을까?
④ 헤브라이인에 의해 성립된 종교는 무엇일까?
⑤ 영(0)과 10진법의 사용이 끼친 영향은 무엇일까?

[24016-0067]

03 (가) 왕조 시기에 있었던 사실로 옳은 것은?

> **세계사 온라인 클래스**
>
> 강의 목록 | 자료실 | 공지사항 | 질의 응답
>
> 질문 서사시 『라마야나』와 『마하바라타』에 대해 알려주세요.
>
> 답변 4세기 초반 갠지스강 유역에는 (가) 이/가 수립되었습니다. 이 시기에는 산스크리트어가 공용어로 사용되면서 산스크리트 문학이 발달하였는데, 『라마야나』와 『마하바라타』가 대표적인 작품입니다. 『라마야나』는 코살라 왕국의 왕자 라마찬드라의 무용담을 그린 작품이고, 『마하바라타』는 판다바족과 카우라바족 사이에 왕국과 왕위 계승권을 둘러싼 18일간의 전쟁이 일어나 판다바족이 승리를 거둔다는 내용 등을 담고 있습니다.

① 우르두어가 널리 사용되었다.
② 이슬람 세력의 인도 침입이 시작되었다.
③ 아잔타 석굴 사원의 벽화가 조성되었다.
④ 데브시르메 제도를 통해 예니체리가 육성되었다.
⑤ 페르시아 세밀화의 영향을 받은 무굴 회화가 발달하였다.

[24016-0068]

04 (가) 제국에 대한 설명으로 옳은 것은?

> 아우랑제브는 세 형제와 그들의 지지자들을 제거하고, 부친을 유폐시킨 이후 (가) 의 황제가 되었다. 그는 부친 샤자한이 맏아들 다라 시코를 지지하였다는 이유로 부친을 타지마할이 바라다보이는 야무나 강변의 아그라 요새에 유폐시켰다. (가) 의 새로운 통치자로 등극한 아우랑제브는 이슬람 제일주의를 내세우며 비이슬람교도에 대해서 매우 배타적인 정책을 펼쳤다. 그는 힌두교도 등에게 이슬람교로 개종할 것을 강요하였으며, 마투라의 힌두교 사원을 파괴하였다.

① 바부르에 의해 건국되었다.
② 밀레트 제도를 운영하였다.
③ 에프탈의 침입으로 인해 쇠퇴하였다.
④ 당과의 탈라스 전투에서 승리하였다.
⑤ 수도 다마스쿠스를 중심으로 세력을 확대하였다.

수능 실전 문제

[24016-0069]

1 **(가) 왕조에 대한 설명으로 옳은 것은?**

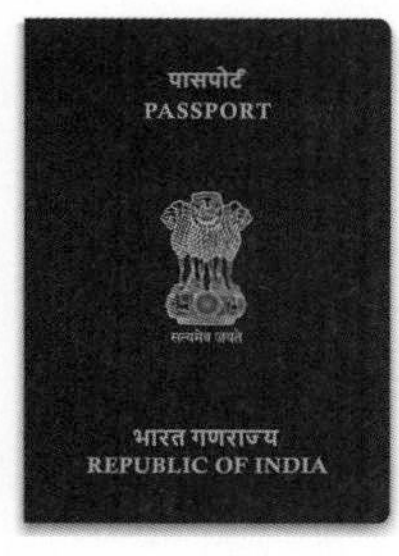

사진은 인도 여권의 표지로 인도의 국가 상징물 중 하나인 사자상이 표현되어 있다. 이 사자상은 (가) 의 제3대 국왕이 사르나트(부처가 첫 설교를 한 장소) 지역에 세운 석주(돌기둥)의 상단부에 조각되어 있었다. 이 왕은 자신보다 300년쯤 앞서 살다 간 부처를 기리기 위해 이런 석주 여러 개를 인도 각지에 세웠다. 그로부터 한참 후에 인도를 순례한 통일 신라의 승려 혜초는 석주를 본 후 "기둥 위에는 사자상이 있는데 그 기둥이 매우 아름답고 다섯 아름이나 된다."라고 『왕오천축국전』에 적었다.

① 지즈야를 폐지하였다.
② 맘루크 왕조를 무너뜨렸다.
③ 사산 왕조 페르시아를 정복하였다.
④ 찬드라굽타 마우리아가 건국하였다.
⑤ 우즈베크인의 침략으로 멸망하였다.

[24016-0070]

2 **(가) 왕조 시기에 있었던 사실로 옳은 것은?**

사진은 (가) 에서 만들어진 금화들로 왼쪽부터 헤라클레스, 부처, 시바신이 묘사되어 있다. 당시 만들어진 금화에는 33가지 신상이 등장하는데, 이란계의 신이 가장 많이 묘사되어 있고, 헬레니즘계와 로마계, 인도계의 신도 묘사되어 있다. 이를 통해 수도 푸르샤푸라를 중심으로 북인도에서 중앙아시아에 이르는 영토를 확보하였던 (가) 의 국제성을 엿볼 수 있다. 한편 그리스 문자로 '붓다(부처)'를 뜻하는 '보도(BODDO)'라는 글자가 새겨져 있는 불상의 모습은 초기 간다라 양식이 나타나 있다고 평가받고 있다.

① 대승 불교가 발달하였다.
② 자이나교가 출현하였다.
③ 이스파한 천도가 단행되었다.
④ 술탄 아흐메드 사원이 건립되었다.
⑤ 알렉산드로스의 군대가 침공하였다.

[24016-0071]

3 **(가), (나) 국가에 대한 설명으로 옳은 것은?**

① (가) – 코르도바를 수도로 삼았다.
② (가) – 산스크리트어를 공용어로 사용하였다.
③ (나) – 마라타 동맹의 반란으로 쇠퇴하였다.
④ (나) – 찬드라굽타 1세 때 건국되었다.
⑤ (가)와 (나) – 이슬람 세력에 의해 멸망하였다.

[24016-0072]

4 **밑줄 친 '이 인물'에 대한 탐구 활동으로 가장 적절한 것은?**

① 간다라 양식의 특징을 파악한다.
② 파르티아의 멸망 원인을 분석한다.
③ 산치 대탑이 건립된 배경을 조사한다.
④ 헤지라의 단행이 끼친 영향을 살펴본다.
⑤ 델리 술탄 왕조의 성립 과정을 알아본다.

[24016-0073]

5 (가) 황제에 대한 설명으로 옳은 것은?

【세밀화로 살펴보는 인도사】

종교 지도자 등과 토론하는 (가)

16세기 후반의 종교 회의 모습을 묘사한 이 그림에는 이슬람교도인 (가) 이/가 힌두교 사제들, 조로아스터교와 자이나교 승려들 그리고 예수회 선교사 등까지 초청하여 토론하는 모습이 묘사되어 있는데, 이를 통해 그의 종교관을 엿볼 수 있다. 그는 힌두교 집안 여인과도 결혼하고 이슬람교도는 물론 힌두교도도 관리로 등용하였으며, 비이슬람교도에 대한 지즈야를 폐지하는 등 종교적 관용 정책을 펼쳤다.

① 예니체리를 운영하였다.
② 이스파한으로 천도하였다.
③ 헝가리를 정복하여 동유럽으로 진출하였다.
④ 왕의 눈이라 불리는 감찰관을 지방에 파견하였다.
⑤ 데칸고원 이남 지역을 제외한 인도 지역을 통일하였다.

[24016-0074]

6 밑줄 친 '이 제국'에서 볼 수 있는 모습으로 적절하지 않은 것은?

① 우르두어를 사용하는 학생
② 사마르칸트를 수도로 삼는 왕
③ 시크교도의 반란에 가담하는 농민
④ 바부르 황제의 죽음을 슬퍼하는 백성
⑤ 페르시아어로 공식 문서를 작성하는 관리

01 [24016-0075]

(가) 국가에 대한 탐구 활동으로 가장 적절한 것은?

> 바그다드에 입성한 투그릴 베그는 북부 이라크 지역에서 시아파 이슬람교를 신봉한 부와이 왕조를 몰아내어 이라크, 시리아, 헤자즈를 (가) 의 영토에 병합하였다. 투그릴 베그의 바그다드 입성은 (가) 이/가 이슬람 세계의 보호자이자 지도자가 된다는 것을 시사하는 것이었다. 이후 바그다드의 칼리프는 투그릴 베그를 '동쪽과 서쪽의 술탄'으로 선포하였다. 이로써 분열되었던 서아시아와 중앙아시아의 이슬람 세계는 11세기에 투그릴 베그에 의해 재통일되었다.

① 십자군 전쟁의 배경을 파악한다.
② 헤지라가 단행된 계기를 살펴본다.
③ 파르티아가 멸망한 원인을 분석한다.
④ 데브시르메 제도의 실시 목적을 알아본다.
⑤ 코르도바에 이슬람 문화가 전파된 계기를 조사한다.

02 [24016-0076]

(가), (나) 국가에 대한 설명으로 옳은 것은?

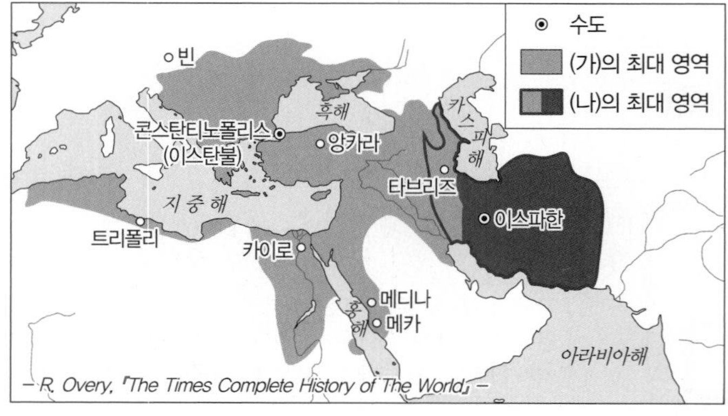

– R. Overy, 『The Times Complete History of The World』 –

① (가) – 티마르제를 실시하였다.
② (가) – 이스마일 1세에 의해 건국되었다.
③ (나) – 맘루크 왕조를 정복하였다.
④ (나) – 우즈베크인에게 멸망하였다.
⑤ (가)와 (나) – 탈라스 전투에서 격돌하였다.

03
[24016-0077]

(가) 왕조에서 볼 수 있는 모습으로 가장 적절한 것은?

① 간다라 양식의 불상을 제작하는 장인
② 투르 · 푸아티에 전투에 참전하는 병사
③ 찬드라굽타 마우리아의 명령을 실행하는 관리
④ 아이바크의 델리 점령을 기뻐하는 이슬람교도
⑤ 아크바르 황제의 지즈야 폐지 명령에 기뻐하는 힌두교도

04
[24016-0078]

밑줄 친 '이 제국'에서 있었던 사실로 옳은 것은?

> 샤자한 황제는 사랑하는 부인 뭄타즈 마할이 세상을 떠나자 그녀를 추모하기 위한 대규모 묘당을 아그라에 건축하도록 명령하였다. 타지마할로 불린 대규모 묘당의 건축으로 이 제국은 경제적 내홍을 겪기 시작하였다. 샤자한은 데칸고원 일대를 점령하는 등 영토를 확장시켰지만, 건설 사업에 대한 광적인 열정으로 이 제국의 재정은 극도로 악화되었다. 이를 해결하기 위해 무거운 세금이 부과됨으로써 서민들의 고통을 야기하였고 이는 국력의 쇠퇴로 이어졌다.

① 시크교가 유행하였다.
② 보로부두르가 조성되었다.
③ 쿠트브 미나르가 건립되었다.
④ 카니슈카왕이 정복 전쟁을 벌였다.
⑤ 알렉산드로스의 원정군이 인더스강 유역을 침공하였다.

06 고대 지중해 세계

1. 그리스 세계의 성립과 발전

(1) 폴리스의 성립

배경	산지가 많고 평야가 적어 통일 국가 형성 곤란
성립	기원전 10세기경부터 폴리스(도시 국가) 형성
구조	아크로폴리스(종교적·군사적 거점, 신전 건축), 아고라(광장, 집회와 상거래 장소)
특징	동족 의식 형성('헬레네스' 명칭 사용, 동일한 언어 사용), 올림피아 제전 개최

(2) 아테네의 발전

① 귀족정 : 귀족들이 정치적 실권 행사

② 평민의 성장 : 상공업 발달 → 부유해진 평민들이 중장 보병으로 군대의 주력 형성 → 정치적 권리를 요구하며 귀족과 대립

③ 솔론의 개혁 : 재산 정도에 따라 참정권 차등 분배(금권정), 귀족과 평민의 불만과 대립

④ 참주의 등장 : 사회 혼란을 틈타 페이시스트라토스와 같은 참주가 나타나 정권 장악

⑤ 클레이스테네스의 개혁 : 아테네 민주 정치의 기틀 마련

- 부족제 개편(혈연 중심 → 거주지 중심), 500인 평의회 설치
- 참주의 출현을 막기 위해 도편 추방제 마련

⑥ 페리클레스 시대 : 기원전 5세기 아테네 민주 정치의 전성기

- 민회의 권한 강화 : 실질적인 입법권 행사
- 특수직(장군 등)을 제외한 관직과 배심원을 추첨으로 임명(추첨제), 공무 수당 지급(수당제)
- 한계 : 여성, 거류 외국인, 노예에게는 참정권이 부여되지 않음

자료 플러스 도편 추방제

클레이스테네스는 '대중'을 염두에 두고 새로 법들을 만들었다. 그중에는 도편 추방제에 관한 법도 포함되어 있었다. …… 도편 추방제에 관한 법은 강력한 지위에 있는 사람들에 대한 의심으로 제정되었다. 페이시스트라토스도 데마고고스*이자 장군이었을 때 참주가 되었던 것이다. 페이시스트라토스의 친지들 중 이 법에 따라 처음으로 도편 투표 후 추방된 것은 콜리토스 출신 카르모스의 아들 히파르코스였다.

* 데마고고스 : '데모스(행정구역)의 지도자'라는 뜻

– 아리스토텔레스, 『아테네인의 정체』 –

솔론의 개혁에 대한 귀족과 평민의 불만을 이용하여 참주가 출현하였는데, 이후 클레이스테네스는 참주의 출현을 막기 위해 도편 추방제를 마련하였다. 이 제도는 아테네 민주 정치의 기틀을 마련한 클레이스테네스의 개혁 조치였다.

(3) 스파르타의 발전

성립	도리스인이 원주민을 정복하고 폴리스 형성
통치	• 전체 인구 중 소수에 불과한 시민이 주도하는 군사 통치 체제의 성격을 띰 • 피정복민의 대부분은 예속 농민(헤일로타이)으로서 토지를 경작하였고, 반자유민(페리오이코이)은 농업과 상공업 등에 종사
교육	모든 남자 시민에게 집단생활과 군사 훈련 실시

참주

비합법적으로 정권을 장악하여 독재권을 행사한 지배자를 의미한다.

도편 추방제

참주가 될 위험이 있는 인물의 이름을 도자기 파편에 적어 투표하는 제도이다. 참주가 될 위험성이 높은 인물로 지목된 자는 10년간 국외로 추방되었다.

개념 체크

1. (　　　)은 아테네 시민을 재산 정도에 따라 구분하고 참정권을 차등 분배하였다.
2. 클레이스테네스는 (　　　)를 마련하여 참주의 출현을 예방하고자 하였다.
3. 아테네 민주정은 (　　　), 거류 외국인, 노예에게는 참정권이 부여되지 않는 한계가 있었다.

정답

1. 솔론 2. 도편 추방제 3. 여성

(4) 그리스 세계의 변화

① 그리스 · 페르시아 전쟁(기원전 492년 발발)

배경	아케메네스 왕조 페르시아가 지중해로 세력 확대, 그리스 세계와 충돌
경과	아테네 등을 중심으로 그리스 세계가 마라톤 전투, 살라미스 해전 등에서 페르시아군 격퇴
영향	아테네가 델로스 동맹의 맹주가 되어 강력한 해상 국가로 발전

자료 플러스 그리스 · 페르시아 전쟁

살라미스에 있던 그리스 군대는 아테네의 아크로폴리스에서 있었던 일이 전해지자 큰 혼란에 빠졌다. 그리하여 지휘관의 일부는 토의 중인 안건이 결정되기도 전에 급히 배로 달려가 돛을 올리고 탈주를 하려고까지 하였다. 그러나 남은 지휘관들은 좁은 해협의 전면에서 적을 맞아 해전을 벌이자는 결정을 내렸다. 그들은 해가 지자 회의를 끝내고 흩어져 각자 자기 배로 돌아갔다.

– 헤로도토스, 『역사』 –

기원전 5세기 아케메네스 왕조 페르시아가 지중해로 세력을 확대하고 그리스의 식민 도시를 압박하면서 그리스 · 페르시아 전쟁이 발발하였다. 그리스 세계는 마라톤 전투와 살라미스 해전 등에서 페르시아 군대를 물리치며 전쟁을 승리로 이끌었다.

② 펠로폰네소스 전쟁(기원전 431~기원전 404)

배경	델로스 동맹(아테네 중심)과 펠로폰네소스 동맹(스파르타 중심)의 대립
경과	펠로폰네소스 동맹의 승리, 스파르타의 패권 장악
영향	그리스 세계의 내분 심화 → 마케도니아의 필리포스 2세에게 정복됨

(5) 그리스의 문화

① 특징 : 합리적이고 인간 중심적인 문화

② 철학

- 자연 철학 : 만물의 근원에 대한 탐구
- 소피스트 : 철학의 관심을 자연에서 인간으로 돌림, 진리의 상대성과 주관성 주장
- 소크라테스 : 소피스트에 맞서 진리의 절대성과 보편성 주장
- 플라톤 : 이상 국가 구상
- 아리스토텔레스 : 여러 분야의 학문을 체계적으로 정리

③ 문학 : 서사시(호메로스의 『일리아스(일리아드)』와 『오디세이아』), 각종 비극과 희극 발전

④ 역사 : 헤로도토스의 『역사』(그리스 · 페르시아 전쟁 서술), 투키디데스의 『역사』(펠로폰네소스 전쟁 서술)

⑤ 미술 : 조화와 균형의 미 추구, 신전 건축(파르테논 신전)과 조각 발달

2. 알렉산드로스 제국과 헬레니즘 문화

(1) 알렉산드로스 제국

① 성립 : 알렉산드로스의 동방 원정(이소스 전투 등), 아케메네스 왕조 페르시아와 이집트 정복, 인더스강 유역까지 진출 → 유럽, 아시아, 아프리카의 세 대륙에 걸친 대제국 건설

② 동서 융합 정책

- 동방의 전제 군주제 도입 : 페르시아의 통치 체제 수용, 피정복민의 문화 존중
- 정복지 곳곳에 알렉산드리아 건설, 그리스인의 이주, 그리스인과 페르시아인의 결혼 장려

③ 분열과 멸망 : 알렉산드로스 사후 마케도니아, 시리아, 이집트로 분열 → 로마에 정복당함

✪ 델로스 동맹

아테네는 아케메네스 왕조 페르시아의 재침에 대비한다는 명분으로 다른 폴리스들과 델로스 동맹을 결성하였고, 이를 통해 그리스 세계의 패권을 장악하였다. 동맹국이 납부한 기금을 델로스섬에 있는 금고에 보관하였기 때문에 붙여진 명칭이다.

✪ 파르테논 신전

아테네인들이 아테네의 수호신인 아테나 여신에게 바친 신전이다. 아테네의 종교적 거점이자 군사적 거점이었던 아크로폴리스에 세웠다.

✪ 알렉산드리아

알렉산드로스는 정복지 곳곳에 자신의 이름을 딴 도시 알렉산드리아를 건설하였는데, 그중 이집트의 알렉산드리아가 대표적이었다. 이곳에는 후에 도서관, 실험실, 천문대 등을 보유한 연구 기관인 무세이온이 세워졌는데, 무세이온은 학문의 전당으로 명성을 얻었다.

개념 체크

1. (　　)는 그리스 · 페르시아 전쟁에서 승리한 뒤 델로스 동맹의 맹주로 성장하였다.
2. 그리스 세계는 점차 쇠퇴하다가 (　　)의 필리포스 2세에게 정복당하였다.
3. (　　)는 그리스 세계와 아케메네스 왕조 페르시아 간의 전쟁을 다룬 『역사』를 저술하였다.

정답

1. 아테네 2. 마케도니아
3. 헤로도토스

✪ 라오콘 군상

헬레니즘 미술의 대표작으로, 그리스 미술에 비해 인간의 육체와 감정을 사실적으로 표현하여 이상적인 미보다는 현실적인 미를 추구하였다.

(2) **헬레니즘 문화**

① 성격 : 그리스 문화를 바탕으로 오리엔트 문화 융합, 세계 시민주의

② 철학 : 스토아학파(욕망 억제, 이성적인 삶 추구), 에피쿠로스학파(마음의 안정과 만족 추구)

③ 자연 과학 : 물리학, 수학, 천문학 등 발전

④ 예술 : 사실적 · 관능적(「밀로의 비너스상」, 「라오콘 군상」 등), 인도의 간다라 미술 성립에 영향

3. 로마의 발전과 문화

(1) **로마 공화정의 성립과 발전**

① 건국 : 기원전 8세기 중엽에 도시 국가 로마 건설

② 공화정 수립 : 기원전 6세기 말 귀족들이 왕을 몰아내고 공화정 수립 → 2명의 집정관과 원로원, 민회 등으로 이루어진 정치 체제

③ 평민권 성장

- 상공업 발달로 부유해진 평민이 중장 보병으로 군대의 주력 담당 → 정치적 권리 요구
- 호민관직과 평민회 설치
- 법률의 제정 : 12표법 → 리키니우스법(2명의 집정관 중 1명은 평민에서 선출) → 호르텐시우스법(평민회 결의가 법적 효력을 가짐, 평민이 법률상 귀족과 동등한 권리 획득)

(2) **로마의 팽창과 공화정의 위기**

① 로마의 팽창

- 기원전 3세기 이탈리아반도 통일
- 포에니 전쟁(기원전 264~기원전 146) : 카르타고에 승리 → 서지중해 패권 장악
- 마케도니아와 그리스 정복 → 지중해 대부분 지배

② 로마 공화정의 위기

- 배경 : 노예 노동을 이용한 대농장(라티푼디움) 경영, 자영농 몰락
- 그라쿠스 형제의 개혁 : 농지법 제정(유력자의 공유지 과다 점유 제한, 자영농 육성 시도), 곡물법 제정(빈민들에게 값싼 곡물 제공) → 귀족들의 반대로 실패
- 정치적 혼란 : 귀족파와 평민파의 권력 투쟁, 노예 반란(스파르타쿠스의 난) 등
- 삼두 정치의 전개 : 제1차 삼두 정치 → 제2차 삼두 정치 → 악티움 해전(기원전 31) 이후 옥타비아누스가 로마의 지배권 장악

자료 플러스 라티푼디움 경영

부자들은 가짜로 꾸며낸 서류를 이용하여 공유지를 자신들의 것으로 만들더니 결국에는 대부분의 땅을 공공연히 자신들의 명의로 소유하였다. 땅에서 쫓겨난 가난한 사람들은 군 복무에도 열의를 보이지 않았고 자녀들의 양육도 소홀히 하였다. 그리하여 곧 나라 전체에 자유민의 수가 눈에 띄게 감소하고 온 나라가 외국 노예들의 수용소들로 가득 찼으니, 부자들은 자신들의 땅에서 자유민들을 쫓아내고 외국 노예들을 시켜 경작하게 했던 것이다.

– 플루타르코스, 『영웅전』 –

로마는 포에니 전쟁에서 승리하여 서지중해의 패권을 장악하였다. 그러나 오랜 전쟁과 속주에서의 값싼 곡물의 유입으로 자영농은 몰락해 갔다. 유력자들은 더 많은 토지를 소유하게 되었고 노예 노동을 통해 대농장을 경영하였다.

✪ 집정관

행정 및 군사의 권한을 지니고 원로원과 협의하며, 민회를 소집할 권한을 가졌다.

✪ 스파르타쿠스의 난

기원전 73년 검투 노예였던 스파르타쿠스가 동료들을 이끌고 봉기한 사건이다.

✪ 삼두 정치

3인에 의한 공동 통치 체제이다. 제1차 삼두 정치는 카이사르, 폼페이우스, 크라수스가, 제2차 삼두 정치는 옥타비아누스, 안토니우스, 레피두스가 이끌었다.

개념 체크

1. 헬레니즘 시대에 마음의 안정과 만족을 추구하는 (　　)학파가 성행하였다.
2. 자영농이 몰락하고 (　　) 경영이 확대되자, 그라쿠스 형제는 자영농 육성을 위한 개혁을 실시하였다.
3. 악티움 해전에서 승리한 (　　)가 집권하면서 로마에는 사실상 제정이 수립되었다.

정답

1. 에피쿠로스
2. 대농장(라티푼디움)
3. 옥타비아누스

(3) 로마 제정의 성립과 변화

① 제정의 시작
- 옥타비아누스가 군대와 재정을 장악하고 사실상 황제로 군림
- 옥타비아누스가 '프린켑스(제1 시민)' 칭호 사용, 원로원이 옥타비아누스에게 '아우구스투스(존엄한 자)' 칭호 부여

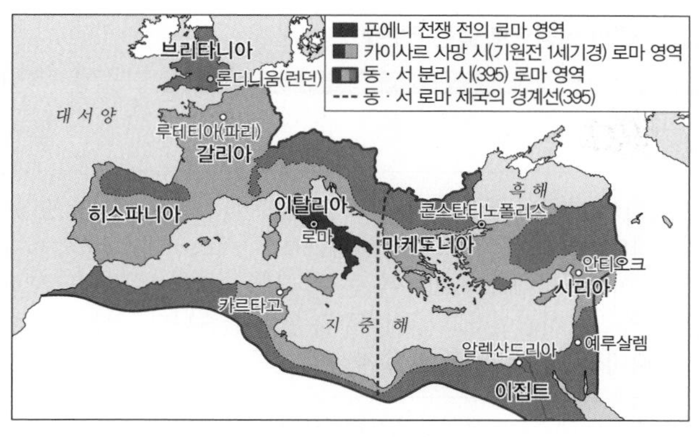

▲ 로마 제국의 발전

② 로마의 평화 시대 : 옥타비아누스 시대부터 5현제 시대까지 200여 년간 평화와 안정을 누림, 최대 영토 확보

③ 제국의 쇠퇴(3세기)
- 군인 출신 황제가 연이어 등장 → 국정 문란, 이민족의 잦은 침입, 속주의 반란
- 라티푼디움 대신 부자유 소작인(콜로누스)을 이용한 콜로나투스 운영

④ 제국의 중흥
- 디오클레티아누스 황제 : 제국의 4분할 통치, 전제 군주제를 통한 황제권 강화
- 콘스탄티누스 황제 : 크리스트교 공인(밀라노 칙령, 313), 콘스탄티노폴리스로 천도

⑤ 제국의 분리 : 테오도시우스 황제 사후 동로마 제국(비잔티움 제국)과 서로마 제국으로 분리(395) → 동로마 제국은 1000년 이상 지속, 서로마 제국은 게르만족의 침입으로 멸망(476)

(4) 로마의 문화

특징	그리스 문화와 헬레니즘 문화 수용, 실용적인 분야 발달(법률, 토목, 건축 등)
법률	12표법(관습법을 성문화함) → 시민법(로마 시민에게 적용) → 만민법(제국 안의 모든 민족에게 적용) → 비잔티움 제국의 『유스티니아누스 법전』으로 집대성
토목 · 건축	도로와 수도 시설, 콜로세움(원형 경기장), 개선문, 공중 목욕탕 등
문학	키케로의 산문, 베르길리우스의 서사시 등
철학	헬레니즘 시대 스토아학파의 영향 → 스토아 철학 발전
역사	리비우스의 『로마사』, 플루타르코스의 『영웅전』 등
과학	프톨레마이오스의 천동설

▲ 수도교(프랑스 가르)

(5) 크리스트교의 성립과 전파

① 성립 : 예수 등장, 유대교의 선민사상과 율법주의 배격, 보편적 사랑과 평등 설교 → 예수 사후 가르침 확산

② 탄압 : 크리스트교도의 황제 숭배 거부 → 로마 제국의 박해

③ 콘스탄티누스 황제 : 크리스트교의 교세 확장 → 밀라노 칙령으로 크리스트교 공인(313), 니케아 공의회에서 아타나시우스파의 교리를 정통으로 인정(325)

④ 테오도시우스 황제 : 크리스트교를 국교로 선포

✪ 콜로나투스
로마의 정복 전쟁이 줄어들자 노예 공급이 감소하면서 라티푼디움 경영이 어려워졌다. 이에 토지를 분할 · 대여하여 경작하게 하는 소작제가 나타났다. 부자유 소작인(콜로누스)을 이용한 농장 경영을 콜로나투스라고 한다.

✪ 밀라노 칙령
313년에 공동 황제였던 콘스탄티누스와 리키니우스가 협의하여 발표한 칙령으로 개개인 본인이 원하는 종교를 선택할 수 있도록 보장하였다. 이로써 크리스트교가 공식적으로 인정되었다.

✪ 유스티니아누스 법전
6세기 비잔티움 제국의 전성기를 이끈 유스티니아누스 황제가 로마법을 집대성하여 편찬한 법전이다.

개념 체크

1. 옥타비아누스는 '제1 시민'이라는 의미의 칭호인 '(　　　)'를 사용하였다.
2. 로마 문화는 (　　　), 토목, 건축 등 실용적인 분야가 발달하였다.
3. 콘스탄티누스 황제는 313년 (　　　) 칙령으로 크리스트교를 공인하였다.

정답
1. 프린켑스 2. 법률 3. 밀라노

대표 기출 확인하기

아테네의 특징 이해

정답과 해설 19쪽

대표 기출 문제 (가) 도시 국가에 대한 설명으로 옳은 것은?

2024학년도 수능 9월 모의평가

사료로 보는 세계사

> 전하는 바에 따르면 글을 모르는 어떤 사람이 (가) 의 광장에서 마주친 아리스티데스에게 도기 조각을 건네면서 '아리스티데스'라고 써 주기를 요청하였다. 아리스티데스가 이유를 묻자, "나는 그가 누군지도 모르지만, 다들 그를 정의로운 사람이라고 추켜세우는 것이 싫습니다."라는 대답이 돌아왔다. 아리스티데스는 아무 대꾸 없이 자신의 이름을 도기 조각에 써서 돌려주었다.

해설 : 아리스티데스는 '정의로운 사람'으로 불렸으나, 그를 시기한 사람들에 의해 추방되었다. 그러나 얼마 뒤 페르시아가 침공하자 시민들이 그를 돌아오게 하였다. 전쟁 이후에 그는 (가) 이/가 에게해 연안 국가들과 결성한 델로스 동맹의 맹주가 되어 해상 제국으로 발전하는 데 크게 기여하였다. 이 사례는 참주의 출현을 방지하려던 제도가 취지와 다르게 운영되기도 하였음을 보여 준다.

① 500인 평의회를 운영하였다.
② 스파르타쿠스의 난을 진압하였다.
③ 펠로폰네소스 전쟁에서 승리하였다.
④ 원형 경기장인 콜로세움을 건축하였다.
⑤ 북아프리카 등지에 알렉산드리아를 건설하였다.

정답 | ①

풀이 | 자료에서 페르시아와의 전쟁 이후 델로스 동맹의 맹주가 된 도시 국가, 참주의 출현을 방지하려는 제도 운영 등을 통해 (가) 도시 국가는 아테네임을 알 수 있다. ① 기원전 6세기 아테네의 클레이스테네스는 부족제를 개편하고 이를 바탕으로 500인 평의회를 설치하였다.
② 고대 로마에서 기원전 1세기에 스파르타쿠스의 난이 일어나 진압되었다. ③ 스파르타가 펠로폰네소스 전쟁에서 승리하였다. ④ 콜로세움은 고대 로마 시기 세워진 원형 경기장이다. ⑤ 알렉산드로스는 정복지 곳곳에 자신의 이름을 딴 알렉산드리아라는 도시를 건설하였다.

닮은꼴 문제 **1** (가) 도시 국가에 대한 설명으로 옳은 것은?

[24016-0079]

> 낙소스인이 동맹에서 이탈하자 (가) 은/는 병력을 동원하여 포위 공격으로 결국 항복시켰다. 이는 전에 동맹국이었던 곳이 (가) 의 예속국으로 전락한 최초의 사례로, 이후 다른 동맹국들에게도 동일한 운명이 닥치게 되었다. 이탈의 주된 원인에는 매년 납부해야 하는 동맹 기금과 군선, 때로 전면적인 참전 등이 있었다. (가) 은/는 모든 동맹국에 이러한 무거운 의무를 융통성 없는 방식으로 요구하였다.

① 파르테논 신전을 건립하였다.
② 포에니 전쟁에서 패배하였다.
③ 펠로폰네소스 동맹을 주도하였다.
④ 군사적 봉건제인 티마르제를 실시하였다.
⑤ 수사에서 사르디스에 이르는 도로를 건설하였다.

[24016-0080]

01 밑줄 친 '그'에 대한 설명으로 옳은 것은?

정치 체제가 솔론 시기보다 훨씬 더 민주적으로 되었다. …… 그는 '대중'을 염두에 두고 새로 법들을 만들었다. 그 중에는 도편 추방제에 관한 법도 포함되어 있었다. …… 도편 추방제에 관한 법은 강력한 지위에 있는 사람들에 대한 의심으로 제정되었다. 페이시스트라토스도 데마고고스*이자 장군이었을 때 참주가 되었던 것이다. 페이시스트라토스의 친지 중 이 법에 따라 처음으로 도편 투표 후 추방된 인물은 콜리토스 출신 카르모스의 아들 히파르코스였다.

– 아리스토텔레스 –

* 데마고고스 : '데모스(행정구역)의 지도자'라는 뜻

① 부족제를 개편하였다.
② 호민관직을 설치하였다.
③ 밀라노 칙령을 반포하였다.
④ 동방의 전제 군주제를 도입하였다.
⑤ 유스티니아누스 법전을 편찬하였다.

[24016-0081]

02 (가) 도시 국가에 대한 설명으로 옳은 것은?

(가) 이/가 동시대 다른 국가와 구별되는 관행에는 공동 식사가 있었다. 극히 일부를 제외하고 모든 남자 시민이 매일 저녁 식사를 동일한 구성원들과 공적 장소에서 함께 해야 했다. 회비는 사적 부담이었고 회비 납부를 못하면 시민권을 박탈당하였다. 즉 이 모임 참가 여부가 페리오이코이나 헤일로타이와의 차이를 입증하였다. 7세에 시작되어 성인이 되는 시기까지 이어지는 공교육 제도인 아고게와 더불어 공동 식사 관행은 (가) 의 특징인 집단생활을 잘 보여 준다.

① 도리스인에 의해 건설되었다.
② 호르텐시우스법을 제정하였다.
③ 카르타고 등의 여러 도시를 세웠다.
④ 왕의 길이라 불리는 도로를 건설하였다.
⑤ 유일신을 숭배하는 유대교를 성립시켰다.

[24016-0082]

03 밑줄 친 '전쟁'의 영향으로 가장 적절한 것은?

① 라티푼디움이 확산되었다.
② 모헨조다로가 건설되었다.
③ 올림피아 제전이 시작되었다.
④ 제1차 삼두 정치가 종결되었다.
⑤ 스파르타가 그리스 세계의 패권을 차지하였다.

[24016-0083]

04 (가) 인물에 대한 설명으로 옳은 것은?

우리가 사는 이 세계의 모든 사람은 각자 자신의 정의에 따라 말하듯이 도시와 공동체로 구별을 지어 살아야 하는 것이 아니다. 오히려 모든 사람이 하나의 공동체, 하나의 국가에 소속되어야 한다.

① 리키니우스법을 제정하였다.
② 니케아 공의회를 개최하였다.
③ 이소스 전투에서 승리하였다.
④ 프린켑스라는 칭호를 사용하였다.
⑤ 우르에 지구라트라는 신전을 세웠다.

[24016-0084]

05 밑줄 친 '붕괴'의 배경으로 가장 적절한 것은?

튀니스만 깊숙이 자리한 이 도시는 무역 활동과 안전에 유리한 조건을 가지고 있었다. 이러한 장점을 활용하여 페니키아인들이 이 도시를 건설하고 성장시켰다. 기원전 3세기 중엽에 이르면 이 도시의 사람들이 튀니지와 알제리 지역의 토착 주민을 다스리는 한편 바다에서도 시칠리아 서부 해역을 통제하였다. 그러나 이러한 패권은 기원전 2세기 중엽에 완전히 붕괴되었고 이후 이 도시는 재건이 될 때까지 황폐한 땅으로 남게 되는 비운을 겪었다.

① 살라미스 해전이 일어났다.
② 포에니 전쟁이 전개되었다.
③ 제4대 칼리프 알리가 피살되었다.
④ 스파르타쿠스가 반란을 일으켰다.
⑤ 중앙아시아에서 에프탈이 침입하였다.

[24016-0085]

06 밑줄 친 '그'에 대한 설명으로 옳은 것은?

원로원은 그의 생일을 국경일로 선포하고 개선문을 세우기로 결의하였다. 사흘간 개선식이 전개되었는데 각각 달마티아, 악티움 그리고 이집트에서 거둔 승리를 축하하였다. 그 화려함과 장엄함이 양아버지 카이사르의 개선식들을 능가하였다. 200여 년 만에 육지와 바다에 평화가 임했다는 표시로서 야누스 신전의 문들도 굳게 닫혔다. 내전과 폭력으로 혼란했던 한 세기가 종결되고 향후 200여 년간 이어질 평화와 번영의 시대로 넘어가는 순간이었다.

① 12표법을 제정하였다.
② 제2차 삼두 정치를 이끌었다.
③ 콘스탄티노폴리스로 수도를 옮겼다.
④ 제국을 4분하여 통치하는 제도를 만들었다.
⑤ 정복지 곳곳에 알렉산드리아를 건설하였다.

[24016-0086]

07 (가) 국가에서 있었던 사실로 옳은 것은?

새로운 수도는 상업적 · 군사적 · 종교적인 면에서 완벽한 조건을 갖추고 있었다. 흑해와 맞닿은 이 도시는 소아시아에서 발칸반도 및 유럽으로 이어지는 여러 도로와 지중해로 이어지는 해협 등을 이용하여 동서 교역의 요충지가 될 수 있었다. 또한 두 면은 바다에 의해서, 나머지 한 면은 육지의 요새에 의해서 보호받는 갑(岬)에 자리 잡아 난공불락의 성채가 될 수 있었다. 무엇보다 옛 이교의 전통을 탈피함으로써 약 20년 전에 밀라노 칙령으로 (가) 에서 공인된 크리스트교의 중심지로 거듭나기에 적합하였다.

① 헤지라가 단행되었다.
② 오디세이아가 저술되었다.
③ 군인 출신 황제가 연이어 등장하였다.
④ 소크라테스가 소피스트를 비판하였다.
⑤ 수도 니네베에 왕립 도서관이 건립되었다.

[24016-0087]

08 밑줄 친 '결정'이 있었던 시기를 연표에서 옳게 고른 것은?

알렉산드로스 대주교는 신과 그 아들의 관계에 대해 아리우스가 설교한 내용을 문제 삼아 아리우스와 그를 따르던 자들을 파문하였다. 파문 뒤 팔레스티나로 추방당한 그들은 알렉산드로스 대주교에게 항의 서한을 보내는 한편 황실 종교관 에우세비우스를 비롯하여 동조자들을 확보하고자 하였다. 일개 장로가 대주교에게 반발한 이 상황은 위계 질서를 중시하는 당시 교회 규정에 어긋났을 뿐 아니라 교회를 중심으로 제국의 안녕을 도모하고자 크리스트교도에게 종교의 자유를 허용하였던 황제에게도 심각한 문제로 인식되었다. 이에 황제는 신속히 교회 문제에 개입하여 니케아에서 아리우스의 정죄를 결정하도록 하였다. 이로부터 3년 뒤 아타나시우스는 젊은 나이에 대주교의 지위에 오르게 되었다.

로마 공화정 수립	(가)	로마, 이탈리아 반도 통일	(나)	로마 제정 성립	(다)	5현제 시대 종결	(라)	동·서 로마 제국 분리	(마)	서로마 제국의 멸망

① (가) ② (나) ③ (다) ④ (라) ⑤ (마)

[24016-0088]

1 **다음 강의의 소재가 된 전쟁에 대한 설명으로 옳은 것은?**

오늘은 대략 높이 9m, 둘레 185m, 지름 50m에 달하는 이 무덤의 조성 배경을 소개하고자 합니다. 적군이 본토를 침공하였을 때 아테네인들은 작은 도시 국가 플라타이아의 도움을 제외하면 거의 홀로 이 전투에서 승리를 거두었습니다. 그래서 이 승리를 기념하는 기념물을 세우고자 하였습니다. 원래 아테네 전몰자들은 전통적인 관습에 따라 대개 케라메이코스라고 부르는 공동묘지에 매장되었지만 이 전투의 전몰자들은 투키디데스의 표현에 따르면 '예외적으로 탁월한 무공을 세운 것으로 인정받아' 전사한 곳, 즉 마라톤 평원에 매장하기로 결정되었습니다. 이 결정에 따라 화면에 보이는 무덤이 만들어졌던 것입니다. 이후 아테네인들은 살라미스 앞바다에서 다시 한번 적군을 격퇴하는 성과를 거두었습니다.

① 제1차 삼두 정치를 종결시켰다.
② 정통 칼리프 시대에 전개되었다.
③ 델로스 동맹의 결성에 영향을 미쳤다.
④ 사산 왕조 페르시아를 상대로 전개되었다.
⑤ 시크교도가 반란을 일으키는 원인이 되었다.

[24016-0089]

2 **다음 자료를 활용한 탐구 활동으로 가장 적절한 것은?**

라케다이몬인들은 잇달아 사신단을 보내 아테네인들에게 포티다이아에서 철수하고 아이기나를 독립시키라고 요구하였다. 무엇보다 결정적으로 이 사신들은 아테네인들이 메가라 사람들을 놓아줌으로써 아티카 항구들에서 아테네가 개입하지 않고 그곳의 무역에 대해서도 손을 뗀다면 전쟁은 일어나지 않을 것이라고 주장하였다. …… 그러나 페리클레스는 사신들이 제기한 쟁점에 대해 양보하지 않았고 기존의 결정 사항들을 폐지하지도 않았다. …… 라케다이몬인들은 다시 사신단을 보내 평화를 유지하려면 아테네가 모든 그리스인에게 독립을 보장해 주어야 한다는 요구 사항을 제시하였다. …… 페리클레스는 다음과 같은 연설로 결국 전쟁을 결의하였다. "만일 여러분이 양보한다면, 저들은 여러분이 두려움 때문에 양보하였다고 생각하고서 즉시 더 큰 요구를 해 올 것입니다."

– 투키디데스, 『역사』 –

① 티마르제의 시행 목적을 살펴본다.
② 지즈야를 폐지한 인물을 파악한다.
③ 펠로폰네소스 전쟁의 배경을 조사한다.
④ 투르·푸아티에 전투의 영향을 알아본다.
⑤ 이슬람 세력의 침입이 가져온 결과를 분석한다.

[24016-0090]

3 (가), (나) 시기 사이에 있었던 사실로 옳은 것은?

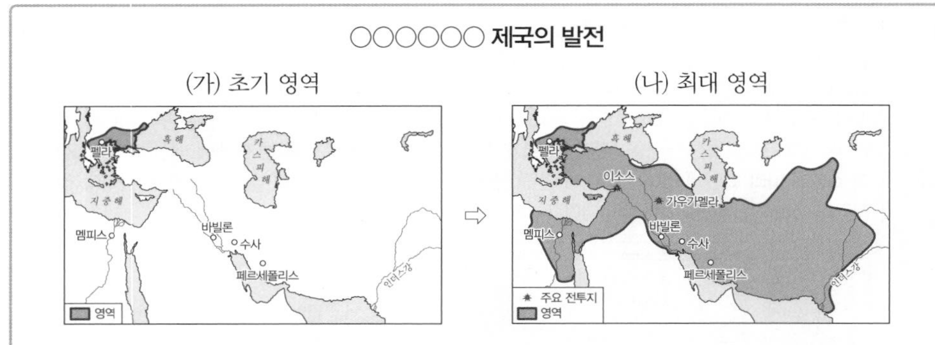

① 500인 평의회가 신설되었다.
② 파르티아가 중계 무역으로 번영하였다.
③ 아케메네스 왕조 페르시아가 멸망하였다.
④ 마르쿠스 아우렐리우스 등 5현제가 등장하였다.
⑤ 페이시스트라토스라는 참주가 권력을 장악하였다.

[24016-0091]

4 밑줄 친 '전쟁'이 로마에 끼친 영향으로 가장 적절한 것은?

이달의 추천 도서『살람보』

- **저자** : 귀스타브 플로베르
- **줄거리** : 카르타고 최고 권력자의 딸 살람보와 용병 대장 마토 사이의 사랑이 전장(戰場)을 배경으로 펼쳐진다.
- **특징** : 로마와 세 차례 걸쳐 전개된 <u>전쟁</u> 중 제1차 전쟁이 종결된 뒤 로마에 바치게 된 막대한 배상금 탓에 카르타고는 용병들에게 급료를 지급하지 못하였다. 이 때문에 용병들이 반란을 일으켰던 역사적 사건을 소재로 한 작품으로, 작가가 직접 관련 유적을 답사하며 치밀하게 고증한 점이 돋보인다.

① 라티푼디움이 확산되었다.
② 쿠트브 미나르가 건립되었다.
③ 제2차 삼두 정치가 종결되었다.
④ 콘스탄티노폴리스로의 천도가 단행되었다.
⑤ 평민이 법률상 귀족과 동등한 권리를 갖게 되었다.

[24016-0092]

5 (가), (나) 시기 사이에 있었던 사실로 옳은 것은?

(가) 티베리우스가 거의 성년이 되었을 때, 악티움 해전을 기념하는 행사에 참가하였다. 그는 악티움 해전에서 승리를 거두었던 황제를 태운 전차를 왼쪽 말에 타고 이끌었고, 황제 누나의 아들인 마르켈루스는 오른쪽 말에 타고 이끌었다. 그는 또한 양아버지의 승리를 기념하는 경기도 주재하였다.

(나) 교회를 파괴하고 크리스트교도의 공적 권리를 박탈한다는 황제의 칙령이 도처에 공포되었다. 뒤이어 교회의 우두머리들 전원을 투옥하라는 칙령이 추가되었다. 황제의 명으로 제국의 4분할 통치가 시작된 지 10여 년이 흐른 뒤의 일이었다.

① 호민관 제도가 마련되었다.
② 솔론이 금권정을 추진하였다.
③ 스파르타쿠스의 난이 일어났다.
④ 유스티니아누스 법전이 편찬되었다.
⑤ 군인 출신 황제들이 연이어 등장하였다.

[24016-0093]

6 (가) 황제에 대한 설명으로 옳은 것은?

이것은 (가) 의 행적을 기념하기 위해 발행된 주화로, 두 명의 병사 사이에 십자가가 있고 바깥쪽으로는 '군대의 영광(GLORIA EXERCITVS)'라고 쓰여 있다. 이 주화는 오로지 크리스트교의 광범위한 확산을 위해서만 발행된 것은 아니었다. 십자가를 가운데 둔 병사들, '군대의 영광(GLORIA EXERCITVS)'이라는 문구 등에서 드러나듯이 (가) 의 군사력과 정치적 입지가 크리스트교와 관련이 있음을 홍보하려는 목적이 강하였다. 그가 리키니우스와 함께 반포한 밀라노 칙령 역시 정치적 목적과 종교적 목적의 결합에서 나온 산물이었다.

① 니케아 공의회를 개최하였다.
② 수도를 이스파한으로 옮겼다.
③ 크리스트교를 국교로 지정하였다.
④ 정복지에 알렉산드리아를 건설하였다.
⑤ 안토니우스를 제압하고 권력을 장악하였다.

유럽 세계의 형성과 변화

✪ 투르 · 푸아티에 전투

우마이야 왕조가 피레네산맥을 넘어 프랑크 왕국을 공격하였으나 투르 · 푸아티에 전투에서 카롤루스 마르텔이 이끄는 군대에 패배하였다.

✪ 카롤루스 르네상스

카롤루스 대제는 아헨의 궁정에 앨퀸 등 여러 학자를 초빙하고 교양 교과를 마련하였다. 또한 수도원이 고대 로마 시대의 정확한 필사본을 확보하고 연구하도록 지원하였다.

1. 서유럽 봉건 사회의 성립

(1) 게르만족의 이동과 프랑크 왕국

① 게르만족의 이동

배경	인구 증가로 인한 새로운 농경지 필요, 훈족의 압박
경과	여러 게르만족이 서로마 제국으로 이동, 곳곳에 왕국 건설
영향	서로마 제국 약화 → 게르만족 출신 용병 대장 오도아케르에게 멸망(476)

② 프랑크 왕국의 발전

클로비스	5세기 말 메로베우스 왕조 개창, 로마 가톨릭교(아타나시우스파)로 개종
카롤루스 마르텔	궁재로 실권 장악, 투르 · 푸아티에 전투(732)에서 이슬람 군대 격퇴
피핀	• 교황의 지지 속에 카롤루스 왕조 개창 • 롬바르드(랑고바르드)족을 공격하여 얻은 이탈리아 중부 지역을 교황에게 기증(교황령의 시초)
카롤루스 대제	• 프랑크 왕국의 전성기 • 옛 서로마 제국 영토의 상당 부분 차지, 곳곳에 교회를 세워 크리스트교 전파 → 서로마 황제로 대관(800) • 카롤루스 르네상스(궁정 학교 설립, 학문과 고전 연구 후원) → 로마 문화 · 크리스트교 · 게르만 문화의 융합, 중세 서유럽 문화의 기틀 마련

③ 프랑크 왕국의 분열

• 원인 : 카롤루스 대제 사후 분할 상속에 따른 내분 발생

• 과정 : 베르됭 조약(843)과 메르센 조약(870) 체결

• 결과 : 동프랑크, 서프랑크, 중프랑크로 분열(각각 오늘날 독일, 프랑스, 이탈리아의 기원)

④ 노르만족의 이동

• 원거주지 : 스칸디나비아 지방 등에 거주

• 이동 : 9세기경부터 유럽 해안과 내륙 지방으로 본격적 이동

• 왕국 건설 : 노브고로드 공국 · 노르망디 공국 · 노르만 왕조(노르망디 공 윌리엄이 개창) · 시칠리아 왕국 등 건설, 원거주지에는 스웨덴 · 덴마크 · 노르웨이 등 건국

(2) 봉건 사회의 형성

① 봉건제의 성립

• 배경 : 프랑크 왕국의 분열, 노르만족 · 마자르족 · 이슬람 세력 등의 침입으로 극심한 혼란 → 전사 계급의 성장과 예속 농민의 발생

• 성립 : 정치적으로 주종제, 경제적으로 장원제에 기초한 지방 분권적 사회 질서 형성

② 주종제

• 주군은 봉신에게 봉토 수여, 봉신은 주군에게 충성 서약 및 군사적 봉사, 쌍무적 계약 관계

• 봉신의 불입권 인정 : 주군의 간섭 없이 재판권 · 징세권 행사 → 지방 분권화 촉진

③ 장원제

• 토지 : 경작지(영주 직영지 · 농민 보유지, 삼포제로 경작), 공동 방목지, 삼림 등

• 농노 : 영주의 지배를 받는 예속 농민, 영주의 직영지 경작, 지대 및 각종 세금 부담, 거주 이전의 자유 없음, 결혼과 재산 소유 가능

④ 봉건 국가의 발전 : 카페 왕조, 노르만 왕조 등

개념 체크

1. 서로마 제국은 게르만족 출신 용병 대장 (   )에게 멸망하였다.
2. 카롤루스 마르텔은 피레네산맥을 넘어온 이슬람 군대를 (   ) 전투에서 물리쳤다.
3. 중세 유럽의 영주는 자신의 영지 내에서 주군의 간섭 없이 (   )과 징세권을 행사하는 불입권을 인정받았다.

정답

1. 오도아케르 2. 투르 · 푸아티에 3. 재판권

(3) 크리스트교의 성장과 교황권

① 동서 교회의 분열

- 성상 파괴령(726) : 비잔티움 제국 황제 레오 3세가 반포 → 동서 교회(콘스탄티노폴리스 교회와 로마 교회)의 대립 격화
- 동서 교회의 분열(1054) : 그리스 정교회와 로마 가톨릭교회로 분리

② 로마 가톨릭교회의 성장과 세속화

- 교회의 성장 : 봉토와 기증받은 토지 등을 기반으로 세력 확대, 교황을 정점으로 대주교 · 주교 · 사제에 이르는 계서제(계급과 서열제) 구축
- 교회의 세속화 : 세속 권력이 성직자 서임권 차지, 성직 매매 등 부패와 타락 → 교회를 정화하려는 개혁 운동 전개(10세기 초 클뤼니 수도원 중심)

③ 교황과 황제의 대립

- 카노사의 굴욕(1077) : 성직자 서임권을 둘러싼 교황(그레고리우스 7세)과 신성 로마 제국 황제(하인리히 4세)의 대립 → 교황의 황제 파문 → 황제가 카노사성으로 교황을 찾아가서 사죄
- 교황권의 성장 : 보름스 협약(1122)으로 교황이 성직자 서임권 차지 → 13세기 교황 인노켄티우스 3세 때 교황권 절정('교황은 해, 황제는 달'에 비유)

(4) 중세 서유럽의 문화

특징	크리스트교 중심의 문화 발전
철학	신학의 보조 학문으로 발달, 아우구스티누스의 교부 철학 → 스콜라 철학(토마스 아퀴나스의 『신학대전』, 신앙과 이성의 조화)
교육	교회와 수도원 중심 → 대학 발전(파리 대학 · 볼로냐 대학 등, 교회나 세속 권력의 통제에서 벗어나 자치적으로 운영)
문학	기사도 문학 발달 : 『롤랑의 노래』, 『니벨룽겐의 노래』, 『아서왕 이야기』 등
건축	• 교회와 수도원 건축 발달 • 로마네스크 양식(11세기) : 두꺼운 벽과 돔, 원형의 아치(피사 대성당) • 고딕 양식(12세기 이후) : 첨탑과 스테인드글라스(쾰른 성당, 샤르트르 대성당)

2. 비잔티움 제국(동로마 제국)

(1) 비잔티움 제국의 특징 : 서로마 제국 멸망 이후 약 1000년간 유지

정치	황제 교황주의(황제가 교회 지배)
수도	콘스탄티노폴리스(동서 교통과 무역의 중심지)

(2) 비잔티움 제국의 변천

전성기 (6세기)	유스티니아누스 황제(옛 로마 제국 영토의 상당 부분 회복, 『유스티니아누스 법전』 편찬, 성 소피아 성당 건축)
쇠퇴	유스티니아누스 황제 사후 군관구제와 둔전병제 실시 → 이민족의 잦은 침입, 대토지 사유화 등으로 약화 → 셀주크 튀르크의 침입과 제4차 십자군의 약탈 등
멸망	오스만 제국의 공격으로 콘스탄티노폴리스 함락(1453)

(3) 비잔티움 제국의 문화

특징	그리스 정교를 바탕으로 그리스 · 로마 문화와 헬레니즘 문화 융합, 그리스어가 공용어, 그리스 고전의 연구 · 보존(→ 르네상스에 영향)
건축, 미술	비잔티움 양식 – 외부의 웅장한 돔과 내부의 모자이크 벽화(성 소피아 성당)
영향	슬라브족에게 전파, 동유럽 문화 발전에 기여

✪ 카노사의 굴욕

신성 로마 제국 황제 하인리히 4세가 무릎을 꿇고 클뤼니 수도원장(좌), 카노사성의 성주(우)에게 교황과의 화해를 주선해 달라고 부탁하고 있다.

✪ 고딕 양식의 특징

로마네스크 양식보다 벽 두께가 얇아졌으며 채광을 위한 유리창을 많이 내어 내부로 빛이 들어오게 하였다. 외벽에는 높은 첨탑들이 조성되었다.

개념 체크

1. 비잔티움 제국의 황제 (　　)가 성상 파괴령을 내리면서 동서 교회의 대립이 격화되었다.
2. (　　)는 그의 책 『신학대전』에서 신앙과 이성의 조화를 강조하였다.
3. 돔과 모자이크 벽화를 특징으로 하는 (　　) 양식의 건축물로는 콘스탄티노폴리스의 성 소피아 성당이 대표적이다.

정답

1. 레오 3세 2. 토마스 아퀴나스 3. 비잔티움

✪ 콘스탄티노폴리스를 점령하는 십자군

제4차 십자군은 비잔티움 제국의 콘스탄티노폴리스를 점령하고 라틴 제국을 세웠다(1204).

✪ 화폐 지대

중세에는 농노가 영주의 직영지에 가서 농사를 짓는 노동 지대가 일반적이었다. 그러나 화폐 경제가 발달하면서 영주들이 지대를 화폐로 요구하는 경우가 늘어났다. 이를 지대의 금납화라고도 한다.

3. 봉건 사회의 변화

(1) 십자군 전쟁

① 배경

- 삼포제 확산 등으로 농업 생산력 증대, 인구 증가 → 서유럽의 대외 팽창 움직임
- 11세기 셀주크 튀르크가 예루살렘을 점령하고 비잔티움 제국 위협 → 비잔티움 제국 황제의 지원 요청 → 교황 우르바누스 2세가 클레르몽 공의회에서 성지 회복을 위한 전쟁 호소

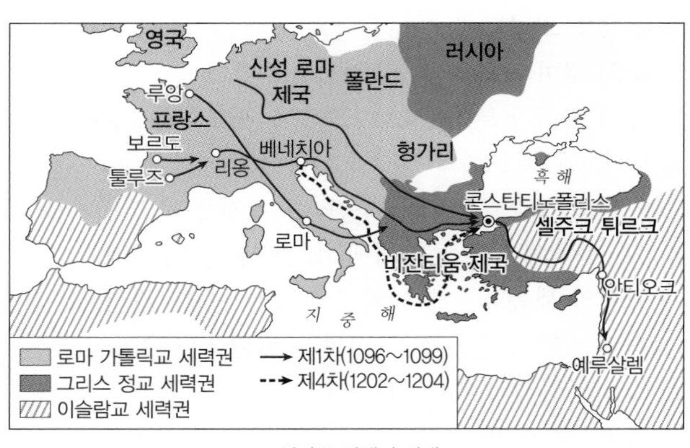

▲ 십자군 전쟁의 전개

② 전개

- 제1차 십자군 : 성지 탈환에 성공, 예루살렘 왕국 건설
- 제4차 십자군 : 베네치아 상인의 개입 → 콘스탄티노폴리스 점령 → 라틴 제국 수립

③ 영향

- 정치 : 교황권 약화, 제후와 기사 계층 몰락, 왕권 강화
- 경제 : 지중해 교역 · 동방 교역 활발 → 이탈리아 도시 번영
- 문화 : 이슬람 문화와 비잔티움 문화의 유입 → 서유럽 문화 발전에 자극

(2) 교역의 확대와 도시의 성장

① 교역의 확대 : 원거리 교역과 동방 무역 발달 → 지중해 무역권(이탈리아의 베네치아 · 피렌체 등), 샹파뉴 지방(정기시 발달, 지중해와 북유럽 연결), 북유럽 무역권(뤼베크, 함부르크 등의 도시가 참여하여 한자 동맹 결성)

② 도시의 성장

- 자치권 획득 : 도시민들이 재력 또는 무력으로 특허장을 획득하여 자치권 행사 → 독자적으로 도시 행정 운영
- 길드 조직 : 도시의 상공업자들이 공동의 이익과 안전을 위해 조직, 생산과 상업 활동 통제(상인 길드, 수공업자 길드)

(3) 서유럽 장원제의 해체

① 배경

- 화폐 경제 발달 → 영주가 농노에게 부역 대신 현물 · 화폐 지대 요구 → 농노의 지위 향상
- 흑사병의 유행 → 노동력 감소 → 농민의 처우 개선

② 결과 : 농노 해방 증가, 자영 농민 증가 → 장원 점차 해체

③ 농민 봉기 : 일부 영주들의 속박 강화, 백년 전쟁으로 인한 과도한 증세 등 → 자크리의 난(프랑스, 1358), 와트 타일러의 난(영국, 1381)

(4) 교황권의 쇠퇴

① 배경 : 십자군 전쟁의 실패로 교황의 권위 약화

② 아비뇽 유수(1309~1377) : 교회와 성직자에 대한 과세 문제로 프랑스 왕 필리프 4세와 교황 보니파키우스 8세가 대립 → 필리프 4세가 교황을 굴복시킴, 교황청이 아비뇽으로 옮겨짐

③ 교회의 대분열(1378~1417) : 로마와 아비뇽에서 교황이 각각 선출되어 대립

개념 체크

1. 제4차 십자군은 베네치아 상인의 개입으로 콘스탄티노폴리스를 점령하고 ( )을 세웠다.
2. 도시의 상공업자들은 재력 또는 무력으로 특허장을 획득하여 ( )을 행사하였다.
3. 일부 영주들이 농민에 대한 속박을 강화하자 ( )에서는 자크리의 난이 발생하였다.

정답

1. 라틴 제국 2. 자치권 3. 프랑스

④ 교회 개혁의 움직임 : 위클리프, 후스의 교회 비판(『성서』에 기반을 둔 신앙 강조)

⑤ 콘스탄츠 공의회(1414~1418) : 위클리프를 이단으로 규정, 후스 화형, 새로운 단일 교황 선출(로마 교황의 정통성 인정)

(5) 왕권의 강화와 유럽 각국의 변화

① 배경 : 봉건 영주의 세력 약화, 교황권 쇠퇴, 도시 상공업자들의 성장 → 국왕이 상비군과 관료 양성, 사법권과 과세권 확대

② 유럽 각국의 변화

영국	존왕의 대헌장 승인(1215) → 백년 전쟁(1337~1453), 장미 전쟁(1455~1485) → 중앙 집권 국가로 발전
프랑스	필리프 2세의 왕권 강화 → 백년 전쟁(잔 다르크의 활약 등으로 승리) → 중앙 집권 국가로 발전
독일	신성 로마 제국 황제의 명목상 통치, 지방 제후의 강력한 세력 유지
이탈리아	교황령, 베네치아 · 피렌체 등 도시 국가, 나폴리 왕국 등으로 분열
이베리아 반도	재정복 운동 과정에서 아라곤, 카스티야 성립 → 15세기 후반 에스파냐 왕국 탄생(이슬람의 근거지인 그라나다 정복), 카스티야로부터 독립한 포르투갈의 성장

✪ 장미 전쟁

백년 전쟁이 끝난 후 영국의 랭커스터 가문과 요크 가문 사이에 왕위 계승 문제를 둘러싸고 일어난 전쟁이다.

✪ 성 베드로 성당

성 베드로의 무덤 위에 4세기 무렵 지어진 성당으로, 16세기에 미켈란젤로 등에 의하여 르네상스 양식으로 다시 지어졌다.

4. 르네상스와 종교 개혁

(1) 르네상스 : 14~16세기에 전개된 그리스 · 로마 고전 문화 부흥 운동, '부활' · '재생'을 의미

① 이탈리아의 르네상스

배경	옛 로마 제국의 중심지로 고전 문화의 전통 잔존, 비잔티움 제국의 많은 학자들 유입, 지중해 무역으로 부유해진 상인 · 군주들이 문예 활동 장려
특징	그리스 · 로마의 고전 작품 연구, 인문주의(휴머니즘) 및 예술 분야 발달
인문주의자	페트라르카(서정시), 보카치오(『데카메론』), 마키아벨리(『군주론』)
미술	보티첼리(「비너스의 탄생」, 레오나르도 다빈치(「모나리자」, 미켈란젤로(「다비드상」), 라파엘로(「아테네 학당」) 등
건축	르네상스 양식 발전(열주와 돔 강조), 성 베드로 성당이 대표적

② 알프스 이북의 르네상스 : 이탈리아의 르네상스가 알프스 이북으로 확산

특징	현실 사회와 교회 비판, 초기 크리스트교로 돌아갈 것을 주장 → 종교 개혁에 영향
인문주의자	에라스뮈스(『우신예찬』), 토머스 모어(『유토피아』)
미술	반에이크 형제(유화 기법 개발), 브뤼헐(서민의 생활 모습 표현) 등
문학	국민 문학 발달, 세르반테스(『돈키호테』), 셰익스피어(『로미오와 줄리엣』, 『햄릿』 등)

(2) 종교 개혁

① 루터의 종교 개혁

계기	교황 레오 10세가 성 베드로 성당의 증축 비용 마련을 위해 면벌부 판매
전개	루터의 「95개조 반박문」 발표(1517) → 루터파와 로마 가톨릭교회의 대립 → 아우크스부르크 화의 체결(1555, 루터파 인정)

② 칼뱅의 종교 개혁

내용	예정설 주장, 근면하고 검소한 직업 생활 강조
확산	신흥 상공업자의 호응, 영국 · 프랑스 · 네덜란드 등지로 전파

개념 체크

1. (　　) 공의회는 위클리프를 이단으로 규정하였고, 후스를 화형에 처하였으며, 새로운 단일 교황을 선출하였다.
2. 르네상스는 14~16세기에 전개된 (　　) 고전 문화 부흥 운동이다.
3. 1555년 아우크스부르크 화의를 통해 (　　)가 인정받게 되었다.

정답

1. 콘스탄츠 2. 그리스 · 로마
3. 루터파

✪ 낭트 칙령

1598년 프랑스왕 앙리 4세가 낭트에서 발표한 칙령이다. 위그노 전쟁의 혼란을 수습하기 위해 앙리 4세는 신교에서 로마 가톨릭교로 개종하는 한편, 위그노에게 일정한 지역에서 신앙의 자유를 인정하는 칙령을 반포하였다.

✪ 30년 전쟁

종교 갈등으로 인해 독일 지역에서 시작된 내전이었으나, 유럽의 주요 국가들이 각자의 이해관계에 따라 가담함으로써 국제 전쟁으로 확대되었다. 영국, 네덜란드 등의 신교 국가들은 신교 쪽을, 구교 국가인 에스파냐는 구교 쪽을 지원하였다. 그런데 프랑스는 에스파냐의 세력 확대를 염려하여 구교 국가이면서도 신교 쪽을 지원하였다.

개념 체크

1. (　　)는 통일법을 반포하여 영국 국교회를 확립하였다.
2. 에스파냐의 (　　)가 설립한 예수회는 가톨릭 교리를 옹호하고 아시아, 아프리카, 아메리카 등지에서 선교 활동을 펼쳤다.
3. (　　)의 후원을 받은 바스쿠 다 가마는 인도 항로 개척에 성공하였다.

정답

1. 엘리자베스 1세 2. 로욜라 3. 포르투갈

③ 영국의 종교 개혁

배경	헨리 8세가 자신의 이혼 문제를 계기로 교황과 대립
전개	수장법을 통해 국왕이 영국 교회의 수장임을 선포(1534) → 수도원 해산, 교회의 토지·재산 몰수 → 엘리자베스 1세의 통일법 반포(1559, 영국 국교회 확립)

④ 로마 가톨릭교회의 대응
- 트리엔트 공의회(1545~1563) : 교황과 교회의 권위 재확인, 폐단 시정 노력, 교회 내부의 결속 강화(종교 재판소 설치, 금서 목록 작성 등)
- 예수회 설립 : 에스파냐의 로욜라가 설립, 아시아·아프리카·아메리카에서 선교 활동 전개

⑤ 종교 전쟁
- 배경 : 종교 개혁으로 프로테스탄트(신교)와 로마 가톨릭교(구교)의 대립 격화
- 네덜란드 : 네덜란드의 신교도(고이센)를 중심으로 에스파냐와 전쟁 → 독립 달성
- 프랑스 : 위그노 전쟁 → 낭트 칙령(1598, 위그노에게 신앙의 자유를 부분적으로 허용)
- 독일 : 30년 전쟁(1618~1648) → 국제 전쟁으로 확대 → 베스트팔렌 조약 체결(1648, 칼뱅파 인정)

5. 신항로 개척과 유럽 교역망의 확장

(1) 신항로 개척의 배경

① 동방에 대한 관심 증대 : 마르코 폴로의 『동방견문록』이 호기심 자극, 동방 산물(향신료, 비단 등)에 대한 욕구 증대, 오스만 제국의 동서 무역 주도로 인해 동방과의 직거래를 위한 새로운 무역로 필요

② 조선술과 항해 도구(나침반 등)의 발달 → 원양 항해 가능

(2) 유럽의 신항로 개척

① 주도 : 포르투갈과 에스파냐(대서양 진출에 유리한 지역에 위치하여 신항로 개척 주도)

② 신항로 개척
- 포르투갈의 후원 : 바르톨로메우 디아스(아프리카 남단의 희망봉 도착, 1488), 바스쿠 다 가마(인도 항로 개척, 1498)
- 에스파냐의 후원 : 콜럼버스(아메리카 대륙의 서인도 제도 도착, 1492), 마젤란(그의 일행이 세계 일주 성공, 1522)

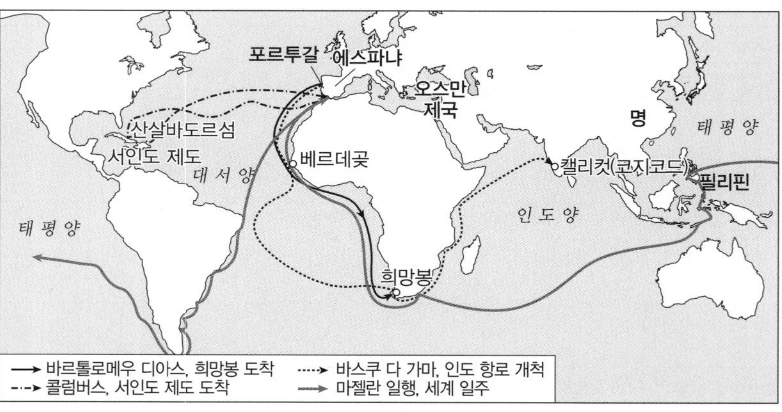

▲ 포르투갈과 에스파냐의 신항로 개척

(3) 아메리카 문명의 파괴와 변화

① 아메리카 문명의 파괴
- 아스테카 문명 : 멕시코고원 일대, 테노치티틀란(수도), 그림 문자 사용, 피라미드식 신전 건설 → 에스파냐 코르테스의 침략으로 파괴
- 잉카 문명 : 안데스고원 일대, 쿠스코(수도)에 거대한 태양 신전 건설, 새끼줄 매듭(키푸)으로 정보 교환 → 에스파냐 피사로의 침략으로 파괴

② 아메리카의 변화 : 수탈 및 전염병 등으로 원주민의 수 급감, 유럽인의 대농장 운영(사탕수수와 담배 등 재배, 원주민의 노동 및 아프리카인의 노예 노동 이용)

▲ 아메리카 문명

(4) 유럽 교역망의 확대

① 교역망의 확대 : 지중해에서 점차 대서양으로 확대
② 세계적 교역망의 형성 : 삼각 무역을 중심으로 한 대서양 교역의 발달(노예 무역 성행), 대서양 교역을 통해 결제 수단을 갖춘 유럽인의 아시아 진출, 아메리카 은이 매개체
③ 금, 은 등 귀금속의 유럽 유입 → 유럽 물가 급등(가격 혁명)
④ 유럽의 경제 성장(상업 혁명 → 근대 자본주의 발전에 기여)

6. 절대 왕정

(1) 성립 과정과 기반

① 성립 과정
- 16~18세기에 유럽 각국의 왕권 강화와 중앙 집권 체제 발전 과정에서 등장
- 중세 봉건 국가에서 근대 국민 국가로 가는 과도기에 성립

② 기반 : 국왕을 중심으로 관료제와 상비군 정비, 왕권신수설 유행, 중상주의 경제 정책 실시

(2) 서유럽 절대 왕정

에스파냐	펠리페 2세 : 대서양 무역 장악, 레판토 해전(1571)에서 오스만 제국을 격파하는 등 성장 → 영국에 무적함대 패배, 가톨릭 강요 정책(네덜란드 독립 초래) 등으로 국력 쇠퇴
영국	엘리자베스 1세 : 영국 국교회 확립, 에스파냐의 무적함대 격파, 동인도 회사 설립(1600)
프랑스	루이 14세 : '태양왕', 중상주의 정책 실시(콜베르 등용), 베르사유 궁전 건축 → 무리한 전쟁으로 재정난 심화, 낭트 칙령 폐지로 인한 위그노의 해외 망명 증가 등으로 산업 위축

(3) 동유럽 절대 왕정

특징	도시와 상공업 발달이 부진하여 시민 계급 성장 미약, 농노제 강화
프로이센	프리드리히 2세 : 계몽 전제 군주, '국가 제일의 공복'을 자처하며 산업을 장려, 오스트리아와의 전쟁 끝에 슐레지엔 차지, 러시아·오스트리아와 함께 폴란드 분할 점령
러시아	• 표트르 대제 : 서유럽화 정책 추진, 북방 전쟁 승리, 상트페테르부르크를 건설하여 수도로 삼음, 청과 네르친스크 조약 체결 • 예카테리나 2세 : 계몽 전제 군주로 자처하며 내정 개혁 추진, 프로이센·오스트리아와 함께 폴란드 분할 점령

✪ 은
신항로 개척 후 국제 무역에서 아메리카 은이 결제 수단으로 널리 활용되었다. 특히 오늘날의 볼리비아에 위치한 포토시 은광에서 채굴된 은은 유럽, 아시아 등지로 유통되었다.

✪ 콜베르
프랑스 루이 14세 때의 재무 장관으로 프랑스의 국력 강화에 기여하였다. 콜베르가 성공적인 중상주의 정책을 실시하였기 때문에 당시 프랑스의 중상주의를 '콜베르주의'라고 부르기도 한다.

✪ 표트르 대제
적극적인 서유럽화 정책을 추진하면서 대규모 시찰단을 서유럽에 파견하였고, 스스로도 시찰단의 일원으로 참여하였다. 특히, 네덜란드에서는 직접 조선소에서 노동자로 일하기도 하였다.

개념 체크

1. 에스파냐의 코르테스 일행은 아메리카 대륙의 (　　) 제국을 정복하였다.
2. 절대 왕정 시기에 절대 군주는 국왕의 권력이 신으로부터 주어진 것이라는 (　　)을 이용하여 자신의 권력을 정당화하였다.
3. 에스파냐의 (　　)는 레판토 해전에서 오스만 제국을 격파하였다.

정답
1. 아스테카 2. 왕권신수설
3. 펠리페 2세

대표 기출 확인하기

아비뇽 유수 이해

정답과 해설 23쪽

대표 기출 문제 다음 대화의 주제로 가장 적절한 것은? 2024학년도 수능 6월 모의평가

① 아비뇽 유수의 배경
② 베스트팔렌 조약의 영향
③ 제1차 십자군 전쟁의 전개
④ 아우크스부르크 종교 화의의 결과
⑤ 그리스 정교회와 로마 가톨릭 교회의 분리 원인

정답 | ①

풀이 | 자료에서 교황 보니파키우스 8세, 프랑스 왕 필리프 4세, 교황과 프랑스 왕이 교회 및 성직자에 대한 과세 문제로 대립 등을 통해 대화의 주제가 아비뇽 유수의 배경에 대한 것임을 알 수 있다. ① 14세기 초 프랑스 왕 필리프 4세는 교회와 성직자에 대한 과세 문제로 교황과 대립하였다. 그는 삼부회를 소집하여 교황을 굴복시켰고, 이후 교황청은 로마에서 아비뇽으로 옮겨졌다(아비뇽 유수). ② 30년 전쟁의 결과로 체결된 베스트팔렌 조약을 통해 칼뱅파가 인정되었다. ③ 교황 우르바누스 2세의 호소로 제1차 십자군 전쟁(1096~1099)이 일어났다. ④ 아우크스부르크 종교 화의를 통해 루터파가 공식적으로 인정받게 되었다(1555). ⑤ 성상 파괴령을 계기로 콘스탄티노폴리스 교회와 로마 교회의 대립이 심화되어 크리스트교 세계는 1054년 그리스 정교회와 로마 가톨릭 교회로 분리되었다.

닮은꼴 문제 1 (가)에 들어갈 내용으로 가장 적절한 것은? [24016-0094]

> **제7회 서양사 연구회 시민 강좌**
>
> ‘교회의 대분열’ 시기를 종식시킨 콘스탄츠 공의회 개최 610주년이 되는 해를 맞이하여 ‘교회의 대분열’이 일어난 배경부터 종결까지 그 과정을 알아보는 시간을 갖고자 합니다. 많은 참여 바랍니다.
>
> ▣ 2024년 ○월 ○일 14시~16시
> ▣ 장소 : □□대학교 세미나실
> ▣ 강의 순서
> 1. 필리프 4세와 보니파키우스 8세의 대립
> 2. 교황의 난립과 단일 교황 선출 과정
> 3. (가)
>
> □□대학교 서양사 연구회

① 로욜라의 예수회 설립 목적
② 엘리자베스 1세와 영국 국교회
③ 위클리프와 후스 주장의 공통점
④ 카노사의 굴욕 사건이 일어난 배경
⑤ 콘스탄티누스 황제의 밀라노 칙령 내용

대표 기출 문제 (가)에 들어갈 내용으로 가장 적절한 것은? 2024학년도 수능 9월 모의평가

이 자료는 갑옷을 입고 말을 탄 영웅이 왕세자 샤를을 만나는 모습을 표현한 것입니다. 이 영웅은 적에게 봉쇄되었던 오를레앙의 포위를 뚫었고, 왕세자가 랭스에서 왕으로 즉위할 수 있도록 도왔습니다. 결국 샤를은 왕위 계승권과 플랑드르 지방에 대한 지배권을 둘러싸고 약 한 세기 동안 지속된 전쟁을 승리로 이끌었습니다. 이 전쟁이 벌어진 기간에 유럽에서는 ((가))

① 앙리 4세가 낭트 칙령을 반포하였습니다.
② 교황과 황제가 보름스 협약을 맺었습니다.
③ 로마와 아비뇽에서 교황이 각각 선출되었습니다.
④ 라틴 제국이 콘스탄티노폴리스에서 수립되었습니다.
⑤ 교황 우르바누스 2세가 클레르몽 공의회를 개최하였습니다.

정답 | ③

풀이 | 자료에서 왕위 계승권과 플랑드르 지방에 대한 지배권을 둘러싸고 약 한 세기 동안 지속된 전쟁 등을 통해 백년 전쟁(1337~1453) 당시의 상황임을 알 수 있다. ③ 백년 전쟁 시기에 로마와 아비뇽에서 교황이 각각 선출되는 교회의 대분열(1378~1417)이 나타났다. ① 프랑스의 앙리 4세는 1598년 낭트 칙령을 발표하여 칼뱅파 신교도인 위그노에게 신앙의 자유를 부분적으로 허용하였다. ② 신성 로마 제국 황제는 로마 교황과 보름스 협약을 체결하여 교황의 성직자 서임권을 공식적으로 인정하였다(1122). ④ 베네치아 상인의 개입으로 제4차 십자군(1202~1204)은 비잔티움 제국의 콘스탄티노폴리스를 점령한 뒤 라틴 제국을 세웠다. ⑤ 교황 우르바누스 2세는 1095년 클레르몽 공의회에서 성지 회복을 위한 전쟁을 호소하였고, 이에 십자군 전쟁이 시작되었다.

닮은꼴 문제 **2** 밑줄 친 '이 전쟁' 기간에 볼 수 있는 모습으로 가장 적절한 것은? [24016-0095]

미술로 보는 세계사

그림은 필리프 6세의 군대(왼쪽)가 장궁 보병을 앞세운 에드워드 3세 군대의 공격에 대패한 크레시 전투를 그린 것이다. 샤를 4세가 후사 없이 사망하고 필리프 6세가 발루아 왕조를 개창하자 에드워드 3세가 카페 왕조의 계승자를 자처하면서 이 전쟁이 시작되었다. 크레시 전투에서는 필리프 6세가 패배하였으나 80여 년 뒤에 잔 다르크의 활약으로 전세가 역전되면서 이 전쟁의 승패가 결정되었다.

① 유토피아를 집필하는 지식인
② 와트 타일러의 난에 가담하는 농민
③ 성 소피아 성당의 건축을 명하는 황제
④ 수도 니네베의 왕립 도서관 건설에 동원되는 인부
⑤ 투르·푸아티에 전투에서 이슬람군과 싸우는 병사

[24016-0096]

01 (가), (나) 시기 사이에 있었던 사실로 옳은 것은?

(가) 그가 크리스마스 미사를 위해 성 베드로 성당에 나타났다. 교황 레오 3세는 그의 머리에 서로마 황제의 관을 씌웠다. 그러자 새로운 황제의 즉위를 환영하는 함성이 터져 나왔다. "신의 뜻으로 즉위하셨도다! 황제에게 생명과 승리를 주소서!"

(나) 로타링기아의 국왕이 후사 없이 사망하자 서프랑크의 카롤루스 2세가 로타링기아 지방을 병합하였다. 이에 동프랑크의 루도비쿠스 2세가 반발하며 전쟁 발발 위기에 직면하였으나 메르센에서 양국이 로타링기아 분할에 합의하는 조약을 맺었다.

① 베르됭 조약이 체결되었다.
② 메로베우스 왕조가 붕괴되었다.
③ 투르·푸아티에 전투가 벌어졌다.
④ 유스티니아누스 법전이 편찬되었다.
⑤ 게르만족 출신 오도아케르가 용병 대장이 되었다.

[24016-0097]

02 밑줄 친 '나'에 대한 설명으로 옳은 것만을 〈보기〉에서 고른 것은?

그림은 주종 관계를 맺는 서약식을 보여 주고 있다. 서약식에서 주군 앞에 무릎 꿇은 자는 주군의 양손 안에 자신의 두 손을 넣고 다음과 같이 맹세해야 한다. "<u>나</u>는 입으로 맹세하고 손을 당신의 손안에 둠으로써 당신의 봉신이 되고자 합니다. 당신에게 충성을 다하고 <u>나</u>의 의무를 충실히 이행할 것을, 그리고 전심을 다해 당신의 권리를 지킬 것을 서약합니다."

보기

ㄱ. 거주 이전의 자유가 없었다.
ㄴ. 군사적 봉사의 의무를 지녔다.
ㄷ. 주군과 쌍무적 계약 관계를 맺었다.
ㄹ. 지대 및 부역과 공납의 부담을 지었다.

① ㄱ, ㄴ ② ㄱ, ㄷ ③ ㄴ, ㄷ
④ ㄴ, ㄹ ⑤ ㄷ, ㄹ

[24016-0098]

03 밑줄 친 '선언'에 대한 설명으로 옳은 것은?

제국 내에서는 사제 게르마누스가, 로마에서는 교황 그레고리우스 2세가, 시리아의 다마스쿠스에서는 사제이자 수사인 요하네스가 황제 레오 3세와 그의 추종자들을 상대로 투쟁하였다. …… 황제는 성상에 대한 반대를 <u>선언</u>하기 위하여 제국 고관 회의를 소집하고는 게르마누스에게 반대 <u>선언</u>에 서명할 것을 요구하였다. 게르마누스는 서명을 거부하고 사제 지위에서 물러나게 되었다. 황제는 그 자리에 아나스타시우스를 임명하였다. …… 교황은 아나스타시우스에 대한 승인을 거절하고 여러 서한을 통해 황제의 불경함을 비난하였다.

– 테오파네스, 『연대기』 –

① 동서 교회의 대립을 격화시켰다.
② 보름스 협약의 체결로 발생하였다.
③ 네르친스크 조약을 통해 종결되었다.
④ 셀주크 튀르크의 위협이 원인이 되었다.
⑤ 크리스트교를 공인한 밀라노 칙령에 영향을 주었다.

[24016-0099]

04 밑줄 친 '점령'의 결과로 옳은 것은?

베네치아 공화국의 후원을 받은 원정대는 헝가리인들이 지배하고 있던 달마티아 지방의 도시인 자라를 약탈하기 시작하였다. 원정대가 크리스트교 도시를 공격한다는 소식을 들은 교황 인노켄티우스 3세는 대노하며 원정군 지휘부와 베네치아 공화국 관련자들을 파문하였지만 소용없었다. 원정대의 약탈 도시는 계속 늘어났다. 다음 목적지는 콘스탄티노폴리스였다. 권좌에서 축출된 이사키오스 2세의 아들이 아버지와 자신의 지위를 복원시켜주면 엄청난 보상을 주겠다는 제안을 하였던 것이다. 교황은 다시 특사를 보내 침략을 중단하라고 명령하였지만 원정대는 무자비하게 콘스탄티노폴리스를 <u>점령</u>하였다.

① 라틴 제국이 건설되었다.
② 와트 타일러의 난이 일어났다.
③ 라티푼디움 경영이 확대되었다.
④ 랭커스터가와 요크가가 왕위 계승 전쟁을 벌였다.
⑤ 롬바르드족(랑고바르드족)이 이탈리아반도로 이동하였다.

[24016-0100]

05 밑줄 친 '이 동맹'에 대한 설명으로 옳은 것은?

> 현재 벨기에의 도시인 브루게는 900여 년 전 영주로부터 특허장을 받은 시민들의 주도로 발전하였다. 운하에 놓인 '다리'라는 뜻에서 도시명이 유래할 정도로 바다와의 연결성이 탁월하여 상업에 매우 유리하였다. 이에 뤼베크, 함부르크 등 북쪽 도시의 상인들이 중심이 된 이 동맹은 다른 상인들과의 거래를 위해 브루게를 주요 교역 거점으로 삼았다. 특히 남쪽의 이탈리아 지역에서 올라온 상인들과 막대한 물품을 거래하였는데, 그중 제노바 상인들이 이슬람 제국에서 수입한 아시아산 향료가 주거래 품목이었다.

① 동인도 회사를 설립하였다.
② 발트해와 북해 무역을 주도하였다.
③ 델로스섬에 동맹 기금을 보관하였다.
④ 역참제를 통해 각 지역을 연결하였다.
⑤ 고아, 믈라카 등에 무역 거점을 마련하였다.

[24016-0101]

06 (가) 공의회에 대한 설명으로 옳은 것은?

> 이곳은 프라하 '종교 개혁 광장' 안에 있는 후스의 동상 앞입니다. 그는 『성서』에 기반을 둔 신앙을 강조하면서 로마 가톨릭교회의 부패를 강도 높게 비판하였습니다. 이와 관련하여 (가) 에 참석하였다가 결국 화형을 당하였습니다. 화형 당한 지 500년이 되던 해 그는 이렇게 동상으로 돌아왔다고 합니다.

① 로욜라가 설립한 예수회를 지원하였다.
② 카노사의 굴욕이 일어나는 계기가 되었다.
③ 교황 우르바누스 2세의 호소로 소집되었다.
④ 단일 교황을 선출하는 등 교회의 분열을 수습하였다.
⑤ 그리스 정교회와 로마 가톨릭교회로의 분리를 초래하였다.

[24016-0102]

07 다음 편지가 작성된 시기에 볼 수 있는 모습으로 가장 적절한 것은?

> 우리가 많은 이야기를 나누었던 그 시간이 나에게 이 책을 구상하도록 만들었습니다. 무엇보다 모어(More)라는 당신의 성(姓)이 우신(愚神, Moria)을 뜻하는 그리스어에 비슷했기 때문입니다. 당신이 어리석음에서 가장 멀리 떨어진 인물이라는 것은 만인이 아는 바이지만 나의 장난기에서 비롯된 이 책을 당신은 크게 나무라지 않을 것이라 생각합니다. 오히려 당신은 학식을 갖춘 재치 넘치는 풍자에 크게 즐거워하며 우리가 살아가는 이곳에서 데모크리토스의 삶을 실천할 것이라고 나는 기대하고 있습니다.

① 클레르몽 공의회에 참석하는 교황
② 그리스 · 로마 고전을 연구하는 인문주의자
③ 그라쿠스의 개혁안 소식에 기뻐하는 농민
④ 무함마드의 헤지라에 동참하는 이슬람교도
⑤ 카롤루스 대제의 초빙을 받아 궁정 학교에 부임하는 교사

[24016-0103]

08 밑줄 친 '평화 조약'이 체결된 시기를 연표에서 옳게 고른 것은?

> 신앙의 차이에도 불구하고 신성 로마 제국 내에서 평화를 존중하고 유지하기 위하여, 황제와 선제후 및 제후들 그리고 영주들은 …… 루터파 신앙을 신봉하는 지역에 대해서 어떠한 폭력을 행사하지 않을 것이다. 또 루터파 신자들의 양심과 지식 그리고 의지에 반하여 그들의 믿음과 신앙을 버리도록 강제하지 않을 것이다. …… 이곳 아우크스부르크에 모인 제후들 및 영주들, 그리고 이곳에 오지 못한 영주들이 보낸 사절들은 영적으로나 세속적으로 이 평화 조약에 합의하였다.

백년 전쟁 발발	(가)	콜럼버스, 서인도 제도 도착	(나)	마젤란 일행, 세계 일주 성공	(다)	낭트 칙령 공포	(라)	30년 전쟁 시작	(마)	베스트팔렌 조약 체결

① (가)　② (나)　③ (다)　④ (라)　⑤ (마)

[24016-0104]

09 다음 자료를 활용한 탐구 활동으로 가장 적절한 것은?

> 일반 조항 6. 위그노가 괴롭힘을 당하거나 양심에 반하여 종교와 관련한 무엇인가를 하도록 강요받지 않으면서 왕국의 모든 곳에서 사는 것을 허락한다.
> 일반 조항 50. 위그노가 관료로 입문하는 문제는 신구교도가 같은 수로 참여한 법정에서 다수결의 원칙에 의하여 결정될 것이다.
> – 앙리 4세 –

① 티마르제의 운영 원리를 파악한다.
② 시크교를 창시한 인물을 찾아본다.
③ 칼뱅파가 확산되는 과정을 조사한다.
④ 성 소피아 성당의 건축 양식을 분석한다.
⑤ 에피쿠로스학파가 등장한 배경을 알아본다.

[24016-0105]

10 (가) 국가에 대한 설명으로 옳은 것은?

> **세계사 시민 강좌**
>
> 바스쿠 다 가마의 500주기를 맞이하여 그의 신항로 개척 과정과 그 결과를 재조명하는 시간을 갖고자 합니다. 많은 참여 바랍니다.
>
> ▣ 발표 순서 ▣
> 1. (가) 왕실이 바스쿠 다 가마를 후원한 이유
> 2. 리스본에서 캘리컷(코지코드)에 이르는 여정
> 3. 바스쿠 다 가마의 인도 항로 개척이 (가) 에 가져온 결과
>
> 일시 : 2024년 ○월 ○일 14시~16시
> 장소 : 시민회관 대강당

① 대서양 진출에 유리하였다.
② 노르만족에 의해 건국되었다.
③ 살라미스 해전에서 승리하였다.
④ 군관구제와 둔전병제를 실시하였다.
⑤ 피사로를 앞세워 쿠스코를 정복하였다.

[24016-0106]

11 밑줄 친 '낯선 자들'에 대한 설명으로 옳은 것은?

> 그들의 도착 소식을 들은 목테수마는 조카 카카마와 형제 쿠이틀라왁을 비롯한 다른 귀족들을 소집하였다. …… 쿠이틀라왁은 다음과 같이 경고하였다. "폐하께서는 <u>낯선 자들</u>을 수도 테노치티틀란에 들여서는 안됩니다. 그들은 폐하를 내쫓고 폐하의 권력을 전복시킬 것입니다. 폐하, 잃어버린 후에 되찾고자 한다면 때는 이미 늦은 법입니다." 그러나 목테수마는 크리스트교도들을 친구로 환영할 것이라는 결정을 내렸다. …… 그들이 목테수마를 가두었을 때 장군들도 왕자들도 모두 숨어버렸다. …… 왕궁에 거처를 정한 뒤 그들은 목테수마에게 재화와 비축 물품 그리고 전사들의 무기에 대해 물었다. 그 다음 금을 요구하였다.

① 예니체리라고 불렸다.
② 코르테스가 이끌었다.
③ 슐레지엔 지역을 차지하였다.
④ 피라미드와 스핑크스를 축조하였다.
⑤ 새끼줄 매듭(키푸)으로 정보를 교환하였다.

[24016-0107]

12 (가), (나) 국가에 대한 설명으로 옳은 것은?

> 커다란 경제적 이익을 보장해 주었기 때문에 (가) 의 국왕은 (나) 이/가 아메리카와 아시아에서 실어 오는 금, 은을 비롯한 여러 물품에 대한 약탈을 적극적으로 장려하고 있었다. 또한 (나) 을/를 약화시키기 위해 네덜란드의 독립운동을 지원하기도 하였다. 이에 (나) 은/는 이러한 상황을 타개하는 한편 수장법 이후 종교적 이탈을 도모하는 (가) 을/를 응징하기 위해 당대 최강 전투 함대를 출동시켰다.

① (가) – 동인도 회사를 설립하였다.
② (가) – 콜베르를 등용해 중상주의 정책을 추진하였다.
③ (나) – 상수시 궁전을 축조하였다.
④ (나) – 종교 공동체인 밀레트를 운영하였다.
⑤ (가)와 (나) – 네르친스크 조약을 체결하였다.

[24016-0108]

1 **다음 자료를 활용한 탐구 주제로 가장 적절한 것은?**

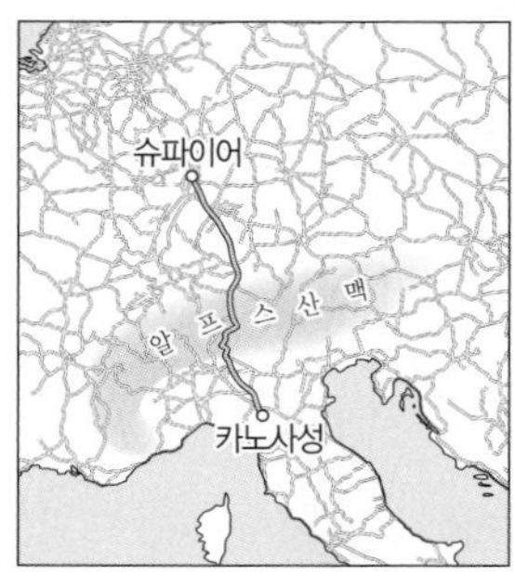

지도에 표시된 경로는 하인리히 4세의 이동로를 추정한 것으로, 알프스산맥을 넘어야 하는 험난한 여로임을 알 수 있다. 자신의 파문 소식을 들은 하인리히 4세는 한겨울 추운 날씨에도 불구하고 부인과 아들까지 대동한 채 슈파이어에서 카노사성까지 약 한 달 동안의 고달픈 여정을 감내하였다. 도착한 후에도 문밖에서 3일간 대기하다가 클뤼니 수도원장과 성주 마틸다(마틸데)의 중재로 간신히 그레고리우스 7세와 만날 수 있었다. 그 결과 그레고리우스 7세는 하인리히 4세에 대한 파문을 철회하고, 하인리히 4세는 그레고리우스 7세를 공격하지 않기로 하였다.

① 성상 파괴령을 둘러싼 갈등
② 니케아 공의회의 개최 결과
③ 교회 대분열의 시작과 종식
④ 황제와 교황의 서임권 투쟁
⑤ 위클리프의 교회 개혁 운동

[24016-0109]

2 **밑줄 친 '재위 시기'에 있었던 사실로 옳은 것은?**

그의 재위 시기는 거의 전쟁 중이었다. 제국 최고의 장군으로 불리운 벨리사리우스는 반달족의 아프리카를 무너뜨리고 그 지역을 제국에 회복시켰다. 벨리사리우스는 더 나아가 이탈리아로 진격하여 동고트족과의 전투에서 승리함으로써 이탈리아 전역이 다시 한번 제국의 지배 아래 통합되는 데 기여하였다. 이베리아반도에서는 서고트족 내부의 경쟁 관계를 이용함으로써 코르도바를 중심으로 제국의 지배를 관철시킬 수 있었다. 이렇듯 벨리사리우스의 활약은 그가 제국 최대의 영토를 확보하는 데 기여하였지만 이러한 영광은 오래 지속되지 못하였다. 사산 왕조 페르시아의 지속적인 위협과 발칸 지역의 슬라브족이 가하는 압력의 증대 그리고 아라비아반도에서 새롭게 등장한 강력한 이교도의 도전에 직면해야 했기 때문이다.

① 로욜라가 예수회를 설립하였다.
② 유스티니아누스 법전이 편찬되었다.
③ 셀주크 튀르크가 예루살렘을 차지하였다.
④ 그리스 정교회와 로마 가톨릭교회가 분리되었다.
⑤ 클뤼니 수도원을 중심으로 교회 개혁 운동이 시작되었다.

[24016-0110]

3 **다음 편지가 작성된 시기의 상황으로 가장 적절한 것은?**

> 신을 흠모하고 경외하면서 몽골인들의 군주께 드립니다.
> 당신께서는 신께 감사의 순종을 하고 있습니다. 크리스트교 신앙이 오래되었든 그렇지 않든 크리스트교 신자로서 전하의 왕국에 거주하는 사람들을 후덕한 도량으로 거두시고 온유한 호의를 베푸셨습니다. 우리는 이 소식을 듣고 크게 기뻤습니다.
> 군주 쿠빌라이의 요청을 받아 몽골인들의 땅으로 갔던 대도 제1대 대주교 몬테코르비노가 30여 년 동안 선교 활동을 하다가 신의 곁으로 갔다는 소식을 들었습니다. 이에 저는 교황으로서 몬테코르비노의 후임으로 수도사 니콜라우스를 임명하는 바입니다.
> 당신께서 진리의 길을 보고 크리스트교 교리를 받아들이고 준수하기를 기원합니다.
> 아비뇽 교황청에서 요하네스 22세

① 스토아학파가 등장하였다.
② 세르반테스의 작품이 편찬되었다.
③ 노예 노동을 이용한 라티푼디움이 확산되었다.
④ 지중해를 중심으로 원거리 무역이 성행하였다.
⑤ 라틴 제국이 콘스탄티노폴리스에서 수립되었다.

[24016-0111]

4 **다음 자료에 나타난 상황이 끼친 영향으로 가장 적절한 것은?**

> "하나의 검은 다른 하나의 검에게 복속되어야 하며, 세속의 권력은 영적 권력 아래에 있어야 한다."
> 이는 교황의 동의 없이 성직자는 군주에게 세금을 내지 않는다는 교서를 반포하였음에도 불구하고 국왕이 귀족, 성직자, 평민의 대표를 노트르담 대성당에 소집하여 성직자 과세를 강행하려 하자 교황이 천명한 교서 '우남 상탐'의 핵심 내용이다. 이 교서의 발표 이후 교황은 국왕을 파문함으로써 국왕의 신민들을 충성의 의무로부터 해제시키고 국왕을 폐위하고자 하였다. 그러나 파문 하루 전날 국왕파가 교황을 습격하는 사건이 일어났다.

① 대헌장이 승인되었다.
② 보름스 협약이 체결되었다.
③ 아비뇽 유수가 단행되었다.
④ 콘스탄츠 공의회가 개최되었다.
⑤ 제1차 십자군 전쟁이 발발하였다.

[24016-0112]

5 밑줄 친 '전쟁' 중에 볼 수 있는 모습으로 가장 적절한 것은?

이달의 공연

헨리 5세

장소 : 국립극장 □□
일시 : 2024. ○○. ○○.~○○. ○시

〈작품 소개〉
셰익스피어가 남긴 역사극 중 하나로, 15세기 전투 장면 등이 생생하게 펼쳐진다.

〈시대 배경〉
프랑스 왕위 계승권을 둘러싼 분쟁 등으로 촉발된 <u>전쟁</u>이 어언 80여 년이 되어 가는 시기, 헨리 5세가 아쟁쿠르 전투에서 큰 승리를 거두었다. 이 전투 이후 프랑스 공주와 결혼하였고, 그의 아들은 드디어 프랑스 왕위 계승권을 얻게 되었지만 막판에 예상치 못한 변수가 등장하여 전세가 역전되었다.

① 쿠스코를 파괴하는 피사로
② 낭트 칙령을 반포하는 앙리 4세
③ 오를레앙 전투에서 활약하는 잔 다르크
④ 투르·푸아티에 전투에 참전한 카롤루스 마르텔
⑤ 노예들을 이끌고 봉기를 일으키는 스파르타쿠스

[24016-0113]

6 (가) 문화 사조에 대한 학생의 발표 내용으로 가장 적절한 것은?

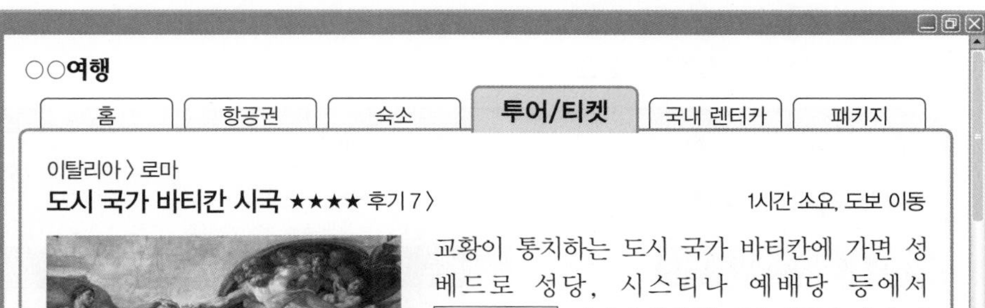

○○**여행**

홈 | 항공권 | 숙소 | **투어/티켓** | 국내 렌터카 | 패키지

이탈리아 〉 로마

도시 국가 바티칸 시국 ★★★★ 후기 7 〉　　1시간 소요, 도보 이동

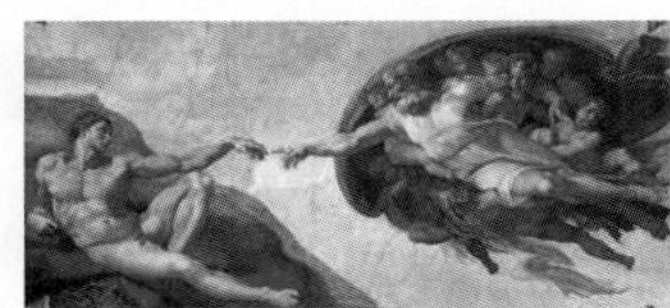

▲ 시스티나 예배당 천장화(일부)

교황이 통치하는 도시 국가 바티칸에 가면 성 베드로 성당, 시스티나 예배당 등에서 (가) 시기에 활동한 예술가들이 남긴 작품들을 곳곳에서 확인할 수 있습니다. 미켈란젤로의 「시스티나 예배당 천장화」(사진)와 「최후의 심판」, 라파엘로의 「아테네 학당」 등이 대표적이며 보티첼리가 모세를 그린 작품도 찾아볼 수 있습니다. 14세기부터 16세기 사이에 그리스·로마의 고전 문화에 대한 관심을 바탕으로 인간의 개성을 다양하게 표현하고자 했던 (가) 예술의 정수를 로마 가톨릭교의 중심지에서 느껴 보시기 바랍니다.

① 교부 철학의 등장으로 이어졌어요.
② 헬레니즘 문화의 기원이 되었어요.
③ 간다라 미술의 등장에 영향을 주었어요.
④ 대표적인 건축물로 성 소피아 성당이 있어요.
⑤ 이탈리아에서 시작되어 알프스 이북으로 확산되었어요.

[24016-0114]

7 밑줄 친 '왕'에 대한 설명으로 옳은 것은?

「나를 믿어 주세요, 친애하는 왕이여」 중
제1곡 아라곤의 캐서린

나의 가장 친애하는 왕이자 남편이시여. ……
당신은 제게 많은 고난과 고통에 빠지게 했고
동시에 당신 자신도 문제 속으로 빠지게 했어요. ……
마지막으로 우리의 딸 메리에게 좋은 아빠가 되어 주기를 부탁합니다. ……

이것은 죽음을 앞둔 캐서린이 남편이었던 왕에게 보낸 편지의 내용을 가사로 한 연가곡의 일부이다. 아라곤 출신 캐서린과 이혼하고 앤 불린과 재혼하려던 왕은 이를 반대하는 교황과 대립하였다. 캐서린은 이혼을 수락하지 않았다는 이유로 유폐된 생활을 하다가 사망하였는데 편지 속에 그녀의 비통한 심정이 잘 드러나 있다. 캐서린의 딸 메리 1세는 에스파냐의 펠리페 2세와 혼인을 하였는데 앤 불린의 딸 엘리자베스 1세는 펠리페 2세의 무적함대를 격파하는 등 캐서린과 앤 불린의 악연은 후대에까지 영향을 미쳤다.

① 수장법을 선포하였다.
② 콜베르를 등용하였다.
③ 동인도 회사를 설립하였다.
④ 콘스탄티노폴리스를 점령하였다.
⑤ 국가 제일의 공복임을 자처하였다.

[24016-0115]

8 밑줄 친 '전쟁'에 대한 설명으로 옳은 것은?

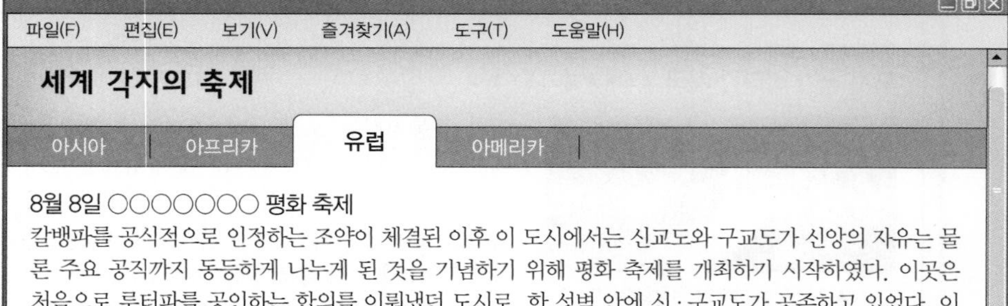
파일(F) 편집(E) 보기(V) 즐겨찾기(A) 도구(T) 도움말(H)

세계 각지의 축제

아시아 | 아프리카 | 유럽 | 아메리카

8월 8일 ○○○○○○○ 평화 축제
칼뱅파를 공식적으로 인정하는 조약이 체결된 이후 이 도시에서는 신교도와 구교도가 신앙의 자유는 물론 주요 공직까지 동등하게 나누게 된 것을 기념하기 위해 평화 축제를 개최하기 시작하였다. 이곳은 처음으로 루터파를 공인하는 합의를 이뤄냈던 도시로, 한 성벽 안에 신·구교도가 공존하고 있었다. 이러한 상황에서 신교와 구교 간 갈등으로 비롯된 전쟁이 발발하자 양측 군대가 번갈아 점령하여 타 교파에 소속되어 있던 시민을 탄압하는 등 피해와 고통이 더욱 컸다. 그랬기에 칼뱅파를 인정하는 조약의 체결로 기나긴 전쟁이 끝나게 되자 평화를 축하하는 축제를 성대하게 거행하였으며 370여 년이 지난 지금까지 매년 같은 날 기념 축제를 열고 있다.

① 독일 지역에서 시작되었다.
② 예루살렘 왕국의 건설로 이어졌다.
③ 전개 과정에서 자크리의 난이 일어났다.
④ 아우크스부르크 화의의 체결로 종결되었다.
⑤ 트리엔트 공의회가 개최되는 데 영향을 미쳤다.

[24016-0116]

9 **(가), (나) 문명에 대한 설명으로 옳은 것은?**

① (가) – 하라파에 도시를 건설하였다.
② (가) – 새끼줄 매듭인 키푸를 사용하였다.
③ (나) – 지구라트라는 신전을 건설하였다.
④ (나) – 통치자인 파라오의 무덤을 만들었다.
⑤ (가)와 (나) – 에스파냐인의 침략으로 파괴되었다.

[24016-0117]

10 **(가) 국가에 대한 설명으로 옳은 것은?**

> 카를 6세의 갑작스러운 사망과 계승할 아들이 없는 혼란기를 이용하여 (가) 의 국왕 프리드리히 2세는 슐레지엔을 침공하였다. 프랑스, 작센, 바이에른, 에스파냐도 한몫을 챙기고자 이 전쟁에 뛰어들었다. 카를 6세를 계승하여 왕위와 영토를 이어받고자 했던 딸 마리아 테레지아는 헝가리 등의 지원을 받아 적군을 제압하며 군사적인 승리를 거두어 갔다. 비록 슐레지엔의 대부분은 되찾지 못했지만 나머지 영토는 수복하였으며 오스트리아의 왕위를 지킬 수 있었다.

① 레판토 해전에서 승리하였다.
② 청과 네르친스크 조약을 체결하였다.
③ 메르센 조약을 통해 영토를 분할하였다.
④ 러시아 등과 함께 폴란드 분할에 참여하였다.
⑤ 플랑드르의 지배권을 둘러싸고 프랑스와 대립하였다.

08 시민 혁명과 산업 혁명(1)

✪ 천체의 회전에 관하여
프톨레마이오스의 천동설에 의문을 품었던 코페르니쿠스가 저술한 책이다. 코페르니쿠스는 이 책에서 태양 주위를 지구가 회전한다는 지동설을 제기하였다.

✪ 뉴턴
영국의 물리학자, 천문학자, 수학자로서 근대 과학 이론을 확립한 인물로 평가받고 있다. 그는 우주와 자연계를 일정한 원리에 따라 운영되는 기계로 간주하고, 그 인과 관계를 인간의 이성으로 파악할 수 있다고 보는 기계론적 우주관을 확립하였다.

✪ 자연법
자연적 성장에 바탕을 두어 시대와 사회를 초월하여 적용되는 보편적 법이다. 근대적 자연법에서는 그 핵심을 인간의 이성으로 보았기 때문에 이성법으로 불리기도 하였다.

1. 과학 혁명

(1) **배경** : 이슬람 과학의 영향, 르네상스 시대의 학문 발전, 정확한 관찰과 실험을 위한 도구(현미경 등) 발명 → 과학적 사고방식 발달

(2) **의미** : 16~17세기에 걸쳐 일어난 과학의 발전과 이로 인한 세계관의 변화

(3) **천문학 및 물리학의 발전**
① 코페르니쿠스 : 『천체의 회전에 관하여』에서 지동설 주장 → 기존의 천동설 비판
② 케플러 : 행성이 태양 주위를 타원형의 궤도로 운행함을 밝힘(지동설 수정 · 발전)
③ 갈릴레이 : 망원경으로 천체를 관측하여 지동설 입증
④ 뉴턴 : '만유인력의 법칙' 발견, 천체의 운동을 수학 공식으로 나타냄 → 기계론적 우주관 확립

자료 플러스 지동설에 대한 갈릴레이의 견해

> 세계의 구조에 대한 저의 천문학과 철학 연구가 다음과 같이 확언할 수 있게 저를 이끌었다는 것을 알고 있습니다. 그것은 바로 태양의 위치는 변화하지 않고 전체 회전의 중심부에 위치하고 있으며, 또한 지구가 스스로 돌고, 또한 태양 주위를 돌고 있다는 것입니다. 사람들은 이러한 나의 견해가 프톨레마이오스와 아리스토텔레스의 논거를 약화시킨다고 합니다. – 갈릴레이 –

코페르니쿠스에 의해 제기된 지동설은 케플러, 갈릴레이, 뉴턴 등에 의해 수정 · 발전하였다. 특히 갈릴레이는 망원경을 개량하여 천체의 움직임을 면밀히 관찰하였고, 이러한 관측을 토대로 지동설을 입증하고, 새로운 과학 법칙을 발견하여 과학 혁명의 전개와 유럽인의 세계관 변화에 영향을 주었다.

(4) **의학** : 하비의 혈액 순환론 연구 등

2. 근대 철학과 사상의 발전

(1) **근대 철학의 발전** : 과학 혁명의 영향으로 과학적 사고방식 확산, 정치 이론에 영향

(2) **사회 계약설**
① 배경 : 과학 혁명의 영향으로 인간 사회를 지배하는 법칙의 존재에 대한 믿음 확산
② 의미 : 자연 상태에 살던 개인들이 기본권을 보장받기 위해 합의나 계약을 맺어 국가와 사회가 등장하였다고 주장 → 자연법사상을 토대로 확산
③ 대표 인물과 주장
- 홉스 : 인간이 혼란한 자연 상태를 벗어나려고 상호 계약을 맺었다고 주장, 절대 왕정 옹호
- 로크 : 상호 계약으로 수립된 정부가 의무를 다하지 못하면 국민은 정부에 저항할 수 있다고 주장(저항권) → 영국의 명예혁명 정당화, 미국과 프랑스의 시민 혁명에 영향
- 루소 : 일반 의지(공공의 선과 이익을 전제로 국가가 갖는 보편적 의지)의 형성, 인민 주권의 원리 제시 → 프랑스 혁명에 영향

개념 체크

1. '만유인력의 법칙'을 발견한 (　　)은 기계론적 우주관을 확립하였다.
2. (　　)을 주장한 학자에는 홉스, 로크, 루소 등이 있다.
3. (　　)는 일반 의지와 인민 주권의 원리를 제시하였다.

정답
1. 뉴턴 2. 사회 계약설 3. 루소

자료 플러스 사회 계약설

- 정치권력이 존재하지 않는 자연 상태에서 인간은 …… 서로 싸우는 전쟁 상태에 있다. …… 이를 벗어나기 위해 강력한 정부가 요구되므로, 인간은 개인행동의 자유를 지배자의 손에 맡기기 위한 일종의 합의나 계약을 하게 된다.

– 홉스, 『리바이어던』 –

- 자연 상태는 살기에 불편하므로 사람들은 공동 관심사인 사회와 정부를 세우기 위해 계약을 맺는다. …… 만일 정부가 자연권인 생명, 자유, 재산의 권리를 보장하지 않고 방자해진다면 물러나야 하며, 극단의 경우 혁명으로 타도할 수 있다.

– 로크, 『시민 정부론』 –

- 계약을 통해 구성된 국가의 주권은 전체로서 인민에게 있으며, 전체 인민이 통치자라야 한다. 주권은 공공의 복리를 지향하는 초개인적 의사인 일반 의지의 작용이다.

– 루소, 『사회 계약론』 –

홉스는 인간의 자연 상태를 '만인의 만인에 대한 투쟁'으로 파악하여, 사회 계약을 맺고 개인의 정치적 권리를 지배자에게 양도한다고 보았다. 로크는 인간의 자연권을 보장하기 위해 정부를 세우는 데 합의한 것이므로, 정부가 의무를 이행하지 못하면 시민들이 정부에 저항할 수 있음을 강조하였다. 루소는 일반 의지에 따른 국가 운영, 인민 주권의 원리를 제시함으로써 시민 혁명의 사상적 기반을 마련하였다.

(3) 계몽사상

① 배경 : 16~17세기 과학 혁명의 성과와 사회 계약설의 등장

② 내용 : 이성 중시, 미신과 무지 배격, 불합리한 제도와 낡은 관습 타파를 통해 사회가 진보할 수 있다고 믿음

③ 계몽사상가

- 볼테르 : 관용의 원리, 신앙과 언론의 자유 강조
- 몽테스키외 : 입법 · 사법 · 행정의 삼권 분립 주장
- 디드로, 달랑베르 등 : 『백과전서』 편찬 → 계몽사상 확산에 공헌
- 루소 : 사회 계약에 따른 국가의 성립, 일반 의지에 따르는 국가 운영 주장

(4) 17 · 18세기 유럽의 문화

① 건축

- 17세기 : 바로크 양식(공간감과 장식성 강조), 베르사유 궁전
- 18세기 : 로코코 양식(섬세하고 우아한 미 추구), 상수시 궁전

② 학문 : 애덤 스미스가 『국부론』에서 개인의 자유로운 경제 활동 주장 → 고전 경제학의 토대 마련

▲ 베르사유 궁전

▲ 상수시 궁전

✪ 리바이어던
홉스는 자신이 생각하는 국가를 『구약 성서』에 나오는 바다 괴물인 리바이어던으로 비유하였다.

✪ 일반 의지
공공의 이익을 전제로 계약에 따라 성립된 국가가 갖는 보편적 의지를 가리키며, 단순한 전체의 의지와 구분된다.

✪ 백과전서
『백과전서』에는 볼테르, 몽테스키외, 루소 등 계몽사상가들의 글이 실려 있다. 이 책은 당시 정치적 · 종교적 권위에 대한 비판적 서술을 담고 있어서 정부는 금서로 규정하고 탄압을 하였지만, 유럽 전역으로 확산되었다.

개념 체크

1. 불합리한 제도와 낡은 관습 타파를 통해 사회가 진보할 수 있다고 믿는 (   )사상이 18세기 유럽에서 확산되었다.
2. 디드로와 달랑베르 등이 (   ) 편찬을 주도하였다.
3. 17세기 유럽에서는 공간감과 장식성을 강조한 (   ) 양식이 유행하였다.

정답
1. 계몽 2. 『백과전서』 3. 바로크

✪ 청교도
칼뱅주의를 따르는 잉글랜드의 신교도로, 사치와 성직자의 권위를 배격하며 철저한 금욕주의를 주장하였다.

✪ 항해법
영국과 영국 식민지로 들어오는 수입품의 수송은 영국이나 그 식민지의 선박 또는 수출하는 국가의 선박을 이용하도록 규정하였다. 이로 인해 중계 무역을 주도하던 네덜란드가 타격을 받았다.

✪ 심사법
영국에서 가톨릭의 부활을 막기 위해 제정된 법률로 국교도만 공직에 임용될 수 있게 한 법이다.

개념 체크

1. (   )는 권리 청원을 승인한 후 의회를 해산하였다.
2. 호국경에 취임한 크롬웰은 (   ) 윤리를 앞세운 금욕적인 독재 정치를 펼쳤다.
3. 명예혁명을 통해 (   )이 승인되어 의회 중심의 입헌 군주제의 토대가 마련되었다.

정답
1. 찰스 1세 2. 청교도
3. 권리 장전

3. 영국 혁명

(1) 혁명 전의 영국 사회

① 지주층인 젠트리와 도시 시민 계급 성장, 청교도의 의회 진출
② 제임스 1세의 전제 정치 : 왕권신수설을 고수하며 전제 정치 확대, 청교도 박해

(2) 청교도 혁명

① 배경 : 찰스 1세가 의회의 승인 없이 과세하고 청교도 박해 → 의회가 권리 청원 제출(1628) → 국왕은 승인 후 의회 해산 → 스코틀랜드와의 전쟁 비용 마련을 위해 의회 소집(1640)
② 전개 : 새로 소집된 의회가 왕의 과세 요구 거부 → 찰스 1세의 의회 무력 탄압 → 왕당파와 의회파 사이에 내전 발생(1642) → 크롬웰이 이끄는 의회파 승리 → 찰스 1세 처형 → 공화정 수립(1649)
③ 크롬웰의 통치 : 항해법 제정(네덜란드 견제 목적), 호국경 취임, 청교도 윤리를 앞세운 금욕적 독재 정치 실시
④ 왕정복고 : 크롬웰이 죽은 후 찰스 2세 즉위

자료 플러스 | 청교도 혁명

판결에 의거하여, 이제 찰스 1세는 대역죄를 저지른 것으로 선언되며, 이로 인해 그의 자식과 후손 그리고 그의 이름으로 왕위 계승권을 주장하는 다른 모든 사람은 왕위에 오를 수 없으며, 이 왕국이나 왕국의 속령 어느 곳에서도 왕이나 여왕이 될 수 없다.

영국에서 벌어진 의회파와 왕당파 사이의 내전에서 크롬웰이 이끄는 의회파가 승리하였다. 이후 의회파의 주도로 찰스 1세는 왕의 지위를 박탈당하며 처형되었고, 공화정이 수립되었다.

(3) 명예혁명

① 배경
- 찰스 2세의 친가톨릭 정책, 전제 정치 → 의회는 심사법 및 인신 보호법 제정
- 제임스 2세의 전제 정치 : 심사법, 인신 보호법 무시

② 전개 : 의회의 제임스 2세 폐위 → 제임스 2세의 딸인 메리 공주와 그녀의 남편 윌리엄을 공동 왕으로 추대 → 권리 장전 승인(1689)
③ 결과
- 의회 중심의 입헌 군주제 토대 마련
- 앤 여왕 시기에 스코틀랜드 병합(대영 제국 성립) → 앤 여왕 사후 하노버가의 조지 1세 즉위("왕은 군림하나 통치하지 않는다."라는 전통 아래 내각 책임제 시행)

자료 플러스 | 권리 장전

전임 왕인 제임스 2세가 폐위되고, 정부와 왕좌가 공백인 상황에서 오라녜 공께서는 성직자를 비롯하여 여러 지역과 도시 및 대학 등에 친서를 보내 자신들을 대표하는 자를 뽑으라고 하였다. 종교와 법, 그리고 자유가 다시는 전복되는 위험에 처하지 않도록 하기 위해 1688년 1월 22일 웨스트민스터에서 의회가 소집될 것인데, 그곳으로 보낼 대표자들을 뽑으라는 내용이었다.

권리 장전 안에 있는 내용의 일부로 제임스 2세의 폐위와 오라녜 공 윌리엄의 노력을 언급하고 있다. 권리 장전은 명예혁명으로 왕위에 오른 메리와 윌리엄 공동 왕에 의해 승인되었다.

4. 미국 혁명

(1) 17~18세기의 북아메리카

① 17세기 : 종교의 자유, 경제적 기회를 찾아 영국인들이 이주

② 18세기 전반 : 동부 해안에 13개의 영국 식민지 건설

(2) 혁명의 배경

① 영국의 중상주의 정책 강화 : 7년 전쟁으로 심화된 재정난 → 식민지에 인지세 등 각종 세금 부과

② 식민지의 저항 : 납세 거부 운동 전개("대표 없는 곳에 과세할 수 없다.") → 보스턴 차 사건(1773) → 영국 정부의 강경 조치(보스턴항 폐쇄)

자료 플러스 미국 혁명 이해

우리가 영국과의 관계로 인해 받은 손해나 불이익은 헤아릴 수 없이 많다. 우리 자신을 위해서 그리고 인류를 위해서라도 그러한 관계를 포기해야 한다. 왜냐하면 영국에 대한 종속이나 의존은 아메리카 대륙을 유럽인들이 벌이는 전쟁과 싸움에 휘말리게 할 경향이 있기 때문이다. …… 유럽인들이 다시는 그런 분쟁을 벌이지 않으리라고 말하는 것은 안일한 환상이다. 인지세법 폐지 때 우리는 그렇게 생각하였지만 한두 해 만에 진실을 깨달았다. …… 내가 분리와 독립을 주장하게 된 것은 자만이나 당파심, 원한 때문이 아니다. 나는 그렇게 되는 것이야말로 이 아메리카 대륙의 진정한 이익이라는 점을 분명히, 적극적이고 양심적으로 확신하고 있다.

보스턴 차 사건 이후 영국은 보스턴항을 폐쇄하는 등의 강경 조치를 취하였다. 이후 영국군과 식민지 민병대가 충돌하면서 렉싱턴 전투가 발생하였다. 자료는 렉싱턴 전투 이후 발표된 것으로, 영국과의 관계가 손해나 불이익이 많음을 강조하며 완전한 결별을 주장하고 있다. 이러한 주장이 확산되면서 북아메리카 식민지인의 독립 의지는 더욱 확고해져 갔다.

(3) 혁명의 전개

① 제1차 대륙 회의 : 필라델피아에서 식민지 대표들이 영국의 탄압 조치 철회 요구

② 렉싱턴 전투 : 영국군과 식민지 민병대의 무력 충돌

③ 제2차 대륙 회의

- 워싱턴을 총사령관으로 임명
- 독립 선언문(1776. 7. 4.) 발표 : 천부 인권, 주권 재민, 저항권 천명

④ 독립 전쟁 : 초반 열세 → 프랑스, 에스파냐 등의 지원 → 요크타운 전투 승리 → 파리 조약(1783)으로 식민지의 독립을 인정받음

(4) 미합중국의 탄생

① 헌법 제정 : 연방주의, 삼권 분립에 기초한 연방 헌법 제정

② 정부 수립 : 워싱턴을 초대 대통령으로 선출

③ 의의 : 프랑스 혁명에 영향

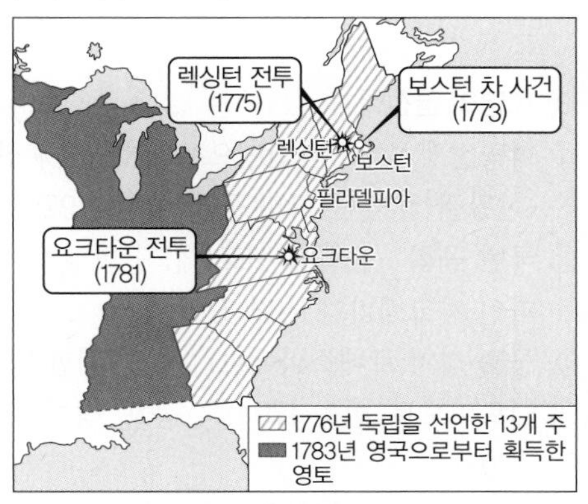

▲ 미국 혁명의 전개

✪ 7년 전쟁(1756~1763)
오스트리아가 슐레지엔 지방을 되찾기 위해 프랑스·러시아와 동맹을 맺자 프로이센이 영국과 동맹을 맺고 작센 지방에 침입하면서 전쟁이 일어났고, 국제전으로 확대되었다.

✪ 보스턴 차 사건
북아메리카 식민지인들이 아메리카 원주민으로 변장하고, 보스턴 항구에 정박 중이던 영국 동인도 회사의 배를 습격하였다.

✪ 요크타운 전투
콘월리스가 지휘하는 영국군이 요크타운에 머물러 있을 때, 북아메리카 식민지의 군대와 프랑스 군대가 영국군에 공격을 가하고 포위하여 항복을 받아 내었다. 이 전투로 인해 영국군은 큰 타격을 입었다.

개념 체크

1. 영국의 중상주의 정책에 반발하여 식민지인들이 1773년에 (   ) 사건을 일으켰다.
2. 필라델피아에서 개최된 제2차 (   )에서 독립 선언문이 발표되었다.
3. 북아메리카 식민지는 헌법을 제정하고 연방 정부를 수립하여 (   )을 초대 대통령으로 선출하였다.

정답
1. 보스턴 차 2. 대륙 회의
3. 워싱턴

5. 프랑스 혁명

(1) 혁명의 배경

구제도의 모순	• 성직자, 귀족 : 제1, 2 신분으로 정치적, 경제적 특권을 누림 • 평민 : 제3 신분, 인구의 절대다수 차지, 과중한 세금 부담, 정치에서 소외
시민 계급 성장	주로 상공업에 종사하며 부를 축적, 계몽사상 수용
정부 재정 위기	잦은 전쟁, 미국 혁명에 대한 군사 지원

(2) 혁명의 전개

① 발발 : 루이 16세가 재정 위기 해결을 위해 삼부회 소집 → 표결 방식을 둘러싼 각 신분 대표들 간의 대립(제1 신분과 제2 신분은 신분별 표결, 제3 신분은 머릿수 표결 주장) → 제3 신분 대표들의 국민 의회 구성, '테니스코트의 서약' → 국왕의 국민 의회 탄압

② 파리 민중의 봉기 : 바스티유 함락(1789) → 혁명의 확산과 농민 봉기

③ 국민 의회 : 봉건제 폐지 선언 →「인간과 시민의 권리 선언(인권 선언)」 발표 → 국왕의 국외 탈출 시도 실패 → 헌법 제정(입헌 군주제, 재산에 따른 제한 선거제) → 국민 의회 해산, 입법 의회 소집(1791)

④ 입법 의회 : 오스트리아와 프로이센의 군사적 위협 → 오스트리아에 선전 포고, 혁명전쟁 발발

자료 플러스 「인간과 시민의 권리 선언」

국민 의회에 모인 프랑스 인민의 대표자들은 인권에 대한 무지, 망각 또는 경시가 공공의 불행과 정부 부패의 유일한 원인이라는 점을 고려하여, 엄숙한 선언을 통해 양도할 수 없으며 신성한 인간의 자연적 권리들을 표명하기로 결정하였다. 이것은 모든 사회 구성원에게 이 선언을 항상 제시해 둠으로써 그들에게 끊임없이 그들의 권리와 의무를 상기시키기 위함이다.

국민 의회에서 발표한「인간과 시민의 권리 선언」 서두의 내용이다. 국민 의회는 자유와 평등, 인간의 자연권, 국민 주권, 소유권 등에 관한 여러 조항이 포함된「인간과 시민의 권리 선언」을 발표하였다. 계몽사상의 영향을 받아 작성된 인권 선언은 프랑스 혁명의 기본 이념을 담고 있다.

(3) 혁명의 급진화

① 혁명전쟁 발발 → 전쟁으로 인한 물가 상승과 식량 부족 → 파리 민중(상퀼로트)의 왕궁 습격 → 왕권 정지 → 국민 공회 수립(1792)

② 국민 공회 : 공화정 선포(제1 공화정) → 루이 16세 처형 → 온건파인 지롱드파를 누르고 급진파인 자코뱅파가 권력 장악

③ 공포 정치(로베스피에르) : 혁명 재판소와 공안 위원회를 통해 반혁명 세력 제거

④ 테르미도르 반동(1794) : 공포 정치에 대한 반발, 로베스피에르 처형 → 총재 정부 수립(1795)

⑤ 총재 정부 : 5명의 총재가 주도(재정난, 대외 전쟁 지속) → 나폴레옹의 쿠데타(1799)

✪ 삼부회(삼신분회)
성직자, 귀족, 평민 출신의 의원으로 구성된 신분제 의회이다.

✪ 상퀼로트
퀼로트(상류층이 입는 꽉 끼는 반바지)를 입지 않는 민중을 지칭한다.

✪ 자코뱅파
1789년에 창립된 정치 클럽에서 비롯되었으며 파리의 자코뱅 수도원에서 회합하여 자코뱅파라 불리게 되었다.

✪ 테르미도르
테르미도르는 프랑스 혁명 시기에 제정된 혁명력의 제11월인 열월(熱月)이다.

개념 체크

1. 제3 신분 대표는 머릿수 표결 요구가 받아들여지지 않자, 헌법 제정 전에는 해산하지 않겠다는 '(　　　)의 서약'을 발표하였다.
2. (　　　)는 봉건제 폐지를 선언하고 인권 선언을 발표하였다.
3. 로베스피에르는 혁명 재판소와 공안 위원회를 통해 (　　　)를 실시하였다.

정답
1. 테니스코트 2. 국민 의회
3. 공포 정치

자료 플러스 루이 16세에 대한 재판

시민 여러분! 루이를 심판해야 할 법정은 사법적 재판소가 결코 아닙니다. 루이를 심판하는 곳은 평의회입니다. 바로 인민이고, 여러분입니다. 그리고 우리가 따라야 할 법은 만민법에서 비롯된 법입니다. 여러분이 루이를 심판해야 합니다. 이러한 점에 있어서 여러분은 사법적인 법원이 아니며, 배심원이나 고소인도 아닙니다. 형식적 절차에 따른 재판은 심판을 부당하게 만들 뿐입니다.

프랑스 혁명의 국민 공회 시기 루이 16세에 대한 재판이 진행되었다. 급진파인 자코뱅파의 주도로 루이 16세는 사형을 판결받고 1793년 1월 처형되었다.

(4) 혁명의 영향

① 봉건적 신분제를 타파한 전형적인 시민 혁명 → 시민 사회의 토대 마련

② 자유, 평등, 우애의 정신 확산 → 민주주의 발전에 영향

6. 나폴레옹 시대

(1) 나폴레옹의 집권

① 통령 정부 : 쿠데타로 권력 장악(1799) → 제1 통령에 취임

② 대외 정책 : 오스트리아 격파, 영국과 휴전 → 대프랑스 동맹 와해

③ 내정 개혁 : 프랑스 은행 설립, 국민 교육 제도 정비, 『나폴레옹 법전』 편찬

(2) 제1 제정 시대

① 제1 제정의 성립 : 국민 투표를 통해 나폴레옹이 황제에 즉위(1804)

② 유럽 제패 : 트라팔가르 해전에서 영국에 패배하였으나, 오스트리아, 프로이센, 러시아에 승리, 신성 로마 제국 해체

(3) 나폴레옹의 몰락

① 대륙 봉쇄령 : 영국과의 통상 금지 → 러시아가 이를 지키지 않고 영국과 통상

② 러시아 원정 : 러시아의 후퇴 전술, 기습 등으로 패배

③ 몰락 과정 : 대프랑스 동맹군과의 전투에서 패배 → 나폴레옹의 퇴위와 엘바섬 유배 → 탈출 → 나폴레옹의 재집권 → 워털루 전투에서 패배

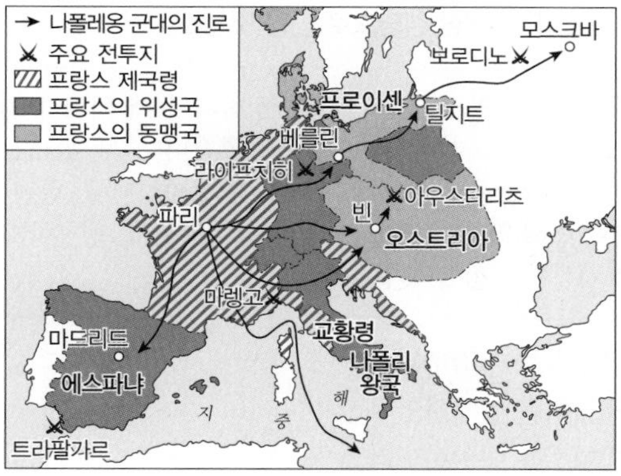

▲ 나폴레옹 시대의 유럽

(4) 나폴레옹 전쟁의 영향

① 프랑스 혁명 이념의 전파 : 자유주의 이념의 확산 → 구체제에 대한 저항

② 민족주의의 확산 : 프랑스의 침략에 대한 저항 의식 → 유럽 각국의 민족주의 고양

대프랑스 동맹
유럽 국가들이 프랑스에 대항하여 여러 번에 걸쳐 체결한 군사 동맹이다. 이 동맹은 프랑스 혁명의 파급과 나폴레옹 1세의 대륙 지배 등을 막기 위해 결성되었다.

나폴레옹 법전
프랑스 혁명의 이념을 법제화하였고, 독일을 비롯한 여러 나라의 근대법 형성에 많은 영향을 주었다.

대륙 봉쇄령
나폴레옹은 트라팔가르 해전에서 패배한 후 영국을 고립시키기 위해 유럽 대륙과 영국 사이의 무역 활동 등을 금지하는 대륙 봉쇄령을 발표하였다.

개념 체크

1. (　　　)은 총재 정부를 무너뜨리고 권력을 장악하여 제1 통령에 취임하였다.
2. 나폴레옹은 (　　　)을 경제적으로 고립시키기 위해 대륙 봉쇄령을 발표하였다.
3. 엘바섬에서 탈출하여 재기를 꾀하였던 나폴레옹은 (　　　) 전투에서 패배하면서 완전히 몰락하였다.

정답
1. 나폴레옹 2. 영국 3. 워털루

대표 기출 확인하기

찰스 1세 파악

정답과 해설 28쪽

대표 기출 문제 다음 자료에 나타난 국왕의 재위 시기에 있었던 사실로 옳은 것은?

2024학년도 수능 9월 모의평가

> 우리는 종교와 자유를 수호하기 위해 국왕과 전쟁을 벌여 승리하였습니다. 지난 세월 자의적 과세를 일삼던 국왕은 자신의 권력을 위해 죄 없는 사람들이 피를 흘리게 하였고, 여기에 왕당파가 동조하면서 우리의 종교와 자유는 위협받았습니다. 내전 중에도 우리는 평화를 위한 제안을 여러 차례 하였으나 국왕은 이를 거부하였습니다. 신과 신에게 충직한 자들을 위하는 마음으로 우리는 결국 국왕을 처형하였고 영국에서 왕정을 무너뜨렸습니다.

① 권리 청원이 제출되었다.
② 크롬웰이 항해법을 공포하였다.
③ 심사법과 인신 보호법이 제정되었다.
④ 북아메리카 식민지에 인지세가 부과되었다.
⑤ 통일법이 반포되어 영국 국교회가 확립되었다.

정답 | ①

풀이 | 영국에서의 내전, 왕당파, 국왕을 처형하였다는 점 등을 통해 자료에 나타난 국왕이 영국의 찰스 1세임을 알 수 있다. ① 찰스 1세가 의회의 승인 없이 과세하고 청교도를 박해하자 의회는 권리 청원을 제출하여 승인을 받았다(1628).
② 찰스 1세의 처형 이후 크롬웰이 항해법을 공포하였다. ③ 왕정복고로 즉위한 찰스 2세의 전제 정치에 맞서 영국 의회는 심사법과 인신 보호법을 제정하였다. ④ 영국은 프랑스와의 7년 전쟁(1756～1763) 이후 재정이 악화되자 북아메리카 식민지에 인지세를 부과하였다. ⑤ 엘리자베스 1세는 1559년 통일법을 반포하여 영국 국교회를 확립하였다.

닮은꼴 문제 1 밑줄 친 '나'에 대한 설명으로 옳은 것은?

[24016-0118]

> 우리는 군주와 신민의 경계를 정하기 위해 의회가 원하는 정당한 방식으로 만나고자 노력해 왔고, 평화를 지속적으로 추구해 왔습니다. 현재 내전의 혼란 속에서 의회파와의 전투에 패배하여 군주로서 나의 지위가 낮아진 상태입니다. 한편 영국의 신민은 자신들의 군주에 대한 승리로 인해 약간의 흥분 상태에 놓여 있어서, 냉철한 그들이지만 앞으로의 변화에 대해서는 귀를 기울이지 않을 것입니다.

① 삼부회를 소집하였다.
② 청교도를 탄압하였다.
③ 대헌장을 승인하였다.
④ 베르사유 궁전을 건축하였다.
⑤ 카롤루스 왕조를 개창하였다.

대표 기출 확인하기

미국 혁명의 전개 과정

정답과 해설 28쪽

대표 기출 문제 (가) 혁명의 결과로 옳은 것은?

2021학년도 수능 6월 모의평가

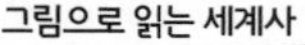

이 그림은 ((가)) 시기 요크타운 전투에서 승리한 식민지군이 영국군의 항복을 받고 있는 모습이다. 이 전투에서 식민지군은 프랑스의 군사적 지원 속에 치열한 공세를 펼쳐 결정적인 승리를 거두었다.

① 항해법이 제정되었다.
② 보스턴 차 사건이 발생하였다.
③ 베스트팔렌 조약이 체결되었다.
④ 아우크스부르크 화의가 이루어졌다.
⑤ 연방주의에 기초한 공화국이 탄생하였다.

정답 | ⑤

풀이 | 자료에서 요크타운 전투에서 승리한 식민지군, 영국군의 항복 등을 통해 (가) 혁명이 미국 혁명임을 알 수 있다. ⑤ 미국 혁명의 결과 연방주의, 삼권 분립, 공화주의에 입각한 연방 헌법이 제정되고 초대 대통령으로 워싱턴이 선출되었다.
① 17세기에 영국은 네덜란드의 무역 활동을 견제하기 위해 항해법을 제정하였다. ② 미국 혁명의 배경에 해당한다. ③ 독일에서 일어난 30년 전쟁은 베스트팔렌 조약의 체결(1648)로 마무리되었다. ④ 1555년 아우크스부르크 화의에서 루터파가 공식적으로 인정받게 되었다.

닮은꼴 문제 **2** (가) 혁명에 대한 설명으로 옳은 것은? [24016-0119]

그림은 ((가)) 시기에 발생한 렉싱턴 전투를 묘사한 것이다. 식민지 대표들이 필라델피아에서 영국의 탄압 조치 철회를 요구하며 회의를 개최하면서 긴장 관계가 고조되었다. 이후 렉싱턴 근교에서 영국군과 식민지 민병대 사이에 무력 충돌이 발생하였고, 이로써 독립 전쟁이 시작되었다.

① 왕정복고의 결과를 가져왔다.
② 총재 정부의 수립으로 종결되었다.
③ 네르친스크 조약의 체결로 이어졌다.
④ 보스턴 차 사건을 배경으로 발생하였다.
⑤ 하노버 가문의 조지 1세가 즉위하는 계기가 되었다.

수능 기본 문제

[24016-0120]

01 **밑줄 친 '주장'에 대한 설명으로 옳은 것은?**

> 사람들은 나의 견해가 프톨레마이오스와 아리스토텔레스의 논거를 약화시킨다고 합니다. 또한 난해한 자연 현상에 대한 나의 설명이 프톨레마이오스의 학설과는 근본적으로 모순이 된다고 합니다. 하지만 최근의 발견이 나의 주장을 설명해 주고 있고, 코페르니쿠스의 견해를 더욱더 입증하고 있다는 것을 사람들 중 일부는 깨닫고 있습니다.

① 천동설을 입증하였다.
② 절대 왕정을 뒷받침하였다.
③ 중세의 우주관을 동요시켰다.
④ 아비뇽 유수 시기에 제기되었다.
⑤ 스콜라 철학의 등장에 영향을 주었다.

[24016-0121]

02 **(가) 인물에 대한 설명으로 옳은 것은?**

> 그림은 프랑스 혁명 당시 제작된 것으로, 펄럭이는 삼색기 위로 [(가)]의 모습을 보여 주고 있다. [(가)]은/는 일반 의지에 따르는 국가 운영을 주장하고 인민 주권의 원리를 제시하여 프랑스 혁명에 사상적 기반을 제공하였다.

① 항해법을 공포하였다.
② 보름스 협약을 체결하였다.
③ 사회 계약론을 저술하였다.
④ 기계론적 우주관을 확립하였다.
⑤ 자연 상태를 만인의 만인에 대한 투쟁으로 파악하였다.

[24016-0122]

03 **(가) 인물의 활동으로 옳은 것은?**

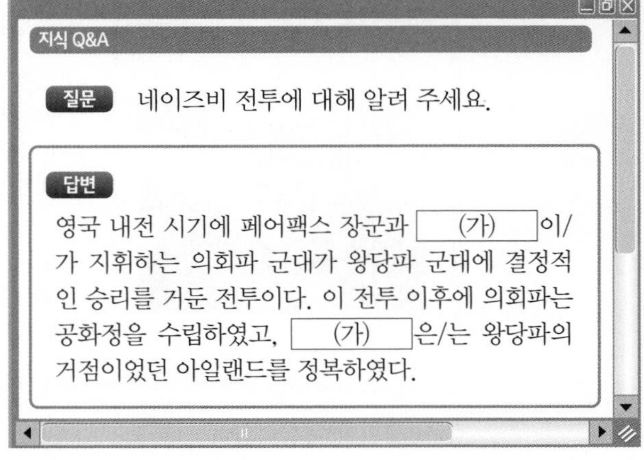

지식 Q&A

질문 네이즈비 전투에 대해 알려 주세요.

답변
영국 내전 시기에 페어팩스 장군과 [(가)]이/가 지휘하는 의회파 군대가 왕당파 군대에 결정적인 승리를 거둔 전투이다. 이 전투 이후에 의회파는 공화정을 수립하였고, [(가)]은/는 왕당파의 거점이었던 아일랜드를 정복하였다.

① 수장법을 공포하였다.
② 호국경에 취임하였다.
③ 권리 청원을 승인하였다.
④ 하노버 왕조를 개창하였다.
⑤ 동인도 회사를 설립하였다.

[24016-0123]

04 **밑줄 친 '원정'의 결과로 옳은 것은?**

> 오라녜 공의 함대가 도버 해협을 가로질러 토베이에 닻을 내렸다. 오라녜 공은 병사들과 함께 엑서터로 행군하였다. 그러나 그의 부대에 합류하는 잉글랜드 사람들이 거의 없어서 그는 원정을 중단하고 다시 돌아가야 할지 갈등하였다. 이런 상황에서 일부 지주 세력이 오라녜 공에게 합류하였고, 제임스 2세의 군대는 동요하기 시작하였다. 또한 귀족들이 오라녜 공을 지지한다는 협정서에 동조한 이후 잉글랜드의 대도시들이 차례로 오라녜 공 지지를 선언하였다.

① 대헌장이 반포되었다.
② 바스티유가 함락되었다.
③ 명예혁명이 이루어졌다.
④ 장미 전쟁이 발생하였다.
⑤ 튜더 왕조가 개창되었다.

[24016-0124]

05 다음 주장이 제기된 배경으로 가장 적절한 것은?

> 우리에게 닥친 모든 재난 중에서 최근 영국이 행한 조치처럼 큰 걱정이나 우려를 가져온 적은 없었습니다. …… 영국 의회의 최근 법안 중 일부가 우리의 가장 기본적인 권리와 자유를 박탈하는 내용을 담고 있다고 생각합니다. 그중 우리는 인지세법이라고 불리는 의회의 행위에 대해 국한하여 말하겠습니다. 이 법안은 매우 부담스럽고 위헌적인 세금을 우리에게 부과하는 것입니다.

① 왕정복고가 이루어졌다.
② 요크타운 전투가 발생하였다.
③ 제1차 대륙 회의가 개최되었다.
④ 영국이 중상주의 정책을 강화하였다.
⑤ 제임스 1세가 전제 정치를 실시하였다.

[24016-0125]

06 (가) 의회에 대한 설명으로 옳은 것은?

> 제1조 (가) 은/는 봉건제를 완전히 폐지한다.
> 제10조 모든 주, 공작령, 지방, 도시, 주민 공동체가 누리는 모든 특권을 폐지한다.
> 제11조 모든 시민은 태생과 관계없이 민간, 종교, 군대의 모든 직책을 수행할 수 있다.
> 제17조 (가) 은/는 루이 16세를 프랑스 자유의 회복자로 엄숙히 선언한다.

① 공화정을 수립하였다.
② 혁명전쟁을 선포하였다.
③ 공안 위원회를 운영하였다.
④ 나폴레옹의 쿠데타로 해산되었다.
⑤ 테니스코트의 서약을 발표하였다.

[24016-0126]

07 밑줄 친 '그'에 대한 설명으로 옳은 것은?

> 오직 미국만이 프랑스의 동맹국입니다. 미국만이 프랑스에 항해를 위한 선박용 물품을 제공할 수 있습니다. 왜냐하면 지금까지 프랑스에 그런 물건을 공급하던 유럽 북부의 여러 왕국이 곧 프랑스와의 전쟁을 본격화할 것으로 보이기 때문입니다. …… 미국인들은 그가 국왕으로서 군사적 지원을 결정해 준 덕분에 독립을 달성하였다고 생각합니다. 그러므로 그가 처형된다면, 미국인 전체가 애통해할 것임이 분명합니다. …… 내가 프랑스어를 한다면, 국민 공회의 연단에 직접 올라가, 모든 미국 형제를 대신해서 국왕의 처형을 늦춰 달라고 탄원하겠습니다.

① 삼부회를 소집하였다.
② 낭트 칙령을 폐지하였다.
③ 상수시 궁전을 건립하였다.
④ 메리와 공동 왕으로 추대되었다.
⑤ 테르미도르 반동으로 실각하였다.

[24016-0127]

08 (가)에 들어갈 내용으로 가장 적절한 것은?

> 그는 일부 총재 정부 지도자들의 협력으로 쿠데타를 일으켜 기존의 체제를 전복시키고 (가) 권력을 장악한 그는 내정과 외교, 군사 등을 담당하며 프랑스를 이끌면서, 오스트리아에 평화 조약을 제안하였다. 이 제안이 거절되자 수많은 군대를 이끌고 알프스산맥을 넘어 원정을 감행하였고, 마렝고 전투에서 오스트리아 군대에 승리하였다.

① 국왕을 처형하였다.
② 통일법을 반포하였다.
③ 통령 정부를 수립하였다.
④ 입법 의회를 구성하였다.
⑤ 혁명 재판소를 설치하였다.

[24016-0128]

1 **(가) 인물에 대한 설명으로 옳은 것은?**

화폐로 보는 세계사

이 화폐에는 『프린키피아』를 손으로 펼치고 있는 (가) 이/가 그려져 있다. (가) 은/는 이 책에서 모든 물체에는 서로 끌어당기는 힘이 작용한다는 '만유인력의 법칙'을 처음으로 제시하고 이를 수학 공식의 계산을 통해 설명하였다.

① 스콜라 철학을 집대성하였다.
② 기계론적 우주관을 확립하였다.
③ 혈액 순환의 원리를 발견하였다.
④ 프톨레마이오스의 천동설 형성에 영향을 주었다.
⑤ 행성이 태양 주위를 타원 궤도로 도는 것을 발견하였다.

[24016-0129]

2 **밑줄 친 '이 사상' 주창자들의 활동으로 옳은 것은?**

우리는 이미 인간 지식의 위대한 보고에 대해 이야기한 바 있다. 이 사상은 『백과전서』라는 이름으로 간행된 책에 담겨 있다. 육전과 해전을 경험한 장교들, 은퇴한 법관들, 인체에 정통한 의사들, 현학적이긴 하지만 진정한 학자들, 미적 감각에 따라 지식을 세련되게 다듬은 문인들, 수학자들, 자연 과학자들이 힘들지만 유익한 이 작업에 협력하였다는 것은 프랑스로서는 영원한 축복이다. 이 사상을 신봉하는 그들은 조금도 이득을 얻으려 하지 않았고, 명예를 추구하지도 않았다. 여러 필자는 이름을 숨기기도 하였다. 특히 그들은 공모하지도 않았고, 당파심에 사로잡히지도 않았다.

– 『루이 15세 시대 개요』 –

① 로욜라가 예수회 창설을 주도하였다.
② 토머스 모어가 유토피아를 저술하였다.
③ 토마스 아퀴나스가 신학대전을 집필하였다.
④ 보카치오가 데카메론을 통해 인간의 위선을 풍자하였다.
⑤ 몽테스키외가 입법, 사법, 행정의 삼권 분립을 주장하였다.

[24016-0130]

3 **(가) 국왕 재위 시기에 있었던 사실로 옳은 것은?**

잉글랜드와 아일랜드, 그리고 그에 속한 영토와 속령의 국왕이었던 (가) 은/는 의회에서 부여받은 권위에 의해, 그가 범한 수많은 반역과 살인 그리고 극악무도한 범죄에 대하여 적법하게 유죄를 선고받았으며, 사형 판결을 받았다. …… 그리고 (가) 의 장자, 요크 공작이라고 불리는 차남 제임스, 그의 다른 모든 자식들과 후손들, 그리고 그로부터 기인한 작위를 주장하는 모든 사람들은 잉글랜드와 아일랜드 그리고 여기에 속한 다른 속령 전체나 또는 이곳 중 어느 곳의 왕위를 가지거나 누릴 수 없으며, 잉글랜드와 아일랜드의 왕이나 여왕을 비롯하여 웨일즈 공 등의 이름이나 직함, 호칭 또는 작위를 가질 수 없다.

① 7년 전쟁이 발생하였다.
② 권리 장전이 승인되었다.
③ 크롬웰이 호국경에 취임하였다.
④ 의회가 권리 청원을 제출하였다.
⑤ 심사법과 인신 보호법이 제정되었다.

[24016-0131]

4 **(가) 국가에 대한 설명으로 옳은 것은?**

우리가 수립해야 할 정부가 (가) 의 손아귀에 다시 들어간다면 우리들은 정복왕 윌리엄의 억압을 받았던 비참한 사람들처럼 고생하게 될 것이다. 독립을 반대하는 그대들이여, 그대들은 무엇을 하는지 모르고 있소이다. 그대들은 정부의 자리를 비게 함으로써 영원한 폭정으로의 문을 열고 있는 것이오. 우리를 멸망시키려고 아메리카 원주민들과 흑인들을 선동한 (가) 을/를 대륙에서 축출하는 것을 영광으로 생각할 사람들이 수천수만이나 있소이다.

① 신성 로마 제국을 해체시켰다.
② 아스테카 제국과 잉카 제국을 정복하였다.
③ 트라팔가르 해전에서 프랑스와 충돌하였다.
④ 뤼베크 등을 중심으로 북해 무역을 주도하였다.
⑤ 스웨덴과 북방 전쟁을 벌여 발트해로 진출하였다.

[24016-0132]

5 **(가), (나) 시기 사이에 볼 수 있는 모습으로 가장 적절한 것은?**

(가) 필라델피아에서 두 번째 대륙 회의가 열리게 되었다. 이 회의에서 논의된 가장 시급한 문제는 군사적 대응이었다. 그래서 회의에서는 대륙군을 창설하고 워싱턴을 총사령관으로 임명하였다.

(나) 콘월리스가 지휘하는 군대가 마침내 항복을 선언하였다. 뉴욕으로부터의 지원군 등을 기대하며 버지니아의 요크타운에 머물러 있던 군대는 대륙군 등의 포위 공세를 더 이상 버티지 못한 것이었다.

① 인지세법 시행 소식에 분노하는 필라델피아 주민
② 영국과의 전투에서 식민지군을 지원하는 프랑스 장교
③ 보스턴항의 배에서 차 상자를 바다에 던지는 식민지인
④ 식민지 독립을 인정하는 파리 조약에 서명하는 영국 관리
⑤ 워싱턴이 대통령으로 선출되었다는 기사를 작성하는 신문 기자

[24016-0133]

6 **밑줄 친 '발표'가 이루어진 시기를 연표에서 옳게 고른 것은?**

자료로 보는 세계사

프랑스 인민의 대표자들은 인권에 대한 무지, 망각 또는 경시가 공공의 불행과 정부 부패의 유일한 원인이라는 점을 고려하여, 엄숙한 선언을 통해 양도할 수 없으며 신성한 인간의 자연적 권리들을 표명하기로 결정하였다.

이 자료는 프랑스 혁명의 전개 과정에서 발표된 선언문의 서두이다. 인간의 자연권 등을 강조하면서 혁명의 이념을 담고 있다. 그러나 선언문 <u>발표</u> 이후 혁명의 이념을 받아들일 수 없었던 국왕은 해외로의 탈출을 시도하다 체포되어 인민의 반감을 자극하였다.

루이 16세, 삼부회 소집	(가)	테니스코트의 서약 발표	(나)	바스티유 습격	(다)	혁명전쟁 발발	(라)	국민 공회 성립	(마)	테르미도르 반동

① (가) ② (나) ③ (다) ④ (라) ⑤ (마)

[24016-0134]

7 **(가), (나) 헌법에 대한 설명으로 옳은 것은?**

(가)

제3조 입법권은 임기가 규정되고 인민에 의해서 자유롭게 선출된 대표자에 의해서 구성되는 국민 의회에 위임되며, 다음에 정한 방식으로 국왕의 재가를 얻어 국민 의회에 의해서 행사된다.

(나)

제147조 총재 정부는 그들이 임명한 위원들을 통해 행정 기관과 재판소에서의 법률 집행을 감독하고 확인한다.
제148조 총재 정부는 총재 정부 이외의 인물 중에서 장관을 임명하며, 또 적당하다고 판단할 때에는 장관을 해임할 수 있다.

① (가) – 공화 정부 수립을 명시하였다.
② (가) – 입법 의회 소집의 근거가 되었다.
③ (나) – 루이 16세 재위 시기에 제정되었다.
④ (나) – 테르미도르 반동에 영향을 주었다.
⑤ (가)와 (나) – 제1 제정 시기에 마련되었다.

[24016-0135]

8 **(가) 인물에 대한 설명으로 옳은 것은?**

프랑스의 황제이자 이탈리아의 왕인 (가) 은/는 다음과 같은 사항을 고려하면서 …….
제1조 영국 제도(諸島)에 대한 봉쇄 상태를 선언한다.
제3조 우리 군대나 우리 동맹국이 점령한 지역에서 발견되는 영국의 모든 신민은 신분과 조건에 관계없이 전쟁 포로가 될 것이다.

① 워털루 전투에서 승리하였다.
② 상트페테르부르크를 수도로 삼았다.
③ 쿠데타를 통해 총재 정부를 무너뜨렸다.
④ 이탈리아 중부 지역을 교황에게 기증하였다.
⑤ 콜베르를 등용하여 중상주의 정책을 추진하였다.

09 시민 혁명과 산업 혁명(2)

✪ 빈 체제
정통주의를 표방한 보수적 경향의 국제 질서로, 빈 회의에 의해 성립되었다. 이 체제를 유지하기 위해 러시아, 오스트리아, 프로이센의 신성 동맹과 오스트리아, 영국, 러시아, 프로이센의 4국 동맹이 결성되었다.

1. 빈 체제와 자유주의의 확산

(1) 빈 회의(1814~1815)

① 목적 : 나폴레옹 전쟁의 전후 처리와 유럽의 질서 회복

② 참가국 : 오스트리아의 메테르니히 주도로 오스트리아, 영국, 프로이센, 러시아, 프랑스 등 유럽 각국 대표단이 참가

③ 기본 원칙 : 유럽 각국의 지배권과 영토를 프랑스 혁명 이전으로 되돌리려 함(빈 체제 성립) → 신성 동맹 · 4국 동맹 등 결성 → 자유주의와 민족주의 운동 탄압

(2) 각국의 자유주의 · 민족주의 운동

독일	학생 조합(부르셴샤프트)의 활동
그리스	오스만 제국에 맞서 독립 운동 전개 → 러시아, 영국, 프랑스 정부와 유럽 지식인들의 지원으로 독립
러시아	데카브리스트의 봉기(입헌 군주제 요구)
이탈리아	카르보나리당(단) 조직 : 민족 통일, 자유주의 개혁 지향
라틴 아메리카	에스파냐의 지배에 맞서 독립 운동 전개, 미국의 지지(먼로 선언, 1823)

✪ 데카브리스트의 봉기
1825년 12월에 봉기가 발생하였는데, 데카브리스트는 '12월 당원'이라는 뜻으로, 12월을 뜻하는 러시아어의 데카브리에서 유래한 명칭이다.

2. 프랑스의 자유주의 운동

(1) 7월 혁명(1830)

① 배경 : 빈 회의로 부르봉 왕조 부활 → 샤를 10세의 보수적 전제 정치(언론 자유 억압, 의회 해산)

② 전개 : 파리 시민의 봉기 → 샤를 10세 추방(부르봉 왕조 붕괴)

③ 결과 : 루이 필리프를 국왕으로 추대하여 입헌 군주제 수립(7월 왕정)

④ 영향 : 벨기에 독립, 유럽 각지의 자유주의 운동 자극

✪ 루이 필리프
프랑스 혁명에 가담하였다가 국외로 망명하기도 하였다. 7월 혁명이 발생하면서 '프랑스인의 왕'으로 추대되어 7월 왕정을 이끌었다.

(2) 2월 혁명(1848)

① 배경 : 산업화로 노동자 계층 성장, 부유한 소수의 시민에게만 선거권 부여

② 전개 : 중하층 시민과 노동자가 선거권 확대를 요구하며 봉기

③ 결과 : 7월 왕정 붕괴 → 제2 공화정 수립 → 루이 나폴레옹이 대통령으로 선출

④ 영향 : 오스트리아에서 혁명 발생(메테르니히 실각 → 빈 체제 붕괴), 프로이센 등 유럽 각지에서 자유주의 · 민족주의 운동 전개

자료 플러스 2월 혁명의 이해

나는 2월 혁명 직후부터 기조와 몰레, 티에르가 이 사건은 뜻밖의 일이며 그저 단순한 우연일 뿐이라고 말하는 것을 여러 차례 들었다. …… 이 세 사람은 루이 필리프 아래서 18년 동안 프랑스의 여러 업무를 이끌어 왔다. 따라서 이들은 루이 필리프를 왕좌에서 몰아낸 파국을 가져온 것이 바로 그의 실정 때문이라는 사실을 쉽게 인정할 수가 없었다.

루이 필리프의 7월 왕정은 소수의 시민에게만 선거권을 부여하였다. 이에 중하층 시민과 산업화 과정에서 성장한 노동자들이 선거권 확대를 요구하며 2월 혁명을 일으켰다. 그 결과 루이 필리프는 물러나고 공화정이 수립되었다.

개념 체크

1. 나폴레옹 전쟁의 전후 처리와 유럽의 질서 회복을 위해 메테르니히 주도로 (　　) 회의가 개최되었다.
2. 1830년 샤를 10세의 보수적 전제 정치에 반발하여 (　　)이 발생하였다.
3. 프랑스에서는 7월 왕정이 붕괴되고 (　　)이 대통령으로 선출되었다.

정답
1. 빈 2. 7월 혁명
3. 루이 나폴레옹

(3) 프랑스의 정치적 변화

① 제2 제정(1852~1870)
- 루이 나폴레옹의 황제 즉위(나폴레옹 3세)
- 프로이센 · 프랑스 전쟁에서 패배 → 제2 제정 붕괴 → 제3 공화국 수립

② 파리 코뮌(1871)
- 프로이센에 항복한 정부에 맞서 파리 시민과 노동자들이 봉기하여 파리 코뮌(자치 정부) 수립
- 독일 제국의 지원을 받은 프랑스 정부군이 파리 코뮌을 무력으로 진압

✪ 루이 나폴레옹(나폴레옹 3세)
나폴레옹 1세의 조카로 프랑스 2월 혁명 이후 대통령에 당선되었다. 이후 쿠데타와 국민 투표를 통해 나폴레옹 3세로서 황제에 즉위하였다(제2 제정).

3. 영국의 자유주의 개혁

(1) 특징 : 의회가 주도하여 자유주의 개혁을 점진적으로 추진

(2) 종교적 차별 폐지

① 심사법 폐지(1828) : 비국교도에게 공직 허용
② 가톨릭 해방법 제정(1829) : 가톨릭교도에 대한 차별 대부분 철폐

(3) 선거법 개정

① 제1차 선거법 개정(1832) : 부패 선거구 폐지, 도시의 상공업자에게 선거권 부여, 노동자는 대상에서 제외
② 차티스트 운동 : 노동자 계층이 보통 선거와 비밀 투표 등을 요구하는 인민헌장 발표(1838), 선거법 추가 개정 요구

✪ 부패 선거구
산업 혁명 당시 인구 이동으로 유권자의 수가 크게 줄었음에도 불구하고 의원을 선출하던 선거구를 말한다.

(4) 자유주의 경제 개혁

① 곡물법 폐지(1846), 항해법 폐지 → 자유주의 경제 체제 확립
② 산업화의 과정에서 전 세계로 세력을 팽창하며 제국 건설

✪ 곡물법(1815)
영국 내의 곡물 생산자를 보호하기 위하여 수입 곡물에 관세를 부과하는 법률이다.

자료 플러스 차티스트 운동

- 모든 성인 남자에게 의원 선거권을 부여할 것, 앞으로 있을 모든 의원 선거를 비밀 선거로 할 것, 그렇게 선출된 의원의 임기가 어떤 상황에서도 1년을 넘지 않도록 할 것, 피선거권자의 모든 재산 자격을 철폐할 것, 의원의 봉직 기간에 대해 적절한 보상을 제공할 것을 주장한다.

– 인민헌장 –

- 우리 동맹의 목적은 인민헌장의 달성이다. 이는 정치적 평등권을 입법부가 승인함으로써, 즉 공공선을 위해 그 권리를 공정하고 효율적으로 행사하는 데 필요한 조항들을 갖춤으로써 이룩할 수 있다. 다시 말해, 우리 동맹은 '보통 선거권 도입'을 추구한다. 21세 이상으로 건전한 정신을 가지며 전과가 없는 모든 남성이 투표할 수 있도록 하는 것이다. 그리고 우리 동맹은 영국을 균등한 선거구로 분할하는 '평등 선거구제의 도입'을 추구한다.

– 인민헌장 동맹 성명 –

1832년에 개정된 영국의 선거법은 도시의 신흥 상공업자에게 선거권을 부여하였지만 노동자는 제외하였다. 이에 노동자들은 인민헌장을 발표하고 선거법의 추가적인 개정을 요구하는 차티스트 운동을 전개하였다. 급진적인 요구 사항을 담고 있던 차티스트 운동은 비록 실패하였지만, 이후 이어지는 선거법 개정으로 투표권이 확대되는 배경이 되었다.

개념 체크

1. 프랑스에서는 (　　　)이 황제에 즉위하면서 제2 제정이 성립하였다.
2. (　　　)에서는 제1차 선거법 개정으로 부패 선거구가 폐지되고 도시의 상공업자에게 선거권이 부여되었다.
3. 노동자들이 인민헌장을 내걸고 (　　　) 운동을 전개하였다.

정답
1. 루이 나폴레옹 2. 영국
3. 차티스트

✪ 카보우르
대외적으로 오스트리아를 몰아내고 사르데냐를 중심으로 하는 이탈리아 통일을 추진하였다. 그는 프랑스의 원조를 받아 오스트리아를 제압하고 이탈리아 중부와 북부를 점령하였다.

✪ 프랑크푸르트 국민 의회
1848년 독일에서 일어난 혁명으로 성립된 독일 최초의 전국적 의회이다. 이 의회에서 프로이센을 중심으로 하는 통일 방안과 오스트리아까지 포함하는 통일 방안 등이 논의되었다.

4. 민족주의의 확산과 국민 국가의 발전

(1) 이탈리아의 통일

① 통일 전의 상황 : 여러 왕국과 교황령 등으로 분열
② 프랑스 2월 혁명의 영향을 받은 마치니가 통일 운동 전개 → 실패
③ 사르데냐 왕국 : 재상 카보우르가 프랑스의 지원을 받아 오스트리아와의 전쟁에서 승리 → 이탈리아 중·북부 지역 통합
④ 이탈리아 왕국 수립 : 가리발디가 의용군을 이끌고 이탈리아 남부 원정 → 시칠리아와 나폴리 등지를 점령 → 사르데냐 왕국에 헌납 → 이탈리아 왕국 수립(1861)
⑤ 왕국의 발전 : 베네치아 병합, 로마 교황령 점령

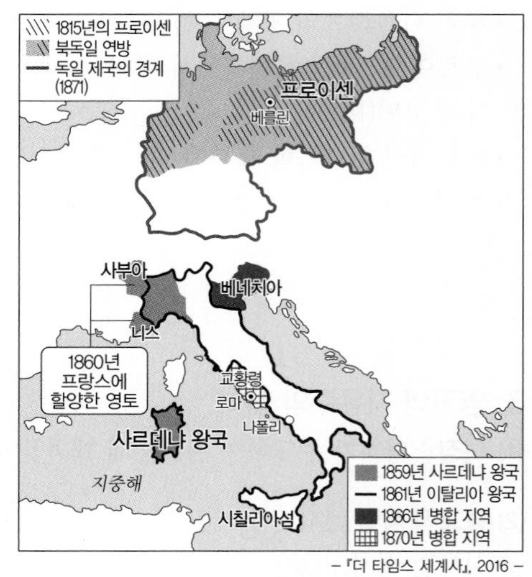

-『더 타임스 세계사』, 2016 -
▲ 이탈리아와 독일의 통일

(2) 독일의 통일

① 통일 전 상황 : 프로이센을 비롯한 40여 개의 소국들로 분열
② 통일의 움직임
- 프로이센 주도의 관세 동맹 체결 → 독일의 경제적 통합 추구
- 프랑스 2월 혁명의 영향을 받은 자유주의자들 중심으로 통일 방안 논의(프랑크푸르트 국민 의회) → 합의 실패

③ 프로이센 중심의 통일
- 재상 비스마르크의 철혈 정책 → 군비 증강
- 프로이센 · 오스트리아 전쟁 승리 → 북독일 연방 결성
- 프로이센 · 프랑스 전쟁 승리 → 빌헬름 1세가 독일 황제로 즉위(독일 제국 수립, 1871)

자료 플러스 가리발디의 활동과 독일 제국의 수립

(가) 의용대를 이끌고 이탈리아 남부 지역에 대한 원정을 앞두고 있는 저는 다시 한번 돌격의 함성을 외칩니다. 한 사람도 빠짐없이 모두 무기를 듭시다. 1861년 3월까지 이탈리아인 백만 명이 무기를 들지 않는다면 우리에겐 자유도 없습니다. 이탈리아의 운명도 끝장날 것입니다.
(나) 독일 민족의 복리 증진을 위해 앞으로 영원히 이어질 연방을 결성하기로 한다. 이 연방은 '독일 제국'이라는 이름으로 불리며, 다음과 같은 헌법의 권한을 가지게 된다. …… 연방 정부는 프로이센 왕에 속하고 그는 연방 정부를 독일 황제의 이름으로 통솔한다.

(가)는 이탈리아 원정을 앞둔 가리발디가 연설한 내용이다. 이탈리아 남부 원정을 감행한 가리발디는 시칠리아와 나폴리 등지를 점령한 후 점령지를 사르데냐 국왕에게 바쳐 이탈리아의 통일에 기여하였다.
(나)는 독일 제국이 수립된 직후 만들어진 헌법이다. 오스트리아와의 전쟁에서 승리한 프로이센은 북독일 연방을 결성하였고, 이후 프랑스와의 전쟁에서 승리하며 1871년 독일 제국을 수립하였다.

개념 체크

1. (　　)는 의용군을 이끌고 이탈리아 남부 원정을 단행하여 시칠리아와 나폴리를 차지하였다.
2. 프로이센의 재상 비스마르크는 (　　) 정책을 추진하여 군비를 증강하였다.
3. 빌헬름 1세가 황제로 즉위하면서 (　　)이 수립되었다.

정답
1. 가리발디 2. 철혈
3. 독일 제국

(3) 미국의 발전

① 영토 확장 : 독립 후 서부 개척 등으로 19세기 중엽 태평양 연안까지 도달
② 남북 전쟁(1861~1865)
- 배경 : 영토 확장과 산업화 과정에서 북부와 남부 사이의 격차 심화
- 전개 : 링컨의 대통령 당선 → 남부 여러 주의 연방 탈퇴 → 남북 전쟁 발발 → 노예 해방 선언(1863) → 북부의 승리

③ 전쟁 이후 발전 : 국민적 단합을 도모하며 산업화 정책을 추진, 대륙 횡단 철도 개통

자료 플러스 링컨의 대통령 취임 연설(1861)

우리 나라의 어떤 지역은 노예제가 옳으니 확장되어야 한다고 믿는 반면에 다른 지역은 노예제가 나쁘니 확장되어서는 안 된다고 믿고 있습니다. 이것이야말로 논쟁의 본질입니다. 헌법에 명시된 도망친 노예에 관한 조항과 해외 노예 무역 금지를 위한 법은 …… 다른 법들과 마찬가지로 잘 시행되고 있습니다. 국민의 대다수가 두 법의 무미건조한 법적 책무를 지킬 것이고 몇몇 사람은 지키지 않을 것입니다. …… 내란이라는 중대한 문제가 제 손이 아닌 바로 여러분 손에 달려 있습니다. 정부는 여러분을 공격하지 않을 것입니다. 여러분은 정부를 파괴하기 위해 하늘에 맹세를 한 것이 아닙니다. 그러나 저는 '정부를 유지, 보호, 수호하기 위한' 가장 엄숙한 선서를 하였습니다.

-『사료로 읽는 미국사』-

미국 남부에서는 노예 노동을 이용한 대농장 경영이 발달하였고, 북부에서는 임금 노동에 기초한 상공업이 발달하였다. 이런 상황에서 링컨이 대통령에 당선되자, 남부의 여러 주가 연방에서 탈퇴하면서 남북 전쟁이 발발하였다.

(4) 러시아의 발전

① 19세기의 러시아 : 차르의 전제 정치와 농노제 지속
② 데카브리스트의 봉기(1825) : 자유주의의 영향을 받은 청년 장교와 일부 지식인이 입헌 군주제를 지향하며 봉기 → 실패
③ 남하 정책 : 유럽과 아시아로 영토 확장 추진 → 크림 전쟁(1853~1856)의 패전으로 흑해 방면으로의 남하 좌절
④ 알렉산드르 2세의 개혁 : 농노 해방령(1861) 등 내정 개혁 단행
⑤ 브나로드 운동 : 지식인들이 농민 계몽을 통한 사회 변혁 운동 주도 → 실패 → 일부 무정부주의자들이 알렉산드르 2세 암살 → 차르의 전제 정치 강화

자료 플러스 알렉산드르 2세의 농노 해방

농노 해방 15개월 후, 니콜스코예에서 농민들을 보았을 때, 나는 농민들을 존경하지 않을 수 없었다. 노예제의 모든 흔적이 사라졌고, 농민들의 타고난 선함과 온화함만이 남았다. 농민들은 그들의 주인을 마치 그전에 다른 관계 속에서 대해 본 적이 없던 것처럼 동등한 입장에서 대화하였다. 나아가, 농민의 권리를 주장하는 사람들이 지식인이 아닌 이들 농민들로부터 나왔다. -『러시아의 역사』-

알렉산드르 2세는 러시아의 근대적 발전을 가로막는 장애물이 농노제라고 여겨, 1861년 농노 해방령을 발표하였다. 이 조치로 약 4천만 명의 농노가 자유민이 되었다. 그러나 농노에서 해방된 사람들은 토지를 분배받은 대가로 지주에게 막대한 토지 상환금을 지불해야만 하였다.

✪ 노예 해방 선언
링컨이 남북 전쟁이 한창 진행 중이던 1863년 1월 1일에 발표하였다. 남북 전쟁에서 북부가 국제적인 지지를 얻고, 해방 노예들이 북부의 군인으로 전쟁에 참여하는 계기가 되었다.

✪ 크림 전쟁
흑해 방면의 지배권을 둘러싸고 러시아와 오스만 제국 사이에서 벌어진 전쟁으로, 러시아는 영국, 프랑스 등의 지원을 받은 오스만 제국에 패배하였다.

✪ 브나로드 운동
'브나로드'는 러시아어로 '민중 속으로'라는 뜻이다. 러시아의 지식인과 청년을 중심으로 농민을 계몽하기 위한 운동이다.

개념 체크

1. (　　　)의 대통령 당선 후 남부 여러 주가 연방을 탈퇴하고 남북 전쟁이 발발하였다.
2. 러시아에서는 청년 장교와 일부 지식인이 입헌 군주제를 지향하며 (　　　)의 봉기를 일으켰다.
3. 알렉산드르 2세는 내정 개혁의 일환으로 (　　　) 해방령을 발표하였다.

정답
1. 링컨 2. 데카브리스트 3. 농노

✪ 선대제
상인 자본가가 수공업자에게 원료와 생산 도구, 임금 등을 지불하여 필요한 물품을 생산시키는 제도이다.

✪ 매뉴팩처
자본가가 수공업 노동자들을 한곳에 모아 놓고, 분업에 기초하여 물건을 협업으로 생산하는 공장제 수공업을 의미한다. 산업 혁명 이전에 등장한 생산 형태이다.

✪ 제2차 인클로저 운동
18세기에 곡물 수요가 증가하자 대지주들이 기업적 농업을 위해 소농민의 토지를 매입, 병합하여 사유지로 만든 운동이다. 이로 인해 농촌에서 토지를 잃은 농민들은 산업 혁명 시기에 도시 노동자로 흡수되었다.

5. 산업 혁명

(1) **산업 혁명의 배경** : 신항로 개척 이후 상업 혁명, 인구 증가 → 상품 수요의 급증 → 선대제, 매뉴팩처(공장제 수공업) 체제 등장 → 공장제 기계 공업으로 생산 방식 전환

(2) **영국의 산업 혁명(18세기 후반)**

① 배경
- 인구 증가와 식민지 쟁탈전 승리로 국내 시장과 광대한 해외 시장 확보
- 제2차 인클로저 운동으로 풍부한 노동력 확보
- 새로운 공업 발전에 필요한 철과 석탄 등 지하자원 풍부

② 공장제 기계 공업의 확산
- 면직 공업 발달 : 면직물 수요 증대 → 방직기와 방적기의 개량 → 기계화 촉진
- 제임스 와트의 증기 기관 개량 : 면직업, 제철업 등에서 동력원으로 사용

(3) **교통과 통신의 발달** : 스티븐슨의 증기 기관차, 철도 개통, 모스의 유선 전신 등

(4) **산업 혁명의 확산과 결과**

① 확산 : 벨기에, 프랑스(19세기 전반) → 미국, 독일, 일본 등(19세기 후반)

② 결과
- 생산 방식의 변화 : 공장제 기계 공업 발달
- 새로운 계급의 출현 : 산업 자본가(생산 수단 및 자본 소유), 임금 노동자 등장
- 도시화와 도시 문제 발생 : 도시 수 및 도시 인구의 급격한 증가 → 주택, 위생 등 도시 문제 발생
- 노동 문제 발생 : 저임금·장시간 노동, 아동·여성 노동 문제 등

자료 플러스 **아동 노동의 실태**

> 공장주들은 보통 8~9세의 어린이들을 고용한다. 그러나 드문 경우긴 하지만 5세 어린이도 고용하고, 종종 6~7세의 어린이도 고용한다. 노동 시간은 식사 시간과 휴식 시간을 제외하고 14~16시간에 이른다. 공장주들은 감독자가 어린이를 매질하고 학대하는 것을 허용하며 실제로 자신이 그렇게 하기도 한다.

산업 혁명이 확산되면서 장시간 노동에 시달리는 아동과 여성 노동 문제가 발생하였다. 19세기 전반 영국 의회에서는 이러한 실태를 조사하고 보완하기 위한 제도적 장치를 마련하였고, 여러 차례 공장법이 제정되어 아동과 여성의 장시간 노동을 제한하였다.

(5) **사회 문제 해결을 위한 노력**

① 러다이트 운동 : 실업, 임금 체불 등에 직면한 노동자들의 기계 파괴 운동

② 노동 운동 등장
- 차티스트 운동 : 노동자들이 참정권 등 정치적 권리 주장
- 노동조합 결성 : 임금 인상과 노동 조건 개선 요구

③ 사회주의의 등장
- 산업화로 인한 빈부 격차의 심화와 열악한 노동 현실 → 자본주의의 불합리한 면을 비판하고 평등 사회 주장
- 푸리에·생시몽·오언 : 초기 사회주의자들, 경쟁 대신 협동을 강조하며 이상적인 공동체 구상
- 마르크스·엥겔스 : '과학적 사회주의' 주장(자본주의 체제 운동 법칙의 과학적 해명 시도)
- 영향 : 독일·프랑스·영국 등에서 사회주의 정당 출현, 19세기 후반 사회 민주주의 등장, 국제적인 노동 운동 전개

개념 체크

1. 18세기 후반 (   )에서 산업 혁명이 시작되었다.
2. 실업, 임금 체불 등의 사회 문제에 직면한 노동자들이 (   ) 파괴 운동을 전개하였는데, 이를 러다이트 운동이라고 한다.
3. 마르크스와 엥겔스는 이른바 과학적 (   )를 주장하며 자본주의의 문제점을 비판하였다.

정답
1. 영국 2. 기계 3. 사회주의

대표 기출 문제 (가) 인물에 대한 설명으로 옳은 것은? 2023학년도 수능 9월 모의평가

① 철혈 정책을 추진하였다.
② 농노 해방령을 반포하였다.
③ 2월 혁명의 영향으로 실각하였다.
④ 아메리카에 대한 유럽의 불간섭을 주장하였다.
⑤ 시칠리아, 나폴리 등 이탈리아 남부를 점령하였다.

정답 | ③

풀이 | 자료에서 오스트리아 수도에 유럽의 대표가 모인 점, 오스트리아를 대표하여 환영, 입법 의회가 혁명전쟁을 선포하기 이전의 영토로 돌아가야 한다는 주장 등을 통해 (가) 인물이 빈 회의를 주도한 메테르니히임을 알 수 있다. ③ 프랑스 2월 혁명의 영향으로 오스트리아에서 혁명이 일어나 메테르니히가 실각하였다.

① 프로이센의 재상 비스마르크가 철혈 정책을 추진하였다. ② 러시아의 알렉산드르 2세는 개혁 조치의 일환으로 농노 해방령을 반포하였다. ④ 미국 대통령 먼로는 아메리카에 대한 유럽의 불간섭 원칙 등을 포함하는 외교 선언을 발표하였다. ⑤ 가리발디는 시칠리아, 나폴리 등을 점령한 후 점령지를 사르데냐 왕국의 국왕에게 바쳤다.

닮은꼴 문제 **1** 밑줄 친 '체제'에 대한 설명으로 옳은 것은? [24016-0136]

> 첫째, 예나 대학의 재학생들은 부르셴샤프트의 정회원이 될 수 있다.
> 둘째, 의장은 선거를 통해 선출하되, 그 임기는 1년으로 한다. 그리고 동일 인물의 재선은 원칙적으로 불허한다.
> 셋째, 의장은 정기 회의를 진행할 수 있는 권한을 가지며 필요에 따라 임시 회의도 소집할 수 있다.
> 넷째, 메테르니히가 주도하는 체제의 문제점 및 개선책을 구체적으로 논의하는 특별 위원회를 구성한다.
> ……

① 빈 회의를 통해 형성되었다.
② 이탈리아의 통일 운동을 지원하였다.
③ 프랑스 제2 제정 시기에 출범하였다.
④ 프로이센·프랑스 전쟁으로 붕괴되었다.
⑤ 라틴 아메리카 국가들의 독립을 지원하였다.

[24016-0137]

01 (가)에 들어갈 내용으로 가장 적절한 것은?

세계사 탐구 활동

1. 탐구 주제 : ○○세기의 자유주의와 민족주의 운동
2. 탐구 활동
   1모둠 – 독일에서 조직된 학생 조합의 활동을 알아본다.
   2모둠 – (가)
   3모둠 – 카르보나리당이 조직된 배경을 살펴본다.
   4모둠 – 먼로 선언의 영향을 알아본다.

① 레판토 해전의 결과를 분석한다.
② 보스턴 차 사건의 원인을 알아본다.
③ 그리스 독립 전쟁의 전개 과정을 이해한다.
④ 제임스 2세가 퇴위하게 된 배경을 살펴본다.
⑤ 프랑스에서 자코뱅파가 등장하게 된 과정을 파악한다.

[24016-0138]

02 밑줄 친 '혁명'의 결과로 옳은 것은?

파리에서 일어난 <u>혁명</u>의 물결이 오스트리아에도 전해졌다. 오스트리아 신분 의회가 개최된다는 소식에 빈의 수많은 시민들이 의사당 앞에 운집하였다. 이들은 의회 소집, 반동 정부 해산 등을 주장하면서 정부와의 협상을 요청하였다. 또한 시민 대표자들은 메테르니히의 즉각 해임, 정부군의 철수, 학생들의 무장 허용 등을 요구하였다. 이러한 상황에서 정부군이 투입되면서 무력 충돌이 발생하였다.

① 벨기에가 독립하였다.
② 7월 왕정이 붕괴되었다.
③ 대륙 봉쇄령이 발표되었다.
④ 테르미도르 반동이 발생하였다.
⑤ 베스트팔렌 조약이 체결되었다.

[24016-0139]

03 다음 주장을 펼친 정치 세력에 대한 설명으로 옳은 것은?

우리는 보통 선거를 요구한다.
영국의 모든 성인 남자에게 의원 선거권을 부여하고,
모든 의원 선거를 비밀 선거로 치러라.
의원의 임기는 1년을 넘지 않도록 해야 한다.

① 심사법을 제정하였다.
② 인민헌장을 발표하였다.
③ 총재 정부를 수립하였다.
④ 제1차 선거법 개정에 찬성하였다.
⑤ 제2차 인클로저 운동을 전개하였다.

[24016-0140]

04 밑줄 친 '통일'의 과정에서 있었던 사실로 옳은 것은?

세계에서 가장 비옥하고 아름다운 나라에서 태어나고, 아드리아해와 지중해 양쪽에 자리 잡은 훌륭한 항구들이 있는 동양과 서양 사이의 중간에 위치하며, 제노바, 피사, 아말피, 시칠리아, 베네치아 사람들의 후손이 된다는 것이 얼마나 좋은 일인가? …… 우리는 정치적 자유를 얻기 위해 우리를 노예화한 오스트리아인을 몰아내야 한다. 양심의 자유를 획득하기 위해 우리를 교황의 노예로 만든 오스트리아인을 쫓아내야 한다. …… (우리는) 독립해야 할 뿐만 아니라 정치적으로 <u>통일</u>되어야 한다. 정치적 <u>통일</u>만이 다양한 이해관계와 법들을 조화시킬 수 있다.

① 12표법이 제정되었다.
② 스코틀랜드가 병합되었다.
③ 트라팔가르 해전이 발생하였다.
④ 콘스탄츠 공의회가 소집되었다.
⑤ 가리발디가 시칠리아와 나폴리를 점령하였다.

[24016-0141]

05 (가) 국가에 대한 설명으로 옳은 것은?

사람들은 프랑크푸르트 의회에서 제정된 헌법에 근거하여 국민 의회라는 대의체를 가진 통일된 제국이 세워지기를 열망합니다. 그 통일된 제국은 강력한 국가의 주도로 하나의 명령 아래 통합되는 것입니다. 비스마르크의 목표는 강력한 (가) 이/가 주도하여 통일된 제국을 이룩하는 것입니다. 저는 이 목표를 달성하기 위해서는 (가) 이/가 다른 영방 국가들과의 관계 개선을 위해 노력해야 한다고 생각합니다.

① 잉카 제국을 정복하였다.
② 관세 동맹 체결을 주도하였다.
③ 신성 로마 제국을 해체시켰다.
④ 곡물법과 항해법을 폐지하였다.
⑤ 파리 조약으로 독립을 인정받았다.

[24016-0142]

06 다음 상황을 배경으로 나타난 사실로 옳은 것은?

북부는 자발적으로 조직된 협회들, 개별 기관 및 주 법률을 통해서 남부 주들의 일반적인 노예제를 문제 삼으며 간섭하고 있다. 그들은 우리 남부의 노예들을 유인해 데려가고 있으며, '도망 노예법'에 따른 노예의 남부 송환을 방해하고 있다. 그들은 남부의 다른 노예들 역시 도망치게 할 목적으로 선동을 계속하고 있다. 그리고 그들은 노예 소유를 불안정하게 함으로써 남부에서 노예제를 약화시키고, 결과적으로 노예제를 폐지하려고 하고 있다.

① 남북 전쟁이 발생하였다.
② 워싱턴이 대통령에 선출되었다.
③ 미국 독립 선언문이 발표되었다.
④ 오스트리아와의 혁명전쟁이 발생하였다.
⑤ 필라델피아에서 대륙 회의가 소집되었다.

[24016-0143]

07 밑줄 친 '폐하'의 재위 시기에 있었던 사실로 옳은 것은?

황제 <u>폐하</u>의 자비로운 선언은 축복받은 러시아 백성의 노예화를 억제하였습니다. 그러나 농민의 생활을 개선하는 것이 아니라 그들을 억압하고 파멸시키기를 원하는 일부 전(前) 농노 소유주들은 …… 전체 토지 중에서 가장 좋은 것을 자신이 선택하고 가장 나쁜 토지를 불쌍한 농민들에게 배분하고 있습니다.

① 7년 전쟁이 발발하였다.
② 노브고로드 공국이 세워졌다.
③ 브나로드 운동이 전개되었다.
④ 상트페테르부르크가 건설되었다.
⑤ 데카브리스트의 봉기가 발생하였다.

[24016-0144]

08 다음 자료를 활용한 탐구 활동으로 가장 적절한 것은?

- 맨체스터를 여행하는 사람이라면 누구나 맨체스터 사람들, 특히 공장 노동자들이 창백하며 키가 작고 야윈 모습에 놀랄 것이다. …… 공장에서 일하는 모든 소년, 소녀들은 의기소침하고 안색이 창백하였다. 그들의 얼굴에는 보통 젊은이가 보이는 생동감, 즐거움이라고는 전혀 없었다.
- 공장주들은 보통 8~9세의 어린이들을 고용한다. 그러나 드문 경우긴 하지만 5세 어린이도 고용하고, 종종 6~7세의 어린이도 고용한다. 노동 시간은 식사 시간과 휴식 시간을 제외하고 14~16시간에 이른다.

① 수공업자 길드의 특징을 분석한다.
② 매뉴팩처의 등장 배경을 살펴본다.
③ 한자 동맹의 활동 내용을 알아본다.
④ 사회주의 사상이 확산된 배경을 이해한다.
⑤ 유럽에서 가격 혁명이 발생하게 된 원인을 파악한다.

[24016-0145]

1 **(가) 국가에 대한 설명으로 옳은 것은?**

> 체결국들은 분쟁 당사국 간의 평화를 재확립하기 위해 공식적인 협약을 통해 서로 노력하고 의견을 조정하기로 결정하였다. 이것은 유럽의 평화를 지키는 것을 넘어 인류애가 요구하는 합의이다. …… 체결국들이 독립 문제와 관련한 분쟁 당사국인 (가) 와/과 그리스에 제시한 내용은 본 협약이 비준된 직후 콘스탄티노폴리스(이스탄불)에 있는 전권 대사가 서명한 공동 선언을 통해 (가) 에 전달될 것이다. 그리고 동시에 어떤 협상이 재개되든지 그 준비 및 필수 조건으로, 두 분쟁 당사국에 즉각적인 강화를 요구할 것이다.

① 우즈베크인에게 멸망하였다.
② 크림 전쟁에서 러시아와 충돌하였다.
③ 이탈리아 중 · 북부 지역을 통합하였다.
④ 북방 전쟁을 통해 발트해로 진출하였다.
⑤ 오스트리아와의 전쟁으로 슐레지엔을 차지하였다.

[24016-0146]

2 **밑줄 친 '혁명'의 결과로 옳은 것은?**

> 국왕이 출판의 자유 철폐 등을 포함한 칙령을 발표한 후, 시내에 바리케이드가 설치되기 시작하였다. 이어 시민들이 정부군과 충돌하면서 <u>혁명</u>이 전개되었다. 멀리서 알 수 없는 소음과 총소리가 들리다가, 한동안 모든 것이 조용해지기도 하였다. 모든 상점은 문을 닫았고, 사람들의 얼굴은 상기되었다. 칙령의 철회를 주장하는 사람들, 샤를 10세를 타도하고 새로운 정치 체제를 만들자는 사람들이 한데 뭉쳐 바리케이드 앞에 서 있었다.

① 7월 왕정이 수립되었다.
② 총재 정부가 구성되었다.
③ 제2 공화정이 선포되었다.
④ 테니스코트의 서약이 발표되었다.
⑤ 정부군이 파리 코뮌을 무력으로 진압하였다.

[24016-0147]

3 **다음 연설을 한 인물에 대한 설명으로 옳은 것은?**

> 저는 아직까지 우리 조국을 위해 한 일이 아무것도 없습니다. 그러나 저의 삼촌인 나폴레옹 황제에 대한 기억이 저를 보호하고 여러분의 투표에 영감을 불어넣으면 넣을수록, 저의 포부와 원칙들을 여러분에게 명확하게 알려야겠다는 마음이 들었습니다. …… 제가 대통령에 당선된다면, 임시 정부가 선포한 공화정의 나라가 자리 잡는 데 온몸을 다해 헌신하겠습니다.

① 황제로 즉위하였다.
② 테르미도르 반동으로 처형되었다.
③ 낭트 칙령을 발표해 위그노 전쟁을 수습하였다.
④ 시칠리아, 나폴리를 사르데냐 왕국에 헌납하였다.
⑤ 악화된 재정난을 해결하기 위해 삼부회를 소집하였다.

[24016-0148]

4 **밑줄 친 '법'이 제정된 시기를 연표에서 옳게 고른 것은?**

> 하원 의원을 선출할 때 영국에서 오랫동안 행해졌던 다양한 폐단을 고칠 수 있는 효과적인 조치를 취하는 것, 즉 수많은 소규모 지역의 의원 선출권을 박탈하여 그 특권을 규모가 크고 인구가 많으며 부유한 도시(신흥 상공업 도시)에 부여하고, 주 선출 대의원의 수를 늘리고, 지금까지 선거권을 누리지 못했던 수많은 인민에게 그 권리를 확대하고, 선거 비용을 줄이는 것이 합당하므로, 다음과 같이 <u>법</u>으로 정한다. …… 토지 소유권을 지닌 자로서 법적 하자가 없는 모든 성인 남자는 해당 토지가 속한 주를 대표하는 주 선출 대의원 선거에서 투표권을 부여받는다.

통령 정부 수립	(가)	대륙 봉쇄령 공포	(나)	빈 회의 개최	(다)	그리스 독립 전쟁 발발	(라)	루이 필리프 즉위	(마)	인민헌장 발표

① (가) ② (나) ③ (다) ④ (라) ⑤ (마)

[24016-0149]

5 (가), (나) 국가에 대한 설명으로 옳은 것은?

> 우리는 카보우르의 지도 아래에 (가) 와/과 동맹을 맺고 (나) 와/과 전쟁을 벌였습니다. 지난달 솔페리노 전투의 승리로 상황이 유리하게 전개되었지만, (가) 황제는 빌라프란카에서 회담을 추진하였고, 롬바르디아를 얻어 우리에게 준다는 조건을 내세우며 정전을 요구하였습니다. 그러나 이는 잘못된 것입니다. 그동안 우리는 (나) 을/를 북이탈리아에서 몰아내기 위해 많은 희생을 치렀습니다. 진정한 통일을 이루기 위해서는 거짓된 마음을 숨기고 평화를 이야기하는 황제의 요구에 대해 거부 의사를 명확히 밝혀야 합니다.

① (가) – 트라팔가르 해전에서 승리하였다.
② (가) – 상트페테르부르크를 수도로 삼았다.
③ (나) – 신성 로마 제국을 해체시켰다.
④ (나) – 철혈 정책을 펼친 프로이센과 전쟁을 벌였다.
⑤ (가)와 (나) – 대프랑스 동맹 결성을 주도하였다.

[24016-0150]

6 (가), (나)가 발표된 시기 사이에 있었던 사실로 옳은 것은?

> (가) 빈 회의 이래 우리의 국경은 정상적인 국가에 어울리는 것이 아니었습니다. 오늘날 중요한 문제는 연설과 다수결로 결정되지 않습니다. …… 철과 피에 의해서만 문제가 해결될 수 있습니다.
> (나) 독일 민족의 복리 증진을 위해 앞으로 영원히 이어질 연방을 결성하기로 한다. 이 연방은 '독일 제국'이라는 이름으로 불리며, 다음과 같은 헌법의 권한을 가지게 된다. …… 독일은 공동의 관세 구역 내에서 하나의 관세와 무역권을 형성한다.

① 7년 전쟁이 발발하였다.
② 북독일 연방이 창설되었다.
③ 프랑크푸르트 국민 의회가 개최되었다.
④ 오스트리아에서 메테르니히가 실각하였다.
⑤ 프리드리히 2세가 오스트리아와 전쟁을 벌였다.

01
[24016-0151]

밑줄 친 '내전' 시기에 있었던 사실로 옳은 것은?

> 나는 이미 내전을 종결시키고 모두의 합의에 기초해 전권을 장악하였지만, 국정에 관한 권한을 로마의 원로원과 인민의 결정에 맡겼다. 이와 같은 나의 공적에 대해서 원로원 결의에 의해 아우구스투스라는 칭호가 주어졌고, 내 집의 문기둥이 월계수 장식으로 꾸며지는 것이 공인되었다. 또한 영예로운 시민의 관이 내 집의 출입문 위에 걸리고, 게다가 원로원 의사당에는 나의 공적을 새긴 황금 방패가 안치되었다.

① 악티움 해전이 발발하였다.
② 밀라노 칙령이 발표되었다.
③ 포에니 전쟁이 전개되었다.
④ 군인 출신 황제가 연이어 등장하였다.
⑤ 게르만족이 로마 제국 곳곳에 왕국을 건설하였다.

02
[24016-0152]

다음 상황이 나타난 시기를 연표에서 옳게 고른 것은?

> 위클리프의 가르침은 비난받는 것이 마땅하므로 그의 가르침이 포함된 책들은 이단적인 것으로서 불태워져야 한다고 정해졌다. 그의 가르침은 비난받고 그의 책은 허위와 위험한 주장을 포함하고 있기 때문에 불태워졌으며, 이러한 결정은 공의회의 권위에 따라 승인되었다. 그럼에도 지금 공의회에 직접 참석한 후스는 그리스도가 아니라 위클리프의 추종자임을 자처하고 있다. 그는 위클리프에 대한 공의회의 결정을 어겼다. 그러면서 위클리프의 많은 오류와 이단적인 내용을 가르치고 주장하며 설교하였다.

클레르몽 공의회 개최	(가)	아비뇽 유수 종결	(나)	장미 전쟁 발발	(다)	95개조 반박문 발표	(라)	아우크스부르크 화의	(마)	트리엔트 공의회 개최

① (가) ② (나) ③ (다) ④ (라) ⑤ (마)

03
[24016-0153]

밑줄 친 '짐'에 대한 설명으로 옳은 것은?

지난 50여 년간 우리 왕국은 문제가 없는 때가 없었고 종교 문제를 제대로 처리할 겨를이 없었다. 그러나 이제는 신이 완전한 평화를 누리도록 허락하셨고 종교 문제에 전념할 수 있게 되었다. …… 이제 낭트 칙령 및 신교도에게 유리하게 명령된 모든 것의 시행이 불필요해졌기 때문에, 짐은 낭트 칙령과 그것에 따른 특별 조항들 및 신교도를 위해 만들어 왔던 모든 것을 폐지하는 것보다 더 좋은 것은 아무것도 없다고 생각하게 되었다.

① 베르사유 궁전을 건립하였다.
② 청과 네르친스크 조약을 체결하였다.
③ 통일법을 발표하여 영국 국교회를 확립하였다.
④ 프로이센 등과 함께 폴란드를 분할 점령하였다.
⑤ 가톨릭 강요 정책을 펼쳐 네덜란드 독립 전쟁을 유발하였다.

04
[24016-0154]

(가) 국왕에 대한 설명으로 옳은 것은?

의회에서 (가) 의 전제 정치에 대항하여 다음의 내용이 포함된 법률을 제정하였다. 이는 가톨릭교도가 관직에 나가거나 군대를 지휘하는 것 등을 금지하고 모든 가톨릭 사제와 예수회 소속의 일원에게 30일 안에 잉글랜드를 떠날 것을 강제하는 내용이었다. 이러한 조치는 과거 내전의 혼란을 겪었음에도 다수의 국교도가 있는 의회를 존중하지 않는 (가) 에 대한 의회의 대응이었다.

① 권리 청원을 승인하였다.
② 동인도 회사를 설립하였다.
③ 하노버 왕조를 개창하였다.
④ 왕정복고를 통해 즉위하였다.
⑤ 메리와 공동 왕으로 추대되었다.

05
[24016-0155]

(가) 의회에 대한 설명으로 옳은 것은?

> 국왕이었던 루이의 재판과 관련해서 프랑스의 모든 공화주의자들의 희망은 잡혀 있는 루이가 (가) 에 의해 심판받도록 하는 것입니다. 나는 또한 사법 위원회와 치안 위원회가 빠른 시간 내에 루이에게 책임이 있는 모든 범죄 목록과 증거 보고서를 포함한 기소장을 작성할 것을 요구합니다. 이 기소장이 (가) 에 의해 채택되면, 나는 루이를 재판석에 출석시키고, 그에게 기소 내용을 읽어 주고 답변하도록 하는 한편, 의장이 그에게 하는 모든 질문에 대해 답변하도록 요구할 것입니다.

① 러시아 원정을 결정하였다.
② 공안 위원회를 운영하였다.
③ 테니스코트의 서약을 발표하였다.
④ 나폴레옹의 쿠데타로 해산되었다.
⑤ 오스트리아에 맞서 혁명전쟁을 시작하였다.

06
[24016-0156]

밑줄 친 ㉠ 시기에 있었던 사실로 옳은 것은?

> 나는 차르가 칙령을 ㉠반포하던 해와 다음 해에도 니콜스코예에 있었는데, 농민들이 새로운 조건들을 지적으로 수용하는 방식에 놀랐습니다. 그들은 농노 신분에서 벗어나는 대가로 귀족에게 지불해야 하는 토지 상환금을 갚는 것이 얼마나 어려운 일인지 잘 알고 있었습니다. 그러나 그들은 농노제의 폐지를 매우 중요하게 여겼기 때문에 별다른 불평을 하진 않았지만, 자신들이 얻게 될 자유에 대한 대가로 인한 이 엄청난 부담을 현실로 받아들이고 있었습니다.

① 독일 제국이 수립되었다.
② 미국에서 남북 전쟁이 발발하였다.
③ 루이 필리프가 국왕에서 물러났다.
④ 이탈리아 왕국이 베네치아를 병합하였다.
⑤ 영국 노동자들이 인민헌장을 발표하였다.

10 제국주의와 민족 운동

1. 제국주의의 등장과 세계 분할

(1) 제국주의의 의미 : 19세기 후반 열강이 군사력과 경제력을 앞세워 식민지 건설을 추진한 정책

(2) 제국주의의 특징 : 식민지 확대(값싼 원료 공급지, 상품 판매 시장, 잉여 자본의 투자처를 필요로 함), 침략적 민족주의, 사회 진화론(후진 지역의 문명화를 명분으로 침략 합리화), 인종주의(백인의 우월성 주장)

✪ 인종주의
인종 사이에 유전적 우열이 있다고 믿는 이론으로, 백인종이 황인종, 흑인종보다 우월함을 내세웠다. 제국주의 열강은 이 이론을 바탕으로 타민족을 억압하고 지배하였다.

자료 플러스 제국주의

19세기 영국의 잡지에 실린 제국주의 풍자화이다. 문명을 상징하는 여신이 가위로 청 왕조의 전통문화를 상징하는 변발을 잘라 내는 모습을 통해 유럽 문화의 우월성을 부각하고 있다. 유럽인들은 자유와 평등에 바탕을 둔 자신들의 정치, 경제 체제만이 문명이자 진보라 여겼고, 비유럽의 문화는 야만이자 미개로 여겼다. 유럽 문화가 우월하다는 인식에 바탕을 둔 이러한 믿음은 자신의 문화를 비유럽인들에게 전파해야 한다는 생각으로 이어졌다. 이러한 생각이 사회 진화론과 결합하여 제국주의 침략을 정당화하였다.

✪ 독일령 남서아프리카
오늘날 아프리카 나미비아 지방에 있던 독일의 식민지이다. 19세기 독일은 이 지역을 식민 통치하면서 원주민인 헤레로족의 가축과 땅을 마음대로 빼앗았다. 이에 생활에 어려움을 겪은 헤레로족은 1904년 무장봉기를 일으켰다.

(3) 열강의 아프리카 분할

영국	• 수에즈 운하 관리권 차지, 이집트 보호국화, 남아프리카를 식민지로 삼음 • 종단 정책 : 이집트의 카이로와 남아프리카의 케이프타운을 이어 아프리카를 남북으로 연결 → 파쇼다 사건(프랑스와 충돌, 1898)
프랑스	• 알제리 장악, 튀니지 보호령화, 마다가스카르 차지 • 횡단 정책 : 알제리와 마다가스카르를 이어 아프리카를 동서로 연결 → 파쇼다 사건
독일	독일령 동아프리카 · 독일령 남서아프리카 · 카메룬 · 토고 차지, 모로코를 둘러싸고 프랑스와 대립(1905, 1911)
벨기에	중앙아프리카의 콩고를 식민지로 삼음

자료 플러스 열강의 아프리카 분할

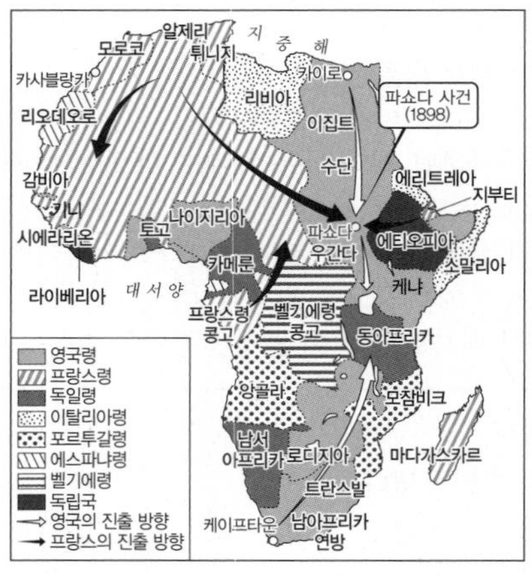

19세기 제국주의 열강은 산업화에 필요한 막대한 자원과 시장 잠재력이 아프리카에 있음을 파악하고 앞다투어 침략하였다. 그리하여 20세기 초에는 에티오피아와 라이베리아를 제외한 아프리카 전 지역이 분할·점령되었다. 영국은 이집트 카이로와 남쪽의 케이프타운까지 잇는 종단 정책을 추진하였고, 프랑스는 서아프리카를 기점으로 동서를 연결하는 횡단 정책을 펼쳤다. 결국 영국과 프랑스는 파쇼다에서 충돌하였으나, 서로 한발씩 물러나 전쟁으로 치닫지는 않았다. 뒤늦게 아프리카 분할에 뛰어든 독일은 프랑스와 모로코에서 두 차례 충돌하였다. 열강은 농장을 만들어 사탕수수, 목화, 코코아 등을 재배하였으며, 금, 다이아몬드 등의 귀금속을 얻기 위해 광산을 개발하였다. 이 과정에서 많은 아프리카인이 수탈당하였다.

개념 체크

1. (　　)은 다윈의 생물학적 진화론을 사회에 적용한 이론으로, 제국주의 열강의 대외 침략을 정당화하는 이론적 배경이 되었다.
2. 프랑스는 알제리, 모로코 등과 동쪽의 마다가스카르를 연결하는 아프리카 (　　)을 추진하여 영국과 대립하였다.
3. 20세기 초 에티오피아와 (　　)를 제외한 아프리카 전 지역이 제국주의 열강의 식민지가 되었다.

정답
1. 사회 진화론 2. 횡단 정책
3. 라이베리아

(4) 열강의 아시아와 태평양 분할

영국	• 17세기에 동인도 회사를 앞세워 인도에 진출 • 플라시 전투(1757) 승리로 벵골 지역 통치 → 19세기 중엽 인도 대부분 지역 장악(인도에 값싼 면직물 판매, 목화와 아편 재배 강요) • 미얀마를 식민지화하고 영국령 인도에 병합, 싱가포르를 거점으로 말레이반도와 보르네오섬 북부 차지 • 오스트레일리아와 뉴질랜드를 자치령으로 삼음
프랑스	• 17세기에 동인도 회사 설립, 플라시 전투에서 영국에 패배 → 인도차이나반도로 진출 • 자국 크리스트교 선교사를 박해하였다는 구실로 베트남에 군대를 파견하여 베트남을 보호국으로 삼음(1883) → 청프 전쟁(1884~1885)의 결과 베트남 지배권을 인정받음 → 베트남과 캄보디아를 합쳐 프랑스령 인도차이나 연방 수립(이후 라오스도 편입시킴)
미국	• 무력시위를 통해 일본을 개항시킴(1854) • 하와이 제도 병합 → 태평양으로 세력 확장 • 에스파냐와의 전쟁(1898)에서 승리 → 쿠바 보호국화, 필리핀과 괌섬 식민지화
독일	태평양의 비스마르크 제도, 마셜 제도 등 점령
러시아	시베리아 개척, 남하 정책을 통해 흑해 방면에서 오스만 제국 압박

2. 중국의 문호 개방

(1) 청의 쇠퇴와 대외 무역의 변화

① 공행 무역 체제 : 청은 광저우 한 곳만 서양과의 무역 항구로 개항, 공행을 통한 교역만 인정 → 대영 무역에서 차의 수출 급증으로 막대한 양의 은이 유입됨

② 영국의 삼각 무역 : 자유 무역 요구 → 청의 거절 → 영국은 청과의 무역 적자를 메우기 위해 인도의 아편을 청으로 밀무역(삼각 무역)

(2) 아편 전쟁과 중국의 문호 개방

① 제1차 아편 전쟁(1840~1842)

배경	영국의 삼각 무역 추진 → 은 유출로 인한 청의 재정 파탄, 아편 중독자 증가로 국민 건강이 위협받는 심각한 사회 문제 발생 → 임칙서가 광저우의 아편을 몰수하여 폐기하고 영국 상인의 아편 무역 금지
경과	영국이 군함을 파견하여 청 공격 → 영국 승리
결과	난징 조약 체결(1842, 5개 항구 개항, 영국에 홍콩섬 할양, 공행 무역 폐지, 배상금 지불 등 규정) → 중국의 문호 개방, 이후 추가 조약 체결(영사 재판권 인정, 최혜국 대우 규정)

자료 플러스 청에 대한 영국의 아편 밀무역

지금 천하의 사람은 은이 밖으로 새어 나가는 것이 아편 때문임을 잘 알고 있습니다. 따라서 이를 막는 방법에 대해서도 분분히 강구하고 있습니다. 혹자는 항구를 봉쇄하여 그 출입 통로를 막아 버리고자 합니다. …… 혹자는 통상을 아예 금지해서 해를 끼치는 그 근본을 뽑아 버리고자 합니다. …… 혹자는 아편 재배 금지령을 폐지하여 내지에서 아편을 생산하게 되면 외국 오랑캐가 들여오는 것을 방지하여 은이 외양(外洋)으로 유출되지 않게 된다고 주장합니다.

– 황작자가 도광제에게 올린 상주문 –

청은 18세기 중반 이후 유럽 상인에게 광저우에서만 교역하도록 하였으며 이들과의 무역은 공행이 전담하였다. 당시 막대한 양의 은을 지급하며 중국 물품을 수입하던 영국은 여러 차례 사절을 파견하여 자유 무역을 요구하였지만, 모두 거절당하였다. 이에 영국은 인도에서 생산한 아편을 중국에 밀수출하는 삼각 무역으로 무역 적자에 대응하였다. 청은 아편 밀수가 증가하여 사회, 경제적 위기가 깊어지자 다양한 해결 방안을 강구하였다. 그런 과정에서 광저우의 아편 문제를 처리하는 전권을 부여받은 임칙서가 강력한 아편 단속을 단행하였다. 이를 빌미로 영국은 아편 전쟁을 일으켰다.

✪ 플라시 전투
1757년에 영국 동인도 회사의 병력과 프랑스·인도 벵골 병력 사이에 발생한 전투이다. 전투 결과 영국이 승리를 거두면서 벵골 지역의 지배권을 차지하게 되었다.

✪ 프랑스령 인도차이나 연방
1884~1885년에 베트남에 대한 종주권을 두고 벌어진 청프 전쟁에서 프랑스는 청을 물리치고 베트남을 차지하였다. 이후 캄보디아 등에 영향력을 확대하여 프랑스령 인도차이나 연방을 조직하였다.

✪ 최혜국 대우
국가 간에 체결하는 통상 조약 등에서 다른 국가에 주어진 가장 유리한 대우를 조약 상대국에도 적용하는 것을 말한다.

개념 체크

1. 플라시 전투에서 승리한 영국은 19세기 중엽 인도 대부분을 점령하였고, 이후 전쟁을 통해 인도차이나반도의 ( )를 식민지화하였다.
2. 19세기 말 에스파냐와의 전쟁에서 승리한 미국은 쿠바를 보호국으로 삼고, 태평양의 괌섬과 ( ) 제도를 차지하였다.
3. 제1차 아편 전쟁의 결과 청이 영국에 홍콩섬을 할양하고 5개 항구를 개항한다는 내용이 담긴 ( )이 체결되었다.

정답
1. 미얀마 2. 하와이
3. 난징 조약

✪ 홍수전
태평천국 운동을 주도한 인물로, 그는 1851년에 태평천국을 세우고 자신을 천왕이라 칭하였다. 1853년에 난징을 점령하고 여러 개혁을 추진하였으나 진압군이 난징을 함락하기 전에 병사하였다.

✪ 중체서용
정치 제도와 사상 등은 중국 전통과 체제를 그대로 유지하고 서구의 과학 기술만을 받아들여 부국강병을 이루자는 주장이다.

✪ 금릉 기기국
난징에 설치된 군수 공장으로, 총포와 화약 등 근대적 무기를 생산하였다.

② 제2차 아편 전쟁(1856~1860)

경과	영국의 무역 확대 요구 → 청의 거절 → 애로호 사건과 프랑스 선교사 피살 사건 발생 → 영국과 프랑스 연합군이 톈진과 베이징 점령
결과	톈진 조약(1858, 베이징에 외교관 주재, 10개 개항장 추가, 크리스트교 포교의 자유 인정 등 규정)과 베이징 조약(1860, 톈진 조약의 비준, 영국에 주룽반도 일부 할양, 러시아의 연해주 획득 등 규정) 체결

3. 중국의 근대화 운동

(1) 태평천국 운동(1851~1864)

배경	아편 전쟁을 계기로 청 왕조의 권위 추락, 배상금 지불로 인한 농민의 조세 부담 가중, 물가 폭등으로 인한 사회적 어려움 → 반청 감정 고조
내용	• 전개 : 홍수전이 크리스트교 신앙을 바탕으로 상제회 조직 → 거병, '멸만흥한' 등을 주장 → 태평천국 건설(수도 난징) • 개혁 추진 : 천조전무 제도(토지 균등 분배의 토지 개혁 지향, 남녀평등), 전족과 축첩의 금지, 변발 및 아편 금지 등 발표
결과	한인 관료와 신사 주도로 조직된 향용의 반격, 서양 열강의 청 왕조 지지, 태평천국군 내부의 분열로 실패

(2) 양무운동

① 배경 : 아편 전쟁과 태평천국 운동 진압 과정에서 개혁의 필요성 인식
② 주도 : 태평천국 운동 진압에 앞장선 증국번, 이홍장 등 한인 관료
③ 전개 : '중체서용'을 바탕으로 부국강병 추구 → 근대적 공장 설립, 군수 산업 육성(금릉 기기국 설립 등), 서양식 육·해군 창설, 신식 학교 설립, 해외 유학생 파견 등
④ 결과 : 중앙 정부의 체계적인 계획 부족, 기업 활동에 대한 관료의 지나친 간섭 → 청일 전쟁(1894~1895)의 패배로 한계 노출

자료 플러스 양무운동

중국의 문물 제도는 외양(外洋) 풍속과는 전혀 다르고, 치평(治平)을 이루고 나라를 유지하고 제업(帝業)의 아주 튼튼한 기초를 굳히고자 하는 방법은 원래부터 존재하고 있습니다. 하지만, 위기를 안정으로 돌리고 허약함을 강력함으로 바꾸는 길은 전적으로 기계를 모방하여 제조하는 데서 비롯됩니다. …… 신이 화기 제조법에 관하여 주의를 기울인 지 이미 수년이 되었습니다. …… 지금 이 철공소를 완성하게 된 것은 온 힘과 마음을 다 바쳐서 이룬 것입니다. …… 외인(外人)의 장기를 취하여 중국의 장기로 삼으면서 서로 비교해 보아도 뒤처짐이 없을 것입니다. 이것이 바로 유비무환입니다.

– 『이홍장 전집』 –

이홍장이 청의 황제에 올린 상소문으로 양무운동의 취지가 나타나 있다. 그는 중국의 전통적 가치를 바탕으로 서양의 기계를 모방하고 제조해야 함을 주장하고 있다. 이에 서양식 철공소, 군수 공장 등이 건설되었다. 하지만 양무운동은 의식이나 제도 개혁 없이 서양의 기술만을 도입하려 하였고, 중앙 정부의 체계적인 계획 없이 추진되어 큰 성과를 거두지 못하였다. 결국 청일 전쟁에서 패배하면서 이러한 한계점이 뚜렷하게 드러났다.

(3) 변법자강 운동

배경	청일 전쟁의 패배로 일본과 시모노세키 조약 체결(1895, 일본에 타이완 할양, 막대한 배상금 지불), 열강의 각종 이권 침탈 심화, 양무운동의 실패에 대한 반성
내용	• 주도 : 캉유웨이, 량치차오 등 입헌 군주제를 지향하는 개혁적 성향의 지식인 • 전개 : 일본의 메이지 유신을 본떠 정치 제도 개혁 주장 → 과거제 개혁·신교육 실시·상공업 육성 등 근대적 개혁 추진(무술변법)
결과	기득권을 위협받은 서태후 등 보수 세력의 탄압으로 실패(무술정변)

개념 체크

1. 1856년 영국이 애로호 사건을 구실 삼아 (　　　)와 연합하여 청을 공격하면서 제2차 아편 전쟁이 발발하였다.
2. 태평천국군은 한족 관료, 신사 주도로 조직된 (　　　)의 반격과 내부 균열로 붕괴하였다.
3. 중체서용을 바탕으로 추진된 (　　　)은 청일 전쟁의 패배로 한계를 노출하였다.

정답
1. 프랑스 2. 향용 3. 양무운동

(4) 의화단 운동

① 배경 : 열강의 이권 침탈 심화(광산 채굴권·철도 부설권 등 차지, 조차지와 세력 범위 설정), 크리스트교 확산으로 배외 감정 고조

② 내용 : 의화단이 산둥에서 봉기, '부청멸양' 주장, 교회와 철도 등 서양 문물 파괴, 청 왕조의 후원(외세 배척에 이용) → 베이징의 외국 공관 습격, 이를 계기로 8개국 연합군(영국, 독일, 러시아, 일본 등)이 의화단 진압 → 열강의 베이징 점령

③ 결과 : 신축조약(베이징 의정서) 체결(1901) → 외국군의 베이징 주둔 인정

(5) 신해혁명

배경	• 광서신정 추진 : 보수 세력이 개혁의 필요성 인식 → 신식 군대 편성·과거제 폐지 • 신식 학교 설립·산업 진흥 등의 개혁 추진, 「흠정 헌법 대강」 선포 • 쑨원의 혁명 운동 : 중국 동맹회 결성(1905, 일본 도쿄), 삼민주의 주창
전개	청 정부의 철도 국유화 조치 → 철도 국유화 반대 운동 → 쓰촨 봉기 발생 → 우창에서 신군 봉기(1911. 10.) → 각 성의 독립 선언
결과	중화민국 수립(1912, 난징), 임시 대총통에 쑨원 취임 → 위안스카이와 혁명군의 타협 → 청 왕조의 멸망 → 대총통에 위안스카이 취임, 이후 위안스카이가 혁명파를 탄압하고 황제 제도 부활 시도 → 위안스카이 사후 각지에서 군벌 세력 대두 → 군벌 시대 전개

(6) 신문화 운동 : 유교 중심의 전통문화 비판, 서양의 과학과 민주주의 수용 주장, 천두슈·후스 등이 주도, 잡지 『신청년』 간행

(7) 5·4 운동(1919)

배경	신문화 운동 확산, 파리 강화 회의 결정(독일이 갖고 있던 산둥반도의 이권 회수를 요구한 중국의 요청이 수용되지 않음)에 반발
전개	베이징의 학생들을 중심으로 일본의 대중국 '21개조 요구' 철폐, 산둥반도의 이권 반환 요구 → 반봉건·반군벌·반제국주의 운동으로 발전

자료 플러스 일본의 대중국 '21개조 요구'

일본국 정부 및 중국 정부는 동아시아 전체 국면의 평화를 유지하기를 서로 원하며, 아울러 현존하는 양국의 우호 선린 관계를 더욱 공고히 하기 위하여 여기에 다음과 같은 조항을 논의하여 정하고자 한다.

제1조 중국 정부는 앞으로 일본국 정부가 독일 정부와 협정을 체결함으로써 독일이 산둥성에 관하여 조약이나 기타 관계에 기초하여 중국 정부에 대해 누려 온 모든 권리와 이익을 양도 등의 처분을 하는 것에 대해 모두 승인한다.

제2조 중국 정부는 무릇 산둥성 내 및 그 연해 일대의 토지 및 각 도서 지역을 어떤 명목이든 다른 나라에게 양도하거나 조차하지 않을 것임을 승낙한다. ……

일본 공사가 중화민국의 위안스카이 정부에 처음 제시하였던 '21개조 요구'의 원안 가운데 일부이다. 일본은 독일 세력권이던 산둥반도의 칭다오를 점령하고, 위안스카이 정부에 일본의 권익을 보장받으려는 '21개조 요구'를 강요하였다.

4. 일본의 근대화와 제국주의

(1) 일본의 개항 : 미국 페리 제독의 무력시위 → 미일 화친 조약(1854, 시모다·하코다테 개항, 최혜국 대우 인정) → 미일 수호 통상 조약(1858, 추가 개항, 영사 재판권 인정, 협정 관세)

(2) 메이지 유신

① 전개 : 막부 타도 운동 전개(사쓰마번·조슈번 중심) → 에도 막부 붕괴, 왕정복고 → 메이지 정부 수립

✪ 의화단

백련교 계통의 비밀 결사로 '부청멸양'을 내걸고 외국인과 교회를 공격하였다. 베이징을 점령한 후에는 청 정부의 지원 아래 베이징에 있는 외국 공관을 습격하였다.

✪ 철도 국유화 반대 운동

청 정부가 철도를 국유화한 후 이를 담보로 외국 차관을 도입하려 하자, 이에 반대하여 일어난 운동이다.

✪ 신청년

천두슈가 상하이에서 발간한 잡지로 예전의 잘못된 문화와 관습을 비판하거나 서양의 새로운 사상을 소개하는 등 신문화 운동을 널리 퍼뜨렸다.

개념 체크

1. 청 정부의 철도 국유화 조치에 대한 반대 운동이 전개되는 가운데 우창에서 신군이 봉기하면서 (　　　) 이 일어났다.
2. 신해혁명의 결과 난징을 수도로 한 중화민국이 1912년 수립되어 (　　　)이 임시 대총통에 취임하였다.
3. 일본은 (　　　) 제독의 무력시위를 계기로 시모다와 하코다테 개항 등의 내용이 담긴 미일 화친 조약을 체결하였다.

정답

1. 신해혁명 2. 쑨원 3. 페리

✪ 신도
일본의 고유한 민족 신앙으로, 선조나 자연을 숭배하는 토착 신앙이다. 태평양 전쟁 패전 이전까지 일본이 국교로 내세웠으며 신도의 사당인 신사에서 신에게 제사 지냈다.

✪ 일본 제국 헌법
1889년 공포된 일본 제국의 헌법이다. 천황에게 국가의 거의 모든 권한을 부여한 점이 특징이다.

✪ 영국령 인도 제국
1857년 영국이 인도의 무굴 제국을 멸망시키고 빅토리아 여왕이 1877년부터 인도 황제를 겸임하면서 성립된 식민 제국을 가리킨다.

개념 체크

1. 일본의 (　　) 정부는 서양 문물 시찰과 불평등 조약 개정 사전 교섭을 목적으로 이와쿠라 사절단을 파견하였다.
2. (　　)의 결과 체결된 시모노세키 조약에 따라 일본은 타이완을 차지하였다.
3. 세포이의 봉기를 무력 진압한 영국은 무굴 제국 황제를 폐위하고, 인도 통치 개선법을 제정하여 (　　)의 인도 지배권을 박탈하였다.

정답
1. 메이지 2. 청일 전쟁
3. 동인도 회사

② 메이지 정부의 개혁 정책

정치	에도의 명칭을 도쿄로 고치고 수도로 삼음, 폐번치현(지방 제도 정비 → 중앙 집권 체제 수립)을 단행
경제	지조 개정(근대적 토지 제도와 조세 제도 확립), 상공업 육성, 근대적 공장 설립
사회	봉건적 신분제 개혁(사민평등), 서양식 교육 제도와 의무 교육 도입, 유학생 파견
기타	이와쿠라 사절단 파견(1871), 징병제 실시, 신도의 국교화, 우편 제도 실시, 철도 부설 등

③ 성격 : 급진적이고 전면적인 서구화를 지향하는 위로부터의 근대화 운동

(3) **자유 민권 운동** : 1870년대부터 시작, 헌법 제정과 서양식 의회 설립 주장 → 메이지 정부의 탄압 → 메이지 정부의 일본 제국 헌법 공포(1889), 제국 의회 개설(1890)

자료 플러스 자유 민권 운동

신문이 사회를 선도해야 한다는 것은 내가 평소에 품고 있던 지론이자 스스로 지당하다고 삼는 바이다. …… 지금은 옛 일본을 변화시켜 새로운 일본으로 거듭나야 하는 변천의 시대이다. 독재 정치의 일본이 한발 나아가 의원 정치의 일본이 되어야 하는 준비의 시대이기 때문에 사회의 이목으로서 임하는 데 큰 각오가 필요하다. …… 그렇다면 무엇을 해야 하는가. 바로 정치상의 지식을 분배하는 것이다. 특히 모든 민으로 하여금 헌법에 대한 존중과 의회의 중요성을 알게 해야 한다.

19세기에 언론인으로 활동하던 다카다 사나에가 신문이 나아가야 할 방향에 관하여 작성한 글이다. 다카다 사나에는 신문 개량의 주요 목적을 국회 개설에 대한 대비로서 민중에게 헌법 및 국회와 관련된 지식을 보급하는 것으로 삼았다. 이에 따라 그가 논설위원으로 활동하던 신문은 자유 민권 운동의 전개 과정에서 반정부적 언론 활동뿐 아니라 민중을 지지 기반으로 확보하기 위한 민중 계몽 활동을 전개하였다.

(4) **대외 팽창 정책**

정한론	새로운 외교 관계 수립을 거부하던 조선에 대한 정벌 주장 → 실행 보류
대외 침략	• 타이완 출병, 류큐 병합 → 오키나와현 설치 • 청일 전쟁(1894~1895) 승리 : 조선에 대한 주도권을 놓고 청과 충돌, 시모노세키 조약으로 타이완, 랴오둥반도 차지 → 삼국 간섭으로 랴오둥반도 반환 • 러일 전쟁(1904~1905) 승리 : 포츠머스 조약으로 남만주와 한반도에 대한 이권 확보

5. 인도와 동남아시아의 민족 운동

(1) **영국의 인도 침략**

① 배경 : 빈번한 전쟁, 재정 파탄, 지방 세력의 반란 등으로 인한 무굴 제국의 쇠퇴

② 과정 : 동인도 회사의 활동 → 플라시 전투(1757, 영국이 벵골·프랑스 연합군 격퇴) 후 벵골 지역의 통치권 장악

(2) **세포이의 항쟁**

배경	영국의 식민 통치와 착취, 세포이의 반발
전개	세포이의 봉기(1857) → 영국의 무력 진압 → 무굴 제국 황제 폐위 → 인도 통치 개선법 제정(1858) → 동인도 회사의 인도 지배권 박탈 → 영국령 인도 제국 성립(1877, 영국 빅토리아 여왕이 인도 제국 황제 겸임)

(3) **인도의 근대화 운동**

① 배경 : 근대 교육을 받은 지식인의 등장, 민족 자본가 성장

② 브라흐마 사마지 운동 : 19세기 전반 람 모한 로이 중심, 순수 힌두교 교리로의 복귀 등 종교 운동으로 출발하여 사회 개혁 운동으로 발전, 카스트제 반대·사회 폐습 타파 주장

③ 인도 국민 회의

- 결성 : 영국이 인도인 회유를 위해 정치 조직 결성 지원 → 지식인, 관리, 민족 자본가, 지주 등으로 결성(1885)
- 초기 활동 : 초기 영국에 협조하면서 인도인의 권익 확보에 주력
- 반영 운동

배경	영국이 서벵골(힌두교도 다수)과 동벵골(이슬람교도 다수)로 분리 통치하고자 벵골 분할령 발표(1905) → 힌두교도와 이슬람교도의 대립 조장, 인도인을 분열시키고 민족 운동을 약화시키고자 함
전개	틸라크 등이 주도한 콜카타 대회에서 스와라지(자치)·스와데시(국산품 애용)·영국 상품 불매·국민 교육 진흥의 4대 강령 채택 → 영국이 전 인도 이슬람교도 연맹을 후원하여 인도 국민 회의와 대립 조장
결과	벵골 분할령 취소(1911), 명목상 인도인의 자치 인정

(4) 동남아시아의 민족 운동

태국 (라마 5세)	짜끄리 왕조의 적극적인 근대화 정책 → 영국과 프랑스 세력 사이의 완충 지대로 독립 유지
베트남 (판보이쩌우)	동유 운동 전개(청년들을 일본에 유학) → 신해혁명에 자극을 받아 중국 광둥에서 베트남 광복회 결성 → 프랑스에 대한 무력 투쟁 주도
필리핀 (호세 리살)	『나에게 손대지 마라』 저술(에스파냐의 가혹한 식민 통치 고발) → 에스파냐인과 동등한 대우 요구, 필리핀 연맹(필리핀 민족 동맹) 결성(1892)

6. 서아시아와 아프리카의 민족 운동

(1) 오스만 제국의 민족 운동

배경	오스만 제국의 쇠퇴, 오스만 제국을 둘러싼 열강의 대립
탄지마트	국정 개혁 등 근대적 제도 개혁 추진(미드하트 파샤 주도로 근대적 헌법 제정) → 자금과 전문 인력의 부족, 보수 세력의 반발, 외세의 간섭, 러시아와의 전쟁 등으로 개혁 성과 미흡
청년 튀르크당의 활동	장교, 관료, 지식인 중심의 무장봉기(정권 장악) → 헌법 부활, 여성 차별 철폐, 근대 시설 확장, 교육과 세제 개혁 추진 → 극단적 튀르크 민족주의를 내세워 피지배 민족의 반발 초래

자료 플러스 오스만 제국을 위한 선언문

> 1. 헌법의 기초는 튀르크 민족의 의사를 최우선으로 한다.
> 3. 20세 이상의 오스만 제국 신민은 재산에 관계없이 투표권을 가진다. ……
> 17. …… 교육은 무료로 이루어지며 …… 튀르크어 교육을 공립 학교에서 의무화한다.

1908년 청년 튀르크당이 발표한 선언문의 일부이다. 근대화를 열망하는 오스만 제국의 지식인들이 청년 튀르크당을 조직하여 무장봉기를 일으켰고, 정치, 교육 등의 개혁을 추진하였다.

(2) 아랍, 이란의 민족 운동

와하브 운동	이슬람교 순화 운동("『쿠란』으로 돌아가라.") → 와하브 왕국 건설 → 오스만 제국에 의해 멸망 → 사우디 왕국으로 부활
이란의 민족 운동	카자르 왕조의 쇠퇴 → 러시아·영국의 침략 → 영국이 담배 독점권 획득 → 아프가니가 담배 독점권 반환 촉구 → 이란의 상인·이슬람교 지도자 중심으로 담배 이권 수호 운동 전개 → 헌법 제정(1906)

(3) 아프리카의 민족 운동

이집트	무함마드 알리(오스만 제국으로부터 자치권 획득), 아라비 파샤('이집트인을 위한 이집트 건설' 주장)
기타	무함마드 아흐마드의 마흐디 운동(수단), 헤레로족 봉기(나미비아), 줄루 왕국의 이산들와나 전투(남아프리카), 아도와 전투(에티오피아)

✪ 틸라크
인도의 정치가이자 사상가이며 언론인으로 푸나의 사립 학교에서 교육자로 활동하면서 20세기 초의 인도 민족 운동을 지도하였다. 스와라지의 이념을 제기하여 인도인 대중 운동을 일으켰다.

✪ 나에게 손대지 마라
호세 리살이 에스파냐 식민 통치의 잔혹성과 필리핀인의 처참한 현실을 폭로한 소설이다. 유럽에서 출판된 이 작품은 필리핀 청년들 사이에 비밀리에 읽혔다.

✪ 마흐디 운동
19세기 후반에 수단에서 서구 제국주의와 식민주의에 대한 저항으로 나타난 민족주의 운동이다. 이 운동을 주도한 무함마드 아흐마드는 스스로를 마흐디(구세자)라고 부르며 외세를 배격하고 순수한 이슬람 신앙을 회복하자고 주장하였다.

개념 체크

1. 인도 국민 회의는 틸라크를 중심으로 콜카타 대회를 열어 (　　　)(자치), 스와데시(국산품 애용), 영국 상품 불매, 국민 교육 진흥의 4대 강령을 채택하였다.
2. 오스만 제국은 19세기에 탄지마트를 단행하면서 국정 개혁을 시도하였으며, 재상인 (　　　)가 기본권 보장, 의회 설립 등의 근대적 헌법 제정을 추진하였다.
3. 아프리카 나미비아 지방에서는 독일의 착취에 맞서 1904년에 (　　　)이 봉기를 일으켰다.

정답
1. 스와라지 2. 미드하트 파샤 3. 헤레로족

대표 기출 문제 (가) 국가에 대한 설명으로 옳은 것은? 2021학년도 수능 6월 모의평가

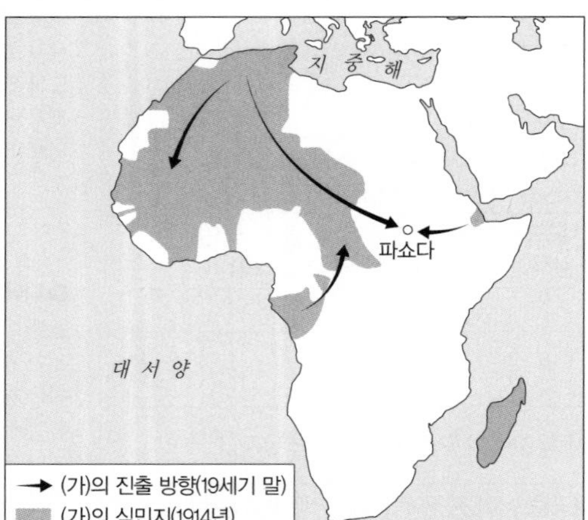

① 벵골 분할령을 발표하였다.
② 아스테카 제국을 멸망시켰다.
③ 플라시 전투에서 패배하였다.
④ 무력시위를 통해 일본을 개항시켰다.
⑤ 헤레로족의 봉기를 무력으로 진압하였다.

정답 | ③

풀이 | 지도에서 음영으로 표시된 지역들은 현재의 알제리, 모로코, 마다가스카르 등에 해당하는데, 모두 프랑스의 식민 지배를 받은 곳이었다. 프랑스는 서아프리카를 기점으로 동서를 연결하는 횡단 정책을 펼쳤고, 아프리카에서 종단 정책을 추진한 영국과 파쇼다에서 충돌하였다. ③ 프랑스는 플라시 전투에서 영국에 패배하였다.
① 영국은 1905년에 벵골 분할령을 발표하였다. ② 아스테카 제국은 에스파냐 코르테스의 침략으로 멸망하였다. ④ 미국은 무력시위를 통해 일본을 개항시켰다. ⑤ 독일은 헤레로족의 봉기를 진압하였다.

닮은꼴 문제 **1** (가) 국가에 대한 설명으로 옳은 것은? [24016-0157]

그림은 뒤센 장군이 마다가스카르섬의 통치자 라나발로나 3세에게 강화 조약 체결을 요구하는 모습을 나타내고 있다. 알제리, 모로코, 튀니지 등을 기점으로 아프리카 횡단 정책을 추진한 (가) 은/는 마다가스카르섬을 보호국화하려 하였다. 이에 섬의 주민들이 라나발로나 3세를 중심으로 항전하였지만 결국 패배하였다. 이후 (가) 은/는 마다가스카르섬을 식민지로 삼는 데 성공하였고 그들의 식민지인 알제리로 라나발로나 3세를 유폐하였다.

① 하와이 제도를 병합하였다.
② 아도와 전투에서 패배하였다.
③ 파쇼다에서 영국과 충돌하였다.
④ 데카브리스트의 봉기를 진압하였다.
⑤ 청과 네르친스크 조약을 체결하였다.

대표 기출 확인하기

메이지 유신의 전개

정답과 해설 37쪽

대표 기출 문제 밑줄 친 '새로운 정부'에 대한 설명으로 옳은 것은? 2024학년도 수능 6월 모의평가

> 사쓰마번과 조슈번의 무사들이 중심이 되어 막부와 대립한 결과 도쿠가와 요시노부의 막부는 무너지고, 천황을 중심으로 하는 새로운 정부가 수립되었다. 정부는 과거 막부가 서양 여러 국가와 체결하였던 불평등 조약의 개정 가능성을 파악하고 선진 문물을 시찰하기 위해 이와쿠라 도모미를 대표로 하는 사절단을 파견하였다. 사절단은 미국의 의회와 공장을 방문하고 오스트리아에서 개최된 만국 박람회를 견학하는 등 서양의 근대 문물을 배우고자 하였다.

① 견당사를 파견하였다.
② 무가제법도를 반포하였다.
③ 다이카 개신을 단행하였다.
④ 봉건적 신분제를 폐지하였다.
⑤ 명과 감합 무역을 실시하였다.

정답 | ④

풀이 | 자료에서 사쓰마번과 조슈번 등의 무사들이 중심이 되어 막부와 대립, 천황을 중심으로 하는 새로운 정부, 이와쿠라 도모미를 대표로 하는 사절단을 파견 등을 통해 밑줄 친 '새로운 정부'는 메이지 정부임을 알 수 있다. ④ 메이지 정부는 봉건적 신분제를 폐지하였다.

① 견당사는 7세기부터 9세기까지 파견되어 당의 선진 문물을 도입하였다. ② 에도 막부는 무가제법도를 반포하여 다이묘를 통제하였다. ③ 7세기 중엽 당의 율령 체제를 모방하여 국왕 중심의 중앙 집권 체제를 지향한 다이카 개신이 단행되었다. ⑤ 무로마치 막부 시기에 일본과 명 사이에 감합 무역이 이루어졌다.

닮은꼴 문제 2 밑줄 친 '신정부' 시기에 볼 수 있는 모습으로 가장 적절한 것은? [24016-0158]

> 왕정복고를 통해 성립된 신정부의 최대 과제는 천황 친정의 정통성을 확보하는 것이었다. …… 그러나 이와쿠라 도모미는 총명한 천자나 어진 재상이 나오지 않더라도 국가가 스스로를 유지할 수 있는 충분한 제도를 확립시켜야 한다고 주장하였다. …… 그는 막부를 대신해 신정부가 성립된 것을 정당화하고 군주제를 유지하면서 공고한 국가 의사를 결정할 수 있는 체제의 확립을 주장한 것이다.

① 일본서기를 저술하는 학자
② 다이카 개신을 추진하는 관리
③ 막부 타도 운동을 벌이는 무사
④ 헤이안으로 천도를 명하는 천황
⑤ 자유 민권 운동의 집회에 참석하는 지식인

[24016-0159]

01 다음 자료를 활용한 탐구 활동으로 가장 적절한 것은?

나는 우리가 세계에서 가장 훌륭한 인종이며 우리가 세계 곳곳에서 살수록 인류에게 더 유리할 것이라고 주장한다. 만약 가장 비루한 인종들이 사는 지역이 우리 앵글로색슨인의 영향 아래 있었다면 어떤 변화가 생겨났을지 상상해 보라. 나는 우리의 영토가 1에이커씩 늘어날 때마다 미래에 영국 인종이 더 많이 탄생할 수 있다고 주장한다. …… 아프리카는 여전히 우리를 위해 준비되어 있으며 그것을 취하는 것은 우리의 의무이다. 많은 영토를 획득할 수 있는 모든 기회를 놓치지 않는 것이 우리의 의무이며, 많은 영토의 획득은 앵글로색슨인이 더욱 늘어남을 의미한다는 생각을 꾸준히 유지해야 한다.

– 세실 로즈, 『신앙 고백』 –

① 제국주의 확산의 배경을 알아본다.
② 백년 전쟁의 발생 원인을 살펴본다.
③ 영국 혁명의 전개 과정을 조사한다.
④ 차티스트 운동이 시작된 계기를 파악한다.
⑤ 데카브리스트 봉기가 발생한 이유를 찾아본다.

[24016-0160]

02 (가) 국가에 대한 설명으로 옳은 것은?

그림은 에스파냐와의 전쟁에서 승리한 (가) 이/가 필리핀을 식민 지배하는 모습을 풍자하고 있다. 신발 옆에는 이에 맞서 필리핀의 독립을 위해 무장 투쟁을 전개한 아기날도가 표현되어 있다.

① 벵골 분할령을 발표하였다.
② 아도와 전투에서 패배하였다.
③ 아스테카 제국을 정복하였다.
④ 파쇼다에서 영국과 충돌하였다.
⑤ 무력시위를 통해 일본을 개항시켰다.

[24016-0161]

03 밑줄 친 '이 조약'의 내용으로 옳은 것은?

영국과 아편 문제를 둘러싼 외교 갈등을 해결하기 위해 광저우에 파견된 임칙서는 문제를 해결하지 못했다는 죄목으로 신장의 이리 지방에 유배되었다. …… 영국에서는 진강(鎭江) 등을 점령하기 위한 새로운 원정군이 편성되었다. …… 진강에 도달한 영국군 함선이 대포를 쏘자 청군은 사방으로 뿔뿔이 흩어져 도망쳤다. …… 팔기군 부제독 해령은 북문이 함락되자 탈출을 시도하였지만, 그가 어떻게 되었는지는 알려지지 않았다. …… 영국군이 난징성 인근까지 진격하고 공격할 태세를 취하자 청 정부는 화평을 청하지 않을 수 없었고, 마침내 이 조약이 체결되었다.

① 크리스트교 포교를 승인한다.
② 상하이 등 5개 항구를 개항한다.
③ 일본의 타이완 획득을 허용한다.
④ 주룽반도 일부를 영국에 할양한다.
⑤ 외국 군대의 베이징 주둔을 인정한다.

[24016-0162]

04 다음 자료에 나타난 운동에 대한 설명으로 옳은 것은?

홍수전은 스스로를 천왕(天王)이라 칭하였다. 그는 부인 뢰(賴)씨를 왕후로 칭하는 한편 연호를 정하고 군기 5조를 반포하여 정식으로 청조 타도를 위한 봉기를 일으켰다. 9월에 이르러 이들은 근거지를 떠나 북상하여, 융안을 점령하였다. 융안을 함락시킨 후 홍수전은 태평 천력을 발표하는 한편, 자신을 도운 양수청을 동왕에, 소조귀를 서왕에, 풍운산을 남왕에, 위창휘를 북왕에, 석달개를 익왕에 임명하는 등 통치 체제를 정비하였다.

① 군기처를 설치하였다.
② 천조전무 제도를 발표하였다.
③ 철도 국유화 조치에 반발하였다.
④ 시모노세키 조약 체결에 반대하였다.
⑤ 메이지 유신을 본받아 정치 개혁을 추진하였다.

[24016-0163]

05 밑줄 친 '봉기'의 결과로 옳은 것은?

> 산둥에서 도적들이 봉기하여 …… 서양 오랑캐를 쫓아내고, 청을 부흥시키자는 방침을 내세웠는데 마치 인륜이 없는 도적들처럼 행동하여 크리스트교도 70여 명을 죽였다. 여기에 몰래 동조하는 자들이 많아 직예와 산둥 지방에 세력이 널리 확산되어 베이징을 압박하였다. 봉기 진압을 위해 각국의 공사관은 군대를 모집하였다. …… 서태후는 베이징을 버리고 도망쳤고, 청은 각국에 정전을 거듭 요구하였다.

① 신축조약이 체결되었다.
② 공행 무역이 폐지되었다.
③ 금릉 기기국이 설립되었다.
④ 한인 관료, 신사 주도로 향용이 조직되었다.
⑤ 캉유웨이 등이 변법자강 운동을 추진하였다.

[24016-0164]

06 밑줄 친 '이 정권'에서 있었던 사실로 옳은 것은?

> 페리 함대가 미국 대통령의 국서를 지니고 일본으로 건너왔다. 페리의 군함은 일본인들이 처음 보는 증기선이었다. 1년 뒤에 이 정권은 2개 항구를 개방하는 데 동의하였고, 뒤이어 영국인, 러시아인, 네덜란드인도 달려와 유사한 조약을 이 정권과 체결하였다. 이리하여 일본은 수백 년 만에 세계를 향해 개방되었다.
>
> -『세계사 편력』-

① 헤이안쿄로 수도가 옮겨졌다.
② 폐번치현 조치가 단행되었다.
③ 막부 타도 운동이 전개되었다.
④ 이와쿠라 사절단이 파견되었다.
⑤ 중국과 감합 무역이 실시되었다.

[24016-0165]

07 밑줄 친 '무장봉기'의 영향으로 가장 적절한 것은?

> 영국 동인도 회사에 고용된 용병들에게 새로 지급된 엔필드 소총의 탄약통에는 소기름과 돼지기름이 발라져 있다는 소문이 돌았다. 또한 영국이 인도의 전통인 카스트를 파괴하고 용병들을 크리스트교로 강제 개종시키려 한다는 말까지 퍼졌다. …… 불만은 확산되고 있었고, 탄약통을 영국인에게만 사용하도록 제한하는 명령은 용병들에게 오히려 의심을 더욱 키웠다. …… 그 결과 거센 폭풍처럼 무장봉기가 일어났다.
>
> -『디 애틀랜틱』-

① 탄지마트가 단행되었다.
② 플라시 전투가 일어났다.
③ 와하브 운동이 시작되었다.
④ 무굴 제국 황제가 폐위되었다.
⑤ 비이슬람교도에 대한 지즈야가 부활되었다.

[24016-0166]

08 (가) 국가에서 있었던 사실로 옳은 것은?

> 이집트는 (가) 의 술탄이 임명한 총독의 통치를 받았다. 그러나 총독은 명목상 지배자일 뿐, 이집트의 실질적 지배자가 되기에 힘이 없었다. 한편 맘루크 역시 프랑스군에게 타격을 받은 이후 총독의 무능함에 반발한 민중을 억누를 수 없었다. …… 이런 상황에서 민중의 편에 서 왔던 무함마드 알리는 우마르 마크람이 이끄는 민중 세력의 지지를 받으며 이집트의 총독에 올랐다. 무함마드 알리는 (가) 의 술탄에게 자신의 지위를 승인할 것을 요청하였다. 세르비아의 반란에 시달리던 술탄은 마지못해 그의 총독 지위를 승인할 수밖에 없었다.

① 스와데시 운동이 전개되었다.
② 아이바크가 델리를 정복하였다.
③ 샤를 10세가 의회를 해산하였다.
④ 알렉산드르 2세가 농노 해방령을 선포하였다.
⑤ 청년 튀르크당이 정권을 장악하고 헌법을 부활시켰다.

[24016-0167]

1 (가) 국가에 대한 설명으로 옳은 것은?

> 19세기 후반 식민지를 확보한 국가들이 해당 지역에 보호 관세를 도입하자 식민지를 둘러싼 첨예한 대립이 발생하였다. 이에 (가) 의 비스마르크는 더 이상 이권 쟁탈전에 참여할 것을 요구하는 의견을 거절할 수 없었다. 이후 (가) 은/는 카메룬, 토고, 나미비아와 뉴기니아 일부, 탄자니아를 식민지로 삼았다.

① 하와이 제도를 병합하였다.
② 수에즈 운하를 건설하였다.
③ 밀레트 제도를 시행하였다.
④ 데카브리스트의 봉기를 진압하였다.
⑤ 모로코를 둘러싸고 프랑스와 대립하였다.

[24016-0168]

2 (가), (나) 시기 사이에 있었던 사실로 옳은 것은?

> (가) 무역 특권을 늘리려 했던 영국인들이 애로호 사건을 빌미로 전쟁을 일으켰다. …… 프랑스도 전쟁에 참여하고자 중국인들이 프랑스 선교사 오귀스트 샤프들렌을 살해하였다는 이유를 내세워 영국과 손을 잡으며 전쟁이 본격화되었다.
> (나) 이토 히로부미는 시모노세키에서 중국 측 대표와 공식적인 만남을 가졌다. 이토 히로부미는 중국 대표에게 최종적인 평화 조약을 제안하였다. 평화 조약에는 …… 랴오둥반도와 타이완, 평후 제도 할양 등에 대한 내용이 담겨 있었다. …… 평화 조약은 4월 17일 시모노세키에서 체결되었다.

① 위안스카이가 임시 대총통으로 추대되었다.
② 천두슈가 상하이에서 신청년을 발간하였다.
③ 이홍장의 주도로 근대적 해군이 창설되었다.
④ 임칙서가 광저우에 파견되어 아편을 몰수하였다.
⑤ 일본의 21개조 요구 철폐를 주장하는 운동이 전개되었다.

[24016-0169]

3 **다음 자료를 활용한 탐구 활동으로 가장 적절한 것은?**

> 일본은 조그만 섬이고 땅과 인민이 우리 중국의 10분의 1도 안 되는데 근래 메이지 천황이 정치를 재정돈해 나라가 날로 부강해지고 있습니다. …… 폐하께서는 자강을 통하여 좋은 정치를 추구하는 마음은 있으나 언론과 인재를 구하지 않으시어 상하가 단절되었는데도 낮은 자세로 아래와 통하지 않으셨습니다. …… 폐하께서는 막강한 권세의 지위에 계시면서 권력을 홀로 장악하셨으니, 자강을 원하신다면 메이지 천황과 서양 여러 나라처럼 폐하의 권력을 견제하는 조치가 필요합니다.

① 5·4 운동의 전개 과정을 살펴본다.
② 이자성의 난이 끼친 영향을 알아본다.
③ 신법을 추진한 왕안석의 활동을 찾아본다.
④ 캉유웨이가 추진한 개혁의 내용을 파악한다.
⑤ 명이 감합 무역을 시행하게 된 배경을 조사한다.

[24016-0170]

4 **밑줄 친 '반란'에 대한 설명으로 옳은 것은?**

> 연합군 총사령관 알프레트 폰 발더제에게
> 나는 열강 측에 이번 사태를 일으킨 원흉을 징계하기 전에는 결코 청 왕조와 담판을 시작하지 않겠다고 전하였다. …… 앞으로 귀하의 임무는 8개국으로 구성된 휘하의 병력을 이끌고 백련교 계통의 비밀 결사가 일으킨 <u>반란</u>을 제압한 후 청 왕조에 책임을 물어 속죄의 대가를 치르도록 위협을 가하는 것이다. 이 임무가 성공을 거두게 된다면 청 왕조와 외교 담판을 통해 만족할 만한 보상을 얻어 낼 것이다.
>
> 독일 제국 황제

① 천조전무 제도를 발표하였다.
② 부청멸양을 기치로 내세웠다.
③ 철도 국유화 조치에 반발하여 일어났다.
④ 홍콩섬이 영국에 할양되는 배경이 되었다.
⑤ 러시아가 연해주를 획득하는 계기가 되었다.

[24016-0171]

5 **(가) 인물에 대한 설명으로 옳은 것은?**

> 이누카이의 소개로 일본에서 판보이쩌우를 만나게 된 (가) 은/는 자신이 제창한 삼민주의를 설명하면서 입헌 군주제의 잘못을 비판하였다. 또한 자신이 조직한 중국 동맹회에 가입하여 중국 혁명을 도울 것을 요청하였고, 중국에서 만약 혁명이 성공한다면 그다음에 베트남의 독립 운동을 적극적으로 돕겠다고 제안하였다. 판보이쩌우에 대한 (가) 의 제안은 중국의 광둥에서 무장 폭동을 일으키기 위해 바로 인근에 있는 베트남을 혁명 전초 기지로 삼으려는 계획에서 나온 것이었다. 이러한 제안에 대해 판보이쩌우는 중국 동맹회가 베트남의 독립을 지원하는 것이 우선이라 주장하였고, 결국 두 사람 사이의 협상은 결렬되었다.

① 태평천국을 세웠다.
② 군기처를 설치하였다.
③ 동유 운동을 전개하였다.
④ 삼번의 난을 진압하였다.
⑤ 중화민국 임시 대총통이 되었다.

[24016-0172]

6 **밑줄 친 '시위'에 대한 설명으로 옳은 것은?**

> 산둥 문제가 국가 존망에 관계된다는 것을 모르는 사람이 없습니다. …… 우리가 파리에서 개최된 평화 회의에서 강경한 주장을 내세우지 못하는 것은 공리를 무시하는 것이며 망국의 도화선에 불을 지르는 것입니다. 우리가 앉아 망국을 기다리면 천만 번 약탈당하고 회복하지 못합니다. …… 이것이 바로 오늘 <u>시위</u>를 한 이유입니다.

① 공행 무역이 폐지되는 결과를 낳았다.
② 신군의 우창 봉기를 계기로 시작되었다.
③ 일본의 21개조 요구 철폐를 주장하였다.
④ 신사층이 조직한 향용에 의해 진압되었다.
⑤ 메이지 유신을 본받아 입헌 군주제의 도입을 내세웠다.

[24016-0173]

7 **밑줄 친 '이 정부'의 활동으로 옳은 것은?**

> 주일 공사 하여장은 일본의 정세를 파악하고 이홍장에게 글을 올려 변방의 위기를 없애기 위해 류큐로 출병할 것을 제안하였다. 그러나 류큐의 전략적 가치를 낮게 평가한 이홍장은 군사 행동을 자제하였다. 이에 이 정부는 류큐를 편입하기 위한 시도를 이어 나갔다. 류큐 왕의 밀명을 받아 청으로 건너간 향덕굉, 임세공, 채대정은 도움을 요청하는 내용을 담은 류큐 왕의 서신을 전하였으나 청 왕조로부터 아무런 답변을 얻지 못하였다. 그 사이 류큐는 이 정부에 의해 오키나와현으로 편입되었다.

① 전족과 변발을 금지하였다.
② 자유 민권 운동을 탄압하였다.
③ 산킨코타이 제도를 마련하였다.
④ 헤이조쿄로 천도를 단행하였다.
⑤ 미일 수호 통상 조약을 체결하였다.

[24016-0174]

8 **밑줄 친 '전쟁'의 결과로 옳은 것은?**

> 러시아의 만주 점령 시도는 우리 나라의 이익과 상충할 뿐만 아니라, 우리 제국의 안전까지도 위협한다. …… 러시아는 온 세계의 대국으로 인구와 병력이 우리의 수배에 달한다. 그리고 우리가 지금 러시아와 전쟁하게 된 일은 진정 지금까지 한 번도 겪어 보지 못했던 일대 위기다. 하지만 다행히도 우리가 인천과 뤼순의 러시아 군함을 선제공격하여 전쟁이 시작된 이후 바다와 육지에서 모두 연전연승하였고, 해상의 권리는 거의 우리가 차지하게 되었다.

① 삼국 간섭이 일어났다.
② 변법자강 운동이 추진되었다.
③ 포츠머스 조약이 체결되었다.
④ 상하이 등 5개 항구가 개항되었다.
⑤ 외국 군대가 베이징에 주둔하게 되었다.

[24016-0175]

9 **밑줄 친 '이 운동'에 대한 설명으로 옳은 것은?**

> 이 운동의 창시자 람 모한 로이는 서구 사상의 영향을 강하게 받은 선구자로서 순수한 힌두교 교리를 따를 것을 사람들에게 호소하였다. 나아가 이 운동은 종교 개혁 운동에만 그쳤던 것이 아니고 사회 제도의 개혁까지 시도하였다.

① 무굴 제국 황제 폐위의 계기가 되었다.
② 앙카라 전투가 일어나는 원인이 되었다.
③ 마라타 동맹이 결성되는 배경이 되었다.
④ 카스트제 반대와 사회 폐습 타파를 주장하였다.
⑤ 스와라지, 스와데시, 영국 상품 불매 등의 강령을 채택하였다.

[24016-0176]

10 **(가) 제국에서 있었던 사실로 옳은 것은?**

> 압둘 하미드 2세가 입헌주의자들이 공들여 이루어 놓은 헌정을 중단시키고 거기에 칼리프의 종교적 권위까지 더해 권력을 독점한 데에는 당시의 시대적 분위기가 큰 역할을 하였다. 탄지마트로 인해 (가) 은/는 재정적으로나 정치적으로나 파탄 상태에 돌입하였다. 또한 누적된 외채에 의한 정부의 파산, 불가리아 반란의 유혈 진압으로 인한 유럽에서의 여론 악화, 그에 따른 러시아와의 전쟁에서의 패배 등 여러 재난을 겪었다.

① 타지마할이 조성되었다.
② 벵골 분할령이 발표되었다.
③ 청년 튀르크당이 봉기하였다.
④ 네르친스크 조약이 체결되었다.
⑤ 보로부두르 사원이 건립되었다.

11 두 차례의 세계 대전

1. 제1차 세계 대전

(1) 유럽 열강의 대립

① 독일의 대외 정책 변화

비스마르크	유럽의 현상 유지와 프랑스 고립화 추진 → 오스트리아·헝가리 제국, 이탈리아와 3국 동맹 체결(1882)
빌헬름 2세	대외 팽창 정책 → 베를린·비잔티움·바그다드 연결 추진, 모로코 사건(1905, 1911)

② 영국의 제국주의 정책 : 카이로·케이프타운·콜카타 연결 추진, 빌헬름 2세의 정책에 맞서 프랑스·러시아와 3국 협상 성립(1907)

자료 플러스 3국 동맹에 대응하기 위한 프랑스와 러시아의 동맹

> 2. 3국 동맹의 군대, 또는 그들 나라 중 어느 한 군대가 동원될 경우에 대비하여, 프랑스와 러시아는 이 동원 소식을 듣는 즉시, 그리고 기존 협의 필수 사항을 지키느라 시간을 낭비하지 말고, 각자의 군대 전체를 즉각적이고 한꺼번에 동원해 최대한 국경으로 이송한다.
> 5. 프랑스와 러시아는 다른 국가와 개별적으로 평화 조약을 체결할 수 없다.
> 6. 이 조약은 3국 동맹이 유지되는 한, 유효할 것이다.
>
> -『사료로 읽는 서양사 5』-

자료는 독일의 팽창 움직임을 견제하기 위해 프랑스와 러시아가 맺은 군사 협약의 일부이다. 독일 빌헬름 2세의 적극적인 팽창 정책에 프랑스와 러시아 등이 대응하였고, 후에 3국 협상이 성립됨으로써 유럽의 긴장은 고조되었다.

③ 범게르만주의와 범슬라브주의의 대립 : 발칸 지역에서 독일이 오스트리아·헝가리 제국 후원(범게르만주의) → 러시아가 세르비아 후원(범슬라브주의)

④ 발칸 전쟁(1912~1913) : 발칸반도의 여러 민족이 오스만 제국에 저항하여 독립하는 한편 영토를 획정하는 과정에서 발생 → 발칸반도의 민족주의 대립 심화

(2) 제1차 세계 대전

① 사라예보 사건(1914) : 사라예보에서 오스트리아·헝가리 제국의 황태자 부부가 암살됨

② 전쟁의 발발 : 오스트리아·헝가리 제국의 선전 포고 → 동맹국(오스트리아·헝가리 제국, 독일)과 협상국(영국, 프랑스, 러시아)의 참전 → 오스만 제국과 불가리아는 동맹국 측에 가담, 원래 동맹국이던 이탈리아는 협상국(연합국) 측에 가담(1915)

③ 독일군의 진격 : 벨기에 침공(1914), 프랑스로 진격 → 마른 전투, 솜 전투 등(전쟁이 교착 상태에 빠짐, 참호전 전개)

④ 전세의 변화 : 영국 해군이 북해 봉쇄 → 독일의 무제한 잠수함 작전 전개 → 미국의 참전 → 러시아 혁명 발생(1917), 러시아는 독일 등 동맹국과 단독 강화를 체결(1918)하여 전쟁에서 이탈

⑤ 전쟁의 종결 : 동맹국(불가리아, 오스만 제국, 오스트리아·헝가리 제국)의 항복, 독일 킬 군항 해군들의 봉기를 시작으로 혁명 발생 → 독일 빌헬름 2세 망명, 공화국 선포 → 연합국 측과 독일 임시 정부의 휴전 조약 체결(1918.11.)

⑥ 전쟁의 특징 : 총력전(전후방 구분 없이 국가 전체의 인력과 자원 투입), 참호전, 신무기 등장(탱크, 전투기, 잠수함, 독가스 등)

✪ 범슬라브주의
슬라브 민족을 공통된 정치, 문화 속에 결집하려는 사상을 말한다. 러시아는 1870년대 말 러시아·튀르크 전쟁 뒤 이 사상을 확대하였다. 이는 범게르만주의와 충돌해서 제1차 세계 대전 발발의 한 요인이 되었다.

✪ 총력전
국가의 모든 총력을 기울여 수행하는 전쟁을 말한다. 제1차 세계 대전은 인적, 물적 자원을 총동원하는 총력전이었다. 남자들이 전쟁에 참여하면서 공장, 농장 등의 인력은 여성으로 대체되었다.

개념 체크

1. 제1차 세계 대전 발발 이전 발칸반도에서는 독일과 오스트리아·헝가리 제국의 (　　)와 러시아와 슬라브계 국가들의 범슬라브주의가 대립하였다.
2. 1914년 사라예보에서 세르비아계 청년 민족주의자가 오스트리아·헝가리 제국의 황태자 부부를 암살한 (　　)이 발생하였다.
3. 제1차 세계 대전이 전개되던 중 (　　)는 국내에서 혁명이 일어나자 독일 등 동맹국과 단독 강화를 체결하여 전쟁에서 이탈하였다.

정답
1. 범게르만주의
2. 사라예보 사건 3. 러시아

✪ 러일 전쟁
1904~1905년에 만주와 한국의 지배권을 두고 러시아와 일본이 벌인 전쟁이다. 전쟁으로 경제적 궁핍이 심화된 러시아에서는 대규모 군중 시위가 발생하였다.

✪ 소비에트
노동자, 농민, 병사의 대표가 구성한 평의회를 말한다. 의회에 대비되는 개념으로, 인민이 자발적으로 조직·운영하는 민중 권력 기관이다.

✪ 스탈린주의
소련의 권력자 스탈린이 내세운 정치 노선으로, 국가 중심의 사회주의 이념을 가리킨다. 이를 내세워 스탈린은 독재 체제를 강화하였다.

✪ 윌슨
미국의 제28대 대통령으로, 미국의 제1차 세계 대전 참전을 결정하였다. 그가 전쟁 중에 발표한 평화 원칙 14개조는 전후 개최된 파리 강화 회의의 기본 원칙이 되었다.

2. 러시아 혁명과 소련의 성립

(1) 혁명 이전의 정세

① 사회 변화 : 노동자 계급 성장, 레닌 등이 사회주의 정당 설립
② 피의 일요일 사건(1905) : 러일 전쟁에서 열세, 차르의 전제 정치에 대한 불만 고조 → 시위 전개 → 무력 진압 → 니콜라이 2세가 두마(의회)의 입법권 보장 등 개혁 약속

(2) 러시아 혁명의 전개(1917)

러시아력 2월 혁명 (3월 혁명)	• 배경 : 제1차 세계 대전의 장기화로 물자 부족, 거듭된 패전으로 사기 저하 • 경과 : 페트로그라드(상트페테르부르크)에서 노동자·병사 소비에트 중심의 혁명 발생 → 니콜라이 2세 퇴위 → 임시 정부 수립
러시아력 10월 혁명 (11월 혁명)	• 배경 : 임시 정부의 전쟁 지속, 개혁 실패 • 경과 : 노동자·병사 소비에트와 임시 정부의 대립 → 레닌 중심의 볼셰비키 혁명(전쟁 반대, 사회주의 지향) → 임시 정부 타도, 소비에트 정부 수립

(3) 혁명 후의 러시아

레닌의 통치	• 독일을 비롯한 동맹국들과 단독 강화 조약(브레스트리토프스크 조약) 체결(1918) • 사회주의 개혁 : 토지 분배 및 주요 산업 국유화 등 추진 • 신경제 정책[NEP] : 급격한 공산화에 따른 경제적 혼란 극복 목적, 자본주의적 요소 일부 도입 • 소비에트 사회주의 공화국 연방(소련) 수립(1922) : 소비에트 러시아를 중심으로 우크라이나, 벨라루스 등 주변의 소비에트 정부 통합
스탈린의 통치	레닌 사망(1924) 후 스탈린의 정권 장악 → 경제 개발 5개년 계획 추진(중공업 육성, 농업 집단화), 독재 체제 강화(스탈린주의)

자료 플러스 러시아력 10월 혁명(11월 혁명)으로 정권을 장악한 레닌의 연설

> 볼셰비키가 늘 반드시 일어난다고 말하던 노동자와 농민의 혁명이 완수되었습니다. 이 혁명은 어떤 의미가 있을까요? 무엇보다도 먼저 우리가 소비에트 정부, 부르주아가 참여하지 않은 우리 고유의 권력 기관을 소유하게 된다는 데 의미가 있습니다. 억압받는 인민이 스스로 권력을 세운 것입니다. …… 지금 러시아에서 새 시대가 시작되고 있으며 이 제3의 러시아 혁명은 틀림없이 결국은 사회주의자의 승리로 끝날 것입니다. 당면 과제 가운데 하나는 무슨 일이 있어도 전쟁을 즉각 끝내는 것입니다. …… 우리는 지주의 재산을 몰수하는 포고령으로 농민의 신뢰를 얻고 있습니다. 농민은 자신들이 노동자와 동맹해야만 구원받는다는 것을 깨달을 것입니다. …… 러시아에서 우리는 지금 프롤레타리아 사회주의 정부 건설에 전념해야 합니다.

레닌이 러시아력 10월 혁명(11월 혁명) 직후 연설한 내용 중 일부로 전쟁 반대, 사회주의 지향 등의 내용을 담고 있다. 혁명 이후 볼셰비키는 의회를 해산하고 독일 등과 강화 조약을 맺어 제1차 세계 대전의 전선에서 이탈하였다.

개념 체크

1. 니콜라이 2세는 피의 일요일 사건을 계기로 (   ) (의회)의 입법권 보장 등 개혁을 약속하였다.
2. 러시아 혁명을 통해 정권을 장악한 (   )은 급격한 공산화에 따른 경제적 혼란을 극복하고자 신경제 정책[NEP]을 실시하였다.
3. 제1차 세계 대전의 전후 처리를 위해 열린 (   )에서 전승국과 독일은 베르사유 조약을 체결하였다.

정답
1. 두마 2. 레닌
3. 파리 강화 회의

3. 제1차 세계 대전 이후의 세계

(1) 베르사유 체제의 성립

① 파리 강화 회의 개최(1919. 1.) : 전승국 대표들이 회의 주도, 윌슨의 평화 원칙 14개조에 입각하여 진행, 전승국의 이익과 패전국에 대한 응징이 강하게 작용
② 베르사유 조약(1919. 6.) : 전승국과 독일 간에 체결 → 독일의 모든 식민지 상실, 알자스·로렌을 프랑스에 양도, 군비 축소, 배상금 지불 → 베르사유 체제 성립

(2) 평화 구축을 위한 노력

① 국제 연맹 창설(1920) : 국제 평화와 협력을 위한 기구, 미국의 불참, 독일·소련 제외(독일은 1926년, 소련은 1934년에 가입), 군사적 제재 수단 미비

② 평화 유지 노력 : 워싱턴 회의(1921~1922) 등에서 군비 축소 논의

(3) 전후 민주주의의 발전

① 제정의 붕괴와 공화국 수립 : 독일 제국(→ 바이마르 공화국), 오스트리아·헝가리 제국(→오스트리아 공화국 등)

② 보통 선거권 확산 : 노동자와 여성의 참정권 확대

(4) 중국의 민족 운동

구분	내용
제1차 국공 합작(1924)	공산당원이 개인 자격으로 국민당에 입당하는 방식의 연대 → 군벌 타도 목적, 반제국주의 운동 전개
국민 혁명	군벌 타도와 국민 혁명을 추진하던 쑨원 사망 → 장제스의 실권 장악 → 공산당 탄압, 베이징을 점령하여 북벌 완성(1928)
대장정	마오쩌둥이 루이진에 소비에트 임시 정부 수립(1931) → 장제스의 국민당이 공산당 토벌 작전 전개 → 공산당이 대장정 단행(1934), 옌안 방면으로 이동
제2차 국공 합작(1937)	시안 사건(1936)을 계기로 내전 중단과 항일 투쟁 분위기 고조 → 중일 전쟁 발발(1937) 직후 제2차 국공 합작, 장기적인 항일 전쟁 전개

자료 플러스 칭화대학 구국회에서 전국 민중에게 알리는 글

> 친애하는 동포 여러분! 화북(華北)은 자고로 중원의 땅인데, 현재는 화북의 주권이 동삼성[만주]의 뒤를 이어 일본에게 잘려 나가는 것을 우리는 목격하고 있습니다. 이것은 아주 분명한 사실이고, 목전에 우리의 우방이 우리에게 요구하는 것은 21개 조보다 훨씬 더 가혹한 것인데, 거국상하(擧國上下)로 이에 대해 아무런 동정을 보이지 않고 있으니, 16년 전의 위대한 5·4 운동을 되돌아보건대, 정말 부끄럽기 짝이 없습니다. …… 우리는 높이 흔들며 피맺힌 목소리로 전국 민중에게 큰 소리로 외칩니다. …… 단지 항쟁만이 우리가 죽음 속에서 찾을 수 있는 유일한 출로입니다. 우리의 목표는 동일합니다. 스스로 일어나 스스로의 민족을 보위하는 것입니다!

자료는 1935년 칭화대학 구국회에서 발표한 전단의 내용 중 일부이다. 1931년 만주 침략과 뒤이은 만주국의 성립 등 일본 제국주의의 중국 침략은 1930년대에 들어와 더욱 가속화되었다. 이러한 일본의 중국 북부 침략은 결국 전국적인 항일의 분위기를 고조시키면서 항일 투쟁을 미루고 공산당 토벌에 매진하는 중국 국민당 정부에 대한 불만이 높아졌다. 결국 시안 사건을 계기로 제2차 국공 합작이 이루어져 본격적인 항일 전쟁이 시작되었다.

(5) 인도의 민족 운동

① 간디의 비폭력·불복종 운동 : 롤럿법의 폐지와 완전한 자치 요구, 소금 행진(소금의 생산과 유통을 통제하는 영국의 소금법에 항의) 전개

② 네루의 인도 독립 운동 : 인도의 완전한 독립 요구

③ 영국은 인도의 각 주에 대해 외교와 군사를 제외한 자치권 인정(신인도 통치법, 1935)

(6) 터키(튀르키예)의 민족 운동

① 터키 공화국 수립(1923) : 무스타파 케말이 술탄제 폐지

② 근대화 정책 : 여성의 지위 향상, 정교분리, 근대적 교육 제도 실시, 일부다처제 금지 등

✪ 국제 연맹

제1차 세계 대전 이후인 1920년 미국 윌슨 대통령의 제안으로 만들어진 국제 평화 기구를 말한다. 집단 안보와 국제 분쟁 중재, 군비 축소, 경제·사회적 국제 협력 증진 등을 내세웠다. 하지만 미국은 의회의 반대로 가입하지 못하였다.

✪ 대장정

중국 공산당의 군대가 남쪽의 장시성에서 북서쪽의 산시성까지 만 킬로미터 이상 행군한 것을 말한다.

✪ 튀르키예

최근 터키 정부는 자신들 국가의 국명을 터키에서 튀르키예(Türkiye)로 변경하였다. 국제 연합은 터키의 요청을 받아들였다. 이에 따라 우리 정부는 터키의 국명을 튀르키예로 변경한다고 공식 선포하였다.

개념 체크

1. 1920년에 창립된 국제 연맹에는 (　　　)이 불참하였고, 독일과 소련은 제외되었다.
2. 장제스의 (　　　)이 중국 공산당 토벌 작전을 전개하자 중국 공산당은 대장정을 단행하여 옌안 방면으로 이동하였다.
3. 인도의 간디는 구속 영장 없는 체포, 재판을 거치지 않는 투옥을 규정한 (　　　)의 폐지를 요구하였다.

정답

1. 미국 2. 중국 국민당
3. 롤럿법

4. 대공황과 전체주의

(1) 대공황의 발생

배경	제1차 세계 대전 후 과잉 생산과 투자, 전체적인 소비 시장 축소
전개	미국 증권 거래소의 주가 폭락(1929) → 전 세계로 대공황 확산
영향	정부의 통제 경제 정책 강화, 블록 경제의 형성, 전체주의 확산

(2) 대공황 극복을 위한 각국의 대응책

미국	루스벨트의 뉴딜 정책(정부가 시장에 적극 개입, 테네시강 유역 개발 공사 설립, 와그너법 제정 등)
영국	파운드 블록 형성
기타	이탈리아·독일·일본의 전체주의 세력 성장, 대외 팽창 정책 추진

(3) 전체주의의 등장

① 특징 : 국가 지상주의, 일당 독재, 군국주의, 팽창주의, 언론과 사상의 통제

② 각국의 전체주의

이탈리아 (파시즘)	전후 물가 폭등, 실업자 증가 → 무솔리니가 파시스트당 결성 → 로마 진군(1922) → 일당 독재 체제 구축(대공황 이전) → 에티오피아 침공(1935) → 국제 연맹 탈퇴(1937) → 알바니아 침공(1939)
독일 (나치즘)	바이마르 공화국의 경제·사회 혼란 → 총선에서 나치당 승리(1932) → 히틀러가 총리로 취임, 국제 연맹 탈퇴(1933) → 히틀러가 총통으로 취임 → 반유대 정책 추진, 재무장 선포
일본 (군국주의)	만주 사변(1931) → 만주국 수립(1932) → 국제 연맹 탈퇴(1933) → 중일 전쟁 도발(1937), 난징 대학살

✪ 대공황
1929년에 미국 증권 거래소의 주가가 폭락하면서 시작된 경제의 하강 국면을 말한다. 대공황의 발단은 미국이었으나 전 세계로 확산되어 대다수의 국가들이 생산의 위축과 높은 실업, 그리고 심각한 수준의 디플레이션을 경험하였다.

✪ 테네시강 유역 개발 공사
루스벨트 미국 대통령이 테네시강 유역 종합 개발 사업의 추진을 위해 설립한 미국의 정부 기관이다.

✪ 3국 방공 협정
1936년 베를린에서 조인한 5년 기한의 독일·일본 방공 협정에 이듬해 이탈리아가 가입하여 완성된 협정을 말한다. 소련을 중심으로 한 코민테른에 대한 정보를 교환하고, 그에 대해 취해야 할 방위 수단을 논의하고 상호 협력할 것을 규정하고 있다.

5. 제2차 세계 대전

(1) 전쟁 전 유럽의 상황

① 에스파냐 내전 : 프랑코 군부 세력의 반란(1936) → 이탈리아·독일의 지원 → 프랑코 정권 수립

② 독일·이탈리아·일본의 3국 방공 협정 체결(1937)

③ 독일의 팽창 : 라인란트 점령, 오스트리아 병합, 체코슬로바키아의 수데텐 지방 점령, 독소 불가침 조약 체결(1939. 8.)

(2) 제2차 세계 대전의 전개

① 독일의 침략

- 독일의 폴란드 침공(1939. 9.) → 영국과 프랑스가 대독 선전 포고 → 독일의 노르웨이, 덴마크, 네덜란드, 벨기에 침략
- 독일의 프랑스 공격 : 파리 점령 → 비시 정부 수립 → 드골의 영국 망명 → 망명 정부(자유 프랑스) 수립, 프랑스 국내 레지스탕스 운동
- 독일의 소련 침략 : 독소 불가침 조약을 파기하고 소련 영토로 진격(1941)

② 이탈리아의 침략 : 그리스, 북아프리카 침공(1940)

③ 일본의 팽창 : 대동아 공영권 표방, 동남아시아 침략 → 미국, 영국 등이 자국 내 일본 자산 동결과 각종 원자재의 일본 수출 금지 → 일본이 미국 하와이 진주만을 기습(태평양 전쟁 발발, 1941)

④ 연합국의 반격과 승리 : 미국의 미드웨이 해전 승리(1942), 소련의 스탈린그라드 전투(1942. 8. ~ 1943. 2.) 승리 → 이탈리아 항복 → 노르망디 상륙 작전(1944) → 독일 항복 → 미국, 일본의 히로시마와 나가사키에 원폭 투하 → 일본 항복(전쟁 종결, 1945)

개념 체크

1. 미국의 루스벨트 대통령은 (　　)의 극복을 위해 뉴딜 정책을 실시하였다.
2. 이탈리아의 (　　)는 파시스트당을 결성하였고 이후 로마 진군을 통하여 권력을 장악하였다.
3. 1937년 (　　), 이탈리아, 일본은 3국 방공 협정을 체결하였다.

정답
1. 대공황 2. 무솔리니 3. 독일

⑤ 전쟁 중 평화 회담 : 카이로 회담(1943), 얄타 회담(1945), 포츠담 회담(1945) 등에서 전후 평화 논의

자료 플러스 독일의 폴란드 침공

오늘 아침 베를린 주재 영국 대사는 독일로부터 11시까지 폴란드에서 즉시 군대를 철수시킨다는 말을 듣지 못한다면, 양국이 전쟁 상태에 돌입할 것이라는 내용의 최후통첩을 독일 정부에 전달하였습니다. 저는 아직 독일의 그런 움직임을 보고받지 못하였고, 그 결과 지금 우리 나라는 독일과의 전쟁에 돌입한다는 것을 여러분께 말씀드려야겠습니다. 평화를 쟁취하기 위한 저의 노력이 모두 실패하였다는 것이 제게 얼마나 쓰라린 타격인지 짐작하실 겁니다. …… 히틀러는 자신이 폴란드에 합리적인 제안을 내놓았는데도 폴란드가 거부하였다고 말합니다. 그러나 이는 진실이 아닙니다. 폴란드도 우리도 그러한 제안을 결코 받아본 적이 없습니다. 지난 목요일 밤 독일 방송에서 발표된 것처럼 히틀러는 자신의 부대에 폴란드 국경을 넘으라고 명령을 내렸습니다. …… 우리와 프랑스는 오늘 폴란드를 도우려 합니다.

자료는 히틀러가 1939년 9월에 폴란드 침공을 감행한 이틀 후 영국 수상 체임벌린이 독일과의 전쟁을 선포한 연설이다. 독일은 그동안 이념적으로 대립하였던 소련과 불가침 조약을 체결하고 폴란드를 기습 침공하여 제2차 세계 대전이 발발하였다.

(3) 전후 처리

① 방향 : 연합국과 패전국 간의 개별 조약 체결

② 내용 : 전범 처벌을 위한 국제 군사 재판 개최(뉘른베르크 재판, 도쿄 재판) → 미 · 영 · 프 · 소의 독일 분할 관리(→ 독일의 동서 분단), 일본의 주권 회복(샌프란시스코 강화 회의, 1951), 오스트리아의 중립국화

(4) 국제 연합[UN]의 성립(1945)

과정	• 대서양 헌장(1941) : 루스벨트와 처칠이 발표, 전후 평화 수립의 원칙을 제시하여 국제 연합 창립의 기초 마련 • 샌프란시스코 회의(1945) : 국제 연합 헌장 채택 → 정식 출범(51개국 참가)
특징	• 안전 보장 이사회의 결의가 총회의 결정보다 우선 • 상임 이사국(미 · 영 · 프 · 소 · 중) 거부권 행사(국가 이기주의 심화 부작용, 냉전 논리에 좌우됨) • 국제 연합군[유엔군]을 파견하여 국제 분쟁에 무력 제재를 가할 수 있음

자료 플러스 대서양 헌장(1941. 8. 14.)

둘째, 양국은 국민들의 자유롭게 표현된 소망에 어긋나는 어떠한 영토적 변화도 원치 않는다.
넷째, 양국은 기존의 의무 조항을 존중하면서 크든 작든 승전국이든 패전국이든 모든 국가가 동등한 조건으로 안녕을 증진하기 위해 자신들의 경제적 번영에 필요한 무역과 세계의 원자재에 접근할 권리를 향유할 수 있도록 노력한다.
여덟째, 양국은 세계의 모든 국가들이 종교적인 이유뿐만 아니라 현실적 이유 때문에 폭력의 사용을 포기해야 한다고 믿는다. 만일 자국 국경 밖으로 침략을 자행하려 하거나 자행할 수 있는 모든 국가들이 육 · 해 · 공군의 군비를 계속 사용한다면, 장래의 평화는 유지될 수 없기 때문에, 양국은 광범하고 영구적이고 전반적인 안보 체제가 확립될 때까지 이러한 국가의 군축은 필수적이라고 믿고 있다. 양국은 이와 마찬가지로 모든 평화 애호 국민들을 위해서 힘겨운 군비의 부담을 덜어 줄 기타 모든 실천 가능한 조치들을 지원하고 권장할 것이다.

1941년 미국의 루스벨트와 영국의 처칠은 전후 처리를 논의하였는데, 대서양 헌장에서 전후 평화 수립의 원칙을 천명하였다.

✪ 국제 연합 헌장
국제 연합의 법적 기초를 이루는 근본 조약으로, 1945년 샌프란시스코 회의에서 채택되었다.

✪ 샌프란시스코 강화 회의
제2차 세계 대전 후 일본과의 강화 조약을 체결하기 위해 1951년 미국 샌프란시스코에서 열린 국제회의이다. 회의 결과 일본은 주권을 회복하였다.

개념 체크

1. 제2차 세계 대전 이후 국제 군사 재판이 (　　　)와 (　　　)에서 개최되었다.
2. 1941년 (　　　)와 처칠은 전후의 평화 원칙을 천명한 대서양 헌장을 발표하였다.
3. (　　　)에서는 안전 보장 이사회의 결의가 총회의 결의보다 우선한다.

정답
1. 뉘른베르크, 도쿄 2. 루스벨트
3. 국제 연합[UN]

대표 기출 문제 (가) 전쟁 시기에 있었던 사실로 옳은 것은? 2022학년도 수능 9월 모의평가

▲ 뉘른베르크 국제 군사 재판 당시 모습

① 비시 정부가 수립되었다.
② 독일이 국제 연맹을 탈퇴하였다.
③ 시안 사건으로 장제스가 감금되었다.
④ 이탈리아가 에티오피아 침공을 개시하였다.
⑤ 소비에트 사회주의 공화국 연방이 성립되었다.

정답 | ①

풀이 | 자료에서 뉘른베르크 국제 군사 재판과 종전 후 나치 정권 지도자들의 범죄를 단죄한다는 내용을 통해 (가) 전쟁은 제2차 세계 대전(1939~1945)임을 알 수 있다. ① 제2차 세계 대전 중 독일군이 파리를 함락한 후 프랑스 남부에서는 페탱 장군을 수반으로 하는 비시 정부가 수립되었다.
② 독일은 1933년에 국제 연맹을 탈퇴하였다. ③ 시안 사건은 1936년에 발생하였다. ④ 이탈리아는 1935년에 에티오피아를 침공하였다. ⑤ 소비에트 사회주의 공화국 연방은 1922년에 수립되었다.

닮은꼴 문제 1 (가) 전쟁 중에 있었던 사실로 옳은 것은? [24016-0177]

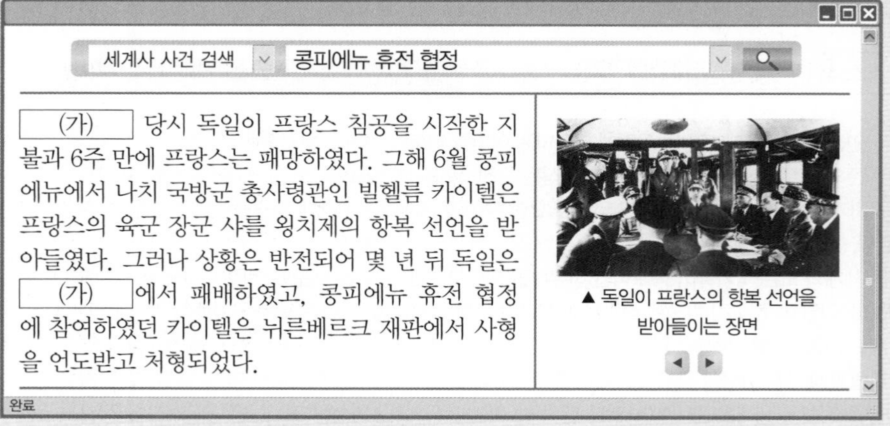

▲ 독일이 프랑스의 항복 선언을 받아들이는 장면

① 독소 불가침 조약이 체결되었다.
② 독일이 오스트리아를 합병하였다.
③ 노르망디 상륙 작전이 전개되었다.
④ 일본, 독일 등이 3국 방공 협정을 맺었다.
⑤ 워싱턴 회의에서 해군력 제한이 논의되었다.

[24016-0178]

01 (가) 국가에 대한 설명으로 옳은 것은?

> (가) 은/는 이미 비스마르크 시대에 오스트리아·헝가리 제국 및 이탈리아와 3국 동맹을 맺어 놓은 상태였다. 이 동맹은 원래 비스마르크가 프랑스 및 러시아의 위협을 견제하려고 맺은 수세적 성격의 다소 느슨한 동맹이었다. 하지만 (가) 와/과 오스트리아·헝가리 제국은 3국 협상이 출현하자 이 동맹을 더 공고하게 발전시켰다.

① 수에즈 운하를 건설하였다.
② 벵골 분할령을 발표하였다.
③ 파쇼다에서 영국과 충돌하였다.
④ 중국에 21개조 요구를 제시하였다.
⑤ 무제한 잠수함 작전을 전개하였다.

[24016-0179]

02 밑줄 친 '전쟁' 중에 있었던 사실로 옳은 것은?

> 오스트리아·헝가리 제국의 군대는 이미 여름에 갈리치아에서 러시아군에게 대패한 뒤로 전쟁에서 비중 있는 역할을 할 수 없었다. 이후 전쟁에 가담한 오스만 제국도 마찬가지로 동부 전선에서 군사적으로 어떠한 중요한 기여도 하지 못하였다. 그런가 하면 상대적으로 성공을 거두고 있던 독일군 역시 러시아군에 궤멸적인 타격을 입히는 데까지는 미치지 못하였다. 하지만 이런 한계 속에서도 독일은 동부 전선의 최종 승자가 되었다. 전장에서 벌어진 전투에서 승리해서가 아니라 러시아 제국이 내부적으로 무너진 덕분이었다.

① 모로코 사건이 발생하였다.
② 일본이 진주만을 기습 공격하였다.
③ 포츠담에서 평화 회담이 개최되었다.
④ 볼셰비키가 주도한 혁명이 발생하였다.
⑤ 극동 국제 군사 재판(도쿄 재판)이 시작되었다.

[24016-0180]

03 밑줄 친 '임시 정부'에 대한 설명으로 옳은 것은?

> 새로 정권을 잡은 임시 정부는 전쟁을 계속하려 하였다. 그러나 국민들은 더 이상 전쟁을 원치 않았다. 이에 두 번째로 혁명이 일어나 레닌의 지휘를 받는 도시 노동자들이 권력을 장악하였다. 이들은 부자와 귀족에게서 재산을 몰수하고 농민들에게 농토를 배분하였으며 마르크스가 제시한 원칙에 따라 나라를 다스리려 하였다. 결국 격렬한 내전이 일어났고 다시금 수백만 명이 죽었다.

① 삼국 간섭을 주도하였다.
② 농노 해방령을 선포하였다.
③ 피의 일요일 사건을 일으켰다.
④ 제정이 무너지면서 출범하였다.
⑤ 신경제 정책[NEP]을 시행하였다.

[24016-0181]

04 밑줄 친 '이 조약'이 끼친 영향으로 적절한 것은?

> 11월 11일 오전 11시 독일은 휴전 협정에 서명하였고, 이듬해 6월 28일 베르사유 궁전의 '거울의 방'에서 이 조약에 서명함으로써 베르사유 체제가 형성되었다. …… 이 조약에서 국가 간의 평화를 보장하기 위하여 집단 안보 체제를 내세운 국제 연맹의 설립을 규정한 점은 주목할 만하다. 또한 제14조에 규정된 내용에 따라 상설 국제 사법 재판소가 설립된 것은 국제법에서 매우 의미 있는 것이었다.

① 독일 제국이 붕괴되었다.
② 미국의 독립이 승인되었다.
③ 영국이 홍콩섬을 할양받았다.
④ 러시아가 연해주를 차지하였다.
⑤ 독일이 모든 식민지를 상실하였다.

[24016-0182]

05 다음 자료를 활용한 탐구 주제로 가장 적절한 것은?

장제스는 국민 혁명 수행 과정에서 미국, 영국의 지원과 재벌의 도움을 받아 지방 정부와 군벌을 무력화하고 중국 국민당 내의 반대 세력을 제압하여 권력을 장악하였다. …… 장제스는 중국 공산당을 먼저 평정하고 일본을 물리친다는 양외필선안내(攘外必先安內) 방침에 따라 일본과는 타협하면서 공산 세력의 확대와 강화를 저지하기 위해 중국 공산당 토벌에 나섰다. …… 이에 대규모 병력으로 중국 공산당의 본거지를 봉쇄한 다음 공격을 통해 점령 지역을 철저히 지키는 작전을 전개하였다.

① 대장정 단행의 배경
② 태평천국 운동의 원인
③ 신해혁명의 전개 과정
④ 제1차 국공 합작의 결성 과정
⑤ 시모노세키 조약 체결의 결과

[24016-0183]

06 (가) 인물에 대한 설명으로 옳은 것은?

취임 당시의 대공황이라는 비상 상황에 대처하면서, (가) 은/는 적극적인 재정 지출을 통해 수요를 확대하는 정책을 추진하였다. …… 이 정책은 구호, 부흥, 개혁 정책으로 구성되었는데, 초기에는 구호와 부흥에 초점을 맞추었다. 그는 미리 천명한 대로 농업 조정법을 통해 경작지를 줄이는 농민들에게 보조금을 지급하는 방식으로 농산물 가격을 유지하였다.

① 대륙 봉쇄령을 내려 영국을 견제하였다.
② 빈 체제를 통해 자유주의를 탄압하였다.
③ 파시스트당을 조직하고 로마 진군을 단행하였다.
④ 민족 자결주의 등 평화 원칙 14개조를 제창하였다.
⑤ 대규모 공공사업을 일으키는 등 뉴딜 정책을 추진하였다.

[24016-0184]

07 (가), (나) 시기 사이에 있었던 사실로 옳은 것은?

(가)	(나)
나치 정권이 이끄는 독일군이 파리를 함락한 직후 샹젤리제 거리를 행진하고 있다.	연합군이 노르망디 해안에 상륙하고 있다.

① 얄타 회담이 개최되었다.
② 미드웨이 해전이 발발하였다.
③ 독소 불가침 조약이 체결되었다.
④ 독일이 국제 연맹을 탈퇴하였다.
⑤ 소비에트 사회주의 공화국 연방이 수립되었다.

[24016-0185]

08 다음 헌장이 채택된 이후에 있었던 사실로 옳지 않은 것은?

사료로 읽는 세계사

둘째, 양국은 자유롭게 표현된 국민들의 소망에 어긋나는 어떠한 영토적 변화도 원치 않는다.

……

넷째, 양국은 기존의 의무 조항을 존중하면서 크든 작든 승전국이든 패전국이든 모든 국가가 동등한 조건으로 안녕을 증진하기 위해 자신들의 경제적 번영에 필요한 무역과 세계의 원자재에 접근할 권리를 향유할 수 있도록 노력한다.

[해설] 자료는 미국 대통령 루스벨트와 영국 총리 처칠이 만나 발표한 헌장이다. 이 헌장에는 민족의 자결권을 침해하는 영토 확장의 중단, 세계 평화와 국제 협력 도모 등의 내용이 담겨 있다.

① 카이로 회담이 성사되었다.
② 국제 연합[UN]이 창설되었다.
③ 이탈리아가 에티오피아 침공을 개시하였다.
④ 뉘른베르크에서 전범 재판을 위한 군사 재판이 열렸다.
⑤ 일본이 샌프란시스코 강화 회의를 통해 주권을 회복하였다.

[24016-0186]

1 **밑줄 친 '암살 사건'을 계기로 발발한 전쟁 중에 있었던 사실로 옳은 것은?**

> 보스니아-헤르체고비나 합병 이후, 오스트리아·헝가리 제국과 세르비아 관계는 세르비아 쪽의 맹목적 국수주의와 적대감, 그리고 세르비아인 거주 지역에서 계속된 범세르비아주의 선동으로 망가졌다. 1912년과 1913년에 두 차례 벌어진 발칸 전쟁에서 세르비아가 승리를 거두면서 그들의 국수주의는 더 격렬해졌고, 어떤 경우에는 광기 수준으로 표현되기도 하였다. …… 사라예보의 범죄, 즉 페르디난트 황태자 부부에 대한 암살 사건은 세르비아인에게 가까운 미래에 오스트리아·헝가리 제국이 조각날 것이라는 기대를 불러일으켰다.
>
> 베오그라드 주재 오스트리아·헝가리 제국 대사

① 국제 연맹이 창설되었다.
② 3국 방공 협정이 체결되었다.
③ 히로시마에 원자 폭탄이 투하되었다.
④ 러시아력 2월 혁명(3월 혁명)이 발발하였다.
⑤ 군비 감축을 위한 워싱턴 회의가 개최되었다.

[24016-0187]

2 **(가), (나) 국가에 대한 설명으로 옳은 것은?**

> 마른 전투 출정식에서 총사령관 조프르는 (가) 의 군대 앞에서 대단히 진지한 연설을 하였다. …… 조프르는 자신의 군대를 이끌고 로렌 지방으로 출격하였다. 이에 맞선 (나) 의 군대는 소위 '슐리펜 계획'의 일환으로 벨기에를 공격한 뒤 연이어 파리를 포위하는 선회 공격을 구사하였다. …… 조프르는 1,000명의 택시 운전사들을 (가) 의 수도인 파리 근방에서 모집하여 추가 지원병들을 전선으로 수송하는 일을 맡겼다. 조프르는 온 힘을 다해 반격하여 (나) 의 군대를 마른강으로부터 철수시켰다. 이른바 '마른강의 기적'을 이루어 낸 것이다.

① (가) – 포츠머스 조약을 체결하였다.
② (가) – 러시아 등과 3국 협상을 결성하였다.
③ (나) – 벵골 분할령을 발표하였다.
④ (나) – 무력시위를 통해 일본을 개항시켰다.
⑤ (가)와 (나) – 포츠담 회담에 참여하여 전후 처리를 논의하였다.

[24016-0188]

3 밑줄 친 '혁명' 이후에 전개된 사실로 옳은 것은?

> 전선에 있는 병사들은 그들의 대표를 레닌에게 보냈다. 이반의 아들 미타도 대표단에 있었다. 페트로그라드에 도착하자 총성이 사방에서 들렸다. "노동자와 농민 혁명 만세", "모든 권력을 소비에트로!", "전쟁을 끝내자!"라는 붉은 깃발들이 여기저기 휘날렸다. "레닌은 어디에 있어요?" 미타가 물었다. "스몰니 성당으로 가. 거기에서 봉기를 지휘하고 있어." 모든 노동자와 병사들이 레닌의 지도를 따랐다. 병사는 탄약고를 접수하였다. 노동자는 전화 교환국과 전보국을 접수하였다. 이제 레닌이 있는 스몰니 성당은 러시아 전역과 전화, 전보로 연결되었다. 부르주아, 정부 각료들은 항복하라는 명령을 거부하고 차르의 겨울 궁전에서 저항하였다. 그러나 노동자와 병사는 그들을 손쉽게 체포하였다. 사회주의 혁명은 승리하였다. 오랫동안 러시아 인민을 지배한 지주와 자본가의 세상은 끝났다.
>
> –『레닌 이야기』–

① 영국, 프랑스 등이 크림 전쟁에 참전하였다.
② 알렉산드르 2세가 농노 해방령을 발표하였다.
③ 스탈린이 경제 개발 5개년 계획을 추진하였다.
④ 니콜라이 2세가 두마(의회) 설치를 약속하였다.
⑤ 차르의 전제 정치에 맞서 브나로드 운동이 전개되었다.

[24016-0189]

4 다음 자료를 활용한 탐구 활동으로 가장 적절한 것은?

> 디플레이션이 찾아오자 뉴욕의 큰 은행들은 군소 규모로 전락하면서 돈을 확보할 수 없었습니다. 은행들은 계속 버틸 수 없었고 문을 닫아야 했습니다. 증권과 채권 시가가 바닥까지 내려갔고, 물가가 급격하게 떨어졌고 본격적인 대공황이 시작되었습니다. 수많은 사람이 일자리를 잃은 것은 자연스러운 결과였죠. …… 인플레이션이 발생하였던 시기에는 면화 가격이 크게 올라 1파운드당 42센트의 가격으로 거래되었습니다. 이에 당시 면화를 가지고 있던 사람들은 가격이 50센트로 상승할 것이라 예상하고 면화를 쥐고 있었습니다. 그러나 대공황으로 시장이 붕괴하여 면화 가격이 폭락하면서 그들은 가진 것을 완전히 잃고 말았습니다. 그 결과 그들에게 대출을 해 주었던 소규모 은행들은 큰 손실을 보고 대다수가 파산하고 말았습니다.
>
> – 한 미국 농민의 회고 –

① 사라예보 사건의 계기를 알아본다.
② 발칸 전쟁의 발생 원인을 파악한다.
③ 국제 연합의 출범 과정을 정리한다.
④ 뉴딜 정책이 시행된 배경을 찾아본다.
⑤ 청년 튀르크당의 활동 내용을 분석한다.

[24016-0190]

5 밑줄 친 '사건'에 대한 설명으로 옳은 것은?

> 당시 장제스는 일본의 화력이 명백하게 우월한 상황에서 싸움을 하는 것은 아무런 의미가 없다고 보았다. …… 장제스는 일본에 맞서기 위해서는 모든 중국인들이 한 지도자 아래 단결해야 한다고 생각하였다. 이 때문에 장제스의 정책은 내부의 적을 최우선으로 제거하는 것을 목표로 삼았다. 그러나 시안에서 장쉐량이 주도하여 일으킨 사건 때문에 그는 정책을 바꾸어야 하였다. 군벌 장쉐량은 시안을 방문한 장제스를 감금하고, 그가 공산당과 통일 전선을 형성하여 일본과 싸우는 데 동의할 때까지 풀어 주지 않았기 때문이다.

① 쑨원의 지지를 받았다.
② 멸만흥한을 내세우며 확산되었다.
③ 5·4 운동이 발생하는 배경이 되었다.
④ 제2차 국공 합작이 이루어지는 계기가 되었다.
⑤ 중국 공산당이 대장정을 감행하는 결과를 낳았다.

[24016-0191]

6 밑줄 친 '그'에 대한 설명으로 옳은 것은?

> 나이두 부인은 출정을 앞두고 설교하였다. "그의 몸은 감옥에 있지만 마음은 여러분과 함께 있습니다. 인도의 위신은 여러분 손에 달려 있습니다." …… 부인의 설교는 뜨겁고 힘찬 환호 속에 끝났다. 천천히 침묵 속에 군중은 소금 행진에 나섰다. …… 수십 명의 경관들이 다가오는 시위자들을 강경하게 진압하면서 유혈 사태가 발생하였다. 그러나 이에 굴하지 않고 시위대는 대오를 흩뜨리지 않고 나아갔다. …… 그를 따르는 군중들이 소금세 징수에 항의하며 다르사나 염전으로 나아가는 광경을 목격한 외국 기자는 내가 유일하였다.

① 신인도 통치법 제정을 주도하였다.
② 브라흐마 사마지 운동을 시작하였다.
③ 비이슬람교도에 대한 지즈야를 폐지하였다.
④ 영국에 대한 비폭력·불복종 운동을 전개하였다.
⑤ 콜카타 대회에서 스와데시 등의 강령을 채택하였다.

[24016-0192]

7 밑줄 친 '이 전쟁' 중에 볼 수 있는 모습으로 가장 적절한 것은?

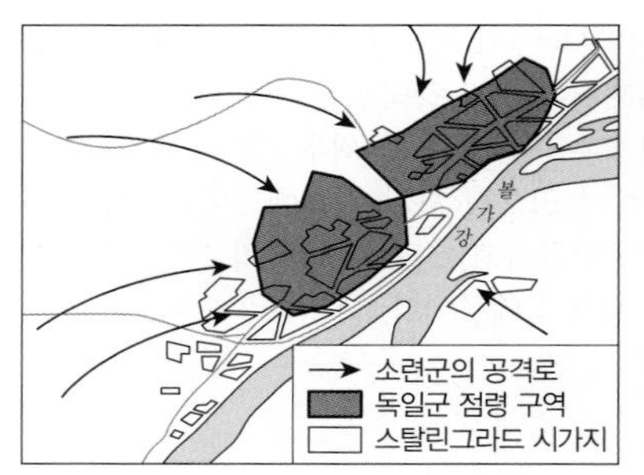

지도는 스탈린그라드 전투의 상황을 나타내고 있다. 이 전쟁에서 폴란드를 침공하고 프랑스의 파리를 점령한 독일은 독소 불가침 조약을 파기하고 소련을 침공하였다. 그러나 스탈린그라드로 진입한 독일군은 시가지 건물들에 가로막혀 본인들의 장점인 기갑 부대를 활용한 전격전(電擊戰, Blitzkrieg)*을 펼치는 데 어려움을 겪었다. 이에 소련군은 독일군을 볼가강 일대까지 몰아붙이는 데 성공하였고, 전투에서 승리를 거두었다. 스탈린그라드 전투에서 소련군의 승리로 이 전쟁의 흐름이 크게 바뀌었다.

* 전격전 : 독일군이 전투 중에 전차 등을 이용하여 기동성을 최대한 발휘한 전술

① 세포이의 항쟁에 참여하는 농민
② 카이로 회담에 참석하는 각국 대표단
③ 제1차 국공 합작 성립을 보도하는 기자
④ 오스트리아 병합을 발표하는 독일 총통
⑤ 소비에트 정부 수립에 환호하는 볼셰비키 당원

[24016-0193]

8 밑줄 친 '전쟁'의 결과로 옳은 것은?

베르됭 전투의 노장인 페탱 원수가 이끄는 친독일계 정부가 비시를 중심으로 남부 프랑스에 들어섰다. 독일은 알자스와 로렌을 차지하였으나 그 지역을 공식적으로 독일에 합병하지는 않았다. 히틀러의 바람과 달리 뒤늦게 전쟁에 가담한 이탈리아는 일부 전선만 담당해 별다른 역할을 하지 못하였다. …… 히틀러는 여전히 영국과 협상을 기대하였다. 그러나 수상으로 취임한 처칠은 히틀러에 대항하자고 국민들을 독려하였다. 7월에 히틀러는 '바다사자'라는 작전명으로 영국 침공을 명령하였다.

① 신성 로마 제국이 해체되었다.
② 바이마르 공화국이 수립되었다.
③ 피의 일요일 사건이 발생하였다.
④ 뉘른베르크에서 국제 군사 재판이 열렸다.
⑤ 그리스가 오스만 제국으로부터 독립하였다.

01
[24016-0194]

(가), (나) 국가에 대한 설명으로 옳은 것은?

> (가) 의 장기간 식민 통치에 대한 쿠바인의 반발은 쿠바 내에서 약 10년간의 내란을 발생시켰다. 한편 쿠바의 아바나항에 정박한 전함 메인호가 갑자기 폭발하여 대규모의 사상자가 발생하자 (나) 은/는 이를 구실 삼아 쿠바의 지배권을 내세운 (가) 와/과 전쟁을 벌였다. 이 전쟁에서 (나) 이/가 승리하면서 사실상 쿠바를 보호국화하고 필리핀을 차지하였다.

① (가) – 아도와 전투에서 패배하였다.
② (가) – 인도차이나 연방을 수립하였다.
③ (나) – 무력시위를 통해 일본을 개항시켰다.
④ (나) – 베이징 조약을 통해 연해주를 획득하였다.
⑤ (가)와 (나) – 제1차 세계 대전 중에 황제가 퇴위하였다.

02
[24016-0195]

다음 자료에 나타난 근대화 운동에 대한 설명으로 옳은 것은?

> 청은 근대적 해군을 창설하고자 문포선(蚊炮船)이라 불리는 함선을 영국으로부터 네 척 구매하였다. 청프 전쟁을 전후한 시기에 청은 다시 영국으로부터 두 척의 순양함을 구매하였다. 그 결과 북양 해군이 육성되면서 청의 함대는 근대적인 규모를 갖추었지만, 전통적 사고를 고집하는 한계에서 벗어나지 못하였다. 이것은 청일 전쟁의 일방적인 패배에서 알 수 있다.

① 천조전무 제도를 발표하였다.
② 삼민주의를 강령으로 내세웠다.
③ 입헌 군주제 수립을 목표로 하였다.
④ 제1차 아편 전쟁이 일어나는 계기가 되었다.
⑤ 태평천국 운동 진압에 앞장선 한인 출신들이 주도하였다.

03
[24016-0196]

다음 자료를 활용한 탐구 활동으로 가장 적절한 것은?

영국은 과도하게 비대해진 벵골 지역의 행정적 효율성을 높인다는 명분을 내세워 벵골 지역을 두 개의 행정 구역으로 분할하고 새로운 행정 체제를 전면 도입하겠다는 계획을 발표하였다. …… 그러나 인도 사람들은 이 정책이 힌두교도와 이슬람교도 간의 정치적 분열을 조장하기 위한 영국의 의도가 담겨 있다는 점을 간파하고 벵골 분할령의 철회를 주장하기 시작하였다. …… 8월 7일에 콜카타 타운홀에서 대규모 민중 집회가 개최되었다. 스와데시 운동의 출발점이 된 이 대회에서는 벵골 분할령이 철회될 때까지 영국산 제품들의 수입과 사용을 보이콧하고 인도산 제품을 장려한다는 결의문을 채택하였다.

① 인도 국민 회의의 활동을 조사한다.
② 차티스트 운동의 전개 과정을 찾아본다.
③ 청년 튀르크당의 집권 과정을 조사한다.
④ 신경제 정책[NEP] 시행의 배경을 알아본다.
⑤ 마라타 동맹의 반란이 일어나게 된 계기를 알아본다.

04
[24016-0197]

밑줄 친 '체결' 이후에 있었던 사실로 옳은 것은?

사진은 소비에트 러시아 정부와 독일 측이 만나 회담하는 모습을 나타내고 있다. 회담의 결과 소비에트 러시아 정부는 독일에 발트 3국을, 오스만 제국에는 카프카스 남부 지역을 양도한다는 것에 합의하였다. 또한 우크라이나 인민 공화국의 독립을 인정하였고 60억 마르크를 전쟁 배상금으로 독일에 지급한다는 조건을 수락하였다. 이 조건은 소비에트 러시아 정부에 가혹한 조건이었으나 조약이 <u>체결</u>되면서 독일을 비롯한 동맹국들과 정전에 성공한 소비에트 러시아 정부는 혁명 이후 내부적인 혼란을 수습할 수 있었다.

① 국제 연맹이 창설되었다.
② 농노 해방령이 선포되었다.
③ 니콜라이 2세가 강제 퇴위되었다.
④ 그리스가 오스만 제국으로부터 독립하였다.
⑤ 오스트리아·헝가리 제국의 황태자 부부가 암살당하였다.

05
[24016-0198]

밑줄 친 '전쟁' 중에 일어난 사실로 옳은 것은?

> 일본은 루거우차오 사건을 빌미로 전쟁을 일으켜 베이징과 톈진을 차례로 점령하였다. 중국 국민당과 중국 공산당은 국공 합작을 급속히 진전시켜 내전의 정지, 정치범 석방, 공산당 개편에 합의함으로써 제2차 국공 합작을 성립시켰다. 제2차 국공 합작으로 국민당은 천두슈를 포함한 정치범을 석방하였고 공산당도 홍군을 국민 혁명군 팔로군으로 개편하고 주더를 사령관, 펑더화이를 부사령관으로 임명하여 전쟁에 출전시킴으로써 항일 민족 통일 전선이 결성되었다.

① 난징 대학살이 일어났다.
② 만주 사변이 발발하였다.
③ 포츠머스 조약이 체결되었다.
④ 중국 공산당이 대장정에 나섰다.
⑤ 위안스카이가 임시 대총통에 취임하였다.

06
[24016-0199]

밑줄 친 ㉠ 시기에 있었던 사실로 옳지 않은 것은?

> **사료로 보는 전쟁사**
>
> 비행기 안에서 손목시계를 보았다. 6월 5일 오후 10시, 노르망디에서 이루어질 작전 개시 1일 전이었다. …… 비행기 아래로 우리를 겨냥한 독일군 포대의 불꽃이 보였는데, 기내 문틈 사이로 들어오는 한기가 우리의 긴장감을 더욱 고조시켰다. …… 우리는 작전 장소인 프랑스 해안으로 건너왔다. 달빛이 노르망디 일대의 고요한 농장과 오솔길을 비춰 주어 치열했던 전쟁터의 포화가 무색할 정도로 평화롭다는 생각이 들었다.

자료는 노르망디 상륙 작전과 관련된 상황을 회고한 것입니다. 연합국은 이 작전을 펼쳐 프랑스 해안에 상륙하였고, 이후 파리를 해방하는 데 성공하여 ㉠전쟁이 시작된 이후 5년간의 상황을 마무리 짓는 전환점을 마련하였습니다.

① 스탈린그라드 전투가 발발하였다.
② 일본이 진주만 공습을 개시하였다.
③ 프랑스에 비시 정부가 수립되었다.
④ 소련이 포츠담 회담에 참가하였다.
⑤ 독일이 소련과 맺은 불가침 조약을 파기하였다.

냉전과 탈냉전, 21세기의 세계

✪ 트루먼 독트린

1947년 3월 미국의 해리 트루먼 대통령이 의회에서 선언한 외교 원칙으로, 주요 내용은 공산주의 세력의 확대를 막기 위해 미국이 적극 지원한다는 것이다.

✪ 코민포름

1947년 바르샤바에서 소련 공산당의 주도로 유럽의 9개국 공산당이 참가하여 창설한 정보기관이다. 미국을 중심으로 한 서유럽의 반공 체제에 대항하여 행동의 통일, 경험·정보의 교환, 참가국 간 협력 및 조정을 주창하였다.

개념 체크

1. 미국은 (　　) 독트린을 발표하여 소련의 세력 확장을 적극적으로 저지하고자 하였다.
2. 미국 중심의 자본주의 진영은 1949년 공산주의에 대항하는 군사 동맹 기구로 (　　)를 결성하였다.
3. 미사일 기지 설치 문제로 미국이 (　　)를 봉쇄하면서 소련과 갈등이 심화되었다.

정답

1. 트루먼
2. 북대서양 조약 기구[NATO]
3. 쿠바

1. 냉전 체제의 전개와 제3 세계

(1) 냉전 체제의 전개

① 성립

- 제2차 세계 대전이 끝난 후 미국과 소련의 대립이 본격화되면서 성립
- 미국 중심의 자본주의 진영과 소련 중심의 공산주의 진영 간의 대립

② 냉전 체제의 전개

자본주의 진영		공산주의 진영
• 트루먼 독트린 발표(1947) • 마셜 계획 발표(1947)	↔	• 동유럽에 공산주의 세력 확대 • 코민포름(공산당 정보국), 코메콘(경제 상호 원조 회의) 조직
독일 내 관할 지역에 새로운 통화 제도 도입	↔	베를린 봉쇄(1948~1949)
북대서양 조약 기구[NATO] 결성(1949)	↔	바르샤바 조약 기구[WTO] 결성(1955)

자료 플러스 처칠의 연설

오늘날 발트해의 슈체친부터 아드리아해의 트리에스테까지 철의 장막 하나가 대륙을 가로질러 내려졌습니다. 그 장막 뒤에는 중유럽과 동유럽의 오래된 국가들의 수도들이 있습니다. …… 그 유명한 도시와 그 주변 주민들은 갖가지 형태로 소련의 영향력 아래 있을 뿐만 아니라 모스크바로부터 통제를 받고 있으며 그 통제의 강도가 점차 커져 가고 있습니다.

– 『냉전의 역사』 –

1946년 3월 미국 미주리주 웨스트민스터 대학에서 '평화의 원동력'이라는 제목으로 처칠이 연설한 내용 중 일부이다. 이른바 '철의 장막'이라는 개념이 널리 확산되면서 냉전도 본격화되었다.

③ 냉전의 심화 : 6·25 전쟁, 베를린 장벽 설치(1961), 쿠바 미사일 위기(1962, 소련의 쿠바 미사일 기지 설치 시도에 미국이 쿠바 봉쇄로 대응하여 갈등 심화), 베트남 전쟁 등

(2) 제3 세계

① 등장 : 제2차 세계 대전 이후 식민 통치에서 벗어난 아시아·아프리카의 신생 독립국들이 미국과 소련의 영향력을 배제하고 비동맹 중립주의·독자 노선을 표방

② 발전

- 평화 5원칙 발표(1954) : 인도의 네루와 중국의 저우언라이가 발표
- 평화 10원칙 발표(1955) : 인도네시아 반둥에서 열린 아시아·아프리카 회의(반둥 회의)에서 발표
- 제1차 비동맹 회의(1961) : 제3 세계의 협력·결속 강화 선언

자료 플러스 아시아·아프리카 회의(반둥 회의)

우리는 다양한 형태의 식민주의를 함께 혐오하며 연대한다. 우리는 인종주의를 혐오하며 연대한다. 그리고 우리는 세계의 평화를 지키고 튼튼하게 만들기 위해 함께 결의하며 연대한다. …… 식민주의는 아직 죽지 않았다. 광대한 아시아와 아프리카가 자유롭지 못한데 어찌 그것이 죽었다고 말할 수 있겠는가.

– 『사료로 보는 서양사 5』 –

1955년에 인도네시아 반둥에서 개최된 아시아·아프리카 회의(반둥 회의)에서 인도 수상 네루가 한 연설로 제3 세계의 단결을 강조하였다.

2. 냉전의 해체와 세계 질서의 재편

(1) 냉전의 완화

① 배경 : 미국과 소련 사이에 긴장 완화 분위기 조성

② 내용

소련	흐루쇼프의 평화 공존 추구
미국	• 닉슨 독트린 발표(1969), 미국과 소련의 전략 무기 제한 협정[SALT] 체결(제1차, 1972) • 베트남 전쟁에서 미군의 철수, 미국과 중국의 국교 수립(1979)
기타	• 서독이 동방 정책 추진을 통해 동독 및 동유럽 공산권 국가와의 본격적 관계 개선 노력 • 중국과 소련의 이념 대립

(2) 소련의 변화와 해체

① 고르바초프의 정책

- 배경 : 공산당 관료 체제의 강화, 통제 경제 체제로 인한 생산 의욕과 효율성 저하로 경제 침체
- 정책 : 페레스트로이카(개혁) · 글라스노스트(개방) 표방, 시장 경제 도입, 미국 및 서방 국가와의 관계 개선, 언론 통제 완화, 동유럽 국가들에 대한 불간섭 선언

② 소련의 붕괴 : 옐친의 주도로 독립 국가 연합[CIS] 출범, 소련의 해체(1991)

자료 플러스 소련의 해체

1922년에 조인한 소비에트 사회주의 공화국 연방, 즉 소련의 창립 국가들이며 이 합의 당사국인 우리 벨라루스 공화국, 러시아 연방, 우크라이나 공화국은 소련이 국제법의 대상과 지정학적 실체로 더는 존재하지 않는다고 결론을 내렸다. ……

제1조 당사국들은 독립 국가 연합을 결성한다.

제5조 당사국들은 서로의 영토 보존과 독립 국가 연합 내 기존 국경의 불침범성을 인정하고 존중한다.

제11조 이 합의가 이루어지는 순간부터, 소련을 포함한 제3국의 규약들은 체결국들의 영토에서 실행될 수 없다.

1991년 12월 8일 벨라루스 공화국, 러시아 연방, 우크라이나 공화국이 발표한 '민스크 합의'이다. 이를 통해 세 공화국은 소련 탈퇴와 독립 국가 연합의 결성을 선언하였다. 이후 12월 21일 소련에 소속된 공화국 중 11개국이 알마아타 조약에 합의하며 독립 국가 연합에 가입하기로 합의하였다. 이로써 소련은 해체되었고 12월 25일 고르바초프는 사임하였다.

(3) 독일의 통일과 동유럽 공산주의권의 붕괴

독일의 통일	• 배경 : 동 · 서독 간 경제 성장 격차 심화, 동 · 서독 교류, 동독의 민주화와 통일을 요구하는 시위 발생 • 통일 : 베를린 장벽 붕괴(1989), 독일의 통일(1990, 동독 자유 총선거 실시 → 동독이 독일 연방에 가입하는 방식
동유럽 공산주의권의 붕괴	• 배경 : 소련의 개혁 · 개방 정책 및 정치적 간섭 약화 • 붕괴 : 폴란드(자유 노조 운동을 이끈 바웬사가 1989년 선거에서 승리, 이후 대통령 당선), 헝가리(다당제, 시장 경제 제도 도입), 체코슬로바키아(하벨 주도로 민주화 운동 전개, 하벨을 대통령으로 선출)

(4) 중국의 변화

① 중화 인민 공화국 수립(1949) 이후 : 토지 개혁 · 산업의 국유화 실시, 마오쩌둥 주도로 대약진 운동 전개, 인민 공사를 조직하여 농업 집단화 추구 → 문화 대혁명 발생(1966~1976, 마오쩌둥이 홍위병을 앞세워 류사오치 · 덩샤오핑 등 반대파를 몰아냄, 중국의 전통문화 파괴 등의 문제 발생)

흐루쇼프

스탈린에 이어 소련의 최고 권력자에 오른 인물로, 서독과 국교 회복, 모스크바와 워싱턴 사이 핫라인(긴급 비상용으로 쓰는 직통 전화)의 설치 등 자본주의 국가와 평화 공존을 추구하기도 하였다.

페레스트로이카

'재건', '재편'의 뜻을 가진 러시아어로, 미하일 고르바초프가 1985년 3월 소련 공산당 서기장에 취임한 후 실시한 개혁 정책을 가리킨다.

하벨

'시민 광장'의 지도자로 체코슬로바키아의 민주화 운동을 이끌었으며, 1989년 12월 29일 대통령으로 선출되었다. 하벨은 한 연설에서 "우리는 평화적으로 혁명을 이뤄 냈다. 이는 벨벳 혁명이다."라고 말하였는데 이후 벨벳 혁명은 평화적 혁명을 비유하는 표현이 되었다.

개념 체크

1. (　　) 독트린 발표를 전후하여 미국은 베트남 전쟁에서 미군을 철수시켰다.
2. 러시아의 (　　) 주도로 독립 국가 연합이 출범하였고, 소련은 해체되었다.
3. 체코슬로바키아에서는 민주화 운동이 일어나 공산당 정권이 무너지고 (　　)이 대통령에 당선되었다.

정답

1. 닉슨 2. 옐친 3. 하벨

✪ 톈안먼 사건의 영향
톈안먼 사건 이후 중국은 서방 국가들과의 관계가 악화되었고, 보수파의 영향력이 강화되면서 개혁·개방 정책이 한동안 정체되었다. 덩샤오핑은 1992년 남순 강화를 통해서 개혁·개방의 필요성을 강조하였고, 이후 중국은 다시 고도성장을 이룰 수 있었다.

✪ 팔레스타인 분쟁
제2차 세계 대전 이후 유대인이 팔레스타인 지역에 이스라엘을 건국하면서, 원래 팔레스타인 지역에 살고 있던 아랍인들과 이스라엘 간에 발생한 분쟁이다.

✪ 북미 자유 무역 협정[NAFTA]
미국, 캐나다, 멕시코 3국이 체결하였으며, 세 나라 교역 장벽의 단계적 철폐, 공정한 경쟁 조건의 확립, 투자 기회의 증대 등을 목표로 하였다.

② 덩샤오핑의 정책 : 적극적인 개혁·개방 정책 추진(시장 경제 체제 일부 도입, 동남 해안 지대에 경제특구 설치) → 경제 성장, 빈부 격차·관료의 부정부패 심화 등 부작용 발생

③ 톈안먼 사건(1989, 학생과 지식인들이 톈안먼 광장에서 부정부패 추방과 정치 민주화 요구 → 공산당 지도부에 의해 진압) → 개혁·개방을 통한 경제 성장 지속

(5) 탈냉전 시대의 분쟁과 세계 질서의 재편

① 분쟁의 발생

배경	민족·종교·영토·인종 등을 둘러싼 갈등의 고조
사례	카슈미르 분쟁, 구 유고슬라비아 지역 및 아프리카 등지에서의 분쟁(르완다의 후투족과 투치족 사이의 분쟁 등), 팔레스타인 분쟁, 체첸과 러시아의 분쟁

② 세계 질서의 재편과 지역화

- 세계 질서의 재편 : 브레턴우즈 회의(1944, 국제 통화 금융 회의, 국제 부흥 개발 은행 창설), 관세 및 무역에 관한 일반 협정[GATT] 체결
- 지역별 경제 공동체 형성 : 동남아시아 국가 연합(1967), 아시아·태평양 경제 협력체(1989), 유럽 연합(1993), 북미 자유 무역 협정(1994년 발효)
- 유럽 연합[EU] : 유럽 공동체 소속 국가들이 마스트리흐트 조약을 체결(1992)하여 공동 외교와 안보 정책·유럽 단일 통화 결정 등 결의, 그 결과로 유럽 연합 정식 출범

◀ 지역별 경제 공동체 및 협력체

3. 세계화와 21세기의 세계

(1) 세계화와 과학·기술 혁명

① 세계화 촉진 : 세계 무역 기구[WTO]의 창설(1995, 자유 무역 체제 강화), 상품·서비스·자본의 이동 촉진

② 과학·기술의 혁명 : 양자 역학 발전, 유전 공학의 발달, 정보 통신 기술의 발달(인터넷과 무선 통신 발달, 휴대 전화의 확산), 인공 지능[AI]의 진화

(2) 21세기 인류의 과제

빈부 격차 심화	신자유주의와 세계화 확산으로 인한 국가 간 빈부 격차 심화('남북문제' 등), 사회 구성원 간 빈부 격차 심화
여성 및 소수자 차별	여성에 대한 가부장적 편견과 차별, 종교·피부색 등을 이유로 사회적 소수자에 대한 차별
에너지 및 환경 문제	무분별한 개발로 인한 환경 파괴 및 에너지 고갈, 지구 온난화와 사막화, 신종 질병 출현

개념 체크

1. (　　　)을 일으킨 마오쩌둥은 홍위병을 앞세워 반대파를 제거하고 권력을 장악하였다.
2. (　　　)은 개혁·개방 정책을 추진하였으며 동남 해안 지역에 경제특구를 건설하였다.
3. 유럽 연합은 (　　　) 조약에 따라 1993년 출범하였다.

정답
1. 문화 대혁명 2. 덩샤오핑
3. 마스트리흐트

대표 기출 문제 다음 자료에 나타난 국제회의에 대한 설명으로 옳은 것은? 2024학년도 수능 6월 모의평가

역사의 현장

인도네시아의 메르데카 빌딩

메르데카 빌딩은 아시아 및 아프리카 대륙의 여러 국가가 세계 평화와 협력, 식민주의와 제국주의로부터의 자유 등을 표방한 국제회의가 열린 곳이다. 이 회의의 주최국은 인도네시아, 미얀마(당시 버마), 파키스탄, 스리랑카(당시 실론), 인도 5개국이었고, 참가국은 총 29개 아시아 및 아프리카 국가들이었다. 이 국제회의를 기념하여 메르데카 빌딩은 현재 박물관으로 사용되고 있다.

① 빈 체제를 성립시켰다.
② 대서양 헌장을 공표하였다.
③ 평화 10원칙을 발표하였다.
④ 마스트리흐트 조약을 체결하였다.
⑤ 전략 무기 제한 협정[SALT]을 맺었다.

정답 | ③

풀이 | 자료에서 인도네시아에서 국제회의가 열렸다는 점, 총 29개 아시아 및 아프리카 국가들이 참가하였다는 점 등을 통해 자료에 나타난 국제회의가 아시아 · 아프리카 회의(반둥 회의)임을 알 수 있다. ③ 1955년 인도네시아에서 열린 반둥 회의에서 아시아 · 아프리카의 29개국 대표들이 모여 평화 10원칙을 발표하였다.

① 메테르니히의 주도로 열린 빈 회의의 결과로 복고주의와 정통주의 원칙에 입각한 보수적인 빈 체제가 형성되었다. ② 1941년 미국 대통령 루스벨트와 영국 총리 처칠이 대서양 헌장을 발표하였다. ④ 유럽 공동체 소속 국가들은 1992년 마스트리흐트 조약을 체결하였고, 그 결과 이듬해 유럽 연합[EU]이 정식 출범하였다. ⑤ 1972년에 소련은 미국과 제1차 전략 무기 제한 협정[SALT]을 체결하였다.

닮은꼴 문제 **1** (가)에 들어갈 내용으로 가장 적절한 것은? [24016-0200]

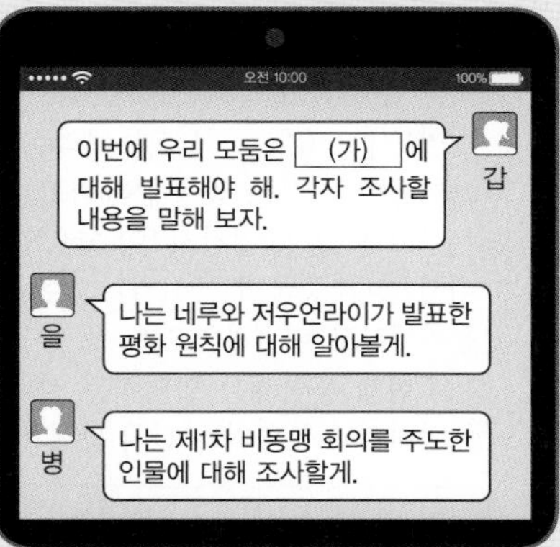

① 베를린 봉쇄의 배경
② 제3 세계의 형성 과정
③ 고르바초프 정책의 영향
④ 브레턴우즈 회의의 결과
⑤ 세계 무역 기구[WTO] 출범의 의미

[24016-0201]

01 밑줄 친 '이 계획'에 대한 설명으로 옳은 것만을 〈보기〉에서 고른 것은?

> 이 계획을 입안하는 데 가장 중요한 전제 조건은 소련의 무력 개입 가능성이 아니라 유럽인들이 기아와 빈곤과 절망을 겪고 공산당에 투표를 해서 그들이 정권을 잡을지도 모른다는 위험성이다. 공산당이 집권하면 그들은 모스크바가 바라는 대로 순종하며 따를 것이다. 따라서 이 계획에 따라 경제 원조를 하면 심리적으로 도움을 얻고, 이것이 나중에는 물질적으로 도움이 되어 추세를 역전시킬 것이다. 소련은 이와 같은 원조를 수락하지 않을 것이고 위성 국가가 이를 수락하는 일도 허용하지 않을 것이다. 그러면 우리가 이제 막 시작되는 냉전에서 지정학적 주도권과 도덕적인 주도권을 모두 장악할 수 있다.

보기
ㄱ. 미국이 주도하였다.
ㄴ. 대서양 헌장 발표로 이어졌다.
ㄷ. 코메콘이 조직되는 데 영향을 주었다.
ㄹ. 세계 무역 기구[WTO] 창설의 계기가 되었다.

① ㄱ, ㄴ ② ㄱ, ㄷ ③ ㄴ, ㄷ ④ ㄴ, ㄹ ⑤ ㄷ, ㄹ

[24016-0202]

02 (가)에 들어갈 내용으로 가장 적절한 것은?

> **연설로 보는 세계사**
>
> 우리는 다양한 형태의 식민주의를 함께 혐오하며 연대한다. 우리는 인종주의를 혐오하며 연대한다. 그리고 우리는 세계의 평화를 지키고 튼튼하게 만들기 위해 함께 결의하며 연대한다. …… 식민주의는 아직 죽지 않았다. 광대한 아시아와 아프리카가 자유롭지 못한데 어찌 그것이 죽었다고 말할 수 있겠는가.
>
> 아시아·아프리카 회의(반둥 회의)에서 인도 수상 네루가 한 연설의 일부이다. 이 연설에서 그는 식민주의를 배척하고 제3 세계의 단결을 강조하였다. 이러한 그의 생각은 (가)

① 트루먼 독트린에 반영되었다.
② 제1차 비동맹 회의로 이어졌다.
③ 태평양 전쟁 발발의 원인이 되었다.
④ 브레턴우즈 체제 성립에 기여하였다.
⑤ 페레스트로이카 정책 시행의 배경이 되었다.

[24016-0203]

03 다음 발표의 결과로 옳은 것은?

> 모스크바에서 돌아온 에곤 크렌츠는 참모들과 상의한 후 서방 여행 규제법을 완화함으로써 동독에서 고조되는 긴장을 완화시키기로 결정하였다. 성급하게 작성된 법령 초안이 정치국 직원 가운데 한 사람인 귄터 샤보프스키에게 전달되었다. 그는 회의에 참석하지 않았지만 언론에 브리핑을 하기로 되어 있었다. 샤보프스키는 초안을 성급하게 훑어보고 나서 국민들은 자유로이 어디서라도 국경을 넘어 서독으로 출국할 수 있다고 발표하였다. 기자들은 놀라서 새 법령이 언제부터 발효하느냐고 질문하였다. 그는 서류철을 뒤적거리며 질질 끌다가 이렇게 대답하였다. "내가 아는 정보로는 즉시 발효한다."

① 베를린 장벽이 붕괴되었다.
② 베를린 봉쇄가 해제되었다.
③ 닉슨 대통령이 중국을 방문하였다.
④ 이탈리아가 국제 연맹을 탈퇴하였다.
⑤ 전략 무기 제한 협정[SALT]이 체결되었다.

[24016-0204]

04 (가) 사건이 전개되던 시기에 있었던 사실로 옳은 것은?

> 소련도 (가) 을/를 예의주시하였으며 그 실체를 마오쩌둥이 권력 투쟁을 은폐하고 가장하는 것에 지나지 않는다고 보았다. 일간지 『이즈베스티야』는 레닌의 혁명과 대비시키며 "중국의 (가) 은/는 어째서 지식을 거부하는가!"라고 비난하였으며, 소련 공산당 기관지 『프라우다』는 "현재 중국에서 벌어지는 사태를 보면, 그들은 문화를 표방하지만 문화와는 전혀 관계가 없다."라고 힐난하였다.

① 대약진 운동이 시작되었다.
② 홍위병이 지식인을 공격하였다.
③ 중화 인민 공화국이 수립되었다.
④ 중국 공산당이 대장정을 단행하였다.
⑤ 동남 해안 지대에 경제특구가 설치되었다.

[24016-0205]

1 **밑줄 친 '조치'가 끼친 영향을 알아보기 위한 탐구 활동으로 가장 적절한 것은?**

> 스탈린은 도무지 전망이 보이지 않는 모험을 감행하였다. 그는 자국 점령지를 관통하는 공급선에 의존하면서 저마다 구역을 차지하고 있는 미국, 영국, 프랑스를 이 분할된 도시에서 몰아내기를 희망했는지도 모른다. 아니면 그들이 점령 지역을 통합하려고 노력하는 일을 지연시키려 했는지도 모른다. 만약 통합이 되면 모스크바의 영향력이 미치지 않는 강력한 서부 독일 국가가 탄생할 개연성이 높았기 때문이다. 그 목적이 무엇이든 스탈린의 조치는 예상 밖의 나쁜 결과를 불러왔다. 서방 동맹국이 포위된 도시에 즉각 공중으로 보급품을 제공하자 베를린 시민들은 그들에게 확실히 고마움을 느끼고 대다수 독일인은 존경심을 보냈다. 아울러 서방 동맹국은 이 일 덕분에 세계적으로 스탈린을 잔인하고 무능하게 보이게 만드는 홍보 효과를 얻었다.

① 노르망디 상륙 작전의 결과를 파악한다.
② 독소 불가침 조약이 체결된 이유를 분석한다.
③ 독일이 서독과 동독으로 분단되는 과정을 알아본다.
④ 독립 국가 연합[CIS]이 출범한 시기의 상황을 조사한다.
⑤ 독일의 뉘른베르크에서 진행된 전범 재판 과정을 찾아본다.

[24016-0206]

2 **다음 판단이 이루어진 배경으로 가장 적절한 것은?**

> 미국은 인도차이나 문제와 관련하여 자신의 능력을 총동원하여 확전을 시도하거나 아니면 서서히 군사적 개입의 수준을 감소시키는 방향으로 나갈 것이다. 아마도 미국은 후자를 택할 것이다. 그렇게 되면 미국은 우리 중국의 협조를 얻으려 할 것이다. 이러한 상황은 우리에게 기회를 제공한다. 양국 간의 관계 개선은 제국주의적 팽창주의와 패권주의에 대한 인민의 투쟁에 활력을 불어넣어 줄 뿐만 아니라, 아시아와 세계 평화를 위해서도 유익하고 우리의 안보에 기여하며 타이완 문제의 평화적 해결에도 도움이 될 것이다.

① 독일이 통일되었다.
② 스탈린이 집권하였다.
③ 코민포름이 창설되었다.
④ 국제 연합이 성립되었다.
⑤ 닉슨 독트린이 발표되었다.

[24016-0207]

3 **다음 자료를 활용한 탐구 주제로 가장 적절한 것은?**

> 고르바초프는 핀란드를 방문하여 소련은 "주변국의 사태에 개입할 도덕적 권리도 정치적 권리도 갖고 있지 않다."라고 선언하였다. 그의 대변인인 게라시모프는 "모스크바는 '시나트라 독트린'*을 채택하였다. …… 모든 나라들은 자기 방식으로 살도록 해야 한다."라고 고르바초프의 연설을 보충하였다.
>
> * 시나트라 독트린 : 프랭크 시나트라의 히트곡 「마이 웨이(My Way)」를 따라 브레즈네프 독트린의 간섭 원칙을 포기한다는 의미

① 전체주의 세력의 등장
② 쿠바 미사일 위기의 배경
③ 반둥 회의 참여국의 특징
④ 동유럽 공산주의권의 붕괴
⑤ 문화 대혁명 시기의 국제 정세

[24016-0208]

4 **밑줄 친 '이 기구'에 대한 설명으로 옳은 것은?**

> 이것은 1유로 동전으로 앞면에 유럽 통합을 상징하는 유럽 지도가 그려져 있다. <u>이 기구</u> 창설 당시 합의한 단일 통화 사용 결정에 따라 유로화가 도입되면서 이 동전도 사용되기 시작하였다. 유로화는 도입 당시 영국이 채택하지 않는 등 많은 논란을 불러일으켰지만, 1년도 채 안되어 리라, 프랑, 마르크 등 기존에 각국이 사용하던 화폐를 대체해 갔으며, 환전과 환율 변동의 걱정 없이 경제생활을 가능하게 하였다.

① 메테르니히가 결성을 주도하였다.
② 브레턴우즈 회의 결과 창설되었다.
③ 마스트리흐트 조약에 따라 출범하였다.
④ 윌슨의 평화 원칙 14개조가 창설에 영향을 주었다.
⑤ 안전 보장 이사회의 상임 이사국에 거부권을 부여하였다.

01
[24016-0209]

다음 대화가 이루어진 시기를 연표에서 옳게 고른 것은?

우리는 이 미사일들을 제거할 수 없을 것 같습니다. 협상을 통해서는 말입니다. 톰슨 대사, 흐루쇼프의 메시지가 공개된 이상 그는 결코 물러서지 않을 겁니다.

저는 그렇게 생각하지 않습니다. 제가 보기에 흐루쇼프 서기장에게 중요한 것은 '내가 미국을 막아 냈다.'라는 명분입니다. 대통령님, 흐루쇼프의 체면을 세워 주시지요. 터키에 설치된 미국 미사일에 대해 격하게 비난하겠지만 그건 나중에 다루면 됩니다.

제1차 비동맹 회의 개최	(가)	닉슨 독트린 발표	(나)	미중 국교 수립	(다)	독일 통일	(라)	유럽 연합[EU] 결성	(마)	세계 무역 기구[WTO] 창설

① (가) ② (나) ③ (다) ④ (라) ⑤ (마)

02
[24016-0210]

다음 조약에 대한 탐구 주제로 가장 적절한 것은?

> 1922년에 조인한 소비에트 사회주의 공화국 연방, 즉 소련의 창립 국가들이며 이 합의 당사국인 우리 벨라루스 공화국, 러시아 연방공화국, 우크라이나 공화국은 소련이 국제법의 대상과 지정학적 실체로 더는 존재하지 않는다고 결론을 내렸다. ……
> 제1조 당사국들은 독립 국가 연합을 결성한다.
> 제5조 당사국들은 서로의 영토 보존과 독립 국가 연합 내 기존 국경의 불침범성을 인정하고 존중한다.
> 제11조 이 합의가 이루어지는 순간부터, 소련을 포함한 제3국의 규약들은 체결국들의 영토에서 실행될 수 없다.

① 고르바초프 정책의 영향
② 톈안먼 사건의 진압 과정
③ 평화 10원칙 발표의 배경
④ 신경제 정책[NEP]의 특징
⑤ 트루먼 독트린의 주요 내용

www.ebsi.co.kr

Mini Test

연표로 이해하는 세계사

Mini Test 1

01
[24016-0211]

(가) 왕조의 경제에 대한 설명으로 옳은 것은?

문학으로 보는 세계사

결혼과 초상을 누가 치르지 못하는가?
돈을 대여하여 그대의 근심 덜어 주리.
밭 갈고 수확할 때 누가 형편이 어려운가?
관청의 곡식 풀어 그대의 삶을 도우리.
물자가 넘치면 내가 거두어들이고,
물자가 모자라면 풀어서 돌아가게 하리.
후세 사람들은 이런 일에 힘쓰지 않고,
겸병의 억제를 작은 일로 여긴다.

[해설]
이 작품은 (가) 시기 ○○○의 「우언십오수」 중 세 번째 시의 일부이다. 대지주와 대상인이 재화를 독점하는 '겸병'을 막고자 하는 그의 의지가 느껴진다. 특히 시구에는 그가 시행할 청묘법, 균수법 등의 취지가 담긴 것으로 해석된다. 그러나 그가 추진한 다양한 개혁 법안은 반대파로부터 "국가가 백성들과 이익을 다투는 것은 안 된다."라는 반발을 초래하기도 하였다.

① 지정은제가 전국적으로 확대되었다.
② 비전이 등장하여 상거래에 활용되었다.
③ 용골차가 보급되고 모내기법이 확산되었다.
④ 창장강 중류가 최대 곡창 지대로 발달하였다.
⑤ 항저우와 대도를 연결하는 대운하가 정비되었다.

02
[24016-0212]

밑줄 친 '폐하'에 대한 설명으로 옳은 것은?

서양인들은 <u>폐하</u>의 높은 덕을 경모(敬慕)하여 만 리를 항해해 우리 나라에 왔습니다. 그들은 현재 역법을 연구하지만, <u>폐하</u>의 명에 따라 남방에서 번왕이 일으킨 반란을 토벌할 때 힘써 무기나 화포를 만들었고, 또 러시아와 조약을 체결할 때 사신으로 파견되어 자신의 임무에 진력해 그 일을 성사시켰습니다. 서양인들의 공적은 대단히 많습니다. 각 성에 거주하는 서양인들은 결코 악행이나 무도한 짓을 한 적이 없으며, 또한 사설(邪說)을 퍼뜨려 대중을 현혹하거나 이단적인 일로 말썽을 일으킨 적도 없습니다. 티베트 불교 승려들이 불당에서 종교 의식을 거행하는 것은 허용하면서도 서양인들은 법을 어긴 일도 없는데 오히려 그들의 종교를 금지하니 온당치 않습니다. 마땅히 각지의 천주당을 종전대로 보존해 신봉자들이 평소와 같이 종교 의식을 행할 수 있도록 허용하여 주시옵소서.

① 이갑제를 마련하였다.
② 군기처를 설치하였다.
③ 베이징으로 천도하였다.
④ 타이완의 반청 세력을 진압하였다.
⑤ 장거정을 등용하여 개혁을 추진하였다.

03
[24016-0213]

(가) 황제에 대한 설명으로 옳은 것은?

① 지즈야를 부활시켰다.
② 타지마할을 건설하였다.
③ 쿠트브 미나르를 축조하였다.
④ 델리 술탄 왕조를 무너뜨렸다.
⑤ 시아파 이슬람교를 국교로 삼았다.

04
[24016-0214]

밑줄 친 '둘째 아들'에 대한 설명으로 옳은 것은?

> 왕조의 마지막 한 세기 동안 왕권은 크게 약화되었다. 왕들이 잇달아 단명하고 어린 왕들이 즉위함에 따라 실권은 귀족들에게, 특히 왕실 행정의 우두머리인 궁재에게 넘어갔다. 란덴의 피핀이 궁재의 직책을 차지한 이래 그 직책은 그의 집안에서 주로 차지하였다. 즉 그가 죽은 이후 외손자인 헤르스탈의 피핀이 궁재가 되었고, 그의 사후에는 서자인 카롤루스 마르텔에게 이어졌다. 마르텔이 죽은 후에는 그의 <u>둘째 아들</u>에게 이어졌다.

① 베르됭 조약을 체결하였다.
② 서로마 제국을 무너뜨렸다.
③ 수도에 궁정 학교를 세웠다.
④ 아타나시우스파로 개종하였다.
⑤ 교황에게 이탈리아 중부 지역을 기증하였다.

05
[24016-0215]

(가) 황제에 대한 설명으로 옳은 것은?

> 사산 왕조 페르시아와의 전쟁이 평화 조약의 체결로 일단락되고 동방 전선이 안정되자, (가) 은/는 아프리카 원정을 단행하였다. 그가 파견한 군대는 반달 왕국에 대한 원정을 빠르게 승리로 마무리 지었고, 반달 왕국이 축적한 막대한 재화를 가지고 콘스탄티노폴리스로 돌아왔다. 이후 옛 반달 왕국 영역이 늘 평화로웠던 것은 아니지만 북아프리카 지역은 제국 내에서 안정적이고 부유한 지역으로 남게 되었고 반달족은 역사에서 사라졌다.

① 파르티아를 정복하였다.
② 밀라노 칙령을 반포하였다.
③ 악티움 해전에서 승리하였다.
④ 인더스강 유역까지 진출하였다.
⑤ 로마법을 집대성한 법전을 편찬하였다.

06
[24016-0216]

다음 상황이 나타난 배경에 대한 탐구 활동으로 가장 적절한 것은?

> 6명의 동료들과 함께 그는 몽마르트르의 작은 예배당에서 순결과 청빈의 맹세를 하였다. 그리고 몇 년 후 로마로 가서 교황 바오로 3세를 만난 그는 단체를 결성하여, 교회를 해체시키려는 다른 힘들에 맞서 싸우는 병사가 되기로 하였다. 순결과 청빈 외에 복종을 계율에 덧붙였는데, 교황과 자신들이 선출한 '총장'에게 복종한다는 의미였다. 교황은 모든 반대를 물리치고 교서를 내려 단체의 설립을 허락하였다. 이듬해 그는 예수회라고 칭한 새 수도회의 총장으로 선출되었다. 그는 장식 없는 작은 방에서 엄격한 권위와 대단한 기술을 가지고, 유럽의 모든 구석과 지구의 다른 지역에 있는 이 작은 군대의 운동을 지휘하였다.

① 동서 교회가 분열된 원인을 찾아본다.
② 낭트 칙령을 반포한 인물의 활동을 살펴본다.
③ 보름스 협약의 결과 나타난 변화를 알아본다.
④ 베스트팔렌 조약이 신교에 끼친 영향을 조사한다.
⑤ 루터가 발표한 95개조 반박문의 내용을 분석한다.

07
[24016-0217]

(가)에 들어갈 내용으로 가장 적절한 것은?

> **수행 평가 보고서**
>
> 1. 주제 : (가)
>
> 2. 수집 자료
>
> ○ 『백과전서』의 목적은 지상에 산재해 있는 지식을 집대성하는 것이다. …… 그럼으로써 앞 세대의 업적이 뒷 세대에게 무용지물이 되지 않게 하고, 우리 자손이 더 많은 지식과 미덕을 갖추고 더 행복해지는 것이다.
>
> ○ 프랑스에서 몽테스키외, 볼테르 등 저명한 사람들이 형성한 학파는 박학다식, 철학, 정신, 글재주 등으로써 이성의 무기를 갖추면서 진실을 위해 투쟁하였다. …… 이성, 관용, 인간성 등을 구호로 채택하면서 진실을 위해 투쟁하였다.

① 전체주의의 등장
② 왕권신수설의 특징
③ 계몽사상의 형성과 발전
④ 사회 진화론이 끼친 영향
⑤ 알프스 이북의 르네상스 전개

08
[24016-0218]

(가) 인물에 대한 설명으로 옳은 것은?

> (가) 은/는 직접 총사령관직을 사직하고 군 지휘권을 반납하기 위해 메릴랜드의 아나폴리스에 발을 디뎠다. 의원들은 회의장에 모여들었고, 정오가 되자 그가 모습을 드러내었다. …… "제게 부여된 일을 끝마친 지금, 저는 이 위대한 작전의 무대에서 내려오고자 합니다. 그리고 오랫동안 저에게 명령을 내려온 이 장엄한 기관에 애정을 담아 작별을 고합니다. 여기서 저는 사직서를 제출하고 모든 공직에서 떠나고자 합니다." 그의 연설이 끝나자 대륙 회의를 대표하여 미플린이 답사를 하였다. "총사령관께서는 모든 참사와 격변 속에서도 대륙 회의의 권리를 변함없이 존중하면서 지혜와 불굴의 정신을 발휘해 전쟁을 훌륭히 승리로 이끄셨습니다. 감사합니다."

① 뉴딜 정책을 추진하였다.
② 베르사유 궁전을 건설하였다.
③ 데카브리스트의 봉기를 진압하였다.
④ 미합중국 초대 대통령에 취임하였다.
⑤ 국민 투표를 통해 황제에 즉위하였다.

09
[24016-0219]

밑줄 친 '이 조약'이 끼친 영향으로 가장 적절한 것은?

▲ 남지황호기(藍地黃虎旗)

그림은 푸른색 바탕에 호랑이를 그린 깃발로 약 5개월간 존속했던 타이완 민주국의 국기이다. "타이완이 지금 비록 독립국으로 자립하였으나 역대 황제의 은덕을 마음속에 기리고 멀리서 조정의 울타리가 되어 기맥이 서로 통하는 중국 땅과 다름없을 것이다."라고 발표한 초대 총통 탕징쑹의 포고에서 알 수 있듯이, 타이완 민주국은 청으로부터의 독립을 위해 수립된 것이 아니라 이 조약에 따른 할양에 반발하여 수립되었다.

① 삼국 간섭이 일어났다.
② 공행 무역이 폐지되었다.
③ 청 정부가 양무운동을 추진하였다.
④ 극동 국제 군사 재판이 개최되었다.
⑤ 베이징에 외교관이 주재하게 되었다.

10
[24016-0220]

(가) 기구에 대한 설명으로 옳은 것은?

프라하 정변 이후에 베를린 봉쇄 사태가 벌어지자 미국에서 경제 원조를 받는 몇몇 유럽 수혜국들은 군사적 보호 또한 필요하다고 확신하게 되었다. 이 국가들은 미국에 (가) 의 창설을 요청하였는데, 이는 역사상 처음으로 평시에 서유럽의 방위를 미국에 위탁하는 것이었다. 스탈린이 베를린 봉쇄를 해제하였을 즈음, (가) 의 창설을 위한 조약이 체결되었고, 본에서는 독일 연방 공화국(서독)이 수립되었다.

① 트루먼 독트린 발표에 영향을 주었다.
② 마스트리흐트 조약을 계기로 성립되었다.
③ 안전 보장 이사회에 상임 이사국을 두었다.
④ 브레턴우즈 회의의 결정에 따라 설립되었다.
⑤ 바르샤바 조약 기구[WTO]의 창립을 초래하였다.

01
[24016-0221]

(가) 문화유산을 남긴 문명에 대한 설명으로 옳은 것은?

세계사 신문

(가) 의 수수께끼, 이제는 밝혀질까?

9세기 초 이슬람 왕조의 칼리프가 보낸 발굴단은 파라오의 거대한 무덤인 (가) 을/를 조사하였다. 그 결과 바닥에서 약 20m 높이에 위치한 왕비의 방과 그보다 약 30m 위에 있는 파라오의 방을 연결하는 대회랑이 확인되었다. 하지만 아직 이 거대한 규모의 문화유산이 어떻게 지어졌는지 밝혀지지 않았다. 2015년 카이로 대학 등이 참여하여 출범한 조사단은 건설 방법을 알기 위해 내부 구조를 파악하는 연구를 진행 중이다. 조사단은 두꺼운 돌을 통과할 정도로 투과력이 좋은 입자를 이용해 조사한 결과 지금껏 드러나지 않은 비밀의 공간을 확인하였고, 당국은 무게를 고루 분산하는 과정에서 이 공간을 만들었을 가능성을 언급하였다.

① 베다를 제작하였다.
② 파르테논 신전을 건립하였다.
③ 태양력과 10진법을 사용하였다.
④ 하라파 등 계획도시를 건설하였다.
⑤ 점복의 내용을 갑골에 기록하였다.

02
[24016-0222]

교사의 질문에 대한 학생들의 답변 내용으로 가장 적절한 것은?

- 농민은 가난하고 상인은 부유하므로 양곡은 싸고, 돈 가치는 높아진다. 양곡이 싸면 농민은 가난해지고 돈이 비싸면 상인은 부유해진다. 상업을 금하지 않으면 기술자가 이롭고 먹을 것을 찾아 떠도는 백성이 많아진다.
- 상공업에 종사하는 백성은 고장 난 물건을 수리하고, 호사스런 재물을 모아 이를 쌓아 둔 채 때를 기다려 값이 오르면 내다 팔아 농민의 이익을 가로챈다.

① 지정은제가 실시되었어요.
② 균수법과 평준법이 시행되었어요.
③ 각지에 공소, 회관 등이 설치되었어요.
④ 도전, 포전 등의 화폐가 유통되었어요.
⑤ 일종의 약속 어음인 비전이 사용되었어요.

03
[24016-0223]

(가) 왕조에 대한 설명으로 옳은 것은?

> (가) 의 제2대 칼리프는 원형의 새 수도를 건설한 후 그리스 고전 서적을 포함하여 다량의 문헌을 구비한 도서관을 설립하였다. 그는 네스토리우스교의 학자들을 초빙하기 위해 힘을 쏟았으며, 그리스어 문헌, 시리아어 문헌, 페르시아어 문헌을 아랍어로 번역하는 학자들을 적극적으로 후원하고 격려하였다. 또한 (가) 은/는 네스토리우스교 학교와 조로아스터교 학교 관계자들의 제안을 받아들여 연구 기관을 새로 세우고 이를 '지혜의 집'이라고 명명하였다.

① 몽골의 침략을 받아 멸망하였다.
② 시아파 이슬람교를 국교로 삼았다.
③ 술탄 아흐메드 사원을 건설하였다.
④ 투르·푸아티에 전투에서 패배하였다.
⑤ 로마와 한을 연결하는 동서 무역로를 장악하였다.

04
[24016-0224]

밑줄 친 '제국'에서 있었던 사실로 옳은 것은?

사료를 통해 보는 세계사 — 정복자의 시선 – OOO 편

> 인도는 내가 살던 곳과는 다른 세상이다. 인도의 산, 강, 숲, 황야, 마을과 지방, 동물과 식물, 사람과 언어, 심지어는 비바람조차도 다르다. …… 인도는 별 매력이 없는 곳이다. 멋있는 사람도, 품위 있는 사교 모임도, 시적 재능이나 이해도, 예의도 없다. …… 인도의 한 가지 좋은 점은 이곳에 금과 돈이 많다는 사실이다.

[해설]
자료는 북인도를 정복한 뒤 <u>제국</u>을 수립한 인물이 자서전에서 인도에 대해 남긴 인상이다. 스스로 티무르를 계승하였다고 생각하면서 인도를 외국으로 간주하고 무시하는 그의 생각이 잘 나타난다.

① 샤쿤탈라가 집필되었다.
② 산치 대탑이 조성되었다.
③ 알렉산드로스가 침공하였다.
④ 우르두어가 널리 사용되었다.
⑤ 인도 국민 회의가 결성되었다.

05
[24016-0225]

밑줄 친 '전쟁'의 결과로 옳은 것은?

> 내가 민회에 여러분을 소집한 것은 여러분의 불만이 올바른 것인지 그렇지 않은 것인지 설명하기 위해서입니다. …… 개인보다 국가가 우선합니다. 국가는 개인의 불행을 감내할 수는 있지만 개인은 국가의 멸망을 감내할 수 없기 때문입니다. 저는 국가를 유지하기 위해 올바른 정책을 추진해 왔고, 여러분은 전쟁을 불사해야 한다는 나의 주장에 찬성해 왔습니다. …… 헬라스의 바다와 육지에 걸친 우리의 지배권은 여전히 강대합니다. 두 번에 걸친 상대 동맹 측의 공격으로 육지(아티카 지방)가 손실되었지만 염려할 것이 못됩니다. 아테네의 자유를 지켜 내면 육지의 손실은 얼마든지 복구할 수 있습니다.

① 500인 평의회가 설치되었다.
② 아케메네스 왕조 페르시아가 멸망하였다.
③ 로마가 지중해 서쪽의 패권을 장악하였다.
④ 스파르타가 그리스 세계를 주도하게 되었다.
⑤ 옥타비아누스에게 아우구스투스라는 칭호가 부여되었다.

06
[24016-0226]

다음 책이 저술된 시기의 상황으로 옳은 것은?

유럽을 흔든 책

- 서적명 : 『교회』
- 저자 : 얀 후스
- 주요 대목

> 교회에서 높은 자리를 차지하고 앉아 가르치면서 신의 계명을 범하는 자들은 버려진 자들이다. …… 신의 계명을 행하는 신실한 크리스트교도야말로 신의 거룩한 교회에서 진실로 지극히 큰 자이며, 명령하는 자리에 앉아 계명을 행하지 않는 고위 성직자들은 지극히 작은 자들이다.

- 의의 : 보헤미아의 후스는 이 책을 통해 교회의 세속화와 성직자의 타락을 비판하며, 성서에 기반을 둔 신앙을 강조하였다. 이 책을 저술하고 몇 년 후에 후스는 화형을 당하였으나, 그의 비판은 후대 종교 개혁에 영향을 끼쳤다.

① 아비뇽과 로마의 교황이 대립하였다.
② 보름스 협약으로 교황이 서임권을 차지하였다.
③ 헨리 8세가 이혼 문제로 교황과 마찰을 빚었다.
④ 오스만 제국이 콘스탄티노폴리스를 함락하였다.
⑤ 그레고리우스 7세가 하인리히 4세를 파문하였다.

07
[24016-0227]

밑줄 친 '이 전쟁'이 일어난 시기를 연표에서 옳게 고른 것은?

[소설에 나타난 역사]

> 죽음을 모면한 모리스는 패전에 상당한 충격을 받았고, 프로이센군과 맞붙어 번번이 패한 자칭 합법 정부군이 파리와 싸울 때는 엄청난 용기를 발휘하는 것을 보고 어이가 없어서 화조차 나지 않았다. 더욱이 생드니에서 샤랑통까지 곳곳에 포진한 적군이 파리 시민의 처참한 후퇴를 유심히 지켜보고 있지 않은가!

제시된 자료는 에밀 졸라의 소설 『패주』의 한 대목이다. 에밀 졸라는 모리스라는 인물을 통해 이 전쟁에 대한 자신의 생각을 드러낸다. 무엇보다 그는 이 전쟁에서 번번이 패한 정부군이 파리 코뮌을 진압하면서 자국민들을 학살하는 행위에 큰 충격을 받았던 것으로 보인다.

	(가)	(나)	(다)	(라)	(마)	
바스티유 함락		테르미도르 반동	나폴레옹 즉위	샤를 10세 추방	메테르니히 실각	3국 동맹 체결

① (가) ② (나) ③ (다) ④ (라) ⑤ (마)

08
[24016-0228]

(가) 도시에 대한 설명으로 옳은 것은?

> 나는 상제(上帝, 하나님)를 섬기며 (가) 을/를 수도로 삼고 도탄에 빠진 민중들을 구하며 민중의 생계를 살렸다. 만약 백성의 삶이 괴롭다면 나도 그 괴로움을 느끼게 되고, 백성의 고통을 마음속에 새기게 된다. 게다가 너희들이 우리를 따르게 된 지 얼마 안 되고, 만주족으로부터 큰 피해를 입었을 뿐만 아니라 그 이후 우리 천국군의 공격으로 인해 집과 재산을 포기하였기 때문에, 이를 아주 동정하는 바이다. 상제와 나는 이제 민의 고통을 바라보며 인정을 베풀고자 한다. 농민의 부담을 줄이기 위해 부세를 경감할 것이다.

① 8개국 연합국에 의해 점령된 곳이다.
② 쑨원이 임시 대총통에 취임한 곳이다.
③ 북위에 의해 새로운 수도가 된 곳이다.
④ 베이징 조약에 따라 영국에 할양된 곳이다.
⑤ 서양과의 무역을 독점한 공행이 설치된 곳이다.

09
[24016-0229]

(가) 전쟁 중에 볼 수 있는 모습으로 가장 적절한 것은?

이 동상은 야로슬라프 하셰크가 연재한 소설의 주인공인 슈베이크를 형상화한 것입니다. 작가는 자신이 참전하였던 (가) 전쟁 당시의 상황을 슈베이크라는 인물을 통해 익살스럽게 풍자하였습니다. (가) 전쟁의 발단이 된 오스트리아·헝가리 제국의 페르디난트 황태자의 암살 사건에 대해서도 다양한 페르디난트를 등장시키며 풍자한 장면이 인상적입니다.

① 혁명에 의해 퇴위하는 차르
② 대서양 헌장을 발표하는 미국 대표
③ 로마 진군에 가담하는 파시스트당원
④ 렉싱턴 전투에 참여하는 식민지 민병대원
⑤ 터키 공화국의 수립을 축하하는 청년 장교

10
[24016-0230]

(가), (나) 시기 사이에 있었던 사실로 옳은 것은?

(가) 중국의 행보에 자극받은 소련은 미국 대통령을 초대하였다. 미국 대통령은 중국을 방문한 지 3개월 만에 모스크바를 방문하였다. 프랭클린 루스벨트 이후 미국 대통령의 첫 소련 방문이었다. 이때 미국과 소련은 군축 문제에서 어느 정도 양보하는 입장을 취하였다.
(나) 러시아, 우크라이나 등 소련의 슬라브계 3개 공화국은 외교, 국방 및 핵 통제권 등을 공동 관장하는 한편, 수도를 민스크로 하는 독립국 공동체를 창설하기로 합의하였다. 이는 새로운 연방을 결성하려던 고르바초프의 노력이 좌절되었음을 의미하는 것이었다.

① 닉슨 독트린이 발표되었다.
② 문화 대혁명이 시작되었다.
③ 바웬사가 선거에서 승리하였다.
④ 마스트리흐트 조약이 체결되었다.
⑤ 제1차 비동맹 회의가 개최되었다.

01
[24016-0231]

다음 상황이 나타난 왕조에서 볼 수 있는 모습으로 가장 적절한 것은?

> 황허강 북쪽의 여러 군에서 백여만 명의 백성을 징발하여 영제거를 만들었는데, 심수를 끌어 들여 남쪽으로 황허강에 이르게 하고, 북쪽으로 탁군과 통하게 하였다. …… 한편 고구려 공격을 위한 물자 공급의 책임자 양현감이 반란을 일으켰다. 랴오둥에 있던 황제가 이를 듣고 급히 고양군으로 돌아왔다.

① 자금성 건설에 동원되는 인부
② 황소의 난 진압에 나서는 병사
③ 9품중정제 폐지를 명령하는 황제
④ 교초를 받고 물품을 판매하는 상인
⑤ 곤여만국전도를 제작하는 예수회 선교사

02
[24016-0232]

(가) 시대에 있었던 사실로 옳은 것은?

우표로 살펴보는 일본사

위 우표는 (가) 시대에 창건된 도다이사의 대표적인 문화유산을 보여 주고 있다. 당시 수도였던 헤이조쿄에 세워진 도다이사는 호국 사원의 역할을 하였는데, 부속 건물 중 하나인 대불전은 이후 화재로 소실되었다가 후대에 재건되었다. 대불전 안에는 높이가 약 15m에 달하는 청동 불상이 있는데, 이 불상은 쇼무 천황의 명으로 제작되었다고 전한다.

① 난학이 발달하였다.
② 만엽집이 편찬되었다.
③ 감합 무역이 이루어졌다.
④ 다이카 개신이 단행되었다.
⑤ 원이 두 차례에 걸쳐 침입하였다.

03
[24016-0233]

(가) 왕조에 대한 탐구 활동으로 가장 적절한 것은?

> 안식국은 고대 페르시아 왕조들 중 하나인 (가) 의 중국식 명칭이다. (가) 은/는 광활한 영토를 다스렸는데, 이 중 불교도가 집중적으로 거주하였던 지역은 당시 쿠샨 왕조와의 접경 지역이었던 현재 이란의 남동부 시스탄-바-발루치스탄주이다. …… 중국의 문헌들에도 한과 안식국이 교역한 사실이 기록되어 있다. 『후한서』의 「서역전」에는 안식국이 사신을 보내왔고, 이에 한도 안식국에 사신을 보냈다는 내용이 나온다.

① 아이바크의 왕조 개창 배경을 분석한다.
② 술탄 아흐메드 사원의 건립 배경을 파악한다.
③ 사산 왕조 페르시아의 정복 활동을 찾아본다.
④ 투르 · 푸아티에 전투의 전개 과정을 살펴본다.
⑤ 다리우스 1세가 실시한 지방 통치의 내용을 알아본다.

04
[24016-0234]

(가) 국가에 대한 설명으로 옳은 것은?

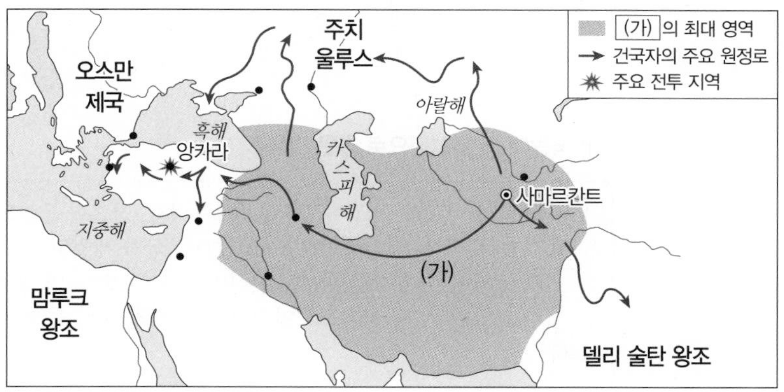

① 쿠트브 미나르를 세웠다.
② 우즈베크인에게 멸망하였다.
③ 이스마일 1세가 건국하였다.
④ 에프탈의 침입으로 쇠퇴하였다.
⑤ 데브시르메 제도를 시행하였다.

05
[24016-0235]

밑줄 친 '이 전쟁'에 대한 설명으로 옳은 것은?

세 차례에 걸쳐 벌어진 이 전쟁에서 로마는 최종적인 승리를 거두었다. 이 전쟁 과정에서 가장 눈에 띄는 전투는 스키피오와 한니발이 충돌한 자마 전투였다. …… 당시 카르타고 진영은 초토화되었고, 로마군이 외치는 승리의 함성만이 드넓은 자마 평원에 울려 퍼졌다. …… 자마 전투의 패배로 카르타고는 보다 가혹한 강화 조건을 수용할 수밖에 없었다. 이로써 카르타고 멸망의 시계추는 더욱 빠르게 움직이게 되었다.

–『전쟁과 무기의 세계사』–

① 델로스 동맹의 결성에 영향을 주었다.
② 라티푼디움이 확대되는 배경이 되었다.
③ 전개 과정에서 악티움 해전이 일어났다.
④ 베스트팔렌 조약의 체결로 종결되었다.
⑤ 스파르타가 그리스 세계의 패권을 차지하는 계기가 되었다.

06
[24016-0236]

(가) 국왕에 대한 설명으로 옳은 것은?

위대한 군사 지도자, 비겁한 군인, 인도주의자, 잔혹한 폴란드 분할의 주역, 유능한 행정가, 철학자, 이상주의자, 현실주의자를 비롯하여 '국가 제일의 공복' 등 계몽 전제 군주 등을 자처한 (가) 에 대해 설명하는 수식어들은 매우 다양하다. '상수시의 철학자'라고 불린 (가) 은/는 랑케와 드로이젠, 마이네케와 리터 등 독일의 많은 역사학자들의 주목을 받았다.

① 아스테카 제국과 잉카 제국을 정복하였다.
② 청교도 윤리에 입각한 독재 정치를 펼쳤다.
③ 레판토 해전에서 오스만 제국을 격파하였다.
④ 낭트 칙령을 발표하여 종교적 분쟁을 수습하였다.
⑤ 오스트리아와의 전쟁을 통해 슐레지엔을 차지하였다.

07
[24016-0237]

(가) 의회가 운영된 시기에 있었던 사실로 옳은 것은?

사료로 읽는 세계사

(가) 에 모인 프랑스 인민의 대표자들은 인권에 대한 무지, 망각 또는 경시가 공공의 불행과 정부 부패의 유일한 원인이라는 점을 고려하여, 엄숙한 선언을 통해 양도할 수 없으며 신성한 인간의 자연적 권리들을 표명하기로 결정하였다. ……

제1조 인간은 자유롭고 평등한 권리를 갖고 태어난다. 사회적 차별은 공공복리를 위해서만 있을 수 있다.

제2조 모든 정치적 결사의 목적은 인간의 천부적이고 소멸할 수 없는 권리를 보전하는 데 있다. 그 권리란 자유, 재산, 안전, 압제에 대한 저항이다.

제3조 모든 주권의 근원은 본질적으로 인민에게 있다. 어떤 개인이나 집단도 명백히 인민에게 나오지 않은 권한을 행사할 수 없다.

-『사료로 읽는 서양사 4』-

[해설] 자료는 프랑스 혁명 전개 과정에서 (가) 이/가 작성하여 발표한 선언의 일부로, 계몽사상에 입각한 자유와 평등, 인민 주권, 압제에 대한 저항권 등이 포함되어 있다.

① 루이 16세가 처형되었다.
② 테르미도르 반동이 발생하였다.
③ 오스트리아와의 혁명전쟁이 발발하였다.
④ 입헌 군주제를 규정한 헌법이 제정되었다.
⑤ 7월 왕정이 붕괴되고 제2 공화정이 수립되었다.

08
[24016-0238]

밑줄 친 '전쟁' 중에 있었던 사실로 옳은 것은?

러시아력 2월 혁명(3월 혁명)에 대한 프랑스 여론의 반응을 '공감'이라는 단어로 표현한다면, 러시아력 10월 혁명(11월 혁명)에 대한 반응은 '분노'에 가까웠다. …… 당시 프랑스인들이 러시아력 2월 혁명과 10월 혁명을 평가하고 수용하는 기준은 혁명이 러시아의 <u>전쟁</u> 수행 의지를 강화할 것이냐 아니면 약화할 것이냐 하는 데 있었다. …… 당시 러시아에서 벌어지는 상황을 지켜보는 프랑스인들의 판단 기준은 "프랑스가 <u>전쟁</u>에 져서는 안된다."라는 민족적 감정이었다.

① 국제 연맹이 창설되었다.
② 데카브리스트의 봉기가 일어났다.
③ 독일이 무제한 잠수함 작전을 전개하였다.
④ 러시아에서 신경제 정책[NEP]이 시작되었다.
⑤ 사르데냐 왕국이 이탈리아 중부와 북부를 통합하였다.

09
[24016-0239]

교사의 질문에 대한 학생의 답변으로 가장 적절한 것은?

'빅토리아 여왕'이라고 새겨져 있는 왼쪽 동전은 제1차 아편 전쟁이 발발한 해에 발행되기 시작하였습니다. 그리고, '빅토리아 여제' 즉 여자 황제라고 새겨져 있는 오른쪽 동전은 영국 여왕이 인도 제국 황제를 겸임하게 된 해에 발행되기 시작하였습니다. 두 동전이 처음 발행된 시기 사이에 있었던 사실을 발표해 볼까요?

① 타지마할이 건립되었습니다.
② 플라시 전투가 발생하였습니다.
③ 벵골 분할령이 발표되었습니다.
④ 인도 통치 개선법이 제정되었습니다.
⑤ 영국에서 동인도 회사가 설립되었습니다.

10
[24016-0240]

밑줄 친 '이 조약'의 체결에 따라 나타난 사실로 옳은 것은?

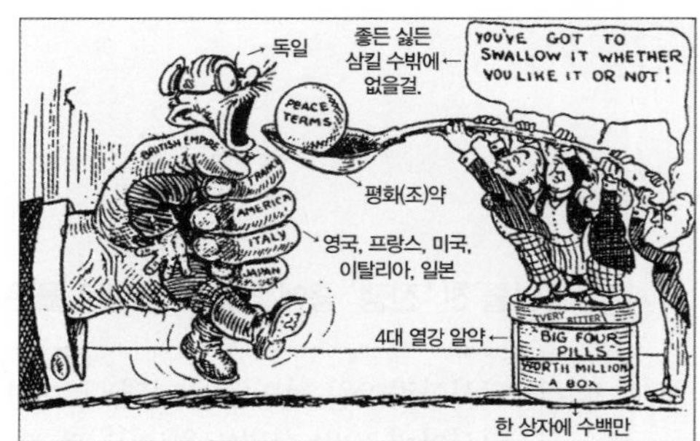

그림은 독일이 승전국인 영국, 프랑스, 미국, 이탈리아 등과 체결한 이 조약의 특징을 풍자하고 있다. 패전국 독일은 어떠한 선택권도 없이 전쟁의 책임을 질 수밖에 없었으며, 그 배상 규모가 막대하였다는 점을 엿볼 수 있다. 이 조약으로 인해 독일은 모든 식민지를 상실하고, 알자스·로렌을 프랑스에 양도하게 되었다.

① 마셜 계획이 추진되었다.
② 베르사유 체제가 성립되었다.
③ 국제 연합[UN]이 창설되었다.
④ 신성 로마 제국이 해체되었다.
⑤ 프로이센 주도의 관세 동맹이 체결되었다.

연표로 이해하는 세계사

연대	동양사	서양사
약 400만 년 전	오스트랄로피테쿠스★ 출현	
약 20만 년 전	호모 사피엔스 출현	
약 1만 년 전	신석기 시대 시작	

★약 400만 년 전 남아프리카에서 등장하였으며 '남쪽의 원숭이'라는 의미이다. 현재까지 알려진 가장 오래된 인류로 두 발로 서서 걸었고 간단한 도구를 사용하였다.

기원전

연대	동양사	서양사
3500년경	메소포타미아 문명 발생	
1600년경	중국, 상 왕조 성립	
1500년경	아리아인, 펀자브 지방 정착	
11세기경	주 왕조 성립	
10세기경		폴리스 성립
770	주의 동천(춘추 전국 시대 시작)★	
6세기 초		솔론의 개혁★
492		그리스 · 페르시아 전쟁 발발
431		펠로폰네소스 전쟁(~기원전 404)
334		알렉산드로스, 동방 원정 시작
264		포에니 전쟁(~기원전 146)★
221	진시황제★, 전국 시대 통일	
206	진(秦) 멸망	
202	한 성립	
133		그라쿠스 형제의 개혁(~기원전 121)
73		스파르타쿠스의 난(~기원전 71)
31		악티움 해전★

★주 왕조는 견융의 침입을 받아 수도를 호경(시안)에서 낙읍(뤄양)으로 옮겼다. 이후 동주 시대가 전개되었는데, 이를 춘추 전국 시대라고도 한다.

★솔론은 귀족과 평민의 대립을 조정하여 재산에 따라 정치적 권리를 차등 분배하는 개혁(금권정)을 추진하였다.

★서지중해 해상권을 둘러싸고 로마와 카르타고가 세 차례에 걸쳐 벌인 전쟁이다.

★화폐 · 도량형 · 문자 · 수레바퀴의 폭 등을 통일하였으며, 분서갱유를 단행하였다. 흉노를 축출한 이후 만리장성을 축조하였으며, 광둥 지역까지 영토를 확장하였다.

★클레오파트라와 안토니우스의 연합 함대를 옥타비아누스가 격파한 전투이다.

기원후

연대	동양사	서양사
8	왕망★, 신(新) 건국	
25	후한 수립, 광무제 즉위	
100		
184	황건적의 난 발생	
200		
220	후한 멸망	
235		로마, 군인 황제 시대 시작
280	진(晉), 삼국 시대 통일	

★토지의 국유화, 노비 매매의 금지 등 주의 제도를 이상으로 한 개혁을 시행하였으나, 호족들의 반발로 무너졌다.

연대	동양사	서양사
300	304 5호 16국 시대 시작	313 콘스탄티누스 황제, 크리스트교 공인(밀라노 칙령)
	320 인도, 굽타 왕조★ 성립 ★산스크리트 문학이 발달하였으며, 칼리다사가 희곡 『샤쿤탈라』를 집필하였다.	325 니케아 공의회 개최★ ★아타나시우스파의 교리를 정통으로 인정하고 아리우스파를 이단으로 규정하였다.
		395 동서 로마 제국 분리
400	439 북위, 화북 통일	
	471 북위, 효문제★ 즉위 ★황실의 성씨를 원씨로 하고, 의복과 언어 등에서도 한족의 풍속을 따르도록 하는 등 적극적인 한화 정책을 추진하였다.	476 서로마 제국 멸망 481 클로비스★, 메로베우스 왕조 수립 ★로마 가톨릭교(아타나시우스파)로 개종하여 로마인과의 융합을 꾀하였다.
500		529 『유스티니아누스 법전』 편찬 시작
	589 수, 남북조 통일	
600	610년경 이슬람교 성립 618 당 건국 622 헤지라★(이슬람력의 기원 원년) ★무함마드가 메카의 보수적인 귀족층의 박해를 피해 메디나로 피신한 사건을 말한다. 645 일본, 다이카 개신★ ★중국의 율령제를 수용하여 국왕을 중심으로 하는 중앙 집권적 정치 체제를 수립하려 한 개혁이다. 651 사산 왕조 페르시아 멸망 661 우마이야 왕조 성립(~750)	
700	710 일본, 나라 시대 시작(~794)	726 성상 파괴령★ ★예수와 성인들의 모습을 표현한 그림이나 조각상 등을 우상으로 간주한 비잔티움 제국의 황제 레오 3세는 성상 파괴령을 내렸다. 이는 동서 교회의 대립이 격화되는 배경으로 작용하였다. 732 카롤루스 마르텔, 투르·푸아티에 전투★에서 이슬람군 격퇴 ★우마이야 왕조가 피레네산맥을 넘어 서유럽으로 진출하면서 프랑크 왕국과 벌인 전투이다.
	750 아바스 왕조 성립(~1258) 751 탈라스 전투★ ★동쪽으로 세력을 확장하려는 아바스 왕조와 서쪽으로 진출하려는 당이 충돌한 전투이다. 755 안사의 난★(~763) ★당 현종 시기 절도사였던 안녹산과 그의 부하 사사명이 일으킨 반란이다. 794 일본, 헤이안 시대 시작(~1185)	751 피핀, 카롤루스 왕조 수립
800	875 황소의 난 발생 894 일본, 견당사 파견 중지	800 카롤루스 대제, 서로마 황제 대관 870 메르센 조약

연대	동양사	서양사
900	907 당 멸망, 5대 10국★ 시대 시작 916 거란(요) 건국 ★당 멸망 이후 화북을 지배한 후량, 후당, 후진, 후한, 후주를 가리켜 5대라 하고, 중국 남부 지역에 세워진 여러 국가를 10국이라 한다. 960 송 건국	
1000	1055 셀주크 튀르크, 바그다드 입성	1054 동서 교회의 분열(그리스 정교회와 로마 가톨릭교회) 1077 카노사의 굴욕 1096 제1차 십자군 전쟁★(~1099) ★클레르몽 공의회에서 교황이 성지 회복을 위한 전쟁을 호소하자, 제후와 기사 등이 이에 호응하며 시작되었다. 성지 예루살렘을 회복하고 예루살렘 왕국을 건설하였다.
1100	1115 여진, 금 건국 1125 거란(요), 금에 멸망 1127 북송 멸망, 남송 시작 1185 일본, 가마쿠라 막부 성립	1122 보름스 협약★ ★교황이 성직자 서임권을 차지하는 대신 성직자는 국왕의 봉신이 되었다.
1200	1206 칭기즈 칸, 몽골 부족 통일 인도, 델리 술탄 왕조★ 성립 ★아이바크가 델리를 수도로 이슬람 왕조를 세운 때부터 300여 년 동안 북인도 지역에 델리를 수도로 건립된 이슬람 계통의 다섯 왕조를 말한다. 1234 금, 몽골에 멸망 1258 아바스 왕조 멸망 1279 남송 멸망 1299 오스만 제국 성립	1202 제4차 십자군 전쟁(~1204) 1215 영국, 대헌장 승인 ★14세기 초 교회와 성직자에 대한 과세 문제로 교황 보니파키우스 8세와 대립한 프랑스 국왕 필리프 4세는 교황을 굴복시켰다. 필리프 4세의 후원으로 교황에 오른 클레멘스 5세 시기에 교황청은 로마에서 아비뇽으로 옮겨졌다.
1300	1336 일본, 무로마치 막부 성립 1368 명 건국★ ★명 태조 주원장은 난징을 수도로 하여 명을 건국하고 몽골을 북방으로 몰아냈다.	1309 아비뇽 유수(~1377)★ 1337 백년 전쟁(~1453) 1378 교회의 대분열(~1417) 1381 와트 타일러의 난
1400	1405 정화의 항해(~1433)★ ★정화의 함대는 명의 영락제의 명령에 따라 항해를 시작하였는데, 동남아시아와 인도양, 멀리 아프리카까지 항해하였다. 1453 오스만 제국, 콘스탄티노폴리스 점령(비잔티움 제국의 멸망)	★교황의 난립 상황을 해소하고 새로운 단일 교황을 선출하여 교회의 대분열을 수습하였다. 1414 콘스탄츠 공의회(~1418)★ 1455 영국, 장미 전쟁★(~1485) ★영국의 랭커스터 가문과 요크 가문 사이에 왕위 계승 문제를 둘러싸고 일어난 전쟁이다. 1492 콜럼버스, 서인도 제도 도착

연대	동양사	서양사
1500	1501 사파비 왕조 성립	
		1517 독일, 루터의 종교 개혁★
		1519 마젤란 일행, 세계 일주(~1522)
		★교황 레오 10세가 면벌부를 판매하자, 루터는 「95개조 반박문」을 발표하고 로마 가톨릭교회와 대립하였다.
	1526 무굴 제국★ 성립	
	★바부르가 델리 술탄 왕조 시대를 종식시키고 개창하였다. 무굴 제국에서는 힌두어에 페르시아어, 아랍어 등이 합쳐진 우르두어가 사용되었으며, 타지마할이 건립되었다.	
		1543 코페르니쿠스, 『천체의 회전에 관하여』 발표
		1555 아우크스부르크 화의★
		★개인이 아닌 제후와 자유 도시가 루터파와 가톨릭교회 사이에서 종교 선택권을 가질 수 있다는 내용을 담고 있다. 이로써 교황의 지배를 벗어난 새로운 교회가 처음으로 인정받았다.
		1571 에스파냐 등, 레판토 해전 승리
		1598 낭트 칙령 발표
1600		1600 영국, 동인도 회사 설립
	1603 일본, 에도 막부 성립	
	1616 후금★ 성립	
	★명이 쇠퇴한 틈을 이용하여 누르하치가 팔기제를 바탕으로 여진족(만주족)을 통일하고 건국하였다.	
		1618 30년 전쟁(~1648)
		1628 권리 청원 제출
	1636 후금, 국호를 청으로 고침	
		1642 청교도 혁명 시작
	1644 명 멸망	
		1648 베스트팔렌 조약★ 체결
		★30년 전쟁을 종식하기 위해 체결된 조약으로 칼뱅파가 공인되었고, 스위스와 네덜란드의 독립이 정식으로 승인되었다.
		1649 크롬웰, 공화정 수립
	1673 삼번의 난(~1681)	
		1688 영국, 명예혁명 발발(권리 장전 승인, 1689)
	1689 네르친스크 조약★ 체결	
	★네르친스크에서 청과 러시아가 국경 문제와 무역 질서에 관하여 체결한 조약이다.	
1700		★오스트리아가 슐레지엔 지방을 되찾기 위해 프랑스·러시아와 동맹을 맺자, 프로이센이 영국과 동맹을 맺고 작센 지방에 침입하면서 전쟁이 일어났고, 국제전으로 확대되었다.
		1756 7년 전쟁★(~1763)
	1757 플라시 전투★	
	★인도에서 영국군과 벵골·프랑스 연합군이 벌인 전투이다. 프랑스군과 결탁한 인도 벵골 태수의 군대가 영국 동인도 회사의 군대에 패하였다.	
		1773 보스턴 차 사건
		1776 미국, 독립 선언문 발표
		1789 프랑스 혁명 시작, 「인간과 시민의 권리 선언」 발표
1800		1804 나폴레옹, 황제 즉위
	1805 이집트, 무함마드 알리 집권	
		1814 빈 회의★ 개최(~1815)
		★나폴레옹이 몰락한 뒤 오스트리아의 메테르니히 주도로 빈에서 개최된 회의이다. 정통성의 원칙에 따라 유럽 각국의 지배권과 영토를 프랑스 혁명 이전으로 되돌리기로 하였다.
	★외세의 압박과 내부의 분열로 맞은 위기를 타개하기 위해 오스만 제국이 행정·사법·군사·재정 등의 분야에서 실시한 개혁이다.	1830 프랑스, 7월 혁명
		1832 영국, 제1차 선거법 개정
		1834 독일, 관세 동맹 성립
	1839 오스만 제국, 탄지마트★ 시작	

연대	동양사	서양사
1800	1840 제1차 아편 전쟁(~1842)	
	1842 난징 조약* 체결 *상하이 등 5개 항구의 개항, 영국에 홍콩섬 할양, 공행 무역 폐지 등이 규정되었다.	1848 프랑스, 2월 혁명
	1851 태평천국 운동(~1864)	1853 크림 전쟁(~1856)
	1854 미일 화친 조약 체결	
	1856 제2차 아편 전쟁(~1860)	
	1857 인도, 세포이의 항쟁 시작	
	1860 베이징 조약* 체결 *외교관의 베이징 주재 허용, 10개 항구의 추가 개항, 크리스트교 포교의 자유 인정 등을 내용으로 하는 톈진 조약을 인정하고, 영국에 주룽반도의 일부를 할양하였다.	1861 러시아, 농노 해방령* 발표 *알렉산드르 2세는 농노제가 러시아의 근대적 발전을 막는 장애물이라 여겨 농노제를 철폐하였다. 미국, 남북 전쟁(~1865)
		1863 링컨, 노예 해방 선언
	1868 일본, 메이지 유신 시작	1869 수에즈 운하* 개통 *지중해와 홍해를 연결하는 세계 최대의 인공 수로로, 이 운하가 완공되면서 유럽과 인도를 오가는 항로가 크게 단축되었다.
		1871 독일 제국 성립
	1877 영국령 인도 제국 성립	1882 3국 동맹* 성립 *독일, 오스트리아 · 헝가리 제국, 이탈리아 사이에 맺어진 군사 동맹으로, 이탈리아가 제1차 세계 대전에서 협상국(연합국) 측에 가담하면서 와해되었다.
	1884 청프 전쟁(~1885)	
	1887 프랑스령 인도차이나 연방* 성립 *프랑스는 캄보디아와 베트남을 보호국으로 삼았고 청프 전쟁을 통해 청으로부터 베트남 지역에 대한 지배권을 인정받은 후 프랑스령 인도차이나 연방을 수립하였다. 1893년에는 라오스도 합병하였다.	
	1894 청일 전쟁(~1895)* *청에 승리한 일본은 시모노세키 조약을 통해 타이완을 차지하였다.	1898 파쇼다 사건* *아프리카에서 종단 정책을 추진하던 영국과 횡단 정책을 추진하던 프랑스가 수단의 파쇼다에서 충돌한 사건이다.
1900	1904 러일 전쟁(~1905)	
	1905 영국, 벵골 분할령 발표	1905 러시아, 피의 일요일 사건
		1907 3국 협상* 성립 *독일 황제 빌헬름 2세가 비스마르크를 해임하고 적극적인 팽창 정책을 추진하자, 이에 위협을 느낀 영국, 프랑스, 러시아가 3국 협상을 성립하였다.
	1908 오스만 제국, 청년 튀르크당 혁명	
	1911 신해혁명	
	1912 중화민국 수립	1914 사라예보 사건, 제1차 세계 대전(~1918)
		1917 러시아 혁명
	1919 5 · 4 운동* *베이징의 학생들을 중심으로 일본의 대중국 '21개조 요구' 철폐와 산둥반도의 이권 반환을 요구하는 반봉건 · 반제국주의 시위가 일어나 전국으로 확산되었다.	1919 파리 강화 회의(~1920), 베르사유 조약 체결 독일, 바이마르 공화국 성립
		1920 국제 연맹 창설

연대	동양사	서양사
1900		1922 소비에트 사회주의 공화국 연방(소련) 수립
	1923 터키(튀르키예) 공화국 수립	
	1924 중국, 제1차 국공 합작	1929 대공황 발생
	1931 만주 사변★	
	1934 중국, 공산당 대장정 시작	1935 이탈리아, 에티오피아 침입
	1936 중국, 시안 사건	
	1937 중일 전쟁 발발, 제2차 국공 합작★	1939 제2차 세계 대전★(~1945)
	1941 일본, 진주만 기습(태평양 전쟁 발발)	1941 대서양 헌장★ 발표
		1943 카이로 회담
	1945 일본 항복	1945 독일 항복, 국제 연합[UN] 창설
		1947 미국, 트루먼 독트린, 마셜 계획 발표
		1948 소련, 베를린 봉쇄(~1949)
	1949 중화 인민 공화국 수립	1949 북대서양 조약 기구[NATO] 결성
	1955 아시아 · 아프리카 회의(반둥 회의)★ 개최	1955 바르샤바 조약 기구[WTO]★ 결성
		1961 베를린 장벽 설치
		1962 미국, 쿠바 봉쇄
	1966 중국, 문화 대혁명(~1976)★	1969 미국, 닉슨 독트린 발표
		1972 닉슨 대통령, 중국 방문
	1979 중국, 미국과 수교	1985 고르바초프,★ 소련 공산당 서기장 취임
	1989 중국, 톈안먼 사건★ 발생	1989 베를린 장벽 붕괴
		1990 독일 통일
		1991 소련 해체
		1995 세계 무역 기구[WTO] 출범
	1997 영국, 중국에 홍콩 반환	
2000		2001 9 · 11 테러 발생

★만주 사변: 일본군이 봉천 류타오후에서 남만주 철도 일부를 폭파한 후 이를 중국군의 소행으로 몰아 만주를 침략하면서 시작되었다.

★제2차 국공 합작: 시안 사건과 중일 전쟁 발발을 계기로 중국 국민당 정부와 중국 공산당은 다시 통일 전선을 형성하여 항일 투쟁에 나섰다.

★아시아 · 아프리카 회의: 아시아 · 아프리카 29개국 대표들은 인도네시아의 반둥에서 회의를 개최하고 비동맹 중립주의 노선을 표방하는 '평화 10원칙'을 채택하였다.

★문화 대혁명: 마오쩌둥이 홍위병을 동원하여 실용주의 경제 노선을 추진하던 인물들을 몰아내고 권력을 강화하였다.

★톈안먼 사건: 학생과 지식인들이 톈안먼 광장에서 부정부패 추방과 정치 민주화를 요구하며 시위를 전개하였으나 공산당 지도부에 의해 진압당하였다.

★제2차 세계 대전: 독소 불가침 조약 체결 직후 독일이 폴란드를 침략하면서 발발하였다.

★대서양 헌장: 루스벨트와 처칠이 발표한 전후 평화 수립 원칙으로 국제 연합[UN] 창설의 기초가 되었다.

★바르샤바 조약 기구: 북대서양 조약 기구[NATO]에 맞서, 상호 방위를 목적으로 소련과 동유럽 공산권 국가들 사이에 바르샤바 조약에 따라 결성되었다.

★고르바초프: 페레스트로이카(개혁) 정책과 글라스노스트(개방) 정책을 추진하여 소련의 변화를 이끌어 냈다.

고2~N수 수능 집중 로드맵

수능 입문 → 기출 / 연습 → 연계+연계 보완 → 심화 / 발전 → 모의고사

수능 입문
- 윤혜정의 개념/패턴의 나비효과
- 하루 6개 1등급 영어독해
- 수능 감(感)잡기
- 수능특강 Light
- 강의노트 수능개념

기출 / 연습
- 윤혜정의 기출의 나비효과
- 수능 기출의 미래
- 수능 기출의 미래 미니모의고사
- 수능특강Q 미니모의고사

연계+연계 보완
- 수능연계교재의 VOCA 1800
- 수능연계 기출 Vaccine VOCA 2200
- 연계: 수능특강
- 연계: 수능완성
- 수능특강 사용설명서
- 수능특강 연계 기출
- 수능 영어 간접연계 서치라이트
- 수능완성 사용설명서

심화 / 발전
- 수능연계완성 3주 특강
- 박봄의 사회 · 문화 표 분석의 패턴

모의고사
- FINAL 실전모의고사
- 만점마무리 봉투모의고사
- 만점마무리 봉투모의고사 시즌2

구분	시리즈명	특징	수준	영역
수능 입문	윤혜정의 개념/패턴의 나비효과	윤혜정 선생님과 함께하는 수능 국어 개념/패턴 학습		국어
	하루 6개 1등급 영어독해	매일 꾸준한 기출문제 학습으로 완성하는 1등급 영어 독해		영어
	수능 감(感) 잡기	동일 소재 · 유형의 내신과 수능 문항 비교로 수능 입문		국/수/영
	수능특강 Light	수능 연계교재 학습 전 연계교재 입문서		영어
	수능개념	EBSi 대표 강사들과 함께하는 수능 개념 다지기		전 영역
기출/연습	윤혜정의 기출의 나비효과	윤혜정 선생님과 함께하는 까다로운 국어 기출 완전 정복		국어
	수능 기출의 미래	올해 수능에 딱 필요한 문제만 선별한 기출문제집		전 영역
	수능 기출의 미래 미니모의고사	부담없는 실전 훈련, 고품질 기출 미니모의고사		국/수/영
	수능특강Q 미니모의고사	매일 15분으로 연습하는 고품격 미니모의고사		전 영역
연계 + 연계 보완	수능특강	최신 수능 경향과 기출 유형을 분석한 종합 개념서		전 영역
	수능특강 사용설명서	수능 연계교재 수능특강의 지문 · 자료 · 문항 분석		국/영
	수능특강 연계 기출	수능특강 수록 작품 · 지문과 연결된 기출문제 학습		국어
	수능완성	유형 분석과 실전모의고사로 단련하는 문항 연습		전 영역
	수능완성 사용설명서	수능 연계교재 수능완성의 국어 · 영어 지문 분석		국/영
	수능 영어 간접연계 서치라이트	출제 가능성이 높은 핵심만 모아 구성한 간접연계 대비 교재		영어
	수능연계교재의 VOCA 1800	수능특강과 수능완성의 필수 중요 어휘 1800개 수록		영어
	수능연계 기출 Vaccine VOCA 2200	수능-EBS 연계 및 평가원 최다 빈출 어휘 선별 수록		영어
심화/발전	수능연계완성 3주 특강	단기간에 끝내는 수능 1등급 변별 문항 대비서		국/수/영
	박봄의 사회 · 문화 표 분석의 패턴	박봄 선생님과 사회 · 문화 표 분석 문항의 패턴 연습		사회탐구
모의고사	FINAL 실전모의고사	EBS 모의고사 중 최다 분량, 최다 과목 모의고사		전 영역
	만점마무리 봉투모의고사	실제 시험지 형태와 OMR 카드로 실전 훈련 모의고사		전 영역
	만점마무리 봉투모의고사 시즌2	수능 완벽대비 최종 봉투모의고사		국/수/영

memo

EBS

문제를 사진 찍고
해설 강의 보기
Google Play | App Store

EBSi 사이트
무료 강의 제공

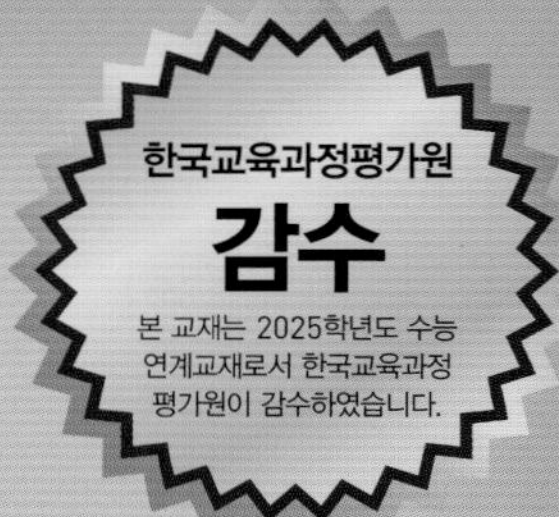

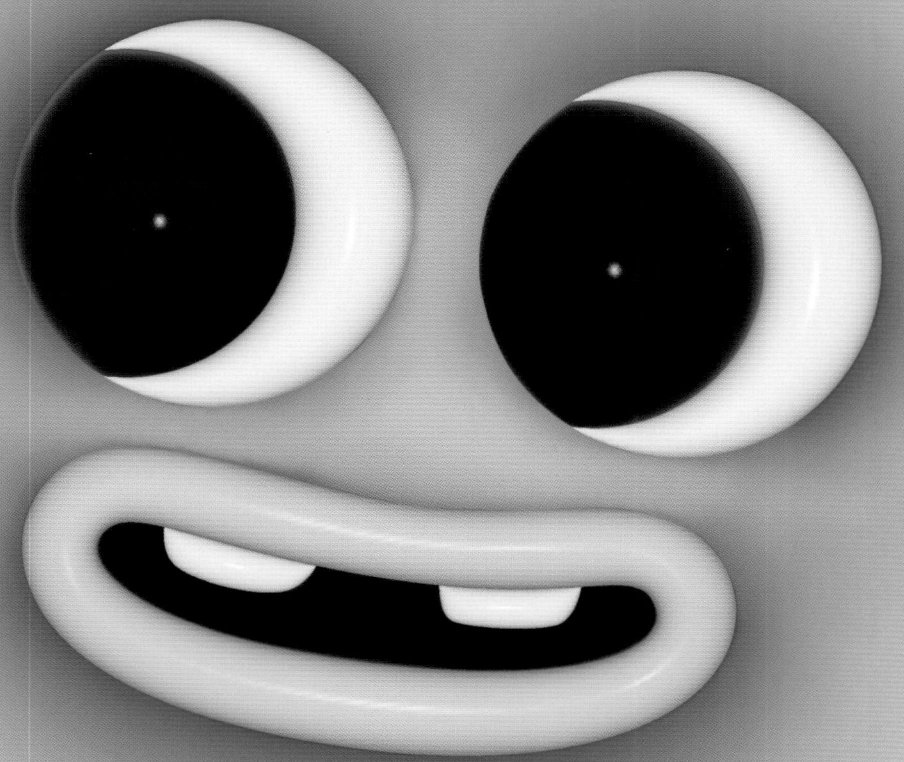

정답과 해설

수능특강

사회탐구영역

세계사

2025학년도 수능 연계교재

본 교재는 대학수학능력시험을 준비하는 데 도움을 드리고자 사회과 교육과정을 토대로 제작된 교재입니다.
학교에서 선생님과 함께 교과서의 기본 개념을 충분히 익힌 후 활용하시면 더 큰 학습 효과를 얻을 수 있습니다.

한눈에 보는 정답

01 인류의 출현과 문명의 발생
본문 11~15쪽

닮은꼴 문제 1 ⑤

수능 기본 문제 01 ③ 02 ③ 03 ① 04 ②

수능 실전 문제 1 ③ 2 ② 3 ③ 4 ②

Ⅰ단원 실력 플러스
01 ② 02 ⑤

02 동아시아 세계의 형성
본문 20~25쪽

닮은꼴 문제 1 ⑤

수능 기본 문제 01 ④ 02 ④ 03 ③ 04 ⑤ 05 ① 06 ③ 07 ⑤ 08 ④

수능 실전 문제 1 ③ 2 ② 3 ⑤ 4 ③ 5 ② 6 ③

03 동아시아 세계의 발전 및 변동
본문 30~39쪽

닮은꼴 문제 1 ⑤ 2 ⑤

수능 기본 문제 01 ② 02 ④ 03 ① 04 ③ 05 ⑤ 06 ① 07 ⑤ 08 ②

수능 실전 문제 1 ④ 2 ① 3 ② 4 ⑤ 5 ① 6 ② 7 ② 8 ⑤

Ⅱ단원 실력 플러스
01 ④ 02 ⑤ 03 ④ 04 ⑤

04 서아시아의 여러 제국과 이슬람 세계의 형성
본문 44~49쪽

닮은꼴 문제 1 ⑤

수능 기본 문제 01 ④ 02 ③ 03 ⑤ 04 ① 05 ④ 06 ③ 07 ① 08 ③

수능 실전 문제 1 ⑤ 2 ② 3 ② 4 ③ 5 ② 6 ①

05 인도의 역사와 다양한 종교·문화의 출현
본문 53~59쪽

닮은꼴 문제 1 ③

수능 기본 문제 01 ③ 02 ② 03 ③ 04 ①

수능 실전 문제 1 ④ 2 ① 3 ④ 4 ⑤ 5 ⑤ 6 ②

Ⅲ단원 실력 플러스
01 ① 02 ① 03 ③ 04 ①

06 고대 지중해 세계
본문 64~69쪽

닮은꼴 문제 1 ①

수능 기본 문제 01 ① 02 ① 03 ⑤ 04 ③ 05 ② 06 ② 07 ③ 08 ④

수능 실전 문제 1 ③ 2 ③ 3 ③ 4 ① 5 ⑤ 6 ①

07 유럽 세계의 형성과 변화
본문 76~85쪽

닮은꼴 문제 1 ③ 2 ②

수능 기본 문제 01 ① 02 ③ 03 ① 04 ① 05 ② 06 ④ 07 ② 08 ③ 09 ③ 10 ① 11 ② 12 ①

수능 실전 문제 1 ④ 2 ② 3 ④ 4 ③ 5 ③ 6 ⑤ 7 ① 8 ① 9 ⑤ 10 ④

08 시민 혁명과 산업 혁명(1)

본문 92~99쪽

닮은꼴 문제 1 ② 2 ④

수능 기본 문제 01 ③ 02 ③ 03 ② 04 ③ 05 ④ 06 ⑤ 07 ① 08 ③

수능 실전 문제 1 ② 2 ⑤ 3 ④ 4 ③ 5 ② 6 ③ 7 ② 8 ③

09 시민 혁명과 산업 혁명(2)

본문 105~113쪽

닮은꼴 문제 1 ①

수능 기본 문제 01 ③ 02 ② 03 ② 04 ⑤ 05 ② 06 ① 07 ③ 08 ④

수능 실전 문제 1 ② 2 ① 3 ① 4 ⑤ 5 ④ 6 ②

Ⅳ단원 실력 플러스

01 ① 02 ② 03 ① 04 ④ 05 ② 06 ②

10 제국주의와 민족 운동

본문 120~128쪽

닮은꼴 문제 1 ③ 2 ⑤

수능 기본 문제 01 ① 02 ⑤ 03 ② 04 ② 05 ① 06 ③ 07 ④ 08 ⑤

수능 실전 문제 1 ⑤ 2 ③ 3 ④ 4 ② 5 ⑤ 6 ③ 7 ② 8 ③ 9 ④ 10 ③

11 두 차례의 세계 대전

본문 134~143쪽

닮은꼴 문제 1 ③

수능 기본 문제 01 ⑤ 02 ④ 03 ④ 04 ⑤ 05 ① 06 ⑤ 07 ② 08 ③

수능 실전 문제 1 ④ 2 ② 3 ③ 4 ④ 5 ④ 6 ④ 7 ② 8 ④

Ⅴ단원 실력 플러스

01 ③ 02 ⑤ 03 ① 04 ① 05 ① 06 ④

12 냉전과 탈냉전, 21세기의 세계

본문 147~151쪽

닮은꼴 문제 1 ②

수능 기본 문제 01 ② 02 ② 03 ① 04 ②

수능 실전 문제 1 ③ 2 ⑤ 3 ④ 4 ③

Ⅵ단원 실력 플러스

01 ① 02 ①

Mini Test

본문 154~168쪽

회차	01	02	03	04	05	06	07	08	09	10
Mini Test 1회	③	④	①	⑤	⑤	⑤	③	④	①	⑤
Mini Test 2회	③	④	①	④	④	①	⑤	②	①	③
Mini Test 3회	③	②	③	②	②	⑤	④	③	④	②

정답과 해설

01 인류의 출현과 문명의 발생

닮은꼴 문제

본문 11쪽

1 이집트 문명의 특징 파악 정답 ⑤

문제 분석 자료에서 오시리스가 죽은 자에게 판결을 내린다는 점, 시신을 방부 처리하여 미라를 만들었다는 점 등을 통해 (가) 문명이 이집트 문명임을 알 수 있다. 이집트 문명에서는 영혼 불멸과 사후 세계를 믿어 미라와 「사자의 서」를 제작하였다.

정답 찾기 ⑤ 고대 이집트 문명에서는 피라미드와 스핑크스를 만들었다.

오답 피하기 ① 헤브라이인들은 유일신 숭배 사상을 갖고 있었으며 유대교를 성립시켰다.
② 메소포타미아 문명에서는 도시에 지구라트라는 신전을 건설하였다.
③ 인더스 문명에서는 계획도시인 모헨조다로와 하라파가 건설되었다.
④ 중국의 상 왕조는 국가의 중요한 일을 점을 쳐서 결정하였는데, 점을 친 내용을 갑골에 기록하였다.

수능 기본 문제

본문 12쪽

01 ③	02 ③	03 ①	04 ②

01 신석기 시대의 사회 모습 이해

문제 분석 자료에서 식량 채집에서 식량 생산으로 전환되었다는 점, 정착 생활이 확산되고 인구도 급격하게 늘었다는 점 등을 통해 (가) 시대가 신석기 시대임을 알 수 있다. 신석기 시대에 농경과 목축이 시작되면서 생산력이 증대되고 인구도 증가하였다.

정답 찾기 ③ 신석기 시대에는 토기를 제작하여 음식물을 조리하거나 보관하는 용도로 사용하였다.

오답 피하기 ① 헤브라이인들은 유일신 숭배 사상을 갖고 있었으며 유대교를 성립시켰다. 유대교가 성립되던 시기에는 청동기와 철기가 사용되었다.
② 페니키아인들은 표음 문자를 사용하였다. 페니키아인이 표음 문자를 사용하던 시기에는 청동기와 철기가 사용되었다.
④ 신석기 시대에는 간석기를 주로 사용하였다. 철제 무기는 철기 시대에 사용되었다.
⑤ 구석기 시대에 불과 언어를 사용하기 시작하였다.

02 메소포타미아 문명 이해

문제 분석 자료에서 티그리스강과 유프라테스강 유역을 지배하였다는 점, 수메르인의 도시 국가를 정복하였다는 점 등을 통해 (가) 문명이 메소포타미아 문명임을 알 수 있다. 메소포타미아 지역에서는 수메르인, 아카드인, 아무르인 등이 활약하였다.

정답 찾기 ③ 메소포타미아 문명의 사람들은 도시에 신전으로 지구라트를 건립하였다.

오답 피하기 ① 이집트 문명의 사람들은 피라미드와 스핑크스를 건설하였다.
② 인더스 문명에서는 계획도시인 모헨조다로가 건설되었다.
④ 중국의 상 왕조에서는 점친 내용과 결과를 갑골에 기록하였는데 이를 갑골문이라 하며, 오늘날 한자의 기원이 되었다.
⑤ 구석기 시대에 빌렌도르프의 비너스가 제작되었다.

03 이집트 문명 이해

문제 분석 자료에서 파라오를 위해 하늘로 통하는 사다리를 만든다는 점, 피라미드를 파라오와 하늘이 소통하는 매개체로 여겼다는 점 등을 통해 밑줄 친 '이 문명'이 이집트 문명임을 알 수 있다. 이집트 문명에서는 파라오가 태양신 '라'의 아들이자 신으로 군림하는 신권 정치가 이루어졌다.

정답 찾기 ① 이집트 문명은 나일강 유역에서 발달하였다.

오답 피하기 ② 메소포타미아 문명은 서아시아 티그리스강과 유프라테스강 유역에서 발전하였다.
③ 인더스 문명은 인더스강 유역에서 발전하였다.
④ 갠지스강 유역으로 아리아인이 이동해 간 지역이다.
⑤ 중국 문명은 황허강 유역에서 발전하였다.

04 인도 문명 이해

문제 분석 자료에서 『리그베다』의 기록이라는 점, 인드라가 아리아인이 추앙하는 대표적인 신이라는 점 등을 통해 (가) 문명이 인도 문명임을 알 수 있다. 인도 문명의 아리아인은 자연 현상을 찬미하는 『베다』를 제작하였다.

정답 찾기 ② 인도 문명의 아리아인은 브라만교를 신봉하였다.

오답 피하기 ① 중국 문명의 상 왕조는 은허 유적을 남겼다.
③ 이집트 문명에서는 시신을 미라로 만들었으며, 죽은 자를 위한 안내서인 「사자의 서」를 제작하였다.
④ 알타미라 동굴 벽화는 구석기 시대의 인류가 제작한 것이다.
⑤ 이집트 문명에 대한 설명이다.

수능 실전 문제 본문 13~14쪽

1 ③ 2 ② 3 ③ 4 ②

1 메소포타미아 문명 이해

문제 분석 자료가 길가메시에 대한 이야기라는 점을 통해 이야기를 남긴 문명이 메소포타미아 문명임을 알 수 있다. 메소포타미아 문명의 사람들이 남긴 『길가메시 서사시』는 도시 국가 우루크의 전설적인 왕 길가메시를 노래한 작품이다.

정답 찾기 ③ 메소포타미아 문명에서는 도시에 지구라트를 건설하여 도시의 수호신을 섬겼다.

오답 피하기 ① 상과 주는 모두 중국 문명의 왕조이다. 기원전 11세기경 주가 상을 정복하고 황허강 유역을 지배하였다.
② 페니키아인들은 도시로 카르타고를 건설하였다.
④ 이집트 문명에서는 죽은 자를 미라로 만들었다.
⑤ 인더스 문명에서는 계획도시인 하라파가 건설되었다.

2 이집트 문명 이해

문제 분석 자료에서 '신관 문자'와 '민중 문자'를 파피루스에 썼다는 내용을 통해 (가) 문명이 이집트 문명임을 알 수 있다.

정답 찾기 ② 이집트 문명에서는 피라미드, 스핑크스 등을 제작하였다.

오답 피하기 ① 중국의 상 왕조에서는 점친 내용과 결과를 갑골에 기록하였는데, 이를 갑골문이라 하며, 오늘날 한자의 기원이 되었다.
③ 바빌로니아 왕국의 함무라비왕은 이전의 법을 집대성하여 함무라비 법전을 편찬하였다.
④ 솔로몬왕은 헤브라이인이 세운 왕국을 통치하였다.
⑤ 인더스강 유역의 펀자브 지방에서 인더스 문명이 발생하였다.

3 페니키아인의 활동 이해

문제 분석 자료에서 그리스인이 작은곰자리를 '포이니케'라 부르는 점, 아프리카 해안에 카르타고를 건설한 점 등을 통해 밑줄 친 '그들'이 페니키아인임을 알 수 있다. 페니키아인들은 지중해와 흑해를 무대로 해상 무역을 전개하였다.

정답 찾기 ③ 페니키아인이 사용한 표음 문자는 그리스 세계에 전해져 이후 알파벳의 발전에 기여하였다.

오답 피하기 ① 인더스강 유역에서는 인도 문명이 발전하였다.
② 바빌로니아 왕국은 아무르인이 건국하였다.
④ 구석기인들은 풍요로운 수확, 다산 등을 기원하며 빌렌도르프의 비너스와 같은 조각품을 남겼다.
⑤ 이집트인들은 영혼 불멸과 사후 세계를 믿어 미라와 「사자의 서」를 제작하였다.

4 중국 문명 이해

문제 분석 자료에 은허 발굴 모습과 갑골문 등이 제시된 점을 통해 상 왕조에 대한 수업임을 알 수 있다. 중국 문명의 상 왕조에서는 점친 내용과 결과를 갑골에 기록하였다.

정답 찾기 ② 중국 문명은 황허강 유역에서 시작되었으며 상 왕조, 주 왕조를 거치며 발전하였다.

오답 피하기 ① 아리아인의 이동은 인도 문명과 관련 있다.
③ 구석기인들은 다산과 풍요, 사냥의 성공을 기원하며 풍만한 여인상을 조각하거나 다양한 동굴 벽화를 남겼다.
④ 신석기 시대에는 애니미즘이나 거석 숭배 등의 신앙이 나타났다.
⑤ 이집트 문명에서는 천문학이 발달하였고 태양력을 사용하였다.

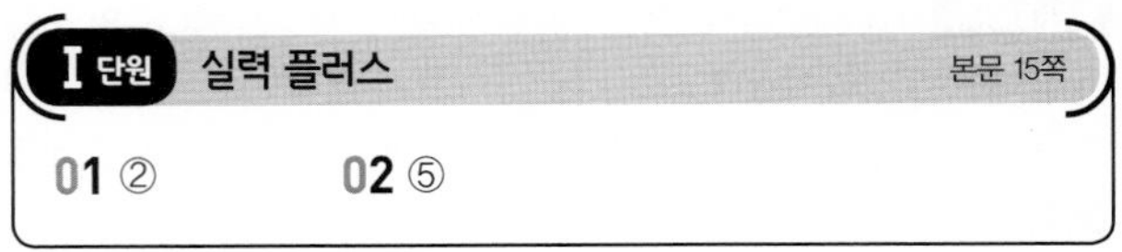

I 단원 실력 플러스 본문 15쪽

01 ② 02 ⑤

01 메소포타미아 문명 이해

문제 분석 자료에서 주요 도시가 바빌론이며 도시를 가로질러 유프라테스강이 흐른다는 내용을 통해 (가) 문명이 메소포타미아 문명임을 알 수 있다. 메소포타미아 문명은 티그리스강과 유프라테스강 유역에서 발전하였다.

정답 찾기 ② 메소포타미아 문명에서는 도시에 지구라트를 건설하여 도시의 수호신을 섬겼다.

오답 피하기 ① 인도 문명의 아리아인은 브라만교를 성립시켰다.
③ 이집트 문명에서는 통치자를 파라오라 칭하였다.
④ 중국의 상 왕조에서는 점친 내용과 결과를 갑골에 기록하였다.
⑤ 인도 문명의 아리아인은 자연 현상을 찬미하는 『베다』를 만들었다.

02 중국 문명의 주 왕조 이해

문제 분석 자료에서 수도가 호경에서 견융의 침략으로 낙읍으로 천도하였다는 내용을 통해 (가) 왕조가 주임을 알 수 있다. 주의 무왕은 상의 주왕을 물리치고 왕조 교체를 이루었다.

정답 찾기 ⑤ 주 왕조는 혈연관계에 기반한 봉건제를 운영하였다.

오답 피하기 ① 인도 문명의 아리아인은 엄격한 신분제인 카스트제를 시행하였다.
② 인도 문명에서는 계획도시인 하라파를 건설하였다 .
③ 헤브라이인이 세운 왕국은 솔로몬왕 사후 이스라엘과 유대로 분열되었다.
④ 메소포타미아 문명에서는 쐐기 문자로 기록을 남겼다.

02 동아시아 세계의 형성

닮은꼴 문제

본문 20쪽

1 수와 당의 특징 이해

정답 ⑤

문제 분석 이연이 (가)의 수도를 함락한 후 양제를 상황으로 옹립하였으며, 새로 (나)를 열었다는 내용을 통해 (가) 왕조가 수, (나) 왕조가 당임을 알 수 있다.

정답 찾기 ⑤ 수 문제는 9품중정제를 폐지하고 과거제를 실시하였다. 수의 뒤를 이은 당 역시 과거제를 실시하였다.

오답 피하기 ① 진시황제가 이사의 건의를 받아들여 분서갱유를 단행하였다.
② 한 무제가 흉노에 맞서 동맹을 모색하기 위해 장건을 대월지에 파견하였다.
③ 주가 견융의 침입을 받아 낙읍(뤄양)으로 천도한 이후 춘추 시대가 전개되었다.
④ 진이 시황제 때 흉노를 몰아내고 만리장성을 쌓았다.

수능 기본 문제

본문 21~22쪽

01 ④	02 ④	03 ③	04 ⑤
05 ①	06 ③	07 ⑤	08 ④

01 춘추 전국 시대의 사회 상황 파악

문제 분석 자료에서 제후들이 전쟁을 거듭하였고, 포악한 진(秦)이 천하를 차지한 후 경서를 불태웠다는 내용을 통해 밑줄 친 '난세'가 춘추 전국 시대임을 알 수 있다. 전국 시대를 통일한 진 시황제는 분서갱유를 단행하였다.

정답 찾기 ④ 춘추 전국 시대에는 공자, 맹자, 상앙 등 여러 사상가들이 활동하였다. 이들을 제자백가라고 한다.

오답 피하기 ① 주의 무왕이 상을 멸망시켰다. 견융의 침입을 받은 주가 낙읍(뤄양)으로 천도한 이후부터 진이 통일할 때까지를 춘추 전국 시대라고 한다.
② 당대인 8세기경 균전제가 붕괴되었다.
③ 진시황제 사후 진승과 오광이 난을 일으켰다.
⑤ 북위 효문제는 뤄양으로 천도하고 한족의 성씨를 쓰게 하는 등 한화 정책을 추진하였다.

02 진시황제의 활동 이해

문제 분석 자료에서 천하의 제후를 모두 아울렀고, 황제라는 호칭을 처음 세웠으며, 도량형을 하나로 통일하였다는 내용을 통해 (가) 황제가 진시황제임을 알 수 있다.

정답 찾기 ④ 진시황제는 전국을 36개 군으로 나눈 후 관리를 파견하는 등 군현제를 확대하였다.

오답 피하기 ① 당 고종이 서돌궐을 멸망시키고 중앙아시아 지역으로 세력을 확대하였다.
② 항우를 물리치고 한을 세운 고조(유방)가 군국제를 실시하였다.
③ 한 무제가 동중서의 건의를 수용하여 오경박사를 설치하고 태학을 설립하였다.
⑤ 수·당대에 3성 6부의 중앙 관제가 마련되었다.

03 후한 시기의 사회 상황 파악

문제 분석 박사에 제수되었으나 광무제가 이전 관직으로 돌아가라고 하였다는 내용을 통해 자료가 후한 시기의 상황임을 알 수 있다. 왕망이 한을 멸망시킨 후 신을 세웠으나, 호족의 지지를 받은 광무제가 즉위하여 후한이 수립되었다.

정답 찾기 ③ 전한 시기 사마천이 『사기』를 저술하였다.

오답 피하기 ① 당대 공영달 등이 『오경정의』를 편찬하였다.
② 당삼채는 주로 백색, 갈색, 녹색 등의 유약을 사용하여 만든 것으로, 당대에 널리 유행하였다.
④ 북위 시기에 윈강 석굴 사원이 조성되기 시작하였다.
⑤ 죽림칠현은 위진 시대에 활동하였다.

04 5호 16국 시대의 이해

문제 분석 흉노의 유연이 대선우로 추대되었고 한인까지 귀순해 무리가 많아지자 나라를 세웠으며, 저족의 인물이 왕을 칭하였다는 등의 내용을 통해 자료가 5호의 세력 확대에 대한 것임을 알 수 있다.

정답 찾기 ⑤ 후한 멸망 이후 중국은 위·촉·오의 삼국으로 분열되었다. 위를 계승한 진(晉)이 중국을 다시 통일하였으나, 황실의 내분으로 혼란이 계속되었다. 이때 북방의 다섯 민족인 흉노, 갈, 선비, 저, 강의 5호가 화북 지역에 여러 왕조를 세우면서 5호 16국 시대가 열렸다.

오답 피하기 ① 수 문제를 이은 양제는 돌궐과 고구려를 공격하는 등 대외 진출을 시도하였다.
② 2세기 초부터 시작된 환관과 외척, 관료 사이의 정쟁으로 통치력이 약화된 후한은 황건적의 난을 계기로 220년 멸망하였다.
③ 춘추 시대에 존왕양이를 내세우며 정국을 주도한 다섯 패자를 춘추 5패라고 한다.
④ 전국 시대의 강력한 일곱 국가를 전국 7웅이라고 한다. 7웅 중 진이 전국 시대를 통일하였다.

05 수의 특징 이해

문제 분석 자료에서 통제거와 영제거 등의 운하를 개통하였다는 내용을 통해 (가) 왕조가 수임을 알 수 있다. 수가 건설한 대운하는 남북 간의 원활한 물자 유통에 기여하였다.

정답 찾기 ① 수는 9품중정제를 폐지하고 과거제를 실시하였다.

오답 피하기 ② 5호 16국 시대의 혼란을 수습한 북위가 서위와 동위로 나뉘었다.
③ 수는 황허강 유역의 대흥(장안)을 수도로 삼았다. 동진 등이 창장강 이남 지역에 수도를 두었다.
④ 당은 넓은 영토를 효과적으로 통치하기 위해 직접 지배가 곤란한 지역은 도호부 등을 설치하고 간접적으로 다스리는 기미 정책을 실시하였다.
⑤ 상은 국가의 중요한 일을 점을 쳐서 결정하였다. 이때 점친 내용과 결과를 갑골에 기록하였다.

06 당 태종의 활동 이해

문제 분석 동돌궐의 힐리가한이 침입을 받아 도망쳐 사막을 건너려 하였으나 실패하였다는 등의 내용을 통해 자료가 당의 동돌궐 정복에 대한 것임을 알 수 있다. 수는 돌궐에 의성 공주를 시집보냈고, 수를 이은 당은 태종 때 동돌궐을 무너뜨렸다. 따라서 밑줄 친 '황제'는 7세기 전반에 활동한 당 태종이다.

정답 찾기 ③ 당 태종은 율령 체제를 정비하는 등 '정관의 치'라는 번영을 이루었다.

오답 피하기 ① 한 무제가 흉노를 견제하기 위해 장건을 서역에 파견하였다.
② 8세기 중반 일어난 안사의 난을 전후하여 당의 균전제가 붕괴되었고, 당은 재상 양염의 건의로 조용조를 대신하여 양세법을 시행하였다.
④ 진(晉)이 삼국 시대의 분열을 수습하였다.
⑤ 진이 상앙을 등용하여 법가적 개혁을 추진하였다.

07 당 후기의 상황 파악

문제 분석 안녹산이 뤄양을 함락하였고, 애제가 주전충에게 선위하였다는 등의 내용을 통해 자료가 당대의 상황에 대한 것임을 알 수 있다. 따라서 (가)에는 당에서 일어난 주요 정치적 변란이 제시되어야 한다.

정답 찾기 ⑤ 875~884년에 걸쳐 일어난 황소의 난으로 당이 급격히 쇠퇴하게 되었다.

오답 피하기 ① 북주의 외척인 양견이 수를 세우고 남조의 진을 멸망시켜 남북조 시대를 통일하였다.
② 주가 견융의 침입으로 호경에서 낙읍(뤄양)으로 천도하였다.
③ 후한 말에 황건적의 난이 일어났다.
④ 기원후 8년 전한을 무너뜨리고 신(新)을 세운 왕망이 토지를 국유화하였고, 노비 매매를 금지하였다.

08 일본 헤이안 시대의 사회 변화 이해

문제 분석 자료에서 지방에서 무사 계층이 성장하였고, 견당사 파견이 중지되었다는 등의 내용을 통해 (가) 시대가 일본의 헤이안 시대임을 알 수 있다. 수도를 헤이안쿄로 정한 때부터 12세기 말까지를 헤이안 시대라고 한다.

정답 찾기 ④ 헤이안 시대 일본에서는 국풍 문화가 발달하였다. 이 시기에 한자를 변형해 만든 가나가 사용되었고, 주택과 관복 등에서 일본 고유의 특색이 나타났다.

오답 피하기 ① 6세기 말 ~ 7세기 초 아스카 지역을 중심으로 발달한 불교문화를 아스카 문화라고 한다.
② 7세기 중엽 당 율령 체제의 영향을 받아 국왕 중심의 중앙 집권 체제를 지향한 다이카 개신이 단행되었다.
③ 도다이사 대불전은 8세기 나라 시대에 조성되었다.
⑤ 『고사기』, 『만엽집』 등은 8세기 나라 시대에 편찬되었다. 이 시기에는 중앙 집권 체제가 확립되고 국가 의식이 높아졌다.

수능 실전 문제

본문 23~25쪽

1 ③	2 ②	3 ⑤	4 ③
5 ②	6 ③		

1 춘추 전국 시대의 상황 이해

문제 분석 자료에서 제(齊), 위(魏)가 오랫동안 대치하고 있고, 진(秦)과 초(楚)가 강한 나라였다는 등의 내용을 통해 자료가 중국의 전국 시대에 대한 것임을 알 수 있다. 제, 위, 진, 초는 모두 전국 7웅에 속하였다.

정답 찾기 ③ 부국강병을 추구한 춘추 전국 시대의 제후국들이 능력 있는 인재를 등용하면서 다양한 학자와 학파가 성립하였다. 이를 제자백가라 한다. 이 중 묵자는 차별 없는 사랑(겸애)과 평화주의를 강조하였다.

오답 피하기 ① 태평도는 후한 말 창시된 민간 종교이다.
② 향거리선제는 한대에 실시된 관리 선발 제도이다. 지방 장관이 지역의 능력 있는 인재를 중앙에 추천하면 이를 등용하는 방식으로 운영되었다.
④ 오수전은 한대에 발행된 화폐이다.
⑤ 도연명은 동진의 인물로, 「귀거래사」를 지었다.

2 진(秦)의 특징 파악

문제 분석 자료에서 6국을 통일하였고, 법치를 숭상하였다는 등의 내용을 통해 (가) 왕조가 춘추 전국 시대를 통일한 진(秦)임을 알 수 있다.

정답 찾기 ② 진시황제는 북으로는 유목 민족인 흉노를 밀어내고 만리장성을 쌓았으며, 남으로는 광둥 지역으로 영토를 확대하였다.

오답 피하기 ① 은허 유적은 상이 남겼다.
③ 북위의 효문제가 조정에서 선비어 사용을 금지하는 등 한화 정책을 실시하였다.
④ 주가 견융의 침입을 받아 호경에서 낙읍(뤄양)으로 천도한 것이 대표적이다.
⑤ 위진 남북조 시대에 실시된 9품중정제에 대한 설명이다.

3 신(新)의 정책 파악

문제 분석 예전에는 흉노에 주는 인장에 '한'이라는 국명이 없었는데, 새로 인장을 주면서 '신'이라는 국명을 넣었다는 내용 등을 통해 자료가 전한을 무너뜨린 신(新)에 대한 것임을 알 수 있다.

정답 찾기 ⑤ 1세기 초 왕망은 신을 세우고 토지 국유화 등의 개혁을 추진하였으나 호족의 반발로 무너졌다.

오답 피하기 ① 과거제는 수대부터 실시되었다.
② 한 무제가 잦은 대외 원정에 따른 재정 악화 문제를 해결하기 위해 균수법과 평준법을 시행하였다.
③ 진시황제 때에 승상 이사의 건의에 따라 분서갱유가 단행되었다.
④ 한 고조가 봉건제와 군현제를 절충한 군국제를 시행하였다.

4 3세기경 중국의 정세 이해

문제 분석 옛 촉 지역에서 훈련하는 진(晉)의 수군, 오가 장차 망할 것이라는 내용 등을 통해 자료가 삼국 시대의 상황임을 알 수 있다.

정답 찾기 ③ 후한이 멸망한 이후 중국은 위·촉·오의 삼국으로 나뉘었다. 이러한 삼국 시대는 3세기 후반 위를 계승한 진(晉)에 의해 통일되었다. 하지만 진은 5호에 의해 무너졌고, 강남으로 이동한 한족이 동진을 세웠다. 화북 지역에서는 5호 16국 시대가 전개되다가 북위에 의해 통합되었다. 반고가 한서를 저술한 것은 후한대의 사실이고, 북위의 효문제는 5세기 평성(다퉁)에서 뤄양으로 천도하였다.

5 당대의 상황 파악

문제 분석 부병의 의무에서 빠지는 자가 많고 현종 때에 병농이 분리되었다는 내용을 통해 자료가 안사의 난을 전후로 부병제가 무너지는 상황임을 알 수 있다. 따라서 자료는 당대의 상황이다.

정답 찾기 ② 당 태종 때에 공영달 등이 훈고학을 집대성하여 『오경정의』를 편찬하였다.

오답 피하기 ① 상앙은 전국 시대 진(秦)에 등용되어 법가에 기초한 개혁을 추진하였다.
③ 사마천은 전한 시기에 기전체의 『사기』를 저술하였다.
④ 한 무제 때에 동중서의 건의가 받아들여져 유교가 관학화되었다. 또한 태학이 설립되었고, 오경박사가 설치되었다.
⑤ 위진 남북조 시대 혜강 등 죽림칠현은 속세를 떠나 자유로운 철학적 논의를 나누었다.

6 일본 나라 시대의 사실 파악

문제 분석 자료에서 겐메이 천황이 헤이조궁으로 수도를 옮겼다는 내용을 통해 (가)가 헤이조쿄 천도에 대한 것임을 알 수 있다. 또한 간무 천황이 헤이조궁에서 헤이안으로 옮겼다는 내용을 통해 (나)는 헤이안쿄 천도에 대한 것임을 알 수 있다. 8세기 헤이조쿄가 수도였던 시기를 나라 시대라고 한다.

정답 찾기 ③ 나라 시대에 도다이사 대불전과 불상이 건립되었다.

오답 피하기 ① 일본은 600년부터 수에 견수사를 파견하였다.
② 헤이안 시대에 군주권이 약화되면서 귀족과 호족들이 대규모 장원을 소유하였고, 지방에서는 무사단이 성립하는 등 무사 계층이 성장하였다.
④ 6세기 후반~7세기 전반에 걸쳐 활동한 쇼토쿠 태자는 중국과 한반도의 문화를 수용하여 중앙 집권 체제를 확립하고 불교문화를 발전시켰다.
⑤ 3세기경 일본에서는 벼농사와 청동기, 철기 등 금속기에 기반한 야요이 시대가 열렸다.

03 동아시아 세계의 발전 및 변동

닮은꼴 문제

본문 30~31쪽

1 강희제의 활동 파악

정답 ⑤

문제 분석 만주족의 복장을 하였고, 삼번의 난과 타이완의 정씨 세력을 진압하였다는 등의 내용을 통해 밑줄 친 '이 황제'가 청의 강희제임을 알 수 있다.

정답 찾기 ⑤ 강희제는 시베리아에 진출한 러시아와 네르친스크 조약을 맺어 국경을 안정시켰다.

오답 피하기 ① 명을 세운 홍무제가 이갑제를 마련하고 토지 대장과 호적을 정비하였다.

② 강희제의 뒤를 이은 옹정제가 군기처를 설치하여 황제권을 강화하였다.

③ 몽골의 칭기즈 칸이 서하와 금을 공격하였다.

④ 명의 영락제가 베이징에 자금성을 짓고 천도하였다.

2 무로마치 막부의 특징 파악

정답 ⑤

문제 분석 교토에 막부가 새로 수립되었고, 쇼군의 저택이 천황의 처소보다 규모가 컸다는 내용 등을 통해 밑줄 친 '막부'가 무로마치 막부임을 알 수 있다.

정답 찾기 ⑤ 무로마치 막부는 명으로부터 책봉을 받고 조공 무역인 감합 무역을 통해 명과 교류하였다.

오답 피하기 ① 에도 막부가 나가사키 앞바다에 데지마를 조성하고 서양 국가 중 네덜란드와만 무역하였다.

② 야마토 정권이 유학생, 승려 등이 포함된 견수사를 파견하였다.

③ 8세기 나라 시대에 도다이사가 창건되었다.

④ 8세기 말 헤이안쿄로 천도한 후 약 400년간의 헤이안 시대가 전개되었다.

수능 기본 문제

본문 32~33쪽

01 ②	02 ④	03 ①	04 ③
05 ⑤	06 ①	07 ⑤	08 ②

01 송대의 상황 파악

문제 분석 청묘법과 모역법 등 신법의 시행으로 백성들이 기뻐하고 있다는 내용 등을 통해 자료가 11세기 송대의 상황임을 알 수 있다. 자료의 '그'는 왕안석이다.

정답 찾기 ② 왕안석은 황제가 지원하는 가운데 재정 수입의 확대와 부국강병을 목표로 신법을 단행하였다. 그러나 사마광 등 보수파들과 대지주층의 반대에 부딪혀 실패하고 말았다.

오답 피하기 ① 후금(청)은 행정 단위이자 군사 조직으로 팔기제를 운영하였다.

③ 『서상기』는 원대에 유행한 원곡(희곡)이다. 원대에는 도시민들이 연극 공연을 즐기는 등 서민 문화가 발전하였다.

④ 명의 영락제가 내각 대학사를 두어 황제를 보좌하게 하였다.

⑤ 청에 해당한다. 청은 한족에 대한 회유책의 일환으로 주요 관직에 만주족과 한족을 같이 임명하는 만한 병용제를 실시하였다.

02 거란(요)의 특징 파악

문제 분석 자료에서 송이 서하에 흔들리는 틈을 타 사신을 보냈고, 전연의 맹약에 따라 제공받던 세폐보다 더 많은 물품을 받게 되었다는 내용을 통해 (가) 왕조가 거란(요)임을 알 수 있다. 자료에 제시된 후진 때 석경당으로부터 할양받았던 땅은 연운 16주를 의미한다.

정답 찾기 ④ 거란(요)은 북면관제와 남면관제를 시행하여 거란족 등 유목 민족과 한족 등 농경민을 분리하여 통치하였고, 고유 문자를 제정하였다.

오답 피하기 ① 여진이 세운 금은 송과 연합한 후 거란(요)을 공격하여 멸망시켰다. 이후 금은 송을 공격하여 수도 카이펑을 함락하였다.

② 『수시력』은 원대에 곽수경 등이 편찬하였다.

③ 진시황제가 전국 시대를 통일한 후 사상 통제를 목적으로 분서갱유를 단행하였다.

⑤ 탕구트족은 11세기에 서하를 세웠다.

03 금의 성립과 발전 파악

문제 분석 자료에서 요, 송, 서하, 고려가 병존하던 시기에 요를 군사적으로 압박하였다는 내용 등을 통해 (가) 왕조가 금임을 알 수 있다.

정답 찾기 ① 아구다는 여진 부족을 통합하고 1115년에 금을 세웠다.

오답 피하기 ② 북위가 동위와 서위로 나뉘었다.

③ 청이 광저우에 공행을 설치하고 대외 무역을 담당하도록 하였다.

④ 진시황제가 전국 시대를 통일한 이후 화폐를 반량전으로 통일하였다.

⑤ 상 왕조에서는 점친 내용과 결과를 갑골에 기록하였는데, 이를 갑골문이라 한다.

04 쿠빌라이 칸의 활동 이해

문제 분석 자료에서 회자는 남송의 화폐이고, 교초는 원대에 발행된 화폐이다. 따라서 자료는 원이 창장강을 건너 남송을 정벌하는 상황이고, 밑줄 친 '황제'가 쿠빌라이 칸임을 알 수 있다.

정답 찾기 ③ 몽골의 쿠빌라이 칸은 수도를 대도(베이징)로 옮기고 국호를 원으로 정하였다.

오답 피하기 ① 당 태종이 동돌궐을 공격하여 복속시켰다.
② 청 강희제가 삼번의 난을 진압하였다.
④ 수 문제가 9품중정제를 폐지하고 과거제를 실시하였다.
⑤ 송 태조 조광윤이 절도사들의 권한을 회수하고 중앙 집권을 강화하였다.

05 원의 특징 파악

문제 분석 상도 남쪽에서 후에 대도로 개칭되는 연경에 이르는 길에 역참을 세웠고, 한족으로 하여금 운영에 참여하게 하였다는 내용을 통해 자료가 원이 내린 조치임을 알 수 있다.

정답 찾기 ⑤ 마르코 폴로는 쿠빌라이 칸의 환대 속에 원을 여행하였고, 그의 견문은『동방견문록』으로 출판되어 유럽에 중국을 소개하였다. 또한 이븐 바투타는 원을 비롯한 세계 각지를 여행한 후『여행기』를 남겼다.

오답 피하기 ① 9세기 후반 일어난 황소의 난으로 당이 급격히 쇠퇴하게 되었다.
② 거란(요)은 거란족 등 유목민을 북면관제로 다스렸고, 한족 등 농경민을 남면관제로 다스렸다.
③ 거란(요)은 후진의 건국을 도와준 대가로 만리장성 남쪽의 화북 일부 지역인 연운 16주를 차지하였다. 이후 5대 10국 시대의 혼란을 수습한 송과 연운 16주를 두고 대립하였다.
④ 청이 18세기 중반 이후 서양 상인과의 무역을 광저우로 제한하였다.

06 명 홍무제의 활동 이해

문제 분석 자료에서 몽골과 단절하고 난징에 도읍해야 한다는 등의 내용을 통해 밑줄 친 '그'가 명을 세운 홍무제임을 알 수 있다.

정답 찾기 ① 명 홍무제는 재상제를 폐지하고 행정 · 군사 · 사법 등의 권한을 황제에게 집중시켜 황제권을 강화하였다.

오답 피하기 ② 청 옹정제가 군기처를 설치하였다.
③ 청은 한족에 대한 회유책의 일환으로 주요 관직에 만주족과 한족을 같이 임명하는 만한 병용제를 시행하였다.
④ 명 영락제의 명령에 따라 정화의 함대가 원정에 나섰다. 이들은 동남아시아와 인도양, 멀리 아프리카 동해안까지 항해하며 명 중심의 국제 질서를 확대하였다.
⑤ 청 건륭제가 티베트와 신장, 몽골을 포함한 오늘날 중국 영토 대부분을 확보하였다.

07 명 · 청대의 경제 상황 이해

문제 분석 회관과 공소가 세워졌다는 등의 내용을 통해 자료가 명 · 청대의 상황임을 알 수 있다. 명 · 청대에는 농업 생산량과 상품 작물 재배가 증가하면서 경제 중심지가 분화되고 각지에서 상품 거래가 활발해졌다. 산시 상인과 휘저우 상인 등 대상인 집단이 출현하였으며, 전국적인 유통망을 지닌 대상인들의 동향 조직과 동업 조합인 회관과 공소가 경쟁적으로 건립되었다.

정답 찾기 ⑤ 명 · 청대에는 옥수수, 고구마, 담배, 감자, 땅콩 등 아메리카의 작물이 널리 보급되었다.

오답 피하기 ① 도전, 포전 등은 춘추 전국 시대에 각국에서 사용되던 화폐이다. 진시황제는 이를 반량전으로 통일하였다.
② 한 무제가 잦은 대외 원정에 따른 재정 문제를 해결하기 위해 균수법과 평준법을 시행하였다.
③ 비전은 당대에 사용된 약속 어음이다.
④ 북위가 자영농 육성을 위해 균전제를 시행하였고, 이는 수 · 당으로 계승되었다.

08 무로마치 막부의 특징 파악

문제 분석 자료에서 아시카가 다카우지가 모반하였고, 막부를 수립하였다는 내용을 통해 (가) 막부가 무로마치 막부임을 알 수 있다.

정답 찾기 ② 무로마치 막부는 아시카가 요시미쓰 시기에 명과 국교를 맺고 감합 무역을 전개하였다.

오답 피하기 ① 7세기 중엽 당의 율령 체제를 모방하여 군주 중심의 중앙 집권 체제를 지향한 다이카 개신이 단행되었다.
③ 중국의 진시황제가 전국 시대의 혼란을 수습하였고, 일본에서는 도요토미 히데요시가 전국 시대를 통일하였다.
④ 가마쿠라 막부가 13세기 후반 두 차례에 걸친 원의 침입을 막아내었다.
⑤ 에도 막부가 나가사키 앞바다를 메워 데지마라는 인공섬을 조성하였다. 이곳에 네덜란드 상관이 설치되었다.

수능 실전 문제

본문 34~37쪽

1 ④	2 ①	3 ②	4 ⑤
5 ①	6 ②	7 ②	8 ⑤

1 송대의 상황 파악

문제 분석 자료에서 맹원로가 남긴 책으로, 수도의 번화한 모습을 담고 있는데, 수도가 카이펑이라는 내용을 통해 (가) 왕조가 송임을 알 수 있다. 송대에는 농업 생산량이 증대하고 수공업과 상업이 크게 발전하였다. 맹원로가 지은 『동경몽화록』과 장택단이 그린 「청명상하도」를 통해 송대 도시 생활의 일상적인 모습을 볼 수 있다.

정답 찾기 ④ 송대에 상업이 발전하면서 상인은 행, 수공업자는 작이라는 동업 조합을 결성하여 이익을 도모하였다.

오답 피하기 ① 청의 중원 장악을 도운 공으로 오삼계 등이 번왕으로 봉해졌다. 청 강희제가 번의 폐지를 명령하자 이에 반발하여 오삼계 등이 삼번의 난을 일으켰으나 진압되었다.
② 당대에 네스토리우스교(경교)와 같은 외래 종교가 전래되어 유행하였다.
③ 위진 남북조 시대에는 9품중정제가 시행되었다. 수는 이를 폐지하고 과거제를 통해 관리를 등용하였고, 송은 과거에 전시를 정례화하였다.
⑤ 명에서는 서양 선교사와 교류가 늘어나면서 실용적인 학문에 대한 연구도 발전하였다. 그 영향으로 『본초강목』, 『천공개물』 등이 편찬되었다.

2 송대 경제 상황 이해

문제 분석 자료에서 교자는 송대에 발행된 지폐이고, 주희는 남송대의 인물이다. 자료는 송대에 있었던 지폐 위조에 대한 것이다.

정답 찾기 ① 송대에는 상업이 발전하면서 교자·회자 등의 지폐가 사용되었다.

오답 피하기 ② 원대에 교초가 남발되어 물가가 폭등하는 등 경제 혼란이 가중되었다.
③ 진시황제가 전국 시대 각국에서 사용된 도전, 포전 등의 화폐를 반량전으로 통일하였다.
④ 당대 안사의 난을 전후하여 귀족의 장원 소유가 늘어나면서 균전제가 무너졌고 이에 따라 조용조와 부병제는 양세법과 모병제로 바뀌었다.
⑤ 명대 이후 옥수수, 감자, 고구마 등 아메리카 작물이 유입되어 재배되었다. 이는 식량 생산 증가에 기여하였다.

3 10~13세기의 사실 파악

문제 분석 (가)는 5대 10국의 혼란 속에서 후주의 조광윤이 황제 자리를 넘겨받는 상황이다. 조광윤은 960년 송을 세웠다. (나)는 12세기 전반 금이 송의 수도 카이펑을 함락하고 송의 황제 등을 포로로 잡은 상황이다. 이를 정강의 변이라고 한다. 이후 송의 황족은 남송을 세우고 임안(항저우)을 수도로 삼았다.

정답 찾기 ② 연운 16주를 두고 요와 대립하던 송은 11세기 초 전연의 맹약을 맺고 막대한 양의 비단과 은을 세폐로 지급하였다.

오답 피하기 ① 13세기 후반 대칸으로 즉위한 쿠빌라이 칸이 대도를 새로운 수도로 정하고, 국호를 원으로 정하였다.
③ 14세기 이븐 바투타가 원을 방문하였다.
④ 7세기 당 태종 때 공영달 등이 훈고학을 집대성한 『오경정의』를 편찬하였다.
⑤ 14세기 이후 원이 무거운 세금을 거두고 교초를 남발하여 물가가 폭등하면서 백성들의 불만이 높아졌다. 이를 배경으로 백련교도가 중심이 된 홍건적이 반란을 일으켰다.

4 원의 특징 파악

문제 분석 자료에서 『수시력』을 완성하였다는 내용을 통해 (가) 왕조가 원임을 알 수 있다. 자료의 인물은 곽수경이다.

정답 찾기 ⑤ 원대에 색목인은 대체로 서역의 이슬람교를 믿는 페르시아인, 위구르인 등으로, 주로 재정 업무를 담당하거나 상인으로 활동하였다.

오답 피하기 ① 명 만력제 때 장거정은 토지 조사를 토대로 일조편법을 확대 시행하는 등 재정 개혁을 추진하였다.
② 거란(요)이 이원적 통치 체제인 북면관제·남면관제를 시행하였다.
③ 청이 서양과의 교역을 광저우로 제한하였다.
④ 왕안석은 북송 때 재정 확충과 부국강병을 목표로 신법을 추진하였다.

5 명대 북로남왜의 영향 이해

문제 분석 16세기 북로남왜의 침입 속에서 내각 대학사로 등용된 장거정은 일조편법을 확대 시행하는 등 재정 개혁 등을 추진하였다. 따라서 밑줄 친 '외적의 공격'은 북로남왜의 침입에 해당한다.

정답 찾기 ① 15세기 이후 명은 북쪽은 몽골의 침략에 시달렸고, 동남부 해안은 일본 왜구 세력의 침입을 겪었다. 이를 북로남왜라고 한다. 이를 막기 위한 군사비 지출이 늘어나면서 재정이 악화되었다.

오답 피하기 ② 12세기 전반 금이 송의 수도 카이펑을 점령하고 송의 황제 등을 포로로 사로잡았다. 이를 정강의 변이라고 한다.
③ 원의 쿠빌라이 칸은 남송을 멸망시켰고, 두 차례에 걸쳐 일본 원정에 나섰다.
④ 11세기 전반 탕구트족이 세운 서하는 송을 압박하여 세폐를 지급받았다. 또 둔황 등을 거치는 동서 무역로를 장악하였다.
⑤ 임진왜란 이후 명과 조선이 쇠퇴한 틈을 이용하여 누르하치는 팔기제를 바탕으로 여진족을 통일하고 후금을 세웠다. 이후 후금은 세력을 키워 내몽골과 조선을 공격하였다.

6 17세기 후반의 사회 상황 파악

문제 분석 타이완의 정씨가 왕을 자처하며 웅거하였고, 우리 조정에 등용되지 못한 한인들이 타이완으로 건너간다는 내용을 통해 자료가 17세기 후반 타이완의 정씨 세력이 반청 운동을 전개하던 상황임을 알 수 있다. 따라서 밑줄 친 '황제'는 반청 운동을 진압한 강희제이다.

정답 찾기 ② 강희제가 번을 폐지하려 하자, 오삼계 등 한족 장수들이 삼번의 난을 일으켰으나 진압되었다.

오답 피하기 ① 정화의 함대는 영락제의 명으로 파견되기 시작하였다. 이들은 명 중심의 국제 질서 확대에 기여하였다.
③ 북송 때 왕안석이 신법을 추진하며 개혁에 나섰으나, 구법당의 반대로 실패하였다.
④ 1644년 이자성이 이끄는 농민군이 베이징을 점령하여 명이 멸망하였다.
⑤ 명 말에 활동하였던 예수회 선교사 마테오 리치는 「곤여만국전도」 제작에 관여하였다.

7 청의 특징 파악

문제 분석 자료에서 『시헌력』을 편수하게 하였다는 내용을 통해 밑줄 친 '새 왕조'가 청임을 알 수 있다. 자료는 청 황제가 아담 샬에게 내린 것으로, 아담 샬은 청 초기 역법을 개정하고 천문대를 맡을 정도로 황제의 큰 신임을 얻었다.

정답 찾기 ② 청은 다수의 한족을 지배하기 위한 강경책으로 만주족을 비난하거나 오랑캐로 여기는 서적을 금서로 지정하는 등 가혹한 탄압을 가하였다. 이를 문자옥이라고 한다.

오답 피하기 ① 명 영락제가 베이징에 자금성을 짓고 난징에서 천도하였다.
③ 금이 송의 수도 카이펑을 점령하고 송 황제를 포로로 사로잡았다. 이를 정강의 변이라고 한다.
④ 당이 넓은 지역을 효과적으로 다스리기 위해 정복지에 도호부를 두고 간접적으로 다스렸다.
⑤ 북위가 윈강, 룽먼 석굴 사원을 조성하기 시작하였다.

8 에도 막부의 특징 파악

문제 분석 자료에서 조닌층에서 다색 목판화인 우키요에가 널리 유행하였다는 내용을 통해 밑줄 친 '이 막부'가 에도 막부임을 알 수 있다.

정답 찾기 ⑤ 에도 막부는 네덜란드와 교류하면서 의학을 비롯해 천문·무기 등에 관한 서양 지식을 얻었다. 이를 난학이라고 한다.

오답 피하기 ① 가마쿠라 막부가 원 쿠빌라이 칸의 두 차례에 걸친 침입을 막아내었다.
② 헤이안 시대에 견당사 파견이 중지되었다.
③ 일본은 7세기 말부터 '일본'이라는 국호와 '천황'이라는 칭호를 사용하기 시작하였다.
④ 미나모토노 요리토모는 12세기 후반 가마쿠라 막부를 수립하였다.

Ⅱ 단원 실력 플러스

본문 38~39쪽

01 ④ 02 ⑤ 03 ④ 04 ⑤

01 춘추 전국 시대의 사회 상황 이해

문제 분석 제(齊), 위(魏), 초(楚), 조(趙), 연(燕) 등의 국명과 제의 주변에 연, 조, 초가 있다는 내용을 통해 자료가 전국 시대에 대한 것임을 알 수 있다.

정답 찾기 ④ 춘추 전국 시대에는 철제 농기구가 사용되고 우경이 보급되면서 농업 생산력이 증대되었다. 또 상업이 발전하면서 화폐가 널리 사용되었다.

오답 피하기 ① 송 태조 조광윤이 절도사의 권한을 회수하는 등 문치주의 정책을 추진하였다.
② 진 황실의 인물이 건강(난징)에서 동진을 세웠다.
③ 14세기 후반 백련교도가 중심이 된 홍건적이 반란을 일으켰다. 이 과정에서 세력을 키운 주원장이 명을 건국하였다.
⑤ 죽림칠현은 위진 시대에 속세를 벗어나 청담을 논의하였다.

02 위진 남북조 시대의 상황 파악

문제 분석 자료에서 진(晉) 초에 오랑캐들이 중원에 섞여 살았고, 결국 화북 지역이 오랑캐의 구역이 되었다는 내용을 통해 밑줄 친 ㉠이 5호 16국 시대와 남북조 시대에 대한 것임을 알 수 있다.

정답 찾기 ⑤ 위진 남북조 시대에는 9품중정제를 통해 호족 세력이 관직을 독점하면서 문벌 귀족 사회의 형성이 촉진되었다.

오답 피하기 ① 『수시력』은 원대에 편찬되었다.
② 비전은 당대에 사용된 약속 어음이다.
③ 명·청대에 은 유입이 증가하면서 일조편법, 지정은제 등 은으로 조세를 징수하는 제도가 시행되었다.
④ 거란(요)이 북면관과 남면관을 두어 유목민과 농경민을 분리하여 통치하였다.

03 청 강희제 재위 시기의 사실 파악

문제 분석 자료에서 삼번의 난 진압이 급선무였고, 러시아와 적대적인 관계를 형성하지 않으려 했다는 등의 내용을 통해 (가) 황제가 청 강희제임을 알 수 있다.

정답 찾기 ④ 청 강희제는 삼번의 난과 반청 운동을 벌이던 타이완의 정씨 세력을 진압하였다.

오답 피하기 ① 『사고전서』는 청 건륭제 때에 편찬되었다.
② 쿠빌라이 칸이 대도를 수도로 삼고, 국호를 원으로 고쳤다.
③ 주희는 남송대의 인물로 성리학을 집대성하였다.
⑤ 명 영락제가 내각 대학사를 두어 황제를 보좌하게 하였다.

04 에도 막부 시기의 상황 이해

문제 분석 네덜란드인이 에도에 도착하여 쇼군을 알현한다는 등의 내용을 통해 자료의 규칙이 에도 막부 시기에 적용된 것임을 알 수 있다. 에도 막부는 나가사키 앞바다를 메워 데지마를 조성하고 네덜란드 상관을 설치하였다. 이러한 네덜란드와의 교류를 통해 서양 과학 등이 전해져 난학이 발달하였다.

정답 찾기 ⑤ 에도 막부 시기에는 농업 생산력이 증대되고 상공업이 크게 성장하여 도시 상공업자인 조닌이 부를 축적하였다. 조닌들은 경제력을 바탕으로 가부키를 관람하고 풍속화인 우키요에 등을 즐겼다.

오답 피하기 ① 견당사는 7세기부터 9세기에 걸쳐 일본이 당에 파견한 사절단이다.

② 헤이조쿄는 8세기 초에 완성되었다. 헤이조쿄를 수도로 삼았던 시대를 나라 시대라고 한다.

③ 6세기 말 ~ 7세기 초 아스카 지역을 중심으로 발달한 불교문화를 아스카 문화라고 한다.

④ 무로마치 막부가 명과 감합 무역을 전개하였다.

04 서아시아의 여러 제국과 이슬람 세계의 형성

닮은꼴 문제

본문 44쪽

1 사산 왕조 페르시아 이해

정답 ⑤

문제 분석 자료에서 샤푸르 1세가 조로아스터교를 신봉하였다는 것, 마니교의 창시자 마니가 백성들을 상대로 포교하는 것을 허용했다는 것 등을 통해 (가) 왕조는 사산 왕조 페르시아임을 알 수 있다.

정답 찾기 ⑤ 사산 왕조 페르시아는 비잔티움 제국과의 계속된 전쟁과 왕실의 내분으로 점차 쇠퇴하다가 7세기 중엽 정통 칼리프 시대의 이슬람 세력에 멸망하였다.

오답 피하기 ① 중국 서북 지역에 있던 탕구트족은 서하를 건국하였다.

② 이집트 문명에서는 지배자를 파라오라 불렀으며, 지배자의 무덤으로 피라미드를 제작하였다.

③ 후우마이야 왕조는 이베리아반도에 위치한 코르도바를 수도로 삼았다.

④ 오스만 제국은 15세기 중엽 콘스탄티노폴리스를 점령하여 비잔티움 제국을 멸망시켰다.

수능 기본 문제

본문 45~46쪽

01 ④	02 ③	03 ⑤	04 ①
05 ④	06 ③	07 ①	08 ③

01 아시리아의 활동 이해

문제 분석 자료에서 수도였던 니네베 일대를 발굴했다는 것, 기원전 7세기에 철제 무기, 전차 등을 앞세워 정복 활동을 전개했다는 것 등을 통해 (가) 국가가 아시리아임을 알 수 있다.

정답 찾기 ④ 아시리아는 철제 무기 등을 앞세워 기원전 7세기에 서아시아의 상당 부분을 통일하였다.

오답 피하기 ① 중국 문명의 상 왕조는 은허 유적을 남겼다.

② 불교 승려 파스파는 몽골(원) 쿠빌라이 칸의 명령에 따라 몽골 문자인 파스파 문자를 만들었다.

③ 17세기 후반 러시아와 청은 네르친스크 조약을 체결하여 국경을 확정하였다.

⑤ 인더스 문명에서는 하라파와 모헨조다로 등의 계획도시가 건설되었다.

02 아케메네스 왕조 페르시아의 특징 파악

문제 분석 자료에서 나 다리우스, 아후라 마즈다의 은총으로 그들의 왕이 되었다는 것 등을 통해 (가) 왕조가 아케메네스 왕조 페르시아임을 알 수 있다. 아케메네스 왕조 페르시아에서는 조로아스터교가 발달하였다.

정답 찾기 ③ 아케메네스 왕조 페르시아의 다리우스 1세는 페르세폴리스를 제국의 수도로 건설하였다.

오답 피하기 ① 이슬람교를 성립시킨 무함마드는 메카의 보수적인 귀족층으로부터 박해를 받고 메디나로 이동하였는데(622), 이를 헤지라라고 한다.
② 메카에 있는 카바 신전은 이슬람교의 성지이다.
④ 우마이야 왕조는 투르·푸아티에 전투에서 프랑크 왕국의 궁재 카롤루스 마르텔의 군대에 패배하였다.
⑤ 칼리프 선출을 둘러싼 내분이 일어나면서 제4대 칼리프 알리가 살해되고, 시리아 총독 무아위야가 칼리프가 되어 우마이야 왕조를 열었다. 무아위야는 우마이야 가문에서 칼리프 자리를 세습하도록 하였고, 이 과정에서 알리의 후손만을 정통으로 인정하는 시아파와 알리의 후손이 아니어도 후계자가 될 수 있다고 보는 수니파로 나뉘었다.

03 파르티아의 활동 파악

문제 분석 자료에서 알렉산드로스 제국이 분열된 후 이란 계통의 민족이 세웠다는 것, 크테시폰 등을 도읍으로 삼았다는 것, 메소포타미아 평원에서 인더스강에 이르는 대제국을 건설하였다는 것, 로마와 인도의 쿠샨 왕조, 중국의 한을 연결하는 등 동서 무역로를 장악하였다는 것 등을 통해 (가) 왕조가 파르티아임을 알 수 있다.

정답 찾기 ⑤ 파르티아는 로마와의 대립으로 쇠퇴하다가 3세기에 사산 왕조 페르시아에 멸망하였다.

오답 피하기 ① 우마이야 왕조 시기 이슬람 세력은 이베리아반도로 진출하였다.
② 7세기 무함마드 사후 이슬람 공동체의 지도자로 칼리프를 선출하였다. 칼리프는 무함마드를 잇는 계승자라는 의미로, 이슬람 공동체의 종교 지도자이면서 정치 지배자 역할을 하였다.
③ 14세기 후반에 티무르는 몽골 제국의 부활을 내세우며 티무르 왕조를 세웠다.
④ 오스만 제국은 종교 공동체인 밀레트를 인정하여 제국의 안정을 꾀하였다.

04 사산 왕조 페르시아 시기의 사실 이해

문제 분석 자료에서 샤푸르 1세가 로마 황제를 포로로 사로잡았다는 것, 조로아스터교를 국교로 삼았다는 것 등을 통해 밑줄 친 '이 왕조'가 사산 왕조 페르시아임을 알 수 있다. 사산 왕조 페르시아에서는 조로아스터교를 국교로 삼아 신봉하였다.

정답 찾기 ① 마니교는 사산 왕조 페르시아에서 등장하였으며, 조로아스터교와의 대립 등으로 탄압받기도 하였다.

오답 피하기 ② 인도 문명의 아리아인은 원주민 사회를 지배하는 과정에서 엄격한 신분 질서인 카스트제를 확립하였다.
③ 이집트 문명의 사람들은 내세적 세계관에 따라 지배자의 무덤으로 피라미드를 건설하고 미라와 함께 죽은 사람을 위한 안내서인 「사자의 서」를 무덤 안에 넣어 두었다.
④ 메소포타미아 지역에 건설된 바빌로니아 왕국의 함무라비왕은 이전의 법을 집대성하여 함무라비 법전을 편찬하였다.
⑤ 오스만 제국에서는 비잔티움 양식 등의 영향을 받은 술탄 아흐메드 사원이 건립되었다.

05 정통 칼리프 시대의 사실 이해

문제 분석 자료에서 무함마드가 세상을 떠난 후 네 명의 칼리프가 통치하였다는 것 등을 통해 밑줄 친 '이 시대'가 정통 칼리프 시대임을 알 수 있다. 무함마드가 사망한 후 이슬람 공동체는 정치·종교의 지도자인 칼리프를 선출하였다. 제1대부터 제4대까지는 칼리프가 선출되었는데, 이 시기를 정통 칼리프 시대라고 한다.

정답 찾기 ④ 정통 칼리프 시대(무함마드 사후~661)에 이슬람 세력은 사산 왕조 페르시아를 정복하였다.

오답 피하기 ① 원대 곽수경 등은 이슬람 역법의 영향을 받아 『수시력』을 편찬하였다.
② 메소포타미아 문명에서는 도시에 지구라트라는 신전을 세웠다.
③ 10세기에 북아프리카 지역에서 파티마 왕조가 일어나 이집트를 정복하고 카이로를 중심으로 발전하였다.
⑤ 아케메네스 왕조 페르시아의 다리우스 1세는 대제국을 효율적으로 통치하기 위해 동쪽의 수사와 서쪽의 사르디스를 잇는 '왕의 길'을 조성하고 역참을 정비하였다.

06 아바스 왕조의 특징 파악

문제 분석 자료에서 탈라스 전투, 튀르크계 부족, 티베트 등과 연합하여 탈라스강 유역에서 당군을 물리쳤다는 것, 동서 무역의 주도권을 장악하게 되었다는 것 등을 통해 밑줄 친 '이 왕조'가 아바스 왕조임을 알 수 있다. 아바스 왕조는 중국의 당과 벌인 탈라스 전투에서 승리하여 동서 무역의 주도권을 장악하였다.

정답 찾기 ③ 아바스 왕조는 13세기에 훌라구가 이끈 몽골군의 침입을 받아 멸망하였다.

오답 피하기 ① 칭기즈 칸의 후예임을 자처한 티무르가 몽골 제국의 재건을 내세우며 티무르 왕조를 세웠다.
② 우마이야 왕조의 일파가 세운 후우마이야 왕조는 코르도바를 수도로 삼았다.
④ 오스만 제국의 셀림 1세는 이집트와 시리아 지역을 지배하던

이슬람 왕조인 맘루크 왕조를 정복하였다.

⑤ 우마이야 왕조는 수도인 다마스쿠스를 중심으로 동쪽으로 인더스강 유역, 서쪽으로 이베리아반도까지 진출하였다. 아바스 왕조는 이베리아반도까지 진출하지 못하였다.

07 오스만 제국의 사회 모습 파악

문제 분석 자료에서 메(흐)메트 2세가 술탄이라는 것, 비잔티움 제국의 수도 콘스탄티노폴리스를 점령하고 새로운 수도로 삼았다는 것 등을 통해 (가) 제국이 오스만 제국임을 알 수 있다. 오스만 제국의 메(흐)메트 2세는 1453년 콘스탄티노폴리스를 정복하여 비잔티움 제국을 멸망시켰다.

정답 찾기 ① 오스만 제국은 군사적 봉건제인 티마르제를 시행하였다. 오스만 제국의 술탄은 주로 지방의 기병에게 군사적 봉사의 대가로 토지에 대한 징세권(티마르)을 부여하였다.

오답 피하기 ② 티무르는 중앙아시아의 여러 유목 집단을 통합하여 사마르칸트를 수도로 하는 티무르 왕조를 세웠다.

③ 인더스 문명의 사람들은 계획도시인 모헨조다로와 하라파를 건설하였다.

④ 부와이 왕조를 물리치고 바그다드에 입성한 셀주크 튀르크는 아바스 왕조로부터 정치적 실권을 위임받았다.

⑤ 칼리프 선출을 둘러싼 내분이 일어나면서 제4대 칼리프 알리가 살해되고, 시리아 총독 무아위야가 칼리프가 되어 우마이야 왕조를 열었다.

08 사파비 왕조의 성립 과정 이해

문제 분석 자료에서 아바스 1세가 행정 개혁과 경제 부흥을 추진했다는 것, 거대한 수도 이스파한을 건설했다는 것, 샤의 칭호 등을 통해 밑줄 친 '왕조'가 사파비 왕조임을 알 수 있다. 사파비 왕조의 아바스 1세는 수도를 이스파한으로 옮기고 중앙 집권 정책을 펼쳤다.

정답 찾기 ③ 티무르 왕조가 쇠퇴하면서 이스마일 1세가 페르시아의 부활을 표방하며 사파비 왕조를 세웠다. 사파비 왕조는 시아파 이슬람교를 국교로 정하고 페르시아의 전통적 군주 칭호인 '샤'를 사용하였다.

오답 피하기 ① 티무르 왕조는 티무르가 사망한 이후 후계자 분쟁 등을 겪으며 점차 약해지다가 우즈베크인에게 멸망하였다. 사파비 왕조는 왕실 내부의 갈등과 혼란, 아프간족의 침입으로 쇠퇴하다가 18세기에 멸망하였다.

② 오스만 제국은 데브시르메 제도 등을 통해 예니체리와 관료를 육성하였다.

④ 우마이야 왕조는 투르 · 푸아티에 전투에서 프랑크 왕국에 패하였다.

⑤ 인도 문명의 아리아인은 자연 현상을 찬미하는 『베다』를 제작하였다.

수능 실전 문제

본문 47~49쪽

1 ⑤	2 ②	3 ②	4 ③
5 ②	6 ①		

1 아케메네스 왕조 페르시아의 특징 파악

문제 분석 자료에서 페르세폴리스가 다리우스 1세 때 건설된 수도라는 것, 알렉산드로스에 의하여 파괴되었다는 것 등을 통해 (가) 왕조가 아케메네스 왕조 페르시아임을 알 수 있다. 페르세폴리스는 아케메네스 왕조 페르시아의 수도로 알렉산드로스에 의해 정복되었다.

정답 찾기 ⑤ 아케메네스 왕조 페르시아는 아테네, 스파르타를 중심으로 한 그리스 세계와 전쟁을 벌였으나 패배하였다.

오답 피하기 ① 오스만 제국은 술탄의 친위 부대인 예니체리를 창설하였다.

② 메소포타미아 문명의 사람들은 『길가메시 서사시』를 남겼다.

③ 청의 강희제는 러시아와 네르친스크 조약을 체결하여 양국의 국경을 정하였다(1689).

④ 페니키아인은 활발한 해상 활동을 전개하면서 카르타고 등의 도시를 건설하였다.

2 사산 왕조 페르시아의 활동 파악

문제 분석 지도에서 수도가 크테시폰이라는 것, 비잔티움 제국과 굽타 왕조가 주변국이라는 것 등을 통해 (가) 왕조가 사산 왕조 페르시아임을 알 수 있다.

정답 찾기 ② 사산 왕조 페르시아에서는 조로아스터교를 국교로 삼아 신봉하였다.

오답 피하기 ① 오스만 제국은 종교 공동체인 밀레트를 허용하여 자치를 누릴 수 있게 하였다.

③ 셀주크 튀르크가 예루살렘을 점령하고 비잔티움 제국을 위협하자, 비잔티움 제국 황제는 로마 교황에게 도움을 요청하였다. 이에 십자군 전쟁이 시작되었다.

④ 아케메네스 왕조 페르시아는 알렉산드로스의 침공으로 멸망하였다.

⑤ 아바스 가문은 시아파와 비아랍인 등 여러 세력의 지원을 받아 우마이야 왕조를 무너뜨리고 아바스 왕조를 세웠다.

3 이슬람 제국의 변천 이해

문제 분석 자료에서 무함마드가 세상을 떠난 뒤 이슬람 공동체

지도자들의 회의로 칼리프가 선출되었다는 것 등을 통해 (가)가 정통 칼리프 시대가 시작된 7세기 전반임을 알 수 있고, 알리가 쿠파에서 암살당한 뒤 시리아의 총독이었던 무아위야가 스스로 칼리프임을 선언하였다는 것 등을 통해 (나)가 우마이야 왕조가 시작된 7세기 후반임을 알 수 있다.

정답 찾기 ② 정통 칼리프 시대에 이슬람 세력은 교세를 확장하여 이집트, 사산 왕조 페르시아 등을 정복하고 대제국을 건설하였다.

오답 피하기 ① 무함마드는 메카의 보수적인 귀족층의 박해를 피해 메디나로 이동하였는데, 이를 헤지라라고 한다(622).
③ 10세기에 북아프리카 지역에서 파티마 왕조가 일어나 이집트를 정복하고 카이로를 중심으로 발전하였다.
④ 페르세폴리스는 아케메네스 왕조 페르시아의 새로운 수도로, 기원전 6세기에 다리우스 1세에 의해 건설되기 시작하였다.
⑤ 파르티아는 중계 무역으로 번영하였으나 3세기에 사산 왕조 페르시아에 멸망하였다.

4 오스만 제국의 발전

문제 분석 자료에서 술탄 술레이만 1세, 헝가리를 정복, 오스트리아 빈을 포위 공격, 교황청과 에스파냐, 베네치아 등의 연합 함대를 격파 등을 통해 (가) 제국이 오스만 제국임을 알 수 있다.

정답 찾기 ③ 16세기 전반 오스만 제국의 셀림 1세는 이집트의 맘루크 왕조를 정복하여 북아프리카 지역까지 영토를 확장하였다.

오답 피하기 ① 사파비 왕조의 아바스 1세는 수도를 이스파한으로 옮기고 군사력을 강화하는 등 중앙 집권 정책을 펼쳤다.
② 시아파 이슬람교를 국교로 삼은 사파비 왕조는 수니파 이슬람교 국가인 오스만 제국과 대립하였다.
④ 아바스 왕조는 셀주크 튀르크에 정치적 실권을 위임하였다.
⑤ 아케메네스 왕조 페르시아의 다리우스 1세는 '왕의 눈', '왕의 귀'라고 불린 감찰관을 파견하였다.

5 콘스탄티노폴리스의 역사 이해

문제 분석 자료에서 그랜드 바자르, 옛 성 소피아 성당, 술탄 아흐메드 사원 등을 통해 지도의 도시가 이스탄불(옛 콘스탄티노폴리스)임을 알 수 있다.

정답 찾기 ② 오스만 제국의 메(흐)메트 2세는 1453년 비잔티움 제국의 수도인 콘스탄티노폴리스를 점령하였다. 이후 콘스탄티노폴리스를 오스만 제국의 수도로 삼았다. 술탄 아흐메드 사원은 오스만 제국의 술탄 아흐메드 1세가 콘스탄티노폴리스(이스탄불)에 지은 사원이다. 푸른색 타일을 많이 사용해서 블루 모스크라고도 불린다.

오답 피하기 ① 이집트 문명에서는 시신을 미라로 만들었으며, 죽은 자를 위한 안내서인 「사자의 서」를 제작하였다.
③ 동쪽으로 세력을 확장하려는 아바스 왕조와 서쪽으로 진출하려는 당이 중앙아시아의 탈라스강 유역에서 충돌하면서 탈라스 전투(751)가 일어났다.
④ 무함마드는 메카의 보수적인 귀족층의 박해를 피해 메디나로 이동하였는데, 이를 헤지라라고 한다(622).
⑤ 후우마이야 왕조는 이베리아반도에 위치한 코르도바를 수도로 삼았다.

6 티무르 왕조의 특징 파악

문제 분석 자료에서 14세기 후반 몽골 제국의 재건이라는 목표를 내세워 정복 활동을 펼쳐 중앙아시아에서 서아시아에 이르는 제국을 건설하였다는 것 등을 통해 (가) 왕조가 티무르 왕조임을 알 수 있다.

정답 찾기 ① 티무르 왕조는 사마르칸트를 수도로 중앙아시아에서 서아시아에 이르는 넓은 영토를 다스렸다.

오답 피하기 ② 정통 칼리프 시대의 이슬람 세력은 사산 왕조 페르시아를 멸망시켰다.
③ 프랑크 왕국은 투르·푸아티에 전투에서 이베리아반도를 넘어 침입해 온 우마이야 왕조의 군대를 물리쳤다.
④ 마케도니아의 알렉산드로스는 아케메네스 왕조 페르시아를 정복하였다.
⑤ 오스만 제국은 크리스트교도 청소년 등을 징집하여 이슬람교로 개종시킨 후 예니체리나 관료로 육성하는 데브시르메 제도를 시행하였다.

05 인도의 역사와 다양한 종교 · 문화의 출현

닮은꼴 문제 본문 53쪽

1 쿠샨 왕조 이해 정답 ③

문제 분석 자료에서 1세기경 이란 계통의 유목 민족이 세웠다는 것, 간다라 양식의 불상, 카니슈카왕 때 전성기를 이룩하였다는 것 등을 통해 (가) 왕조가 쿠샨 왕조임을 알 수 있다.

정답 찾기 ③ 쿠샨 왕조의 전성기를 이끈 카니슈카왕은 불교 지원과 포교에 노력하였는데, 이 시기에 중생의 구제를 강조하는 대승 불교가 발달하였다.

오답 피하기 ① 인도 문명의 아리아인은 브라만교를 성립시켰다.
② 마우리아 왕조의 아소카왕은 산치 대탑을 건립하였다.
④ 무굴 제국에서는 페르시아의 세밀화에 인도 양식이 조화를 이룬 무굴 회화가 발달하였다.
⑤ 아이바크는 델리를 점령한 후 이슬람 세력의 승리를 기념하기 위해 쿠트브 미나르를 건립하였다.

수능 기본 문제 본문 54쪽

01 ③	02 ②	03 ③	04 ①

01 마우리아 왕조의 특징 이해

문제 분석 자료에서 『대당서역기』에 아소카왕이 산치 대탑을 건립하는 등 불교를 장려한 이야기가 소개되어 있다는 것 등을 통해 밑줄 친 '이 왕조'가 마우리아 왕조임을 알 수 있다.

정답 찾기 ③ 마우리아 왕조의 아소카왕은 불경을 정리하고 불탑(스투파)을 세우는 한편, 각지에 불교를 전파하는 등의 활동을 통해 상좌부 불교의 발달에 기여하였다.

오답 피하기 ① 굽타 왕조 시기에는 간다라 양식과 인도 고유의 특색이 융합된 굽타 양식이 유행하였는데, 아잔타 석굴 사원 · 엘로라 석굴 사원의 벽화와 불상 등이 대표적이다.
② 샤일렌드라 왕조 때 자와섬에 대승 불교 사원인 보로부두르가 조성되었다.
④ 제4대 칼리프 알리가 살해된 후 칼리프에 오른 무아위야는 우마이야 가문이 칼리프의 자리를 세습하도록 하였다. 이 과정에서 이슬람 세력은 수니파와 시아파로 나뉘어 대립하였다.
⑤ 아이바크는 델리를 점령한 후 이슬람 세력의 승리를 기념하기 위해 쿠트브 미나르를 건립하였다.

02 쿠샨 왕조의 발전 이해

문제 분석 자료에서 카니슈카왕의 영토 확장, 대승 불교의 특징 등을 통해 (가)에는 쿠샨 왕조 시기에 있었던 사실과 관련된 내용이 들어가야 함을 알 수 있다.

정답 찾기 ② 쿠샨 왕조 때 인도 서북부의 간다라 지방에서 인도 문화와 헬레니즘 문화의 융합으로 간다라 양식의 불상이 제작되었다.

오답 피하기 ① 헤지라(622)는 무함마드가 메카를 지배하던 세력으로부터 박해를 받아 메디나로 이주한 사건을 말하며, '성스러운 이주'라는 뜻으로 이슬람력의 원년이 되었다.
③ 쿠샨 왕조가 쇠퇴하면서 분열되었던 서북 인도 지역은 4세기 초에 찬드라굽타 1세가 굽타 왕조를 세우면서 통일을 이루었다.
④ 헤브라이인은 여호와를 유일신으로 믿는 유대교를 창시하였으며, 이는 크리스트교와 이슬람교의 성립에 큰 영향을 주었다.
⑤ 영(0)과 10진법은 굽타 왕조 시기에 사용되었는데, 이는 이슬람 세계에 전해져 자연 과학 발달에 기여하였다.

03 굽타 왕조 시기의 문화 이해

문제 분석 자료에서 4세기 초반 갠지스강 유역에서 수립, 『라마야나』와 『마하바라타』, 산스크리트어가 공용어로 사용되면서 산스크리트 문학이 발달하였다는 것 등을 통해 (가) 왕조가 굽타 왕조임을 알 수 있다.

정답 찾기 ③ 굽타 왕조 시기에는 굽타 양식이 발달하여 아잔타 석굴 사원과 엘로라 석굴 사원의 벽화와 불상 등이 제작되었다.

오답 피하기 ① 무굴 제국에서는 힌두어에 페르시아어, 아랍어 등이 합쳐진 우르두어가 일상생활에서 사용되었다.
② 이슬람 세력은 8세기경부터 인도 서북부에 침입한 뒤 10세기에 펀자브 지역에 가즈니 왕조를 수립하였다.
④ 오스만 제국은 데브시르메 제도를 통해 크리스트교도 청소년 등을 징집하여 이슬람교로 개종시킨 후 예니체리나 관료로 육성하였다.
⑤ 무굴 제국에서는 페르시아의 세밀화에 인도 양식이 조화를 이룬 무굴 회화가 발달하였다.

04 무굴 제국의 성립 이해

문제 분석 자료에서 아우랑제브가 황제가 되었다는 것, 타지마할, 아우랑제브가 이슬람 제일주의를 내세웠다는 것 등을 통해 (가) 제국이 무굴 제국임을 알 수 있다.

정답 찾기 ① 16세기 초에 바부르가 아프가니스탄 지방을 점령하고 북인도로 침입하여 델리 술탄 왕조 시대를 종식시키고 무굴 제국을 수립하였다.

오답 피하기 ② 오스만 제국은 비이슬람교도에게 종교 공동체인 밀레트를 허용하여 자치를 누릴 수 있도록 하였다.

③ 굽타 왕조는 유목민 에프탈의 침입과 왕위를 둘러싼 내분으로 쇠퇴하였다.
④ 아바스 왕조는 중국의 당과 벌인 탈라스 전투에서 승리하여 동서 무역의 주도권을 장악하였다.
⑤ 우마이야 왕조는 수도인 다마스쿠스를 중심으로 영토를 확장하여 서쪽으로는 이베리아반도까지 정복하였다.

수능 실전 문제

본문 55~57쪽

1 ④	**2** ①	**3** ④	**4** ⑤
5 ⑤	**6** ②		

1 마우리아 왕조의 특징 파악

문제 분석 자료에서 사자상이 제3대 국왕이 세운 석주(돌기둥)의 꼭대기에 조각되어 있다는 것, 이 왕이 전국 각지에 석주를 세웠다는 것 등을 통해 (가) 왕조가 마우리아 왕조임을 알 수 있다.

정답 찾기 ④ 기원전 4세기경 찬드라굽타 마우리아가 인도 북부를 통일하여 마우리아 왕조를 세웠다.

오답 피하기 ① 무굴 제국의 아크바르 황제는 비이슬람교도에 대한 지즈야를 폐지하였다.
② 오스만 제국의 셀림 1세는 이집트와 시리아 지역을 지배하던 이슬람 왕조인 맘루크 왕조를 정복하였다.
③ 정통 칼리프 시대에 이슬람 세력은 사산 왕조 페르시아를 멸망시켰다.
⑤ 티무르 왕조는 티무르의 사후에 점차 쇠퇴하다가, 16세기 초반에 이르러 우즈베크인의 공격을 받아 멸망하였다.

2 쿠샨 왕조의 특징 파악

문제 분석 자료에서 수도 푸르샤푸라를 중심으로 북인도에서 중앙아시아에 이르는 영토를 확보했다는 것, 주화에 표현된 부처를 묘사한 불상의 모습이 초기 간다라 양식이라는 것 등을 통해 (가) 왕조가 쿠샨 왕조임을 알 수 있다.

정답 찾기 ① 쿠샨 왕조의 전성기를 이끈 카니슈카왕은 불교 지원과 포교에 노력하였는데, 이 시기에 중생의 구제를 강조하는 대승 불교가 발달하였다.

오답 피하기 ② 기원전 6세기 무렵 불교와 자이나교가 출현하였다.
③ 사파비 왕조의 아바스 1세는 수도를 이스파한으로 옮기고 군사력을 강화하는 등 중앙 집권 정책을 펼쳤다.
④ 술탄 아흐메드 사원은 오스만 제국의 술탄 아흐메드 1세가 콘스탄티노폴리스(이스탄불)에 지은 사원이다.
⑤ 알렉산드로스의 원정군이 인더스강 유역을 침공하여 사회 혼란이 심화된 상황에서 기원전 4세기경 찬드라굽타 마우리아가 인도 북부를 통일하여 마우리아 왕조를 세웠다.

3 사산 왕조 페르시아와 굽타 왕조의 특징 이해

문제 분석 지도에서 최대 영역의 범위, 파탈리푸트라, 에프탈의 침입 등을 통해 (가) 국가가 사산 왕조 페르시아, (나) 국가가 굽타 왕조임을 알 수 있다. 굽타 왕조는 유목민 에프탈의 침입과 왕위를 둘러싼 내분으로 쇠퇴하였다.

정답 찾기 ④ 4세기경 인도 북부에서 찬드라굽타 1세가 굽타 왕조를 세웠다.

오답 피하기 ① 멸망한 우마이야 왕조의 일족은 이베리아반도의 코르도바를 수도로 후우마이야 왕조를 세워 번영하였다.
② 굽타 왕조 시대에 산스크리트어가 공용어가 되면서 산스크리트 문학이 발달하였다. 칼리다사는 『샤쿤탈라』를 남겼고, 『마하바라타』, 『라마야나』 등의 서사시가 정리되었다.
③ 무굴 제국은 중부 인도 마라타 동맹의 반란 등으로 국력이 쇠퇴하였다.
⑤ 사산 왕조 페르시아는 이슬람 세력에 의해 멸망하였고, 굽타 왕조는 유목민 에프탈의 침입과 왕위를 둘러싼 내분으로 쇠퇴하다가 6세기에 멸망하였다.

4 아이바크의 활동 파악

문제 분석 자료에서 사진 속 탑의 모습, 델리 정복 후 건립한 탑이라는 것, 힌두 양식과 이슬람 양식이 혼재되어 있다는 것 등을 통해 밑줄 친 '이 인물'이 아이바크임을 알 수 있다. 아이바크의 본명은 쿠트브 웃딘 아이바크였다.

정답 찾기 ⑤ 아이바크가 델리를 정복하고 이슬람 왕조를 수립한 후 델리를 중심으로 한 이슬람 왕조들이 연이어 세워졌는데, 이 시기를 델리 술탄 왕조 시대라고 한다.

오답 피하기 ① 쿠샨 왕조 때 간다라 지방에서 인도 문화와 헬레니즘 문화의 융합으로 간다라 양식의 불상이 제작되었다.
② 파르티아는 로마와의 대립으로 쇠퇴하다가 3세기에 사산 왕조 페르시아에 멸망하였다.
③ 마우리아 왕조의 아소카왕은 불경을 정리하고 산치 대탑과 같은 불탑을 건립하는 등 불교를 장려하였다.
④ 무함마드는 메카의 보수적인 귀족층의 박해를 피해 메디나로 이주하였다(헤지라). 이후 메디나에서 이슬람 공동체를 만들어 세력을 키운 무함마드는 메카를 탈환하고 아라비아반도 각지로 세력을 확장하였다.

5 아크바르 황제의 활동 파악

문제 분석 자료에서 16세기 후반, 이슬람교도라는 것, 힌두교 집안 여인과도 결혼하고 이슬람교도는 물론 힌두교도도 관리로 등용하였다는 것, 비이슬람교도에 대한 지즈야를 폐지하는 등 종교적 관용 정책을 펼쳤다는 것 등을 통해 (가) 황제는 아크바르 황제임을 알 수 있다.

정답 찾기 ⑤ 무굴 제국의 아크바르 황제는 영토를 확장하여 데칸고원 이남을 제외한 인도 지역을 통일하였다.

오답 피하기 ① 오스만 제국은 크리스트교도 청소년 등을 징집하여 이슬람교로 개종시킨 후 예니체리나 관료로 육성하는 데브시르메 제도를 시행하였다.

② 사파비 왕조의 아바스 1세는 수도를 이스파한으로 옮기고 군사력을 강화하는 등 중앙 집권 정책을 펼쳤다.

③ 오스만 제국은 술레이만 1세 때 헝가리를 정복하고 오스트리아의 빈을 포위 공격하였으며 유럽 연합 함대를 격파하는 등 제국의 전성기를 이룩하였다.

④ 아케메네스 왕조 페르시아의 다리우스 1세는 '왕의 눈', '왕의 귀'라고 불리는 감찰관을 파견하여 총독을 감독하였다.

6 무굴 제국의 사회 이해

문제 분석 자료에서 제5대 황제 샤자한이 죽은 아내인 뭄타즈 마할을 추모하여 세운 묘당, 이슬람 양식과 힌두 양식을 융합한 건축물 등을 통해 밑줄 친 '이 제국'이 무굴 제국임을 알 수 있다.

정답 찾기 ② 티무르 왕조는 사마르칸트를 수도로 삼았다.

오답 피하기 ① 무굴 제국에서는 힌두어에 페르시아어, 아랍어 등이 합쳐진 우르두어가 일상생활에서 사용되었다.

③ 무굴 제국의 아우랑제브 황제는 이슬람 제일주의를 지향하여 힌두교 사원을 파괴하고 지즈야를 부활하는 등 비이슬람교도에 대한 탄압을 강화하였다. 이후 무굴 제국에서는 시크교도의 반란과 마라타 동맹 등의 반란이 일어났다.

④ 16세기 초에 바부르가 아프가니스탄 지방을 점령하고 북인도로 침입하여 델리 술탄 왕조 시대를 종식시키고 무굴 제국을 수립하였다.

⑤ 무굴 제국 시기에 공식 문서나 외교에서 페르시아어가 사용되었다.

Ⅲ단원 실력 플러스

본문 58~59쪽

01 ①	02 ①	03 ③	04 ①

01 셀주크 튀르크의 활동 이해

문제 분석 자료에서 투그릴 베그가 바그다드에 입성하고 시아파 부와이 왕조를 몰아냈다는 것, 이슬람 세계의 보호자이자 지도자가 된다는 것, 바그다드의 칼리프로부터 술탄의 칭호를 받았다는 것, 분열되었던 서아시아와 중앙아시아의 이슬람 세계를 11세기에 투그릴 베그가 재통일했다는 것 등을 통해 (가) 국가가 셀주크 튀르크임을 알 수 있다.

정답 찾기 ① 셀주크 튀르크는 예루살렘을 차지하고 소아시아 지역으로 세력을 확대하였으며 비잔티움 제국을 압박하였는데, 이에 비잔티움 제국의 황제가 로마 교황에게 구원을 요청함으로써 십자군 전쟁이 일어나게 되었다.

오답 피하기 ② 무함마드는 메카의 보수적인 귀족층의 박해를 피해 메디나로 이동하였는데, 이를 헤지라라고 한다(622).

③ 파르티아는 로마와의 대립으로 쇠퇴하다가 3세기에 사산 왕조 페르시아에 멸망하였다.

④ 오스만 제국은 데브시르메 제도 등을 통해 예니체리와 관료를 육성하였다.

⑤ 우마이야 가문의 일족이 지지 세력을 모아 이베리아반도에 있는 코르도바를 수도로 후우마이야 왕조를 세웠다. 이후 코르도바는 서유럽 이슬람 문화의 중심지가 되었다.

02 오스만 제국과 사파비 왕조의 특징 파악

문제 분석 지도에 나타난 최대 영역, 수도 콘스탄티노폴리스(이스탄불), 수도 이스파한 등을 통해 (가) 국가는 오스만 제국, (나) 국가는 사파비 왕조임을 알 수 있다.

정답 찾기 ① 군사적 봉건제인 티마르제는 오스만 제국에서 시행되었다. 오스만 제국의 술탄은 주로 지방의 기병에게 군사적 봉사의 대가로 토지에 대한 징세권(티마르)을 부여하였다.

오답 피하기 ② 티무르 왕조의 세력이 약화되면서 여러 세력이 대립하던 중 16세기 초에 이란 지역에서 이스마일 1세가 사파비 왕조를 세웠다.

③ 오스만 제국의 셀림 1세는 이집트와 시리아 지역을 지배하던 이슬람 왕조인 맘루크 왕조를 멸망시켰다.

④ 티무르 왕조는 티무르의 사후에 점차 쇠퇴하다가, 16세기 초반에 이르러 우즈베크인의 공격을 받아 멸망하였다.

⑤ 아바스 왕조는 중국의 당과 벌인 탈라스 전투에서 승리하여 동서 무역의 주도권을 장악하였다.

03 아소카왕의 정책 파악

문제 분석 자료에서 산치 대탑을 건립했다는 것, 불교를 장려하는 정책을 펼쳤다는 것, 석주를 전국 각지에 건립하였다는 것 등을 통해 (가) 왕조가 마우리아 왕조임을 알 수 있다. 마우리아 왕조의 제3대 군주는 아소카왕으로 산치 대탑을 건립하는 등 불교 장려책을 펼쳤다.

정답 찾기 ③ 기원전 4세기경 찬드라굽타 마우리아가 마우리아 왕조를 세우고 북인도를 통일하였다.

오답 피하기 ① 쿠샨 왕조 시기에 간다라 지방에서 인도 문화와 헬레니즘 문화의 융합으로 간다라 양식의 불상이 제작되었다.
② 우마이야 왕조 시기 이슬람 세력은 이베리아반도를 차지하고 유럽 세계를 공격하였으나, 투르·푸아티에 전투에서 프랑크 왕국에 패배하였다.
④ 아이바크는 델리를 점령한 후 이슬람 세력의 승리를 기념하기 위해 쿠트브 미나르를 건립하였다.
⑤ 무굴 제국의 아크바르 황제는 비이슬람교도에 대한 지즈야를 폐지하였다.

04 무굴 제국의 특징 이해

문제 분석 자료에서 샤자한 황제가 부인 뭄타즈 마할을 추모하기 위해 대규모 묘당인 타지마할을 아그라에 건축했다는 것, 데칸 고원 일대를 점령하고 영토를 확장시켰다는 것 등을 통해 밑줄 친 '이 제국'이 무굴 제국임을 알 수 있다.

정답 찾기 ① 시크교는 나나크가 힌두교와 이슬람교의 영향을 받아 창시한 종교로, 무굴 제국 시기에 유행하였다.

오답 피하기 ② 샤일렌드라 왕조 때 보로부두르 사원이 자와섬에 조성되었다.
③ 쿠트브 미나르는 아이바크가 델리를 정복한 것을 기념하여 세운 승전 탑이다. 아이바크는 델리를 정복한 후 이슬람 왕조를 수립하였다.
④ 쿠샨 왕조는 카니슈카왕 때 간다라 지방을 포함한 최대 영토를 확보하여 전성기를 이룩하였다.
⑤ 알렉산드로스의 원정군이 인더스강 유역을 침공한 이후 사회 혼란이 심화된 상황에서 기원전 4세기경 찬드라굽타 마우리아가 인도 북부를 통일하여 마우리아 왕조를 세웠다.

06 고대 지중해 세계

닮은꼴 문제 본문 64쪽

1 아테네의 특징 이해

정답 ①

문제 분석 자료에서 동맹국에서 예속국으로 전락, 투키디데스, 페르시아의 재침에 대비 등을 통해 (가) 도시 국가는 델로스 동맹의 맹주였던 아테네임을 알 수 있다.

정답 찾기 ① 고대 아테네인들은 파르테논 신전을 아크로폴리스에 세웠다.

오답 피하기 ② 카르타고는 기원전 3세기~기원전 2세기에 세 차례에 걸쳐 로마와 벌인 포에니 전쟁에서 패배하였다.
③ 스파르타는 펠로폰네소스 동맹을 주도하였고, 펠로폰네소스 전쟁에서 승리하여 그리스 세계의 패권을 차지하였다.
④ 오스만 제국의 술탄은 지방의 기병에게 군사적 봉사의 대가로 토지에 대한 징세권(티마르)을 부여하였는데, 이를 티마르제라 한다.
⑤ 아케메네스 왕조 페르시아의 다리우스 1세는 수사와 사르디스를 잇는 '왕의 길'을 조성하였다.

수능 기본 문제 본문 65~66쪽

01 ①	02 ①	03 ⑤	04 ③
05 ②	06 ②	07 ③	08 ④

01 클레이스테네스의 개혁 이해

문제 분석 자료에서 솔론 시기보다 민주적이 되었다는 점, 도편 추방제에 관한 법 등을 통해 밑줄 친 '그'는 클레이스테네스임을 알 수 있다. 솔론 이후 아테네에서 페이시스트라토스가 참주정을 실시하였다. 이에 클레이스테네스는 참주의 출현을 막기 위해 도편 추방제를 마련하였다.

정답 찾기 ① 기원전 6세기 클레이스테네스는 혈연 중심의 부족제를 거주지 중심으로 재편하고 이를 바탕으로 500인 평의회를 설치하였다.

오답 피하기 ② 로마 공화정 시기에 호민관직과 평민회가 설치되었다.
③ 콘스탄티누스 황제는 밀라노 칙령을 통해 크리스트교를 공인하였다.
④ 마케도니아의 알렉산드로스 등이 동방의 전제 군주제를 받아들여 강력한 왕권을 행사하였다.

⑤ 비잔티움 제국의 전성기를 이끈 유스티니아누스 황제는 로마법을 집대성하여 『유스티니아누스 법전』을 편찬하였다.

02 스파르타의 특징 파악

문제 분석 자료에서 시민을 페리오이코이나 헤일로타이와 구분, 아고게, 집단생활 등을 통해 (가) 도시 국가는 스파르타임을 알 수 있다. 스파르타는 소수 지배층이 다수 피지배층을 지배하기 위해 강력한 군사 통치 체제를 발전시켰다. 이에 모든 남자 시민은 어릴 때부터 집단생활을 하며 혹독한 군사 훈련을 받았다.

정답 찾기 ① 도리스인은 그리스의 펠로폰네소스반도에서 스파르타를 수립하였다.

오답 피하기 ② 로마의 평민들은 커진 경제력과 전쟁에서의 활약을 배경으로 세력을 확대하였고, 이 과정에서 신분 투쟁을 벌여 기원전 3세기 초에는 법률상 귀족과 동등한 권리를 얻었다(호르텐시우스법).
③ 활발한 해상 활동을 펼친 페니키아인은 카르타고를 비롯한 여러 도시를 건설하였다.
④ 아케메네스 왕조 페르시아의 다리우스 1세는 수사와 사르디스를 잇는 '왕의 길'을 건설하였다.
⑤ 헤브라이인은 여호와를 유일신으로 섬기는 유대교를 성립시켰다.

03 펠로폰네소스 전쟁 이해

문제 분석 자료의 헬레네스, 지도에서 발칸반도에 있는 ○○○, □□□□의 위치 등을 통해 밑줄 친 '전쟁'은 펠로폰네소스 전쟁임을 알 수 있다. 기원전 5세기에 아테네가 이끄는 델로스 동맹과 스파르타가 이끄는 펠로폰네소스 동맹 간에 펠로폰네소스 전쟁이 일어났다.

정답 찾기 ⑤ 펠로폰네소스 전쟁에서 스파르타가 이끄는 펠로폰네소스 동맹이 아테네가 이끄는 델로스 동맹에 승리함으로써 스파르타가 그리스 세계의 패권을 장악하게 되었다.

오답 피하기 ① 포에니 전쟁으로 로마에서는 자영농이 몰락하고 노예 노동을 이용한 대농장(라티푼디움) 경영이 확대되었다.
② 인더스 문명에서는 하라파와 모헨조다로 등의 계획도시가 건설되었다.
③ 올림피아 제전은 펠로폰네소스 전쟁이 발발하기 이전부터 개최되었다. 고대 그리스의 폴리스 시민들은 4년마다 열린 올림피아 제전을 통해 달리기, 창던지기 등의 다양한 운동 경기를 하면서 결속력을 다졌다.
④ 로마 공화정 말기인 기원전 1세기경 카이사르, 폼페이우스, 크라수스에 의한 제1차 삼두 정치가 실시되었다. 카이사르는 제1차 삼두 정치를 주도하며 정권을 장악하였으나 암살되었다.

04 알렉산드로스의 활동 파악

문제 분석 자료에서 하나의 공동체, 하나의 국가, 플루타르코스, 마케도니아 병사들과 페르시아 여인들의 결혼 장려 등을 통해 (가) 인물이 알렉산드로스임을 알 수 있다. 기원전 4세기에 그리스 세계는 마케도니아의 필리포스 2세에게 정복되었다. 이후 필리포스 2세의 뒤를 이은 알렉산드로스는 동방 원정을 단행하여 유럽, 아시아, 아프리카의 세 대륙에 걸친 대제국을 건설하였다. 그는 원정 과정에서 동방의 전제 군주제를 도입하고 그리스인과 페르시아인의 결혼을 장려하는 등 동서 융합 정책을 추진하였다.

정답 찾기 ③ 기원전 333년 이소스 전투에서 마케도니아의 알렉산드로스가 아케메네스 왕조 페르시아를 상대로 대승을 거두었다.

오답 피하기 ① 기원전 4세기에 로마에서는 리키니우스법이 제정되어 집정관 중 1인은 평민 중에서 선출되었다.
② 콘스탄티누스 황제는 니케아 공의회를 개최하여 아타나시우스파의 교리를 정통으로 인정하였다.
④ 옥타비아누스는 '프린켑스(제1 시민)'라는 칭호를 사용하였고, '공화정 회복'이라는 구호를 내세우며 질서와 안정을 추구하였다.
⑤ 메소포타미아 문명에서는 우르 등의 도시에 지구라트라는 신전을 건설하였다.

05 포에니 전쟁의 결과 파악

문제 분석 자료에서 튀니스만, 페니키아인, 튀니지와 알제리 지역, 시칠리아 서부 해역, 기원전 2세기 등을 통해 밑줄 친 '붕괴'는 카르타고의 멸망임을 알 수 있다. 지중해 연안의 페니키아는 지중해와 흑해를 무대로 해상 무역을 전개하였으며, 카르타고 등 여러 도시를 건설하였다.

정답 찾기 ② 카르타고는 기원전 3세기~기원전 2세기에 세 차례에 걸쳐 로마와 포에니 전쟁을 벌여 패배함으로써 멸망하였다.

오답 피하기 ① 기원전 5세기에 아테네를 중심으로 한 그리스 세계는 마라톤 전투와 살라미스 해전에서 승리하여 아케메네스 왕조 페르시아의 공격을 물리쳤다.
③ 제4대 칼리프 알리의 피살 이후에 무아위야가 집권하면서 우마이야 왕조를 열었다. 이로써 정통 칼리프 시대가 종결되었다.
④ 로마 공화정 말기인 기원전 1세기에 스파르타쿠스의 난이 일어났다.
⑤ 굽타 왕조는 유목민 에프탈의 침입과 왕위를 둘러싼 내분으로 6세기에 멸망하였다.

06 옥타비아누스의 활동 파악

문제 분석 자료에서 원로원, 악티움과 이집트에서 거둔 승리, 양아버지 카이사르, 내전과 폭력의 한 세기, 200여 년간 이어질 평화와 번영의 시대 등을 통해 밑줄 친 '그'는 옥타비아누스임을 알 수 있다. 로마의 옥타비아누스는 악티움 해전(기원전 31)에서 클레오파트라와 연합한 안토니우스 군대를 격파하고 로마의 지배권을 장악하였다.

정답 찾기 ② 로마에서는 옥타비아누스, 안토니우스, 레피두스가 제2차 삼두 정치를 이끌었다.

오답 피하기 ① 12표법은 로마 공화정 전반기에 평민권이 성장하면서 제정되었다.
③ 4세기 콘스탄티누스 황제가 콘스탄티노폴리스를 건설하고 이곳으로 로마 제국의 수도를 옮겼다.
④ 로마 제국을 4분할하여 통치하기 시작한 인물은 디오클레티아누스 황제이다.
⑤ 알렉산드로스는 정복지 곳곳에 자신의 이름을 딴 도시인 알렉산드리아를 건설하였다.

07 로마 제국 이해

문제 분석 자료에서 새로운 수도가 흑해와 맞닿아 있고, 지중해로 이어지는 해협을 이용할 수 있으며 밀라노 칙령으로 크리스트교가 공인되었다는 점 등을 통해 (가) 국가는 로마 제국임을 알 수 있다.

정답 찾기 ③ 로마 제국에서는 5현제 시대 이후 군인 출신 황제가 연이어 등장하였다.

오답 피하기 ① 이슬람교를 성립시킨 무함마드는 메카를 지배하던 세력으로부터 박해를 받고 메디나로 이동하였는데, 이를 헤지라(622)라고 한다.
② 고대 그리스의 호메로스는 『일리아스(일리아드)』와 『오디세이아』를 통해 트로이 전쟁의 영웅과 신들의 세계를 노래하였다.
④ 고대 그리스에서 소크라테스는 진리의 상대성과 주관성을 주장한 소피스트에 맞서 보편적이고 절대적인 진리를 강조하였다.
⑤ 아시리아는 수도 니네베에 왕립 도서관을 건립하였다.

08 니케아 공의회의 시기 파악

문제 분석 자료에서 크리스트교도에게 종교의 자유를 허용했던 황제, 니케아에서 아리우스를 정죄 등을 통해 밑줄 친 '결정'은 니케아 공의회의 결정임을 알 수 있다.

정답 찾기 ④ 밀라노 칙령으로 크리스트교를 공인했던 콘스탄티누스 황제는 325년 니케아 공의회를 개최하여 아타나시우스파의 교리를 정통으로 인정하였다. 다섯 명의 현명한 황제들이 통치했던 5현제 시대는 2세기 말에 종결되었다. 로마 제국은 테오도시우스 황제 사후인 395년에 동서로 분리되었다.

수능 실전 문제

본문 67~69쪽

1 ③	2 ③	3 ③	4 ①
5 ⑤	6 ①		

1 그리스·페르시아 전쟁의 영향 이해

문제 분석 자료에서 아테네인들이 마라톤 평원, 살라미스 앞바다에서 적군을 격퇴했다는 점 등을 통해 강의의 소재가 된 전쟁은 그리스·페르시아 전쟁임을 알 수 있다. 기원전 5세기 아케메네스 왕조 페르시아 군대의 침입으로 시작된 그리스·페르시아 전쟁에서 아테네를 중심으로 한 그리스 세계가 마라톤 전투 등에서 승리하여 아케메네스 왕조 페르시아의 공격을 물리쳤다.

정답 찾기 ③ 그리스·페르시아 전쟁을 계기로 아테네는 아케메네스 왕조 페르시아의 재침에 대비한다는 명분 아래 델로스 동맹을 결성하였다. 아테네는 델로스 동맹의 맹주가 되어 강력한 해상 국가로 발전하였다.

오답 피하기 ① 로마 공화정 말기에 카이사르, 폼페이우스, 크라수스가 이끈 제1차 삼두 정치가 전개되었다.
② 7세기 무함마드가 사망한 후 이슬람 공동체는 정치·종교의 지도자인 칼리프를 선출하였다. 제1대부터 제4대까지는 칼리프가 선출되었는데, 이 시기를 정통 칼리프 시대라고 한다.
④ 사산 왕조 페르시아는 3세기 초 아케메네스 왕조 페르시아의 부흥을 내걸고 건국하였다.
⑤ 무굴 제국의 아우랑제브 황제가 이슬람 제일주의를 내세우며 비이슬람교도에 대한 탄압을 강화하였다. 이후 시크교도의 반란이 일어났다.

2 펠로폰네소스 전쟁 이해

문제 분석 자료에서 아테네가 그리스인의 독립을 보장해야 한다는 요구를 받고 있고, 페리클레스가 결국 전쟁을 결의하였다는 점 등을 통해 기원전 5세기 펠로폰네소스 전쟁 발발 직전 시기의 상황임을 알 수 있다.

정답 찾기 ③ 그리스·페르시아 전쟁 이후 아테네의 세력이 커지자, 아테네를 중심으로 한 델로스 동맹과 스파르타를 중심으로 한 펠로폰네소스 동맹이 대립하였다. 이는 펠로폰네소스 전쟁으로 이어졌으며 펠로폰네소스 동맹이 승리하면서 스파르타가 그리스 세계의 패권을 차지하였다.

오답 피하기 ① 오스만 제국은 넓은 영토를 다스리기 위해 군사적 봉건제인 티마르제를 시행하였다.
② 무굴 제국의 아크바르 황제가 비이슬람교도에 대한 지즈야를 폐지하였다.
④ 우마이야 왕조 시기 이슬람 세력은 이베리아반도를 차지하고 유럽 세계를 공격하였으나, 투르·푸아티에 전투에서 프랑크 왕

국에 패배하였다.
⑤ 펠로폰네소스 전쟁이 전개된 기원전 5세기에는 이슬람교가 성립하지 않았다.

3 알렉산드로스 제국의 발전 이해

문제 분석 지도는 알렉산드로스의 원정 활동에 따른 영역의 확대를 보여 주고 있다. 마케도니아의 알렉산드로스는 기원전 4세기에 동방 원정을 단행하여 인더스강 유역까지 진출하였으며, 유럽, 아시아, 아프리카의 세 대륙에 걸친 대제국을 건설하였다.

정답 찾기 ③ 알렉산드로스는 동방 원정을 추진하여 아케메네스 왕조 페르시아와 이집트를 정복하고, 인더스강 유역까지 영토를 확장하였다.

오답 피하기 ① 기원전 6세기 클레이스테네스는 혈연 중심의 부족제를 거주지 중심으로 재편하고 이를 바탕으로 500인 평의회를 설치하였다.
② 파르티아는 알렉산드로스 제국이 분열된 이후 이란 계통의 민족이 건국하였다.
④ 로마에서는 1세기 말부터 2세기 말까지 마르쿠스 아우렐리우스 등 5현제가 등장하여 영토를 확장하고 정치적·경제적 안정과 번영을 누렸다.
⑤ 기원전 6세기에 아테네에서는 페이시스트라토스가 참주가 되었다.

4 포에니 전쟁의 영향 파악

문제 분석 자료에서 카르타고, 로마와 세 차례 전쟁 등을 통해 밑줄 친 '전쟁'은 포에니 전쟁임을 알 수 있다. 로마는 기원전 264년부터 기원전 146년까지 세 차례에 걸쳐 카르타고와 포에니 전쟁을 벌여 승리함으로써 서지중해의 해상권을 장악하였다.

정답 찾기 ① 로마에서는 카르타고와의 포에니 전쟁 이후 유력자들이 노예 노동을 이용한 대농장(라티푼디움) 경영을 확대하였다.

오답 피하기 ② 아이바크는 델리를 정복하고 쿠트브 미나르를 건립하였다.
③ 로마에서는 옥타비아누스, 안토니우스, 레피두스가 제2차 삼두 정치를 이끌었다. 옥타비아누스는 악티움 해전(기원전 31)에서 승리하여 로마의 지배권을 장악하고 사실상 제정을 실시하였다.
④ 4세기 초 콘스탄티누스 황제는 수도를 로마에서 콘스탄티노폴리스로 옮겼다.
⑤ 로마에서 기원전 287년에 평민회의 결의가 원로원의 승인 없이 법적 효력을 갖는 호르텐시우스법이 제정되었다.

5 로마 제정 시기의 사실 파악

문제 분석 자료에서 악티움 해전에서 승리를 거두었던 황제가 기념 행사에 참여하였다는 점 등을 통해 (가) 시기는 옥타비아누스 재위 시기임을, 10여 년 전 제국의 4분할 통치가 시작되었다는 점 등을 통해 (나) 시기는 디오클레티아누스 황제 재위 시기임을 알 수 있다.

정답 찾기 ⑤ 5현제 시대 이후 3세기에는 군인 출신 황제들이 연이어 등장하는 군인 황제 시대가 나타났다.

오답 피하기 ① 로마 공화정 초기에 중장 보병으로 군대의 주력을 담당한 평민들이 정치적 권리를 요구하면서 호민관직이 설치되었다.
② 기원전 6세기 솔론은 귀족과 평민들의 대립 속에서 재산 정도에 따라 참정권을 차등 분배(금권정)하는 개혁을 추진하였다.
③ 로마 공화정 말기인 기원전 1세기에 스파르타쿠스의 난이 일어났다.
④ 6세기에 비잔티움 제국의 유스티니아누스 황제는 로마법을 집대성하여 『유스티니아누스 법전』을 편찬하였다.

6 콘스탄티누스 황제 이해

문제 분석 자료에서 군사력과 정치적 입지가 크리스트교와 관련, 밀라노 칙령 등을 통해 (가) 황제는 콘스탄티누스 황제임을 알 수 있다. 콘스탄티누스 황제는 밀라노 칙령을 통해 크리스트교를 공인하였다.

정답 찾기 ① 콘스탄티누스 황제는 니케아 공의회를 개최하여 아타나시우스파의 교리를 정통으로 인정하였다.

오답 피하기 ② 사파비 왕조의 아바스 1세는 수도를 이스파한으로 옮기고 군사력을 강화하는 등 중앙 집권 정책을 펼쳤다.
③ 4세기 말 테오도시우스 황제는 크리스트교를 국교화하는 조치를 단행하였다.
④ 알렉산드로스는 정복지 곳곳에 자신의 이름을 딴 도시인 알렉산드리아를 건설하였다.
⑤ 로마의 옥타비아누스는 악티움 해전에서 클레오파트라와 연합한 안토니우스 군대에 승리하고 로마의 지배권을 장악하였다.

07 유럽 세계의 형성과 변화

닮은꼴 문제 본문 76~77쪽

1 교회의 대분열 이해 정답 ③

문제 분석 자료에서 '교회의 대분열' 시기를 종식시킨 콘스탄츠 공의회 등을 통해 (가)에는 교회의 대분열(1378~1417) 전개와 관련된 사실이 들어가야 함을 알 수 있다.

정답 찾기 ③ 교회의 대분열 시기에 교회와 교황의 권위가 추락하는 가운데 영국의 위클리프와 보헤미아의 후스 등이 교회 개혁 운동을 전개하였다.

오답 피하기 ① 종교 개혁 요구가 제기되자 16세기 에스파냐의 로욜라는 예수회를 설립하여 가톨릭 세력의 확대를 도모하고 포교 활동을 전개하였다.

② 엘리자베스 1세는 1559년 통일법을 반포하여 영국 국교회를 확립하였다.

④ 성직자 서임권을 두고 교황 그레고리우스 7세와 갈등을 벌이던 하인리히 4세는 결국 카노사로 교황을 찾아가 사죄하였다(카노사의 굴욕, 1077).

⑤ 콘스탄티누스 황제는 밀라노 칙령(313)을 통해 크리스트교를 공인하였다.

2 백년 전쟁 시기의 사실 파악 정답 ②

문제 분석 자료에서 카페 왕조의 계승을 둘러싼 전쟁, 잔 다르크 등을 통해 밑줄 친 '이 전쟁'은 백년 전쟁(1337~1453)임을 알 수 있다.

정답 찾기 ② 백년 전쟁의 혼란 속에서 세금 부담이 늘어나고 일부 봉건 영주들이 농민에 대한 속박을 강화하자 영국에서는 와트 타일러의 난(1381)이 일어났다.

오답 피하기 ① 16세기에 토머스 모어는 『유토피아』를 집필하여 영국의 부조리한 현실 사회를 비판하고 빈부 격차가 없는 이상 사회의 모습을 제시하였다.

③ 6세기에 재위했던 비잔티움 제국의 유스티니아누스 황제는 콘스탄티노폴리스에 성 소피아 성당을 세웠다.

④ 기원전 7세기경 아시리아는 서아시아 세계의 상당 부분을 통일하였으며, 수도 니네베에 왕립 도서관을 세웠다.

⑤ 8세기 프랑크 왕국은 투르·푸아티에 전투에서 피레네산맥을 넘어 침략한 이슬람 세력을 격퇴하였다.

수능 기본 문제 본문 78~80쪽

01 ①	02 ③	03 ①	04 ①
05 ②	06 ④	07 ②	08 ③
09 ③	10 ①	11 ②	12 ①

01 프랑크 왕국의 분열 파악

문제 분석 교황 레오 3세에 의한 서로마 황제 대관 등을 통해 (가) 시기는 카롤루스 대제의 서로마 황제 대관 시기(800)임을, 서프랑크의 카롤루스 2세와 동프랑크의 루도비쿠스 2세가 메르센에서 합의 등을 통해 (나) 시기는 메르센 조약 체결 시기(870)임을 알 수 있다.

정답 찾기 ① 카롤루스 대제 사후에 베르됭 조약(843)이 체결되며 프랑크 왕국이 동프랑크, 서프랑크, 중프랑크로 분열되었다.

오답 피하기 ② 피핀은 교황의 지지 속에 메로베우스 왕조를 무너뜨리고 카롤루스 왕조를 개창하였다.

③ 카롤루스 마르텔은 메로베우스 왕조의 궁재로 실권을 장악하였으며, 투르·푸아티에 전투에서 이슬람 세력에 승리하였다(732).

④ 6세기에 비잔티움 제국의 전성기를 이끌었던 유스티니아누스 황제는 로마법을 정리한 『유스티니아누스 법전』을 편찬하였다.

⑤ 서로마 제국의 용병 대장 오도아케르는 476년 서로마 제국을 멸망시켰다.

02 서유럽 봉건 사회의 주종 관계 이해

문제 분석 자료에서 주종 관계, 주군에게 봉신으로서의 충성 맹세 등을 통해 밑줄 친 '나'는 서유럽 봉건 사회에서 주종 관계를 맺고 있는 봉신임을 알 수 있다.

정답 찾기 ㄴ. 주종 관계에서 봉신은 주군에게 충성을 맹세하고 군사적 봉사의 의무를 졌다. ㄷ. 주종 관계는 주군과 봉신 중 어느 한쪽이 의무를 이행하지 않으면 원칙적으로 파기되는 쌍무적 계약 관계였다.

오답 피하기 ㄱ. 농노는 거주 이전의 자유가 없었으며, 영주의 허락 없이는 평생 장원을 떠날 수 없었다.

ㄹ. 농노에게는 지대 및 부역과 공납의 의무 등이 있었다.

03 성상 파괴령 이해

문제 분석 자료에서 황제 레오 3세가 성상에 대해 반대하고 있고 교황과 황제가 대립한다는 점 등을 통해 밑줄 친 '선언'은 성상 파괴령과 관련된 것임을 알 수 있다. 비잔티움 제국의 황제 레오 3세는 726년 성상 파괴령을 반포하였다.

정답 찾기 ① 비잔티움 제국의 황제 레오 3세가 성상 파괴령을 내리자 로마 교황이 이를 거부하면서 동서 교회의 대립이 격화되었다.

오답 피하기 ② 보름스 협약(1122)을 통해 교황이 성직자 서임권을 차지하였다.

③ 러시아는 표트르 대제 시기에 동쪽으로 영토를 확장하여 시베리아 지역을 차지하였고, 청과 네르친스크 조약을 체결하여 국경선을 정하였다.

④ 11세기에 셀주크 튀르크가 비잔티움 제국을 압박하자, 비잔티움 제국 황제는 로마 교황에게 지원을 요청하였고, 마침내 제1차 십자군 전쟁이 시작되었다.

⑤ 콘스탄티누스 황제는 로마 제국을 안정시키고 황제권을 강화하기 위해 밀라노 칙령을 내려 크리스트교를 공인하였다(313).

04 제4차 십자군 전쟁의 영향 이해

문제 분석 자료에서 베네치아 공화국의 후원을 받는 원정대가 크리스트교 도시를 공격하는 점, 교황 인노켄티우스 3세가 대노하였지만 원정대가 콘스탄티노폴리스를 다음 목적지로 하였다는 점 등을 통해 밑줄 친 '점령'은 제4차 십자군이 콘스탄티노폴리스를 점령한 것임을 알 수 있다.

정답 찾기 ① 제4차 십자군 전쟁(1202~1204) 때 베네치아 공화국 상인들의 개입으로 십자군은 비잔티움 제국의 수도 콘스탄티노폴리스를 점령하고 라틴 제국을 수립하였다.

오답 피하기 ② 백년 전쟁의 혼란 속에서 세금 부담이 늘어나고 일부 봉건 영주들이 농민에 대한 속박을 강화하자 영국에서는 와트 타일러의 난이 일어났다.

③ 포에니 전쟁으로 로마에서는 자영농이 몰락하고 노예 노동을 이용한 대농장(라티푼디움)이 확산되었다.

④ 영국의 왕위 계승 문제를 둘러싸고 랭커스터 가문과 요크 가문 사이에서 장미 전쟁(1455~1485)이 일어났다.

⑤ 롬바르드족(랑고바르드족)을 비롯한 게르만족은 4세기 후반 이후 대거 서유럽 각지로 이동하여 자신들의 왕국을 세웠으며 6세기 이탈리아반도에서 롬바르드족(랑고바르드족)의 왕국이 발전하였다.

05 한자 동맹 이해

문제 분석 자료에서 벨기에에 속한 도시를 교역 거점으로 삼아 이탈리아 지역 상인들과 거래하였으며 뤼베크, 함부르크 등 북쪽 도시의 상인들이 중심이었다는 점 등을 통해 밑줄 친 '이 동맹'은 한자 동맹임을 알 수 있다.

정답 찾기 ② 중세 유럽 북부 독일의 뤼베크, 함부르크 등의 도시들이 중심이 되어 한자 동맹을 결성하고 발트해와 북해의 무역을 주도하였다.

오답 피하기 ① 동인도 회사는 영국, 프랑스, 네덜란드 등이 아시아 지역과의 무역을 위해 만든 회사로, 본국 정부로부터 무역뿐 아니라 군대를 보유하고 조약을 체결하는 권한까지 부여받았다.

③ 아테네 중심의 델로스 동맹은 동맹국이 납부한 기금을 델로스섬에 있는 금고에 보관하였다.

④ 아케메네스 왕조 페르시아, 원 등은 도로를 건설하고 역참제를 정비하여 효율적인 통치 체제를 구축할 수 있었다.

⑤ 포르투갈은 고아와 믈라카 등에 무역 거점을 마련하여 동방과의 향신료 무역을 주도하였다.

06 콘스탄츠 공의회 이해

문제 분석 후스의 화형 등을 통해 (가) 공의회는 콘스탄츠 공의회임을 알 수 있다. 로마 가톨릭교회는 콘스탄츠 공의회(1414~1418)를 소집해 위클리프를 이단으로 규정하고 후스를 화형에 처하였다.

정답 찾기 ④ 로마 가톨릭교회는 콘스탄츠 공의회를 통해 단일 교황을 선출하는 등 교회의 분열을 수습하고 로마 교황의 정통성을 인정하였다.

오답 피하기 ① 16세기에 로욜라는 루터 등의 종교 개혁 운동에 대항하여 가톨릭교회의 결속을 다지고 역량을 결집하기 위해 예수회를 창설하였다.

② 교황과 황제 간의 성직자 서임권 투쟁으로 1077년에 카노사의 굴욕 사건이 일어났다.

③ 교황 우르바누스 2세가 클레르몽 공의회에서 성지 회복을 위한 전쟁을 호소하면서 1096년부터 십자군 전쟁이 시작되었다.

⑤ 성상 파괴령을 계기로 콘스탄티노폴리스 교회와 로마 교회의 대립이 심화되어 크리스트교 세계는 1054년 비잔티움 제국의 황제를 수장으로 한 그리스 정교회와 로마 교황 중심의 로마 가톨릭교회로 분리되었다.

07 알프스 이북의 르네상스 이해

문제 분석 자료에서 모어(More)라는 성(姓)이 그리스어 우신(愚神, Moria)과 비슷하고, 이 책은 학식을 갖춘 재치 넘치는 풍자라는 점 등을 통해 편지가 작성된 시기는 에라스뮈스가 『우신예찬』을 저술했던 시기임을 알 수 있다. 16세기에 에라스뮈스는 『우신예찬』을 통해 교회의 폐단과 성직자들의 타락을 신랄하게 풍자하였다. 에라스뮈스나 토머스 모어 등 알프스 이북의 인문주의자들은 고전 연구와 더불어 초기 크리스트교에 많은 관심을 갖고 현실 사회와 교회를 비판하는 사회적 경향을 띠었다.

정답 찾기 ② 14~16세기에 봉건 사회의 질서가 흔들리고 교회의 권위가 쇠퇴하면서 인간의 개성과 합리성, 그리고 세속적 욕구를 그리스와 로마의 고전 문화에서 찾으려는 인문주의에 바탕을 둔 문예 부흥 운동인 르네상스가 이탈리아에서 일어나 알프스 이북으로 확산되었다.

오답 피하기 ① 교황 우르바누스 2세가 클레르몽 공의회(1095)에서 성지 회복을 위한 전쟁을 호소하였다.
③ 그라쿠스 형제는 기원전 2세기 후반 로마의 호민관이 되어 여러 사회 문제를 해결하기 위해 개혁을 추진하였다.
④ 무함마드는 메카의 보수적인 귀족층의 박해를 피해 메디나로 이주하였는데, 이를 헤지라(622)라고 한다.
⑤ 프랑크 왕국의 카롤루스 대제는 궁정 학교를 세워 학문과 고전 연구를 후원하는 등 문화 발전에 힘써 카롤루스 르네상스를 일으켰다.

08 아우크스부르크 화의의 시기 파악

문제 분석 자료에서 신성 로마 제국 내, 루터파 신앙, 이곳 아우크스부르크 등을 통해 밑줄 친 '평화 조약'은 아우크스부르크 화의임을 알 수 있다.

정답 찾기 ③ 1517년 루터가 「95개조 반박문」을 발표한 이후 루터를 지지하는 세력과 교황과 긴밀한 관계를 맺고 있던 신성 로마 제국 황제의 대립이 거세졌다. 이후 1555년 아우크스부르크 화의에서 루터파 교회가 공식적으로 인정되었다. 에스파냐의 후원을 받아 항해에 나선 마젤란 일행은 1522년 세계 일주에 성공하였다. 프랑스의 앙리 4세는 1598년 위그노에게 신앙의 자유를 부분적으로 인정하는 낭트 칙령을 공포하였다.

09 낭트 칙령 이해

문제 분석 위그노에게 신앙의 자유 인정, 앙리 4세 등을 통해 자료의 칙령은 낭트 칙령임을 알 수 있다.

정답 찾기 ③ 칼뱅은 예정설 등을 주장하였으며 그의 사상은 신흥 상공업자들에게 영향을 끼쳐 프랑스의 위그노, 영국의 청교도, 네덜란드의 고이센 등이 나타나게 되었다. 프랑스의 앙리 4세는 1598년 낭트 칙령을 발표하여 칼뱅파 신교도인 위그노에게 신앙의 자유를 부분적으로 허용하였다.

오답 피하기 ① 오스만 제국의 술탄은 지방의 기병에게 군사적 봉사의 대가로 토지에 대한 징세권(티마르)을 부여하였는데, 이를 티마르제라 한다.
② 시크교는 나나크가 힌두교와 이슬람교의 영향을 받아 창시한 종교로, 무굴 제국 시기에 확산되었다.
④ 6세기 비잔티움 제국의 유스티니아누스 황제는 콘스탄티노폴리스에 성 소피아 성당을 세웠다.
⑤ 헬레니즘 시대에는 마음의 안정과 만족을 추구하는 에피쿠로스학파가 유행하였다.

10 포르투갈의 신항로 개척 이해

문제 분석 자료에서 바스쿠 다 가마의 인도 항로 개척을 후원하였다는 점 등을 통해 (가) 국가는 포르투갈임을 알 수 있다.

정답 찾기 ① 대서양 진출에 유리한 지역에 위치한 포르투갈은 바르톨로메우 디아스, 바스쿠 다 가마 등의 탐사 활동을 지원하는 등 신항로 개척을 주도하였다.

오답 피하기 ② 스칸디나비아 지방 등에 거주하던 노르만족은 9세기 후반부터 유럽의 해안과 내륙 일대로 진출하여 노브고로드 공국, 키예프 공국, 노르망디 공국 등 노르만 계통의 국가를 세웠다.
③ 아테네를 중심으로 한 그리스 세계는 마라톤 전투와 살라미스 해전 등에서 승리하여 아케메네스 왕조 페르시아의 공격을 물리쳤다.
④ 유스티니아누스 황제 사후 비잔티움 제국에서는 외침에 대비하기 위해 군관구제와 둔전병제가 실시되었다.
⑤ 에스파냐의 피사로는 수도 쿠스코를 포함하여 잉카 제국을 정복하였다.

11 아스테카 문명의 파괴 이해

문제 분석 자료에서 수도 테노치티틀란에 들어와 황제를 가두고 금을 요구한 크리스트교도들이라는 점 등을 통해 밑줄 친 '낯선 자들'은 아스테카 문명을 파괴한 에스파냐인임을 알 수 있다.

정답 찾기 ② 에스파냐의 코르테스는 아메리카의 아스테카 문명을 파괴하였다.

오답 피하기 ① '새로운 군대'라는 뜻의 예니체리는 크리스트교도 중에 선발되어 이슬람교로 개종한 후 엄격한 훈련과 교육 과정을 마친 이들로 편성된 오스만 제국의 최정예 부대였다.
③ 18세기 중반 프로이센의 프리드리히 2세는 오스트리아와의 전쟁을 통해 슐레지엔 지방을 차지하였다.
④ 고대 이집트 문명의 사람들은 지배자의 무덤으로 피라미드를 건설하였으며, 그 수호신으로 스핑크스를 세웠다.
⑤ 잉카 문명을 이룩한 사람들은 새끼줄 매듭(키푸)으로 정보를 교환하였다.

12 에스파냐와 영국의 절대 왕정 이해

문제 분석 수장법 등을 통해 (가) 국가는 영국임을, 아메리카와 아시아에서 실어 오는 금, 은, 네덜란드의 독립, 당대 최강 전투 함대 출동 등을 통해 (나) 국가는 에스파냐임을 알 수 있다.

정답 찾기 ① 영국은 엘리자베스 1세 시기에 동인도 회사를 설립하고 적극적으로 해외 시장 개척에 나섰다.

오답 피하기 ② 프랑스의 루이 14세는 콜베르를 재무 장관으로 임명하여 국가가 경제 활동 전반에 간섭과 통제를 하는 중상주의 정책을 실시하였다.
③ 프로이센의 계몽 전제 군주 프리드리히 2세는 베르사유 궁전을 모방하여 상수시 궁전을 건설하고, 그곳에서 예술가, 학자들과 교유하기를 즐겼다.

④ 오스만 제국은 지즈야만 납부하면 비이슬람교도의 신앙을 인정하였는데, 특히 종교 공동체인 밀레트를 허용하여 자치를 누릴 수 있도록 하였다.
⑤ 러시아는 청과 네르친스크 조약을 체결하여 국경선을 정하였다.

수능 실전 문제

본문 81~85쪽

1 ④	2 ②	3 ④	4 ③
5 ③	6 ⑤	7 ①	8 ①
9 ⑤	10 ④		

1 카노사의 굴욕 이해

문제 분석 자료에서 파문 소식을 들은 하인리히 4세가 카노사성까지 이동하였고 수도원장과 성주의 중재로 그레고리우스 7세가 파문을 철회하였다는 점 등을 통해 카노사의 굴욕과 관련된 내용임을 알 수 있다.

정답 찾기 ④ 11세기 후반에 교황 그레고리우스 7세는 성직 매매와 성직자의 결혼을 금지하는 등 교회의 폐단을 시정하는 한편, 세속 군주의 성직자 서임 금지를 선포하였다. 이에 신성 로마 제국의 하인리히 4세가 반발하자 교황은 그를 파문하였다. 제후의 지원을 받지 못한 하인리히 4세는 이탈리아의 카노사성으로 교황을 찾아가 사죄하였다(카노사의 굴욕).

오답 피하기 ① 비잔티움 제국의 황제 레오 3세가 성상 파괴령(726)을 내린 이후에 동서 교회의 대립이 격화되었다.
② 4세기 전반 콘스탄티누스 황제는 니케아 공의회를 개최하여 아타나시우스파의 교리를 정통으로 인정하였다.
③ 14세기 후반부터 15세기 전반까지 로마와 아비뇽 등지에서 복수의 교황이 등장하여 대립하였다(교회의 대분열). 이에 로마 가톨릭교회는 콘스탄츠 공의회를 소집하여 새로운 단일 교황을 선출하는 등 교회의 대분열을 수습하였다.
⑤ 영국의 위클리프는 14세기 후반에 타락한 성직자와 교회를 비판하며『성서』에 기초한 신앙을 강조하였다.

2 유스티니아누스 황제 재위 시기의 사실 파악

문제 분석 자료에서 아프리카와 이탈리아 전역, 그리고 이베리아반도까지 제국의 영토로 확보하였으나 사산 왕조 페르시아의 위협이 있었다는 점 등을 통해 밑줄 친 '재위 시기'는 유스티니아누스 황제의 재위 시기임을 알 수 있다.

정답 찾기 ② 유스티니아누스 황제는 6세기에 비잔티움 제국의 전성기를 이끈 황제이다. 그는 옛 로마 제국 영토의 상당 부분을 회복하였으며, 로마법을 집대성한『유스티니아누스 법전』을 편찬하였다.

오답 피하기 ① 16세기 종교 개혁 요구가 제기되자 에스파냐의 로욜라는 예수회를 설립하여 가톨릭 세력의 확대를 도모하고 포교 활동을 전개하였다.
③ 11세기 중엽 바그다드에 입성한 셀주크 튀르크는 이후 지중해에서 서아시아와 중앙아시아를 아우르는 지역까지 영토를 확장하였다. 이 과정에서 예루살렘을 차지하며 비잔티움 제국을 압박하였다.
④ 성상 파괴령을 계기로 콘스탄티노폴리스 교회와 로마 교회의 대립이 심화되어 크리스트교 세계는 1054년 비잔티움 제국의 황제를 수장으로 한 그리스 정교회와 로마 교황 중심의 로마 가톨릭 교회로 분리되었다.
⑤ 10세기 초 클뤼니 수도원을 중심으로 교회 개혁 운동이 일어났다.

3 중세 유럽의 원거리 교역 이해

문제 분석 자료에서 군주 쿠빌라이가 요청한 대도 제1대 대주교가 30여 년 동안 선교 활동을 했다는 점, 아비뇽의 교황이 쓴 편지라는 점 등을 통해 편지가 작성된 시기는 아비뇽 유수(1309~1377) 시기임을 알 수 있다. 프랑스 왕 필리프 4세가 교황을 굴복시킨 후 새롭게 선출된 교황이 교황청을 로마에서 아비뇽으로 옮기면서 약 70년간 교황은 프랑스 왕의 통제 아래 놓이게 되었다.

정답 찾기 ④ 십자군 전쟁이 시작된 11세기경부터 원거리 무역과 상업이 발전하면서 베네치아와 제노바 등 이탈리아의 도시가 동방 무역으로 번영을 누렸다. 14세기에는 지중해를 중심으로 한 원거리 무역이 더욱 활발해졌으며 거래 규모 또한 크게 증대되었다.

오답 피하기 ① 헬레니즘 시대에 감정을 절제하고 이성적인 삶을 추구하려는 스토아학파가 나타났다.
② 16세기에 르네상스가 알프스 이북으로 확산되면서 국민 문학이 발달하였고, 에스파냐의 세르반테스가『돈키호테』 등을 저술하였다.
③ 포에니 전쟁으로 로마에서는 자영농이 몰락하고 노예 노동을 이용한 대농장(라티푼디움) 경영이 확산되었다.
⑤ 베네치아 상인의 개입으로 제4차 십자군(1202~1204)은 비잔티움 제국의 콘스탄티노폴리스를 점령한 뒤 라틴 제국을 세웠다.

4 아비뇽 유수 이해

문제 분석 자료에서 프랑스 국왕이 귀족, 성직자, 평민의 대표를 소집하여 성직자 과세를 강행하는 점, 교황이 반발하였으나 실패한 점 등을 통해 아비뇽 유수(1309~1377)가 일어나기 전 상황임을 알 수 있다.

정답 찾기 ③ 프랑스 왕 필리프 4세는 교회와 성직자에 대한 과

세 문제로 교황과 대립하였다. 그는 삼부회를 소집하여 교황을 굴복시켰고, 이후 교황청은 로마에서 아비뇽으로 옮겨졌다(아비뇽 유수).

오답 피하기 ① 1215년 영국의 존왕은 귀족의 권리를 인정한 대헌장을 승인하였다.

② 신성 로마 제국 황제는 로마 교황과 보름스 협약을 체결하여 교황의 성직자 서임권을 공식적으로 인정하였다(1122).

④ 교회의 대분열 시기에 영국의 위클리프 등을 중심으로 교회에 대한 비판 여론이 높아지자 로마 가톨릭교회는 콘스탄츠 공의회(1414~1418)를 소집하여 위기를 수습하고자 하였다.

⑤ 교황 우르바누스 2세의 호소로 1096년 제1차 십자군 전쟁이 일어났다.

5 백년 전쟁 이해

문제 분석 자료에서 15세기 전투, 프랑스의 왕위 계승권 분쟁으로 촉발, 80여 년 넘게 이어지는 전쟁 등을 통해 밑줄 친 '전쟁'은 백년 전쟁(1337~1453)임을 알 수 있다. 영국 왕의 프랑스 왕위 계승권 주장과 프랑스 안의 영국령으로 인한 갈등, 모직물 공업 중심지인 플랑드르 지방의 지배권을 둘러싼 영국과 프랑스의 대립이 배경이 되어 백년 전쟁이 일어났다.

정답 찾기 ③ 백년 전쟁 당시 처음에는 전세가 영국에 유리하였으나, 프랑스가 잔 다르크의 활약으로 영국군에 포위된 오를레앙을 탈환하는 등 전세를 역전시키며 승리를 거두었다.

오답 피하기 ① 쿠스코를 수도로 한 잉카 제국은 콜럼버스의 신항로 개척(1492) 이후에 아메리카 대륙을 침략한 에스파냐의 피사로에 의해 멸망하였다.

② 프랑스의 앙리 4세는 1598년 낭트 칙령을 발표하여 신교도인 위그노에게 신앙의 자유를 부분적으로 허용하였다.

④ 프랑크 왕국의 궁재 카롤루스 마르텔이 투르·푸아티에 전투에서 피레네산맥을 넘어 침략한 이슬람 세력을 격퇴하였다(732).

⑤ 기원전 1세기 검투 노예였던 스파르타쿠스가 동료들을 이끌고 봉기하였다.

6 14~16세기 르네상스 이해

문제 분석 자료에서 미켈란젤로, 라파엘로, 보티첼리 등이 활동하였고, 14세기부터 16세기 사이 그리스·로마의 고전 문화에 대한 관심을 바탕으로 하고 있다는 점 등을 통해 (가) 문화 사조는 르네상스임을 알 수 있다.

정답 찾기 ⑤ 14세기 무렵에 이탈리아에서 시작된 르네상스는 16세기에 알프스 이북으로 퍼져 나갔다. 르네상스가 알프스 이북으로 확산되면서 고전 연구와 더불어 현실 사회와 교회를 비판하는 사회 개혁적인 성격을 띠었다.

오답 피하기 ① 중세 초기에 아우구스티누스의 교부 철학이 발달하였다.

② 헬레니즘 문화는 알렉산드로스의 동방 원정 이후에 그리스 문화를 바탕으로 다양한 문화 요소가 융합되어 형성되었다.

③ 쿠샨 왕조 때 간다라 지방에서는 헬레니즘 문화의 영향을 받아 간다라 미술이 발전하였다.

④ 성 소피아 성당은 외부의 웅장한 돔과 내부의 모자이크 벽화를 특징으로 하는 비잔티움 건축 양식에 따라 건축되었다.

7 헨리 8세의 종교 개혁 이해

문제 분석 자료에서 아라곤 출신 캐서린, 이혼하려는 왕과 반대하는 교황, 딸 엘리자베스 1세 등을 통해 밑줄 친 '왕'은 영국의 헨리 8세임을 알 수 있다.

정답 찾기 ① 헨리 8세는 수장법을 통해 국왕이 영국 교회의 수장임을 선포하였다.

오답 피하기 ② 프랑스의 루이 14세는 콜베르를 등용하여 중상주의 정책을 펼쳤다.

③ 영국의 엘리자베스 1세는 펠리페 2세의 무적함대를 격파하고 동인도 회사를 설립하여 아시아 진출을 본격화하였다.

④ 오스만 제국의 메(흐)메트 2세는 콘스탄티노폴리스를 점령하여 비잔티움 제국을 멸망시켰다.

⑤ 프로이센의 프리드리히 2세는 계몽사상의 영향을 받아 '국가 제일의 공복'으로 자처하며 산업을 장려하고 내정 개혁을 추진하였다.

8 30년 전쟁 이해

문제 분석 자료에서 신·구교도 간 갈등으로 비롯되었으며 칼뱅파를 공식적으로 인정하는 조약의 체결로 종결되었다는 점 등을 통해 밑줄 친 '전쟁'은 30년 전쟁임을 알 수 있다. 30년 전쟁은 1648년 베스트팔렌 조약의 체결로 종결되었으며 이 조약으로 독일 제후국들은 로마 가톨릭교, 루터파, 칼뱅파를 선택할 수 있는 권리를 얻었다.

정답 찾기 ① 30년 전쟁은 신성 로마 제국 황제의 신교도 탄압을 계기로 독일 지역에서 시작되었다. 이후 유럽의 여러 나라들이 참전하면서 국제 전쟁으로 확대되었다.

오답 피하기 ② 교황의 호소에 따라 일어난 제1차 십자군은 성지 탈환에 성공하고 예루살렘 왕국을 건설하였다.

③ 백년 전쟁이 전개 중이던 14세기 중반 자크리의 난이 일어났다.

④ 루터의 「95개조 반박문」이 발표되며 시작된 루터파와 로마 가톨릭교회와의 대립은 1555년 아우크스부르크 화의에서 루터파가 인정되면서 종결되었다.

⑤ 종교 개혁에 대응하기 위해 로마 가톨릭교회 측에서는 트리엔트 공의회(1545~1563)를 개최하여 교황과 가톨릭교회의 권위를 재확인하였다.

9 아스테카 문명과 잉카 문명 이해

문제 분석 지도에서 멕시코고원 일대, 수도 테노치티틀란 등을 통해 (가) 문명은 아스테카 문명임을, 안데스고원 일대, 수도 쿠스코 등을 통해 (나) 문명은 잉카 문명임을 알 수 있다.

정답 찾기 ⑤ 아스테카 문명은 에스파냐의 코르테스, 잉카 문명은 에스파냐의 피사로의 침략으로 파괴되었다.

오답 피하기 ① 하라파는 인더스 문명의 대표적 유적이다.
② 잉카 문명을 이룩한 사람들은 새끼줄 매듭(키푸)으로 정보를 교환하였다.
③ 메소포타미아 문명에서는 도시에 지구라트라는 신전을 건설하였다.
④ 이집트 문명에서는 최고 통치자인 왕을 파라오라 불렀다.

10 프로이센의 절대 왕정 이해

문제 분석 자료에서 프리드리히 2세, 슐레지엔 침공 등을 통해 (가) 국가는 프로이센임을 알 수 있다.

정답 찾기 ④ 프로이센은 오스트리아, 러시아와 함께 폴란드를 분할 점령하였다.

오답 피하기 ① 에스파냐는 베네치아, 로마 교황 등과 연합하여 레판토 해전에서 오스만 제국을 상대로 승리하였다.
② 러시아와 청은 네르친스크 조약 등을 통해 양국의 국경을 결정하였다.
③ 프랑크 왕국은 베르됭 조약(843)과 메르센 조약(870)에 의해 동프랑크, 중프랑크, 서프랑크로 분열되었다.
⑤ 플랑드르 지방의 지배권을 둘러싼 영국과 프랑스의 대립 등을 배경으로 백년 전쟁(1337~1453)이 발발하였다.

08 시민 혁명과 산업 혁명(1)

닮은꼴 문제

본문 92~93쪽

1 찰스 1세 파악 **정답** ②

문제 분석 자료에서 의회파와의 전투에서 패한 상황, 영국의 신민들 등을 통해 밑줄 '나'가 영국의 찰스 1세임을 알 수 있다.

정답 찾기 ② 찰스 1세는 의회의 동의 없이 과세하고 청교도를 박해하여 의회와의 갈등을 일으켰다.

오답 피하기 ① 삼부회를 소집한 인물로는 14세기 초의 필리프 4세, 18세기 후반의 루이 16세 등이 있다.
③ 영국의 존왕은 1215년에 대헌장을 승인하였다.
④ 프랑스의 루이 14세가 베르사유 궁전을 건축하였다.
⑤ 카롤루스 마르텔의 아들 피핀이 카롤루스 왕조를 개창하였다.

2 미국 혁명 이해 **정답** ④

문제 분석 자료에서 렉싱턴 전투, 식민지 대표들이 회의를 개최한 점 등을 통해 (가) 혁명이 미국 혁명임을 알 수 있다.

정답 찾기 ④ 보스턴 차 사건 이후 북아메리카 식민지와 영국의 갈등은 격화되었고, 이러한 상황에서 렉싱턴 전투가 발생하였다. 이에 식민지 대표들은 제2차 대륙 회의를 열어 워싱턴을 총사령관으로 임명하고 독립 선언문을 발표하였다.

오답 피하기 ① 크롬웰 사후 왕정복고가 이루어져 찰스 2세가 즉위하였다.
② 로베스피에르의 공포 정치에 대한 불만이 커지면서 1794년에 테르미도르 반동이 발생하였다. 이로 인해 로베스피에르가 실각하고 총재 정부가 수립되었다.
③ 러시아와 청은 1689년 국경 문제를 해결하기 위해 네르친스크 조약을 체결하였다.
⑤ 앤 여왕 사후 독일 하노버 가문의 조지 1세가 즉위하여 하노버 왕조가 수립되었다.

수능 기본 문제

본문 94~95쪽

01 ③	**02** ③	**03** ②	**04** ③
05 ④	**06** ⑤	**07** ①	**08** ③

01 지동설 이해

문제 분석 자료에서 프톨레마이오스와 아리스토텔레스의 논거를 약화한다고 한 점, 코페르니쿠스의 견해를 더욱더 입증하고 있다는 점 등을 통해 밑줄 친 '주장'이 지동설과 관련된 것이고, 16~17세기에 제기된 것임을 알 수 있다. 자료에서 '나'는 갈릴레이이다.

정답 찾기 ③ 코페르니쿠스 등이 주장한 지동설은 유럽인들의 중세적 우주관을 동요시켰다.

오답 피하기 ① 로마 제정 시기에 프톨레마이오스는 천동설을 주장하였다.
② 왕권신수설은 절대 왕정을 옹호하는 정치 이론이다.
④ 교회와 성직자에 대한 과세 문제로 교황과 대립하던 프랑스 왕 필리프 4세는 삼부회 소집을 통해 교황을 굴복시켰다. 이후 교황청이 아비뇽으로 옮겨져 프랑스왕의 통제를 받는 이른바 아비뇽 유수가 일어났다(1309~1377).
⑤ 중세 서유럽에서 신앙과 이성의 조화를 추구하는 스콜라 철학이 나타났다.

02 루소의 활동 이해

문제 분석 자료에서 일반 의지에 따르는 국가 운영과 인민 주권의 원리를 제시하여 프랑스 혁명에 사상적 기반을 제공하였다는 점을 통해 (가) 인물이 루소임을 알 수 있다.

정답 찾기 ③ 루소는 『사회 계약론』에서 개인이 일반 의지에 따를 것을 약속하는 것이 사회 계약이라고 보았고, 인민 주권을 강조하였다.

오답 피하기 ① 크롬웰 집권 시기에 항해법이 공포되었다.
② 교황과 황제 간의 서임권 투쟁은 1122년 보름스 협약이 체결되면서 교황이 서임권을 행사하는 것으로 타결되었다.
④ 뉴턴은 '만유인력의 법칙'을 발견하고, 천체의 운동을 수학적으로 체계화함으로써 기계론적 우주관을 확립하였다.
⑤ 홉스는 자연 상태의 특징을 '만인의 만인에 대한 투쟁'으로 파악하였다.

03 크롬웰의 활동 이해

문제 분석 자료에서 영국의 내전, 의회파가 결정적인 승리를 거둔 점, 아일랜드 정복 등을 통해 (가) 인물이 크롬웰임을 알 수 있다.

정답 찾기 ② 영국에서 벌어진 의회파와 왕당파 사이의 내전 과정에서 의회파가 승리하였고, 의회파의 주도로 찰스 1세가 처형되고 공화정이 수립되었다. 이후 크롬웰이 호국경에 취임하였다.

오답 피하기 ① 16세기에 영국의 헨리 8세가 수장법을 공포하였다.
③ 찰스 1세는 의회가 제출한 권리 청원을 승인하였다.
④ 앤 여왕을 끝으로 스튜어트 왕조가 끝나고 조지 1세에 의해 하노버 왕조가 개창되었다.
⑤ 영국에서 엘리자베스 1세는 동인도 회사를 설립하여 아시아 진출을 본격화하였다.

04 명예혁명 파악

문제 분석 자료에서 오라녜공의 함대, 잉글랜드 사람들, 제임스 2세의 군대 등을 통해 밑줄 친 '원정'이 메리의 남편인 윌리엄(오라녜공)의 활동과 관련된 것임을 알 수 있고, 자료의 상황이 명예혁명의 전개 과정에서 나타난 상황임을 파악할 수 있다.

정답 찾기 ③ 제임스 2세의 전제 정치에 반발하여 의회는 제임스 2세를 추방하고 메리와 그녀의 남편인 윌리엄을 공동 왕으로 추대하였다(1688, 명예혁명).

오답 피하기 ① 영국의 존왕은 1215년에 대헌장을 승인하였다.
② 파리 민중의 봉기로 바스티유가 함락되었다.
④ 백년 전쟁 이후 영국에서는 왕위 계승 문제를 둘러싸고 랭커스터 가문과 요크 가문 사이에 장미 전쟁(1455~1485)이 일어났다.
⑤ 헨리 7세는 장미 전쟁 이후 튜더 왕조를 개창하고 중앙 집권 체제의 토대를 닦았다.

05 미국 혁명의 배경 이해

문제 분석 자료에서 영국이 행한 조치, 영국 의회의 최근 법안, 인지세법 등을 통해 영국이 제정한 인지세법에 대해 반발하는 주장임을 알 수 있다.

정답 찾기 ④ 영국은 7년 전쟁 이후 재정 문제를 해결하기 위해 북아메리카 식민지에 중상주의 정책을 강화하였고, 인지세법 등을 제정하였다. 이는 북아메리카 식민지인들의 거센 반발을 불러일으켰다.

오답 피하기 ① 영국에서는 크롬웰 사후에 왕정복고를 통해 찰스 2세가 즉위하였다.
② 미국 독립 전쟁에서 북아메리카 식민지는 초반에 전세가 불리했지만, 요크타운 전투의 승리를 통해 전세를 반전시켰다.
③ 보스턴 차 사건 이후인 1774년에 제1차 대륙 회의가 개최되었다.
⑤ 17세기 초 영국의 제임스 1세는 왕권신수설을 내세워 의회를 무시하고 전제 정치를 실시하였다.

06 국민 의회의 활동 이해

문제 분석 자료에서 봉건제를 완전히 폐지, 루이 16세를 인정하는 내용 등을 통해 (가) 의회는 국민 의회임을 알 수 있다. 프랑스 혁명 당시 국민 의회는 농민들의 불만을 달래기 위해 봉건제 폐지를 선언하였다.

정답 찾기 ⑤ 프랑스 혁명의 전개 과정에서 제3 신분 대표들이 구성한 국민 의회가 '테니스코트의 서약'을 발표하였다.

오답 피하기 ① 국민 공회는 공화정을 선포하고 루이 16세를 처형하였다.
② 입법 의회가 오스트리아 등에 선전 포고를 하면서 혁명전쟁이

발발하였다.
③ 국민 공회 시기 혁명 재판소와 공안 위원회가 설치되어 운영되었다.
④ 나폴레옹은 쿠데타를 일으켜 총재 정부를 무너뜨리고 통령 정부를 수립하였다.

07 루이 16세 파악

문제 분석 자료에서 미국만이 프랑스의 동맹국, 그가 도와준 덕에 독립을 달성했고, 그를 처형한다면 미국인 전체가 애통해할 것, 국민 공회 등을 통해 밑줄 친 '그'가 루이 16세임을 알 수 있다.

정답 찾기 ① 프랑스 왕실은 화려한 궁중 생활 유지와 미국 혁명 지원 등으로 재정이 매우 궁핍해졌다. 결국 루이 16세는 재정 위기를 해결하기 위해 삼부회를 소집하였다.

오답 피하기 ② 프랑스의 루이 14세는 낭트 칙령을 폐지하여 많은 위그노들이 프랑스를 떠나게 하였다.
③ 프로이센의 프리드리히 2세가 상수시 궁전을 건립하였다.
④ 영국의 명예혁명 과정에서 메리와 그녀의 남편인 윌리엄이 공동 왕으로 추대되었다.
⑤ 프랑스 혁명 당시 로베스피에르는 테르미도르 반동으로 실각하여 처형되었다.

08 나폴레옹의 활동 이해

문제 분석 자료에서 일부 총재 정부 지도자들의 협력으로 쿠데타를 일으킨 점 등을 통해 '그'가 프랑스의 나폴레옹임을 알 수 있고, (가)에는 나폴레옹이 쿠데타를 일으킨 직후의 상황이 들어가야 함을 알 수 있다.

정답 찾기 ③ 나폴레옹은 1799년 쿠데타로 권력을 장악한 뒤 통령 정부를 세우고 제1 통령에 취임하였다.

오답 피하기 ① 프랑스에서는 국민 공회 시기에 자코뱅파의 주도로 루이 16세가 처형되었다.
② 영국의 엘리자베스 1세는 통일법을 반포하여 영국 국교회를 확립하였다.
④ 프랑스에서는 국민 의회가 제정한 새로운 헌법에 따라 국민 의회가 해산되고 선거를 통해 입법 의회가 구성되었다.
⑤ 프랑스에서는 국민 공회 시기에 혁명 재판소와 공안 위원회가 설치되었다.

수능 실전 문제

본문 96~99쪽

1 ②	2 ⑤	3 ④	4 ③
5 ②	6 ③	7 ②	8 ③

1 뉴턴의 활동 이해

문제 분석 자료에서 『프린키피아』, '만유인력의 법칙'을 보편적인 수학 공식으로 설명하였다는 점 등을 통해 (가) 인물이 뉴턴임을 알 수 있다.

정답 찾기 ② 뉴턴은 '만유인력의 법칙'을 발견하였고, 수학 공식의 계산을 통해 천체의 운행과 지상의 물리적 현상을 기계 원리처럼 설명함으로써 기계론적 우주관을 확립하였다.

오답 피하기 ① 토마스 아퀴나스는 『신학대전』에서 신앙과 이성의 조화를 꾀하며 스콜라 철학을 집대성하였다.
③ 하비는 혈액 순환의 원리를 발견하였다.
④ 로마 제정 시기에 프톨레마이오스는 천동설을 주장하였다.
⑤ 케플러는 행성이 태양 주위를 타원 궤도로 도는 것을 발견하였다.

2 계몽사상가의 활동 이해

문제 분석 자료에서 『백과전서』라는 이름으로 간행된 책에 담겨 있다는 점, 프랑스의 루이 15세 시대에 많은 사람이 참여했다는 점 등을 통해 밑줄 친 '이 사상'이 계몽사상임을 알 수 있다. 18세기에 편찬된 『백과전서』는 여러 분야의 지식을 집대성하였고, 이성, 진보 등을 중시하는 계몽사상의 보급에 기여하였다.

정답 찾기 ⑤ 계몽사상가인 몽테스키외는 입법, 사법, 행정의 삼권 분립을 주장하였다.

오답 피하기 ① 16세기에 로욜라는 종교 개혁 운동에 대항하여 가톨릭교회의 역량을 결집하기 위해 예수회를 창설하였다.
② 토머스 모어는 『유토피아』를 통해 16세기 제1차 인클로저 운동으로 농민들이 몰락하는 부조리한 현실 사회를 비판하였다.
③ 13세기에 토마스 아퀴나스가 『신학대전』을 저술하여 스콜라 철학을 집대성하였다.
④ 14세기에 보카치오는 『데카메론』에서 사회의 타락상과 인간의 위선을 묘사하였다.

3 찰스 1세 파악

문제 분석 자료에서 잉글랜드와 아일랜드, 사형 판결을 받았다는 점, 요크 공작이라고 불리는 차남 제임스 등을 통해 (가) 국왕이 찰스 1세임을 알 수 있다. 영국에서 벌어진 의회파와 왕당파 사이의 내전 과정에서 의회파의 주도로 찰스 1세가 처형되었다.

정답 찾기 ④ 17세기 전반 영국의 찰스 1세가 의회의 승인 없이 과세하자 의회가 권리 청원을 제출하였고, 찰스 1세는 이를 승인하였으나 곧 의회를 해산하였다.

오답 피하기 ① 7년 전쟁은 18세기 중반에 발생하였다.
② 명예혁명 과정에서 공동 왕으로 추대된 메리와 윌리엄은 권리 장전을 승인하였다.
③ 찰스 1세가 처형된 이후 크롬웰이 호국경에 취임하였다.
⑤ 찰스 2세가 전제 정치를 실시하자, 의회는 심사법과 인신 보호법을 제정하였다.

4 영국의 대외 활동 이해

문제 분석 자료에서 정복왕 윌리엄, 독립을 반대하는 그대들, 아메리카 원주민들과 흑인들을 선동, 대륙에서 축출 등을 통해 (가) 국가가 영국임을 알 수 있다. 영국이 북아메리카에 대한 중상주의 정책을 강화하자 북아메리카 식민지인들은 반발하였고, 보스턴 차 사건으로 이어졌다. 이에 영국이 보스턴항을 봉쇄하자 식민지 대표들은 대륙 회의를 개최하여 영국에 항의하였다. 이후 영국군과 식민지 민병대의 충돌로 독립 전쟁이 시작되었다.

정답 찾기 ③ 영국은 트라팔가르 해전에서 프랑스를 격퇴하였다.

오답 피하기 ① 프랑스의 나폴레옹 1세는 오스트리아, 러시아 등을 격파하고 신성 로마 제국을 해체시켰다.
② 에스파냐의 코르테스는 아스테카 제국을 침략하여 멸망시켰고, 에스파냐의 피사로는 잉카 제국을 정복하였다.
④ 중세 유럽 북부 독일의 뤼베크, 함부르크 등의 도시들이 중심이 되어 한자 동맹을 결성하고 발트해와 북해 무역을 주도하였다.
⑤ 러시아는 스웨덴과의 북방 전쟁을 통해 발트해로 진출하였다.

5 미국 혁명의 전개 과정 이해

문제 분석 자료에서 필라델피아에서의 두 번째 대륙 회의, 대륙군을 창설하고 워싱턴을 총사령관으로 임명한 점 등을 통해 (가)는 렉싱턴 전투 이후 대륙 회의가 개최된 시기임을 알 수 있다. 항복을 선언한 점, 요크타운에 머물러 있던 군대가 대륙군의 포위 공세를 버티지 못한 점 등을 통해 (나)는 대륙군(식민지군)이 요크타운 전투에서 승리한 시기임을 알 수 있다.

정답 찾기 ② 렉싱턴 전투 이후 북아메리카 식민지 대표들은 1775년 필라델피아에서 제2차 대륙 회의를 개최하여 군대(대륙군)를 조직하고 워싱턴을 총사령관으로 임명하였다. 북아메리카 식민지는 초반에는 열세였으나, 프랑스, 에스파냐의 지원 등으로 1781년 요크타운 전투에서 영국에 승리하였다.

오답 피하기 ① 7년 전쟁(1756~1763) 이후 영국은 어려워진 재정 문제를 해결하기 위해 중상주의 정책을 추진하면서 인지세법 등을 제정하였고, 이는 북아메리카 식민지인들의 거센 반발을 불러일으켰다. (가) 이전의 모습이다.
③ 1773년에 보스턴 차 사건이 일어났다. (가) 이전의 모습이다.
④ 북아메리카 식민지인들은 파리 조약(1783)으로 독립을 인정받았다. (나) 이후의 모습이다.
⑤ 연방 헌법이 제정된 후 1789년에 워싱턴이 대통령으로 선출되었다. (나) 이후의 모습이다.

6 「인간과 시민의 권리 선언」 발표 시기 파악

문제 분석 자료에서 프랑스 인민의 대표자들이 선언한 점, 인간의 자연권, 국왕의 해외 탈출 시도 등을 통해 프랑스 혁명의 전개 과정에서 국민 의회가 발표한 「인간과 시민의 권리 선언」임을 알 수 있다.

정답 찾기 ③ 루이 16세가 국민 의회를 탄압하자 파리 시민들은 전제 정치의 상징인 바스티유를 습격하였다. 혁명은 지방으로 퍼져 농민들이 귀족을 공격하고 장원의 문서를 불태웠다. 이에 국민 의회는 봉건제 폐지를 선언하고, 「인간과 시민의 권리 선언」을 발표하였다. 이후 국민 의회의 헌법 제정을 바탕으로 소집된 입법 의회는 오스트리아를 상대로 선전 포고를 하고 혁명전쟁을 시작하였다. (다) 시기에 「인간과 시민의 권리 선언」이 발표되었다.

7 프랑스 혁명의 전개 과정에서 발표된 헌법 이해

문제 분석 (가)는 국민 의회에서 제정한 헌법이고, (나)는 총재 정부 구성과 관련된 헌법이다. 1791년 국민 의회는 입헌 군주제와 재산에 따른 제한 선거제에 기초한 새로운 헌법을 제정하였고, 이에 따라 입법 의회가 소집되었다. 한편 테르미도르 반동으로 로베스피에르가 몰락한 뒤 국민 공회를 대신하여 5명의 총재가 이끄는 총재 정부가 수립되었다.

정답 찾기 ② (가) 헌법에 따라 입법 의회가 소집되었다.

오답 피하기 ① (가)는 입헌 군주제를 명시하였다.
③ (나)는 루이 16세가 처형된 이후에 제정되었다.
④ (나)는 테르미도르 반동 이후에 제정되었다.
⑤ 총재 정부를 무너뜨리고 쿠데타를 통해 통령이 된 나폴레옹은 국민 투표를 통해 황제에 즉위하였다(제1 제정). 제1 제정 시기에 영국을 견제하기 위한 대륙 봉쇄령이 발표되었다.

8 나폴레옹의 활동 이해

문제 분석 자료에서 프랑스의 황제, 영국 제도에 대한 봉쇄 상태를 선언, 영국의 모든 신민은 신분과 조건에 관계없이 전쟁 포로가 될 것이라는 점 등을 통해 (가) 인물이 나폴레옹임을 알 수 있다. 나폴레옹은 영국을 고립시켜 경제적 타격을 입힐 목적으로 대륙 봉쇄령을 발표하였다.

정답 찾기 ③ 나폴레옹은 쿠데타를 통해 총재 정부를 무너뜨리고 통령 정부를 수립하였다. 이후 국민 투표를 통해 황제에 즉위하여 프랑스의 제1 제정을 수립하였다.

오답 피하기 ① 나폴레옹은 워털루 전투에서 영국과 프로이센 등의 연합 부대에 패배하였다.
② 러시아의 표트르 대제는 상트페테르부르크를 건설하여 수도로 삼았다.
④ 프랑크 왕국의 피핀은 카롤루스 왕조 개창에 도움을 준 교황에게 롬바르드족으로부터 빼앗은 이탈리아 중부 지역을 기증하였다.
⑤ 루이 14세는 콜베르를 등용하고 중상주의 정책을 펼쳐 국가 재정을 확보하였다.

09 시민 혁명과 산업 혁명(2)

닮은꼴 문제

본문 105쪽

1 빈 체제 파악

정답 ①

문제 분석 자료에서 부르셴샤프트, 메테르니히에 의해 형성 등을 통해 밑줄 친 '체제'가 빈 체제임을 알 수 있다.

정답 찾기 ① 메테르니히의 주도로 열린 빈 회의의 결과로 복고주의와 정통주의 원칙에 입각한 보수적인 빈 체제가 형성되었다.

오답 피하기 ② 빈 체제에서는 여러 나라에서 일어난 자유주의와 민족주의 운동이 탄압을 받았다.
③ 빈 체제가 붕괴된 이후에 프랑스에서는 제2 제정이 수립되었다.
④ 프로이센 · 프랑스 전쟁에서 프랑스가 패배하면서 나폴레옹 3세가 퇴위하고 제2 제정이 붕괴되었다.
⑤ 그리스와 라틴 아메리카 국가들의 독립은 러시아나 영국의 지원을 받으면서 빈 체제의 결속을 흔들어 놓았다.

수능 기본 문제

본문 106~107쪽

01 ③	02 ②	03 ②	04 ⑤
05 ②	06 ①	07 ③	08 ④

01 19세기 각국의 자유주의와 민족주의 운동 이해

문제 분석 자료에서 독일에서 조직된 학생 조합의 활동, 카르보나리당, 먼로 선언 등을 통해 (가)에는 19세기 각국의 자유주의와 민족주의 운동과 관련된 내용이 들어가야 함을 알 수 있다.

정답 찾기 ③ 19세기 전반 그리스에서는 오스만 제국의 지배에 저항하여 독립 전쟁이 발발하였다. 러시아와 영국, 프랑스의 지원과 유럽 지식인들의 후원으로 그리스는 독립을 쟁취하였다.

오답 피하기 ① 에스파냐 펠리페 2세의 함대는 16세기 레판토 해전에서 오스만 제국에 승리를 거두었다.
② 영국 정부가 식민지에서 동인도 회사의 차 판매에 대한 특혜를 주자, 북아메리카 식민지인들이 반발하여 보스턴 차 사건을 일으켰다(1773).
④ 제임스 2세의 전제 정치에 반발하여 1688년에 영국 의회는 제임스 2세를 폐위하고 메리와 윌리엄을 공동 왕으로 추대하였다.
⑤ 18세기 후반 프랑스 혁명의 전개 과정 중 국민 공회 시기에 자코뱅파는 권력을 장악한 뒤 혁명 재판소와 공안 위원회를 통해 반혁명 세력을 처형하며 공포 정치를 펼쳤다.

02 프랑스 2월 혁명 파악

문제 분석 자료에서 파리에서 일어난 혁명이 오스트리아에도 전해진 점, 메테르니히의 즉각 해임 등을 통해 밑줄 친 '혁명'이 프랑스에서 일어난 2월 혁명(1848)임을 알 수 있다.

정답 찾기 ② 프랑스 2월 혁명의 결과 7월 왕정이 붕괴되고 제2 공화정이 수립되었다.

오답 피하기 ① 프랑스 7월 혁명의 영향으로 벨기에가 독립하였다.
③ 프랑스의 나폴레옹은 영국을 고립시켜 경제적 타격을 입힐 목적으로 대륙 봉쇄령을 공포하였다.
④ 국민 공회 시기 로베스피에르의 공포 정치에 반발하여 테르미도르 반동이 발생하였다.
⑤ 독일에서 일어난 30년 전쟁의 결과 베스트팔렌 조약이 체결되었다.

03 차티스트 운동 이해

문제 분석 자료에서 보통 선거 요구, 영국의 성인 남자에게 의원 선거권 부여, 비밀 선거 등을 통해 자료의 주장을 펼친 정치 세력이 차티스트 운동을 전개한 노동자 계층임을 알 수 있다.

정답 찾기 ② 영국에서는 제1차 선거법 개정이 이루어졌으나, 선거권을 얻지 못한 노동자 계층이 인민헌장을 발표하며 선거법의 추가 개정을 요구하는 차티스트 운동을 전개하였다.

오답 피하기 ① 왕정복고로 즉위한 찰스 2세가 가톨릭교도를 우대하자 의회는 심사법을 제정하여 이에 대응하였다.
③ 테르미도르 반동 이후 5명의 총재가 이끄는 총재 정부가 수립되었다.
④ 제1차 선거법 개정에 대한 반발 속에 차티스트 운동이 전개되었다.
⑤ 영국에서는 18세기 곡물 수요가 늘어나자 대지주들이 분산된 토지나 황무지를 집적하여 사유지로 만드는 제2차 인클로저 운동이 일어났다.

04 이탈리아의 통일 이해

문제 분석 자료에서 아드리아해와 지중해 양쪽에 자리 잡은 훌륭한 항구들, 피사, 시칠리아, 베네치아 사람들의 후손이 된다는 것, 우리를 노예화한 오스트리아인을 몰아내야 한다는 점, 교황의 노예로 만든 오스트리아인 등을 통해 밑줄 친 '통일'이 이탈리아의 통일과 관련된 것임을 알 수 있다.

정답 찾기 ⑤ 이탈리아의 통일 과정에서 가리발디는 시칠리아와 나폴리를 점령하였고, 자신의 점령지를 사르데냐 국왕에게 바쳤다. 이로써 남북을 통일한 이탈리아 왕국이 탄생하였다.

오답 피하기 ① 12표법은 기원전 5세기에 제정된 로마 최초의 성문법이다.
② 영국은 앤 여왕 재위 시기에 스코틀랜드를 병합하여 브리튼섬을 통합한 대영 제국을 수립하였다.
③ 넬슨이 이끈 영국 해군은 나폴레옹이 지휘한 프랑스 해군과 벌인 트라팔가르 해전에서 승리를 거두었다.
④ 콘스탄츠 공의회는 교회의 대분열을 수습하기 위해 15세기 초에 소집되었다.

05 프로이센의 활동 이해

문제 분석 자료에서 프랑크푸르트 의회, 비스마르크의 목표가 통일된 제국을 이룩하는 것 등을 통해 (가) 국가가 프로이센임을 알 수 있다.

정답 찾기 ② 프로이센은 관세 동맹 체결을 주도함으로써 독일 통일의 경제적 토대를 마련하였다.

오답 피하기 ① 에스파냐의 피사로는 잉카 제국을 정복하였다.
③ 프랑스의 나폴레옹은 신성 로마 제국을 해체시켰다.
④ 영국은 자유주의 개혁 정책의 일환으로 곡물법과 항해법을 폐지하였다.
⑤ 북아메리카 식민지인들은 파리 조약으로 독립을 인정받았다.

06 남북 전쟁 파악

문제 분석 자료에서 북부가 노예제를 문제 삼으며 간섭하고 있다는 점, 남부에서 노예제를 약화시키고 폐지하려고 하고 있다고 언급한 점 등을 통해 자료는 미국 남북 전쟁 발생 직전의 상황임을 알 수 있다.

정답 찾기 ① 미국 남부에서는 노예를 이용한 대농장 경영이 발달하면서 자유 무역론이 우세하였고, 북부에서는 임금 노동에 기초한 상공업이 발달하면서 보호 무역론이 우세하였다. 그런 가운데 링컨이 대통령에 당선되자 남부의 여러 주가 연방에서 탈퇴하여 남북 전쟁이 일어났다(1861).

오답 피하기 ② 미국 혁명의 결과 연방 헌법이 제정되고 초대 대통령으로 워싱턴이 선출되었다.
③ 미국 혁명 과정 중 제2차 대륙 회의에서 독립 선언문이 발표되었다(1776).
④ 프랑스 혁명의 전개 과정 중 입법 의회는 오스트리아에 선전 포고를 하며 혁명전쟁을 시작하였다.
⑤ 보스턴 차 사건을 계기로 영국 정부가 보스턴항을 폐쇄하자 북아메리카 식민지인들은 필라델피아에서 제1차 대륙 회의를 개최하여 영국에 항의하였다.

07 알렉산드르 2세 파악

문제 분석 자료에서 러시아 백성의 노예화를 억제하였다고 언급한 점, 농노 소유주들 등을 통해 밑줄 친 '폐하'가 러시아의 알렉산드르 2세임을 알 수 있다. 크림 전쟁에서 패한 후 개혁의 필요성을 절감한 알렉산드르 2세는 1861년 농노 해방령을 발표하는 등 일련의 개혁을 단행하였다.

정답 찾기 ③ 알렉산드르 2세 재위 시기에 지식인들이 브나로드 운동을 전개하였다.

오답 피하기 ① 7년 전쟁은 18세기 중반에 발생하였다.
② 노르만족은 9세기 후반부터 유럽의 해안과 내륙 일대로 진출하여 노브고로드 공국, 노르망디 공국 등 노르만 계통의 국가를 세웠다.
④ 러시아의 표트르 대제는 18세기 초 상트페테르부르크를 건설하여 수도로 삼았다.
⑤ 러시아의 니콜라이 1세는 1825년 데카브리스트의 봉기를 진압하였다.

08 산업 혁명의 확산 이해

문제 분석 자료에서 맨체스터의 공장 노동자들의 창백함, 공장에서 일하는 모든 소년, 소녀들의 창백한 얼굴, 8~9세의 어린이들을 고용하고 있고 노동 시간이 14~16시간에 이른다는 점 등을 통해 산업 혁명의 진행 과정에서 나타난 아동 노동 문제, 장시간 노동 문제와 관련된 자료임을 알 수 있다.

정답 찾기 ④ 산업 혁명이 진행되면서 빈부 격차의 심화, 장시간 노동 문제, 아동 노동 문제 등이 발생하면서 사회주의 사상이 확산되었다.

오답 피하기 ① 중세 유럽 도시에서는 상인과 수공업자가 길드를 조직하여 독점적인 상공업 활동을 하였다.
② 신항로 개척 이후 자본을 축적한 상인들은 선대제와 매뉴팩처를 이용하여 성장을 꾀하였다. 매뉴팩처는 한 장소에 노동자들을 모아 놓고 상품을 수공업으로 생산하는 형태로, 산업 혁명 이전에 등장한 생산 형태이다.
③ 중세 유럽의 함부르크, 뤼베크 등의 도시들은 한자 동맹을 결성하여 북해와 발트해 연안의 무역을 주도하였다.
⑤ 신항로 개척 이후 아메리카 대륙에서 막대한 양의 금은이 유럽에 들어오면서, 유럽의 물가가 상승하는 가격 혁명이 일어났다.

수능 실전 문제

본문 108~110쪽

1 ②	**2** ①	**3** ①	**4** ⑤
5 ④	**6** ②		

1 오스만 제국 파악

문제 분석 자료에서 평화를 재확립하기 위해 체결국들이 (가)와 그리스에 제시한 점, 콘스탄티노폴리스에 있는 전권 대사가 서명한 공동 선언 등을 통해 (가) 국가가 오스만 제국임을 알 수 있다. 19세기 전반 오스만 제국의 지배를 받던 그리스는 독립 전쟁을 전개하였다. 이에 영국, 프랑스, 러시아는 협약을 통해 오스만 제국과 그리스에 평화를 재확립하기 위한 협상안을 제시하였다.

정답 찾기 ② 오스만 제국은 흑해 쪽으로 남하 정책을 추진하는 러시아와 크림 전쟁에서 충돌하였다.

오답 피하기 ① 티무르 왕조는 티무르가 사망한 후 점차 약화되다가 우즈베크인에 의해 멸망하였다.
③ 사르데냐 왕국은 오스트리아와의 전쟁에서 승리하여 이탈리아 중·북부 지역을 통합하였다.
④ 러시아는 표트르 대제 시기 스웨덴과의 북방 전쟁을 통해 발트해로 진출하였다.
⑤ 프로이센은 오스트리아와의 전쟁 끝에 슐레지엔을 차지하였다.

2 프랑스 7월 혁명 결과 파악

문제 분석 자료에서 국왕이 출판의 자유 철폐 등을 포함한 칙령을 발표, 칙령의 철회를 주장하는 사람들, 샤를 10세를 타도 등을 통해 밑줄 친 '혁명'이 프랑스에서 일어난 7월 혁명(1830)임을 알 수 있다.

정답 찾기 ① 7월 혁명의 결과로 샤를 10세가 추방되고 루이 필리프의 입헌 군주정이 수립되었다(7월 왕정).

오답 피하기 ② 테르미도르 반동으로 로베스피에르가 실각하여 처형되고 총재 정부가 구성되었다.
③ 프랑스 2월 혁명으로 루이 필리프가 물러나고 공화정이 수립되었다(제2 공화정).
④ 프랑스 혁명의 전개 과정에서 제3 신분 대표들이 국민 의회를 구성하여 '테니스코트의 서약'을 발표하였다.
⑤ 1871년 파리 코뮌이 수립되었다. 이후 독일 제국의 지원을 받은 프랑스 정부군이 파리 코뮌을 무력으로 진압하였다.

3 루이 나폴레옹(나폴레옹 3세)의 활동 이해

문제 분석 자료에서 저의 삼촌인 나폴레옹 황제, 대통령에 당선된다면 임시 정부가 선포한 공화정의 나라를 위해 헌신하겠다는 점 등을 통해 연설을 한 인물이 루이 나폴레옹임을 알 수 있다. 프랑스에서는 2월 혁명으로 루이 필리프를 몰아낸 뒤 공화정이 수립되었고 나폴레옹의 조카였던 루이 나폴레옹이 대통령에 취임하였다.

정답 찾기 ① 대통령에 취임한 루이 나폴레옹이 국민 투표를 통해 황제(나폴레옹 3세)에 즉위하여 제2 제정이 수립되었다.

오답 피하기 ② 로베스피에르는 테르미도르 반동으로 실각하여 처형되었다.
③ 앙리 4세는 낭트 칙령을 발표하여 위그노 전쟁을 수습하였다.
④ 가리발디는 시칠리아와 나폴리 등지를 점령한 후 점령지를 사르데냐 국왕에게 바쳐 이탈리아의 통일에 기여하였다.

⑤ 루이 16세는 재정난을 해결하기 위해 삼부회를 소집하였다.

4 제1차 선거법 개정 시기 파악

문제 분석 자료에서 소규모 지역의 의원 선출권을 박탈하고 인구가 많으며 부유한 도시(신흥 상공업 도시)에 부여한다는 점, 토지 소유권을 지닌 자로서 법적 하자가 없는 모든 성인 남자에게 투표권을 부여한다는 점 등을 통해 밑줄 친 '법'이 영국의 제1차 선거법 개정과 관련된 것임을 알 수 있다. 영국에서는 1832년 선거법을 개정하여 부패 선거구를 없애고 신흥 상공업자에게도 선거권을 부여하였다.

정답 찾기 ⑤ 1830년 프랑스 7월 혁명의 결과 루이 필리프가 국왕으로 추대되었다. 한편 제1차 선거법 개정(1832)의 혜택을 받지 못한 노동자들이 인민헌장을 발표하고 참정권 확대를 요구하는 차티스트 운동을 전개하였다. (마) 시기에 제1차 선거법 개정이 이루어졌다.

5 프랑스, 오스트리아 활동 이해

문제 분석 자료에서 카보우르의 지도 아래에 (가)와 동맹을 맺고 (나)와 전쟁을 벌였다는 점, 북이탈리아에서 몰아내기 위해 많은 희생을 치른 점, 진정한 통일을 이루기 위해 황제의 요구를 거부해야 한다는 점 등을 통해 (가)는 프랑스, (나)는 오스트리아임을 알 수 있다.

정답 찾기 ④ 오스트리아는 철혈 정책을 펼친 프로이센과 영토 문제를 놓고 전쟁을 벌였다.

오답 피하기 ① 넬슨이 이끄는 영국 해군은 트라팔가르 해전에서 프랑스 해군을 격퇴하였다.
② 러시아의 표트르 대제는 상트페테르부르크를 건설하여 수도로 삼았다.
③ 프랑스의 나폴레옹은 신성 로마 제국을 해체시켰다.
⑤ 대프랑스 동맹은 영국을 중심으로 한 유럽 국가들이 프랑스 혁명의 파급을 막고 프랑스의 대륙 지배에 대항하기 위해 결성한 군사 동맹이다.

6 독일의 통일 과정 파악

문제 분석 (가)는 빌헬름 1세에 의해 재상에 임명된 비스마르크가 1862년 의회에서 한 연설로, 철혈 정책을 밝히고 있다. 자료 (나)는 1871년 독일 제국 수립과 관련된 헌법이다.

정답 찾기 ② 프로이센의 재상이 된 비스마르크는 강력한 군비 확장 정책(철혈 정책)을 추진하였으며 오스트리아를 격파하고 북독일 연방을 창설하였다(1867).

오답 피하기 ① 7년 전쟁(1756~1763)은 오스트리아가 왕위 계승 전쟁 때 빼앗긴 땅을 되찾기 위해 프로이센과 벌인 전쟁으로, 영국과 프랑스 등 유럽 각국이 개입하였다.
③ 독일에서는 통일 방안을 논의하기 위해 1848년 프랑크푸르트 국민 의회가 개최되었다.
④ 1848년 프랑스 2월 혁명의 영향으로 오스트리아에서 혁명이 발생하여 메테르니히가 실각하면서 빈 체제가 붕괴되었다.
⑤ 18세기에 프로이센의 프리드리히 2세는 오스트리아와의 전쟁 끝에 슐레지엔을 차지하였다.

IV단원 실력 플러스

본문 111~113쪽

01 ①	02 ②	03 ①	04 ④
05 ②	06 ②		

01 옥타비아누스의 활동 파악

문제 분석 자료에서 내전 종결 이후 전권을 장악한 점, 원로원의 결의에 의해 아우구스투스라는 칭호를 받은 점 등을 통해 옥타비아누스와 관련된 내용이고, 밑줄 친 '내전'은 제2차 삼두 정치 이후의 상황임을 알 수 있다.

정답 찾기 ① 제2차 삼두 정치의 일원이던 옥타비아누스는 악티움 해전(기원전 31년)에서 승리하여 내란을 수습하고 로마의 군대와 재정을 장악하였다. 이에 원로원은 그에게 '아우구스투스'라는 칭호를 부여하였다.

오답 피하기 ② 콘스탄티누스 황제는 밀라노 칙령(313)을 통해 크리스트교를 공인하였다.
③ 로마는 카르타고와 3차에 걸친 포에니 전쟁(기원전 264~기원전 146)에서 승리하여 서지중해의 패권을 차지하였다.
④ 5현제 시대 이후 3세기에는 군인 출신 황제들이 연이어 등장하는 군인 황제 시대가 나타났다.
⑤ 4세기 후반 훈족의 압박 이후 게르만족이 이동하여 서로마 제국 곳곳에 나라를 세웠다.

02 콘스탄츠 공의회 시기 파악

문제 분석 자료에서 위클리프에 대해 비판하고 있는 점, 후스가 위클리프에 대한 공의회의 결정을 어겼다고 언급한 점 등을 통해 콘스탄츠 공의회와 관련된 내용임을 알 수 있다. 로마 가톨릭교회는 콘스탄츠 공의회(1414~1418)를 열어 위클리프를 이단으로 규정하고 후스를 화형에 처하는 등 교회의 분열을 수습하기 위해 노력하였다.

정답 찾기 ② 아비뇽 유수(1309~1377) 이후에 교황청은 로마로 다시 돌아갔으나, 아비뇽에서도 교황이 선출되어 로마 교황을 지지하는 세력과 아비뇽 교황을 지지하는 세력으로 분열되었고, 이후 교회의 분열을 수습하기 위해 콘스탄츠 공의회가 개최되었다.

한편 영국에서는 요크 가문과 랭커스터 가문 사이에서 왕위 계승 문제를 둘러싸고 장미 전쟁이 일어났다(1455~1485). (나) 시기에 콘스탄츠 공의회가 열렸다.

03 루이 14세의 업적 파악

문제 분석 자료에서 낭트 칙령 및 신교도에게 유리하게 명령된 모든 것의 시행이 불필요해졌다고 언급한 점, 신교도를 위해 만들어 왔던 모든 것을 폐지하는 것보다 더 좋은 것은 아무것도 없다고 생각한 점 등을 통해 밑줄 친 '짐'이 프랑스의 루이 14세임을 알 수 있다. 루이 14세는 낭트 칙령을 폐지하여 위그노를 탄압하였다.

정답 찾기 ① 루이 14세는 베르사유 궁전을 건립하여 왕실의 권위를 과시하고 화려한 궁정 문화를 꽃피웠다.

오답 피하기 ② 러시아는 표트르 대제 재위 시기에 청과 네르친스크 조약을 체결하였다.
③ 엘리자베스 1세는 통일법을 반포하여 로마 가톨릭교의 의식과 신교의 교리를 절충한 영국 국교회를 확립하였다.
④ 러시아의 예카테리나 2세는 프로이센, 오스트리아와 함께 폴란드를 분할 점령하였다.
⑤ 에스파냐의 펠리페 2세는 가톨릭 강요 정책을 펼쳐 네덜란드 독립 전쟁을 유발하였다.

04 찰스 2세의 활동 이해

문제 분석 자료에서 가톨릭교도의 관직 및 군대 지휘 등을 금지, 가톨릭 사제와 예수회 소속의 일원에게 잉글랜드를 떠날 것을 강제, 다수의 국교도 등을 통해 자료는 심사법과 관련된 내용임을 알 수 있고, (가) 국왕은 영국의 찰스 2세임을 알 수 있다.

정답 찾기 ④ 왕정복고로 즉위한 찰스 2세가 전제 정치를 펼치자 이에 맞서 의회는 심사법과 인신 보호법을 제정하였다.

오답 피하기 ① 전쟁 비용 마련을 위해 의회를 소집한 찰스 1세는 의회의 요구에 따라 권리 청원을 승인하였다.
② 영국에서는 엘리자베스 1세가 동인도 회사를 설립하여 아시아 진출을 본격화하였다.
③ 앤 여왕 사후 독일 하노버가의 조지 1세가 즉위함으로써 하노버 왕조가 수립되었다.
⑤ 영국 의회는 제임스 2세를 폐위하고 메리와 윌리엄을 공동 왕으로 추대하였다.

05 국민 공회의 활동 이해

문제 분석 자료에서 루이의 재판에 대해 언급하고 있는 점, 프랑스의 모든 공화주의자들의 희망이 루이가 심판받는 것이라고 한 점 등을 통해 (가) 의회가 프랑스 혁명의 전개 과정에서 수립된 국민 공회임을 알 수 있다. 국민 공회는 공화정을 선포하고 루이 16세를 처형하였다.

정답 찾기 ② 국민 공회 시기에 혁명 재판소와 공안 위원회가 설치되어 운영되었다.

오답 피하기 ① 러시아가 대륙 봉쇄령을 어기고 영국과 통상을 계속하자, 나폴레옹은 이를 응징하기 위해 러시아 원정을 단행하였다.
③ 국민 의회의 주도로 '테니스코트의 서약'이 발표되었다.
④ 나폴레옹은 쿠데타를 일으켜 총재 정부를 무너뜨리고 통령 정부를 수립하였다.
⑤ 입법 의회는 오스트리아에 맞서 혁명전쟁을 시작하였다.

06 19세기 후반의 국제 정세 파악

문제 분석 자료에서 차르가 칙령을 반포, 농노제의 폐지 등을 통해 밑줄 친 ㉠ 시기가 1861년임을 알 수 있다. 러시아의 차르인 알렉산드르 2세는 1861년에 농노 해방령을 발표하였다.

정답 찾기 ② 링컨이 대통령에 당선되자 미국의 남부 주들은 연방 정부에서 탈퇴하였고, 이후 1861년 남북 전쟁이 발발하였다.

오답 피하기 ① 1871년 독일 제국이 수립되었다.
③ 1848년 프랑스에서는 2월 혁명으로 루이 필리프가 국왕에서 물러나고 제2 공화정이 수립되었다.
④ 1866년에 이탈리아 왕국은 프로이센·오스트리아 전쟁을 틈타 베네치아를 병합하였다.
⑤ 1830년대에 영국 노동자들은 인민헌장을 발표하고 차티스트 운동을 전개하였다.

10 제국주의와 민족 운동

닮은꼴 문제

본문 120~121쪽

1 프랑스의 제국주의 정책 파악

정답 ③

문제 분석 자료에서 아프리카 횡단 정책을 추진, 마다가스카르 섬을 식민지로 삼는 데 성공한 것을 통해 (가) 국가는 프랑스임을 알 수 있다.

정답 찾기 ③ 아프리카에서 식민지 분할 경쟁을 하던 프랑스와 영국은 1898년 수단의 파쇼다에서 충돌하였다.

오답 피하기 ① 미국은 19세기 말 에스파냐와의 전쟁에서 승리하여 쿠바를 보호국으로 삼고, 하와이 제도를 병합하였다.
② 이탈리아는 아도와에서 에티오피아군에 패배하였다.
④ 러시아의 니콜라이 1세는 데카브리스트의 봉기를 진압하였다.
⑤ 러시아는 청과 네르친스크 조약을 체결하여 국경선을 정하였다.

2 메이지 정부의 개혁 정책 이해

정답 ⑤

문제 분석 자료에서 왕정복고, 천황 친정, 막부를 대신해 성립 등을 통해 밑줄 친 '신정부'는 메이지 정부임을 알 수 있다.

정답 찾기 ⑤ 메이지 정부 시기인 1870년대 일본에서는 자유 민권 운동이 일어났다.

오답 피하기 ①『일본서기』는 나라 시대에 편찬되었다.
② 다이카 개신은 7세기 중엽에 추진되었으며, 이를 통해 일본은 당의 율령 체제를 모방하여 국왕 중심의 중앙 집권 체제를 확립하고자 하였다.
③ 에도 막부가 미국에 굴복하여 미일 화친 조약과 미일 수호 통상 조약을 체결하자, 사쓰마번과 조슈번 등은 존왕양이를 내세우며 막부 타도 운동을 전개하였다. 이는 메이지 정부 이전의 사실이다.
④ 헤이안으로 천도한 8세기 말부터 약 400년간을 헤이안 시대라고 한다.

수능 기본 문제

본문 122~123쪽

01 ①	02 ⑤	03 ②	04 ②
05 ①	06 ③	07 ④	08 ⑤

01 제국주의의 이해

문제 분석 자료에서 우리가 세계에서 가장 훌륭한 인종, 아프리카는 여전히 우리를 위해 준비되어 있으며 그것을 취하는 것은 우리의 의무 등의 내용을 통해 자료는 제국주의와 관련이 있음을 추론할 수 있다.

정답 찾기 ① 침략적 민족주의, 인종주의(백인의 우월성 주장), 사회 진화론, 식민지 확대 등은 제국주의의 확산의 배경이다. 세실 로즈의『신앙 고백』이라는 글을 통해 제국주의의 확산의 배경을 파악할 수 있다.

오답 피하기 ② 백년 전쟁은 영국 왕의 프랑스 왕위 계승권 주장, 프랑스 안의 영국령과 모직물 공업 중심지인 플랑드르 지방을 둘러싼 영국과 프랑스의 대립으로 일어났다.
③ 영국 혁명은 찰스 1세를 처형하고 크롬웰이 공화정을 수립한 청교도 혁명과 크롬웰 사후 왕정이 복고된 이후 찰스 2세의 뒤를 이어 즉위한 제임스 2세를 폐위하고, 제임스 2세의 딸인 메리와 그녀의 남편 윌리엄을 공동 왕으로 추대한 명예혁명의 흐름으로 전개되었다.
④ 차티스트 운동은 영국의 노동자 계층이 주도한 운동으로, 1832년 제1차 선거법 개정에서 노동자에게 선거권이 부여되지 않자 일어났다.
⑤ 데카브리스트의 봉기는 자유주의 사상에 영향을 받은 러시아 장교들과 지식인들이 전제 정치 타도와 입헌 군주제를 지향하며 일어났다.

02 미국의 제국주의 정책 파악

문제 분석 자료에서 에스파냐와의 전쟁에서 승리, 필리핀을 식민 지배 등을 통해 (가) 국가가 미국임을 알 수 있다.

정답 찾기 ⑤ 미국은 페리 제독의 무력시위를 통해 일본을 개항시켰다.

오답 피하기 ① 영국은 벵골 지방을 서벵골과 동벵골로 분리 통치하려는 벵골 분할령을 발표하였다.
② 이탈리아는 아도와에서 에티오피아군에 패배하였다.
③ 아스테카 제국은 에스파냐 코르테스의 침략으로 멸망하였다.
④ 아프리카에서 식민지 경쟁을 하던 프랑스는 1898년 수단의 파쇼다에서 영국과 충돌하였다.

03 난징 조약의 이해

문제 분석 자료에서 영국과 아편 문제, 광저우에 파견된 임칙서, 영국군의 난징성 인근까지 진격, 청 정부의 화평 등을 통해 밑줄 친 '이 조약'은 난징 조약(1842)임을 파악할 수 있다.

정답 찾기 ② 청과 영국 간에 벌어진 제1차 아편 전쟁의 결과 난징 조약이 체결되어 상하이 등 5개 항구 개항 등이 결정되었다.

오답 피하기 ① 제2차 아편 전쟁의 결과 톈진 조약이 체결되어 크리스트교 포교의 자유 등이 인정되었다. 그러나 비준 과정에서 청이 조약의 파기를 요구하자, 영국과 프랑스가 청을 굴복시키고 베이징 조약을 체결하였다. 결국, 청은 톈진 조약을 인정하였다.
③ 청일 전쟁 이후 체결된 시모노세키 조약(1895)으로 일본은 타이완을 지배하게 되었다.
④ 1860년에 체결된 베이징 조약으로 주룽반도의 일부가 영국에 할양되었다.
⑤ 의화단 운동이 진압된 이후 외국 군대의 베이징 주둔을 허용하는 내용 등이 담긴 신축조약이 체결되었다(1901).

04 태평천국 운동 이해

문제 분석 자료에서 홍수전, 청조 타도를 위한 봉기를 일으켰다는 점 등을 통해 태평천국 운동임을 알 수 있다.

정답 찾기 ② 태평천국 운동 세력은 천조전무 제도를 발표하여 토지 균등 분배를 지향하였다.

오답 피하기 ① 청의 옹정제는 황제권을 강화하기 위해 군기처를 설치하였다.
③ 청의 철도 국유화 조치에 대해 쓰촨 지역 등에서 반대 운동이 일어났다.
④ 청일 전쟁에서 승리한 일본이 시모노세키 조약을 체결하여 청으로부터 랴오둥반도를 할양받자 이에 반발한 러시아, 프랑스, 독일은 이른바 삼국 간섭을 통해 일본이 랴오둥반도를 청에 반환하도록 하였다.
⑤ 캉유웨이, 량치차오 등은 메이지 유신을 본떠 변법자강 운동을 전개하였다.

05 의화단 운동 이해

문제 분석 자료에서 산둥에서 도적들이 봉기, 서양 오랑캐를 쫓아내고, 청을 부흥시키자는 방침을 내세운 점 등을 통해 밑줄 친 '봉기'는 의화단 운동임을 파악할 수 있다.

정답 찾기 ① 영국과 독일 등 8개국 연합군은 의화단 운동을 진압하였으며, 청은 이들 국가와 신축조약(베이징 의정서)을 체결하였다(1901).

오답 피하기 ② 제1차 아편 전쟁의 결과 난징 조약이 체결되었으며, 난징 조약에 따라 공행 무역이 폐지되었다.
③ 양무운동이 추진되면서 총포와 화약 등을 생산하는 금릉 기기국이 설치되었다.
④ 태평천국 운동을 진압하기 위해 증국번, 이홍장 등 한인 관료와 신사 주도로 향용이 조직되었다.
⑤ 캉유웨이, 량치차오 등은 양무운동 실패에 대한 반성 속에서 메이지 유신을 본떠 변법자강 운동을 전개하였다.

06 막부 타도 운동의 배경 파악

문제 분석 자료에서 페리 함대의 방문, 2개 항구 개방 등을 통해 밑줄 친 '이 정권'은 에도 막부임을 알 수 있다.

정답 찾기 ③ 개항 직후 외국 상품의 수입과 금은의 유출로 일본 경제는 타격을 받았다. 이에 생활이 어려워진 하급 무사를 중심으로 외세 배격 운동(양이 운동)이 일어났다. 반막부 세력은 이러한 움직임을 존왕양이 운동으로 연결해 막부 타도에 이용하였다. 마침내 막부가 무너지고 사쓰마번과 조슈번이 주도하여 천황 중심의 새로운 정권을 수립하였다.

오답 피하기 ① 헤이안쿄를 건설하고 수도로 삼은 것은 헤이안 시대(794~1185)에 해당한다.
② 메이지 정부는 중앙 집권 체제 수립을 위해 다이묘가 통치하던 번들을 통폐합하여 현을 설치하고 중앙 정부가 직접 임명한 지사를 파견하는 폐번치현을 단행하였다.
④ 메이지 정부는 1871년 서양 문물 시찰과 미국 등과 맺은 불평등 조약 개정을 위한 예비 협상을 목적으로 이와쿠라 사절단을 파견하였다.
⑤ 일본의 무로마치 막부는 중국과 감합 무역을 실시하였다.

07 세포이의 항쟁 결과 파악

문제 분석 자료에서 영국 동인도 회사에 고용된 용병, 소총의 탄약통에 소기름과 돼지기름이 발라져 있다는 점 등을 통해 밑줄 친 '무장봉기'는 세포이의 항쟁임을 알 수 있다.

정답 찾기 ④ 세포이의 항쟁을 무력으로 진압한 영국은 무굴 제국 황제를 폐위하였다. 이어 인도 통치 개선법을 제정하고(1858), 동인도 회사의 인도 지배권을 박탈하였다.

오답 피하기 ① 탄지마트는 19세기에 대내외적 위기를 타개하고, 서양 문물을 적극적으로 받아들여 부국강병을 추구하려고 하였던 오스만 제국의 개혁이다.
② 플라시 전투는 인도 벵골 지방의 지배권을 놓고 영국과 벵골·프랑스 연합군 사이에 벌어진 전투이다(1757).
③ 와하브 운동은 18세기 아라비아반도에서 압둘 와하브에 의해 시작된 이슬람교 순화 운동이다.
⑤ 무굴 제국의 아우랑제브 황제는 비이슬람교도에 대한 지즈야를 부활시켰다.

08 오스만 제국의 근대화 운동 이해

문제 분석 자료에서 무함마드 알리가 술탄에게 이집트 총독의 지위를 승인해 달라고 요구한 점 등을 통해 (가) 국가는 오스만 제국임을 알 수 있다.

정답 찾기 ⑤ 오스만 제국에서는 19세기 후반 미드하트 파샤의 주도로 근대적인 헌법이 제정되었다. 그러나 보수 세력의 반발,

외세의 간섭, 러시아와의 전쟁 등을 구실로 술탄은 헌법을 정지하고 전제 정치를 강화하였다. 이에 젊은 장교·관리·지식인 등이 중심이 되어 청년 튀르크당을 결성하였다. 이들은 무장봉기로 정권을 장악하고 헌법을 부활시켰으며, 산업을 육성하고 조세를 덜어 주는 등의 개혁을 추진하였다.

오답 피하기 ① 1905년 영국은 벵골 분할령을 발표하였다. 이에 인도 국민 회의는 콜카타 대회를 개최하여 인도인의 스와라지(자치), 스와데시(국산품 애용), 영국 상품 불매 등을 내세우며 반영 운동을 전개하였다.

② 아이바크는 델리를 정복한 후 이슬람 왕조를 수립하였는데, 이후 델리를 중심으로 한 이슬람 왕조들이 연이어 세워졌다(델리 술탄 왕조 시대).

③ 프랑스에서는 샤를 10세가 언론을 탄압하고 의회를 해산하는 등 전제 정치를 시행하자, 자유주의자와 시민이 1830년에 7월 혁명을 일으켰고 루이 필리프가 왕으로 추대되었다.

④ 크림 전쟁 중 즉위한 러시아의 알렉산드르 2세는 패전을 계기로 내정 개혁을 추진하는 과정에서 농노 해방령을 발표하였다.

수능 실전 문제

본문 124~128쪽

1 ⑤	2 ③	3 ④	4 ②
5 ⑤	6 ③	7 ②	8 ③
9 ④	10 ③		

1 독일의 제국주의 정책 이해

문제 분석 자료에서 비스마르크, 카메룬과 토고, 나미비아 등을 식민지로 차지한 점 등을 통해 (가) 국가는 독일임을 알 수 있다.

정답 찾기 ⑤ 독일은 프랑스와 모로코를 둘러싸고 두 차례 대립하였다(1905, 1911). 독일은 프랑스로부터 콩고 북부 지방을 할양받았고, 그 대신 모로코에 대한 프랑스의 보호권을 승인하였다.

오답 피하기 ① 태평양으로 세력을 확장하던 미국은 19세기 말 하와이 제도를 병합하였다.

② 이집트는 홍해와 지중해를 연결하는 수에즈 운하를 건설하였으나, 그 과정에서 재정이 악화되었다. 이에 영국은 수에즈 운하의 주식을 매입하여 관리권을 장악하고 이집트의 내정에 간섭하였다.

③ 오스만 제국은 종교 공동체인 밀레트를 인정하여 제국의 안정을 꾀하였다.

④ 러시아의 니콜라이 1세는 데카브리스트의 봉기를 진압하였다.

2 제2차 아편 전쟁과 시모노세키 조약 이해

문제 분석 자료에서 (가)는 제2차 아편 전쟁이 벌어진 1856년, (나)는 시모노세키 조약이 체결된 1895년의 상황에 해당한다.

정답 찾기 ③ 애로호 사건을 빌미로 일어난 제2차 아편 전쟁 이후 총리아문이 개설되면서 양무운동이 본격적으로 추진되었다. 이러한 움직임은 태평천국 운동 진압에 두각을 나타낸 증국번, 이홍장 등 한족 출신 고위 지방관이 주도하였다. 이들은 서양식 군대와 해군의 창설에 주력하였다. 그러나 양무운동은 청일 전쟁의 패배로 한계가 드러났다. 청일 전쟁 이후 시모노세키 조약이 체결되었다.

오답 피하기 ① 1912년 위안스카이는 중화민국 임시 대총통의 자리에 올랐다.

② 천두슈 등은 신문화 운동을 주도하였으며, 잡지 『신청년』을 간행하였다. 이는 시모노세키 조약 체결 이후의 사실이다.

④ 아편 유입에 따른 은 유출, 아편 중독자 증가 등 심각한 문제가 발생하자 청 정부는 임칙서를 광저우에 파견하였다. 임칙서가 아편을 몰수하는 등 강경 조치를 취하자 영국이 제1차 아편 전쟁을 일으켰다. 이는 애로호 사건 이전의 사실이다.

⑤ 1919년 전개된 5·4 운동은 베이징의 학생들을 중심으로 전개되었으며, 일본의 대중국 '21개조 요구' 철폐, 산둥반도의 이권 반환 등을 요구하였다. 이는 시모노세키 조약 체결 이후의 사실이다.

3 변법자강 운동 이해

문제 분석 자료에서 메이지 천황이 정치를 재정돈, 자강을 원하신다면 메이지 천황과 서양 여러 나라처럼 권력을 견제하라는 내용 등을 통해 일본 메이지 유신을 본떠 정치 제도를 개혁할 것을 주장한 변법자강 운동과 관련된 것임을 추론할 수 있다.

정답 찾기 ④ 청일 전쟁 이후 캉유웨이와 량치차오 등 개혁적 성향의 지식인들은 일본의 메이지 유신을 본떠 정치 제도를 개혁하려 하였다.

오답 피하기 ① 1919년 전개된 5·4 운동은 베이징의 학생들을 중심으로 전개되었으며, 일본의 대중국 '21개조 요구' 철폐, 산둥반도의 이권 반환 등을 요구하였다.

② 이자성의 농민군이 베이징을 점령하면서 명은 멸망하였다.

③ 왕안석은 북송 때 재정 확충과 부국강병을 목표로 신법을 추진하였다.

⑤ 명은 밀무역을 막기 위해 공식 사절단임을 증명하는 감합을 가진 선박에만 교역을 허락하였다.

4 의화단 운동 이해

문제 분석 자료에서 8개국으로 구성된 휘하의 병력, 백련교 계통의 비밀 결사가 주도, 청 왕조에 책임을 묻겠다는 점 등을 통해 밑줄 친 '반란'은 의화단 운동임을 알 수 있다.

정답 찾기 ② 의화단은 '부청멸양'을 주장하며 교회와 철도 등 서양 문물을 파괴하였다.

오답 피하기 ① 태평천국 운동 세력은 천조전무 제도를 발표하여 토지 균등 분배를 지향하였다.
③ 신해혁명은 청 정부의 철도 국유화 조치에 대한 반발이 확산되는 가운데, 1911년 10월 우창에서 신군이 봉기하면서 본격화하였다.
④ 청과 영국 간에 벌어진 제1차 아편 전쟁의 결과 1842년 난징 조약이 체결되어, 홍콩섬 할양과 상하이를 비롯한 5개 항구 개항 등이 결정되었다.
⑤ 제2차 아편 전쟁의 결과 체결된 베이징 조약(1860)으로 러시아가 연해주를 획득하였다.

5 쑨원의 활동 이해

문제 분석 자료에서 삼민주의 제창, 중국 동맹회를 조직한 점 등을 통해 (가) 인물은 쑨원임을 파악할 수 있다.

정답 찾기 ⑤ 쑨원은 중국 동맹회를 중심으로 혁명 운동을 전개하였으며, 마침내 1912년 수립된 중화민국의 임시 대총통에 취임하였다.

오답 피하기 ① 홍수전은 크리스트교 신앙을 바탕으로 상제회를 조직하였으며, 태평천국을 건설하였다.
② 청의 옹정제는 황제권을 강화하기 위해 군기처를 설치하였다.
③ 판보이쩌우는 베트남의 청년들을 일본으로 유학 보내 인재를 양성하고자 하였다(동유 운동).
④ 삼번의 난은 청의 강희제에 의해 진압되었다.

6 5·4 운동의 내용 파악

문제 분석 자료에서 산둥 문제가 국가 존망에 관계된다, 파리에서 개최된 평화 회의에 강경한 주장을 내세우지 못하는 것은 공리를 무시하는 것 등을 통해 밑줄 친 '시위'는 5·4 운동과 관련된 것임을 알 수 있다.

정답 찾기 ③ 5·4 운동(1919)은 제1차 세계 대전이 종결된 후, 일본의 대중국 '21개조 요구'의 철폐를 주장하면서 베이징의 학생들을 중심으로 일어났다.

오답 피하기 ① 제1차 아편 전쟁의 결과 체결된 난징 조약에 따라 공행 무역이 폐지되었다.
② 신해혁명은 1911년 10월에 우창에서 신군이 봉기하면서 본격화하였다. 이후 각 성이 독립을 선언하였고, 이듬해 난징을 수도로 하는 중화민국이 수립되었다.
④ 태평천국 운동은 한인 관료와 신사층이 조직한 향용에 의해 진압되었다.
⑤ 입헌 군주제를 추구하던 캉유웨이, 량치차오 등은 메이지 유신을 본떠 변법자강 운동을 전개하였다.

7 메이지 정부의 정책 파악

문제 분석 자료에서 류큐가 이 정부에 의해 오키나와현으로 편입되었다는 점 등을 통해 밑줄 친 '이 정부'는 메이지 정부임을 알 수 있다.

정답 찾기 ② 메이지 정부 시기인 1870년대 일본에서는 자유 민권 운동이 일어났다. 이들은 헌법 제정과 의회 설립을 주장하였는데, 메이지 정부의 탄압을 받았다.

오답 피하기 ① 태평천국 운동 세력은 난징을 근거지로 삼아 멸만흥한, 토지의 균등 분배, 전족과 변발의 금지 등을 주장하였다.
③ 에도 막부 시기에 쇼군은 다이묘들을 통제하기 위해 정기적으로 다이묘를 에도에 머물다 가도록 하는 산킨코타이 제도를 시행하였다.
④ 헤이조쿄는 8세기 초에 나라에 건설되었으며, 이곳이 수도가 되면서 나라 시대가 시작되었다.
⑤ 메이지 정부가 들어서기 이전인 1858년 에도 막부는 미국과 미일 수호 통상 조약을 체결하였다.

8 러일 전쟁의 결과 이해

문제 분석 자료에서 러시아의 만주 점령 시도, 뤼순의 러시아 군함 선제공격 등을 통해 밑줄 친 '전쟁'은 러일 전쟁(1904~1905)임을 알 수 있다.

정답 찾기 ③ 러일 전쟁의 결과 체결된 포츠머스 조약(1905)을 통해 일본은 대한 제국에 대한 독점적 지위를 인정받았다. 또한 러시아로부터 랴오둥반도에 대한 이권과 사할린 일부를 넘겨받았다.

오답 피하기 ① 청일 전쟁의 결과 체결된 시모노세키 조약에 따라 일본이 청으로부터 랴오둥반도를 할양받자 이에 불만을 품은 러시아, 프랑스, 독일은 이른바 삼국 간섭을 통해 일본으로 하여금 랴오둥반도를 청에 반환하도록 하였다.
② 청일 전쟁의 패배로 양무운동의 한계가 노출되자, 이에 대한 반성의 분위기가 고조되는 가운데 변법자강 운동이 전개되었다.
④ 청과 영국 간에 벌어진 제1차 아편 전쟁의 결과 난징 조약이 체결되어, 홍콩섬 할양과 상하이 등 5개 항구 개항 등이 결정되었다.
⑤ 의화단 운동이 진압된 이후 외국 군대의 베이징 주둔을 허용하는 내용 등이 담긴 신축조약이 체결되었다(1901).

9 인도 민족 운동의 이해

문제 분석 자료에서 창시자 람 모한 로이, 순수한 힌두교 교리를 따를 것을 호소, 사회 제도의 개혁까지 시도 등을 통해 밑줄 친 '이 운동'은 브라흐마 사마지 운동임을 알 수 있다.

정답 찾기 ④ 브라흐마 사마지는 '브라흐마주의를 따르는 이들의 모임'이라는 뜻으로, 19세기 전반 람 모한 로이가 만들었다. 힌두교의 순수한 교리로 돌아가자는 종교 운동으로 출발하였으나 나중에는 우상 숭배 배격, 카스트제 반대, 사티(남편이 죽으면 그의 아내도 함께 화장하던 악습) 폐지 등 사회 개혁을 추구하였다.

오답 피하기 ① 세포이의 항쟁을 무력으로 진압한 영국은 무굴 제국 황제를 폐위하였다. 이어 인도 통치 개선법을 제정하고, 동인도 회사의 인도 지배권을 박탈하였다.
② 앙카라 전투는 티무르가 정복 활동을 펼치며 오스만 제국을 공격하는 과정에서 일어났다.
③ 무굴 제국의 아우랑제브 황제는 지즈야를 부활하고 비이슬람 교도에 대한 탄압을 강화하였다. 이후 무굴 제국에서는 시크교도의 반란과 힌두교 동맹인 마라타 동맹 등의 반란이 일어났다.
⑤ 영국이 벵골 분할령을 발표하자 인도 국민 회의가 콜카타 대회를 개최하여 스와라지, 스와데시, 영국 상품 불매 등의 강령을 채택하였다.

10 오스만 제국의 근대화 운동 이해

문제 분석 자료에서 압둘 하미드 2세가 입헌주의자들이 공들여 이루어 놓은 헌정을 중단, 탄지마트로 인해 재정적으로나 정치적으로나 파탄 상태에 돌입, 러시아와의 전쟁에서 패배 등을 통해 (가) 제국은 오스만 제국임을 알 수 있다.

정답 찾기 ③ 오스만 제국에서는 19세기 후반 미드하트 파샤 주도로 근대적인 헌법이 제정되었다. 그러나 보수 세력의 반발, 외세의 간섭, 러시아와의 전쟁을 계기로 술탄은 헌법을 정지하고 전제 정치를 강화하였다. 이에 젊은 장교, 관리, 지식인 등이 중심이 되어 청년 튀르크당을 결성하였다.

오답 피하기 ① 무굴 제국의 황제 샤자한은 자신의 아내 뭄타즈 마할을 추모하기 위해 타지마할을 조성하였다.
② 1905년 영국은 벵골 분할령을 발표하였다.
④ 러시아는 표트르 대제가 재위하던 17세기 후반에 청과 네르친스크 조약을 체결하였다.
⑤ 샤일렌드라 왕조 때 보로부두르 사원이 자와섬에 조성되었다.

11 두 차례의 세계 대전

닮은꼴 문제 본문 134쪽

1 제2차 세계 대전의 전개 과정 이해 정답 ③

문제 분석 자료에서 독일의 프랑스 침공, 뉘른베르크 재판 등을 통해 (가) 전쟁은 제2차 세계 대전(1939~1945)임을 파악할 수 있다.

정답 찾기 ③ 제2차 세계 대전 시기인 1944년 6월에 연합국은 노르망디 상륙 작전을 성공시킴으로써 파리 등지를 수복하였다.

오답 피하기 ① 1939년 8월에 독소 불가침 조약이 체결되었다. 제2차 세계 대전 발발 직전의 사실이다.
② 1938년 독일은 오스트리아를 강제로 합병한 후 체코슬로바키아의 수데텐 지방을 요구하였다. 제2차 세계 대전 발발 이전의 사실이다.
④ 전체주의를 표방한 독일, 이탈리아, 일본은 1937년에 3국 방공 협정을 체결하였다. 제2차 세계 대전 발발 이전의 사실이다.
⑤ 제1차 세계 대전 이후 중국과 태평양에 대한 열강의 이해관계를 조정하고, 각국의 해군력을 제한하기 위해 워싱턴 회의가 열렸다(1921~1922).

수능 기본 문제 본문 135~136쪽

01 ⑤	02 ④	03 ④	04 ⑤
05 ①	06 ⑤	07 ②	08 ③

01 열강의 대립 파악

문제 분석 자료에서 비스마르크 시대, 오스트리아·헝가리 제국 및 이탈리아와 3국 동맹을 맺어 놓은 상태 등의 내용을 통해 (가) 국가는 독일임을 알 수 있다. 독일은 3국 동맹국의 하나이다.

정답 찾기 ⑤ 제1차 세계 대전 중 독일은 무제한 잠수함 작전을 전개하였고 이는 미국이 참전하는 계기가 되었다.

오답 피하기 ① 이집트는 홍해와 지중해를 연결하는 수에즈 운하를 건설하였으나, 그 과정에서 재정이 악화되었다. 이에 영국은 수에즈 운하의 주식을 매입하여 관리권을 장악하고 이집트의 내정에 간섭하였다.
② 영국은 벵골 지방을 서벵골과 동벵골로 분리 통치하려는 벵골 분할령을 발표하였다(1905).
③ 아프리카에서 영국의 식민지 정책인 종단 정책과 프랑스의 식민지 정책인 횡단 정책은 1898년 수단의 파쇼다에서 충돌하였다.

이를 파쇼다 사건이라 한다. 두 나라는 외교적으로 타협하여 위기를 극복하였다.
④ 1914년 8월 일본은 독일에 선전 포고한 후, 중국 산둥반도의 독일 조차지와 태평양의 독일령을 점령하였다. 일본은 위안스카이 정부에게 산둥에 대한 독일의 권익 계승을 포함한 각종 특혜를 담은 '21개조 요구'를 제시하였다.

02 제1차 세계 대전의 과정 파악

문제 분석 자료에서 오스트리아·헝가리 제국의 군대, 전쟁에 가담한 오스만 제국, 러시아 제국이 내부적으로 무너진 덕분 등을 통해 제1차 세계 대전(1914~1918)의 상황임을 파악할 수 있다.

정답 찾기 ④ 1917년 레닌과 볼셰비키가 주도한 무장봉기의 결과 임시 정부가 무너지고 소비에트 정부가 수립되었다(러시아력 10월 혁명).

오답 피하기 ① 1905년, 1911년 독일, 프랑스 등이 충돌한 모로코 사건이 일어났다.
② 1941년 일본이 미국의 하와이 진주만을 기습 공격 함으로써 태평양 전쟁이 발발하여 제2차 세계 대전의 전선이 확대되었다.
③ 제2차 세계 대전 중인 1945년 포츠담 회담에서 미국, 영국, 소련 등이 일본의 무조건 항복을 재확인하는 등 전후 평화에 대해 논의하였다.
⑤ 극동 국제 군사 재판(도쿄 재판)은 1946~1948년에 열렸다.

03 러시아력 2월 혁명(3월 혁명) 파악

문제 분석 자료에서 전쟁을 계속하려 했다는 점, 두 번째 혁명으로 레닌의 지휘를 받은 노동자들이 권력을 장악했다는 내용을 통해 밑줄 친 '임시 정부'는 러시아력 2월 혁명(3월 혁명)의 결과 결성된 정부임을 알 수 있다.

정답 찾기 ④ 1917년 3월(러시아력 2월)에 노동자와 병사 대표들이 소비에트를 결성하고 혁명을 일으켰다. 그 결과 니콜라이 2세가 퇴위하여 제정이 무너지면서 임시 정부가 수립되었다.

오답 피하기 ① 청일 전쟁에서 승리한 일본이 시모노세키 조약을 체결하여 청으로부터 랴오둥반도를 할양받자 이에 불만을 품은 러시아, 프랑스, 독일은 이른바 삼국 간섭을 통해 일본으로 하여금 랴오둥반도를 청에 반환하도록 하였다.
② 알렉산드르 2세는 내정 개혁의 일환으로 농노 해방령을 발표하였다.
③ 러시아에서 1905년 니콜라이 2세에게 청원을 하기 위해 행진하던 군중에게 군대가 총격을 가하여 많은 사람이 죽거나 다친 사건(피의 일요일 사건)이 일어났다.
⑤ 러시아력 10월 혁명(11월 혁명) 이후 레닌은 토지 분배 및 주요 산업을 국유화하는 사회주의 개혁을 추진하였다. 그러나 급격한 공산화에 따른 경제적 혼란이 심화되자, 그는 이를 극복하고자 신경제 정책[NEP]을 실시하였다.

04 베르사유 조약의 내용 이해

문제 분석 자료에서 베르사유 궁전의 '거울의 방'에서 조약이 서명되어 베르사유 체제가 형성되었다는 내용을 통해 밑줄 친 '이 조약'이 베르사유 조약임을 알 수 있다.

정답 찾기 ⑤ 베르사유 조약으로 인해 독일은 모든 식민지를 상실하였다.

오답 피하기 ① 제1차 세계 대전 말인 1918년에 독일 킬 군항 해군들의 봉기 및 혁명이 발생하여 빌헬름 2세가 망명하면서 독일 제국은 무너지고 공화국이 선포되었다.
② 북아메리카 식민지인들은 파리 조약(1783)을 통해 독립을 인정받았다.
③ 청과 영국 간에 벌어진 제1차 아편 전쟁의 결과 1842년 난징 조약이 체결되어, 홍콩섬 할양과 상하이를 비롯한 5개 항구 개항 등이 결정되었다.
④ 제2차 아편 전쟁의 결과 1860년 베이징 조약이 체결되었고, 이에 따라 러시아가 연해주를 차지하였다.

05 중국의 민족 운동 파악

문제 분석 자료에서 장제스는 국민 혁명 수행, 장제스는 중국 공산당을 먼저 평정, 중국 공산당 토벌 등의 내용을 통해 국민 혁명 이후의 상황임을 파악할 수 있다.

정답 찾기 ① 장제스의 중국 국민당이 중국 공산당 토벌 작전을 전개하자 1934년에 중국 공산당이 대장정을 단행하였다.

오답 피하기 ② 홍수전은 유교 이념과 만주족의 지배에 반발하며 태평천국 건설을 선언하였다.
③ 신해혁명은 청 정부의 철도 국유화 조치에 대한 반발이 확산되는 가운데, 1911년 10월 우창에서 신군이 봉기하면서 본격화하였다.
④ 1924년 군벌 타도와 제국주의에 대한 대항을 위해 제1차 국공합작이 결성되었다.
⑤ 청일 전쟁의 결과 체결된 시모노세키 조약(1895)으로 일본은 타이완을 지배하게 되었다.

06 루스벨트의 뉴딜 정책 이해

문제 분석 자료에서 대공황이라는 비상 상황에 대처, 농업 조정법을 통해 경작지를 줄이는 농민들에게 보조금 지급 등을 통해 (가) 인물은 루스벨트 대통령임을 알 수 있다.

정답 찾기 ⑤ 미국의 루스벨트 대통령은 뉴딜 정책을 추진하여 대공황을 극복하고자 하였다.

오답 피하기 ① 나폴레옹은 영국을 고립시켜 경제적으로 타격을 입힐 목적으로 대륙 봉쇄령을 선포하였다.
② 오스트리아의 메테르니히는 빈 체제를 주도하면서 각국의 자유주의와 민족주의 운동을 탄압하였다.
③ 이탈리아의 무솔리니는 제1차 세계 대전이 끝난 직후 파시스트당을 결성하였다. 이후 1922년에 로마 진군을 계기로 권력을 장악하였다.
④ 제1차 세계 대전이 끝난 후, 전승국은 파리 강화 회의에서 전후 혼란을 수습하고 새로운 국제 질서를 모색하였다. 이때 미국 대통령 윌슨이 주장한 민족 자결의 원칙이 포함된 14개조가 기본 원칙으로 수용되었다.

07 제2차 세계 대전의 전개 과정 이해

문제 분석 자료에서 (가)는 1940년 6월에 일어난 독일의 파리 점령, (나)는 1944년 6월에 일어난 노르망디 상륙 작전임을 알 수 있다.

정답 찾기 ② 1942년 6월 미드웨이 해전에서 미군이 일본군을 대파하면서 태평양 전쟁에서의 우위를 점하게 되었다.

오답 피하기 ① 얄타 회담은 1945년 2월 흑해 연안의 얄타에서 개최되었고, 미국, 영국, 소련의 수뇌부가 참가하였다.
③ 제2차 세계 대전 발발 직전인 1939년 8월에 독일은 소련과 불가침 조약을 체결하였다.
④ 1933년에 독일은 국제 연맹에서 탈퇴하였다.
⑤ 레닌은 소비에트 정부를 통합하여 1922년에 소비에트 사회주의 공화국 연방(소련)을 수립하였다.

08 대서양 헌장 발표 이후의 상황 이해

문제 분석 미국 대통령 루스벨트와 영국 총리 처칠이 만나 1941년에 발표한 대서양 헌장에는 민족의 자결권을 침해하는 영토 확장의 중단, 세계 평화와 국제 협력 도모 등의 내용이 담겨 있다.

정답 찾기 ③ 대공황이 발생한 후 무솔리니는 국가 지상주의와 군국주의를 내세우며 에티오피아를 침공하였다(1935). 이는 대서양 헌장 발표 이전의 사실이다.

오답 피하기 ① 1943년에 열린 카이로 회담에는 미국, 영국, 중국의 대표가 참석하였다.
② 1945년 제2차 세계 대전이 종결된 후 국제 연합[UN]이 출범하였다.
④ 제2차 세계 대전에서 독일이 항복한 이후 1945년 11월부터 독일의 뉘른베르크에서 전범 재판을 위한 국제 군사 재판이 열렸다.
⑤ 1951년 샌프란시스코 강화 회의가 개최되었고, 그 결과 일본은 주권을 회복하였다.

수능 실전 문제

본문 137~140쪽

1 ④	2 ②	3 ③	4 ④
5 ④	6 ④	7 ②	8 ④

1 제1차 세계 대전의 전개 과정 이해

문제 분석 자료에서 세르비아인 거주 지역에서 계속된 범세르비아주의 선동, 두 차례 벌어진 발칸 전쟁, 세르비아 국수주의의 광기, 페르디난트 황태자 부부에 대한 암살 등을 통해 밑줄 친 '암살 사건'은 사라예보 사건임을 알 수 있다. 이 사건을 계기로 오스트리아·헝가리 제국이 세르비아에 선전 포고를 하면서 제1차 세계 대전이 발발하였다.

정답 찾기 ④ 제1차 세계 대전 중 러시아에서는 1917년에 러시아력 2월 혁명(3월 혁명)이 일어나 니콜라이 2세가 퇴위하였다.

오답 피하기 ① 제1차 세계 대전의 결과 1920년에 국제 연맹이 창설되었다.
② 제2차 세계 대전 직전인 1937년 독일, 이탈리아, 일본이 3국 방공 협정을 체결하였다.
③ 미국은 1945년 8월에 일본 히로시마와 나가사키에 원자 폭탄을 투하하였다.
⑤ 제1차 세계 대전 이후인 1921년 워싱턴 회의에서 태평양과 동아시아의 새로운 질서 및 군비 축소가 논의되었다.

2 제1차 세계 대전의 이해

문제 분석 자료에서 마른 전투, 조프르가 수도 파리 근방에서 추가 지원병들을 전선으로 수송한 점 등을 통해 (가)는 프랑스, 슐리펜 계획의 일환으로 벨기에를 공격한 뒤 연이어 파리를 포위하는 선회 공격을 구사하였다는 내용을 통해 (나)는 독일임을 알 수 있다.

정답 찾기 ② 독일의 적극적인 대외 진출에 대응하고자 영국, 프랑스, 러시아는 3국 협상을 결성하였다. 그 결과 유럽이 3국 동맹과 3국 협상 체제로 나뉘어 대립하는 상황이 전개되었다.

오답 피하기 ① 러일 전쟁의 결과 체결된 포츠머스 조약(1905)을 통해 일본은 대한 제국에 대한 독점적 지위를 인정받았다. 또한 러시아로부터 랴오둥반도에 대한 이권과 사할린 일부를 넘겨받았다.
③ 영국은 1905년에 벵골 지방을 서벵골과 동벵골로 분리 통치하려는 벵골 분할령을 발표하였다.
④ 미국은 무력시위를 통해 일본을 개항시켰다.
⑤ 1945년 포츠담 회담에서 미국, 영국, 소련 등이 전후 처리를 논의하였다.

3 20세기 전반 러시아의 역사 이해

문제 분석 자료에서 레닌, 노동자와 농민 혁명, 모든 권력을 소비에트로, 전쟁을 끝내자, 사회주의 혁명 등의 내용을 통해 밑줄 친 '혁명'은 1917년에 발생한 러시아력 10월 혁명(11월 혁명)임을 알 수 있다.

정답 찾기 ③ 1924년 레닌이 사망한 이후 소련의 권력을 장악한 스탈린은 경제 개발 5개년 계획을 통해 중공업 중심의 산업화와 농업 집단화를 추진하였다.

오답 피하기 ① 러시아는 흑해 쪽으로 남하 정책을 추진하여 영국, 프랑스, 오스만 제국과 크림 전쟁에서 충돌하였다.
② 러시아의 차르인 알렉산드르 2세는 1861년에 농노 해방령을 발표하였다.
④ 1905년 피의 일요일 사건이 일어나자 러시아의 차르 니콜라이 2세는 두마의 설치를 보장하는 개혁을 약속하였다.
⑤ 알렉산드르 2세 재위 시기에 지식인들이 브나로드 운동을 전개하였다.

4 미국의 대공황 극복책 이해

문제 분석 자료에서 디플레이션, 은행들이 계속 버틸 수 없었고 문을 닫아야 했다는 점, 증권과 채권 시가가 바닥까지 내려갔고, 물가가 급격하게 떨어진 점, 대공황이 시작된 점 등의 내용을 통해 1929년 대공황을 전후한 상황임을 파악할 수 있다.

정답 찾기 ④ 미국의 루스벨트 대통령은 뉴딜 정책을 추진하여 대공황을 극복하고자 하였다.

오답 피하기 ① 오스만 제국으로부터 독립한 세르비아는 발칸 전쟁 전후 처리 과정에서 영토를 더욱 확장하려 하였으나 오스트리아·헝가리 제국의 방해로 실패하였다. 이로 인해 긴장이 더욱 고조되는 가운데 1914년 6월 28일에 세르비아 민족주의를 지지하는 청년이 보스니아의 사라예보를 방문한 오스트리아·헝가리 제국의 황태자 부부를 암살한 사라예보 사건이 발생하였다.
② 발칸반도의 여러 민족이 오스만 제국에 저항하여 독립하는 한편 영토를 획정하는 과정에서 20세기 초 발칸 전쟁이 발생하였다.
③ 국제 연합은 제2차 세계 대전이 종결된 이후인 1945년에 창설되었다.
⑤ 청년 튀르크당은 1908년 무장봉기를 통해 정권을 장악하고 헌법을 부활시켜 입헌 정치를 실시하였다.

5 시안 사건 파악

문제 분석 자료에서 장제스의 정책은 내부의 적을 최우선으로 제거하는 것이라는 점, 장쉐량이 주도하여 일어난 사건이라는 점 등의 내용을 통해 밑줄 친 '사건'은 1936년 12월의 시안 사건임을 알 수 있다.

정답 찾기 ④ 시안 사건과 1937년에 발발한 중일 전쟁을 계기로 제2차 국공 합작이 이루어졌다.

오답 피하기 ① 장쉐량이 장제스를 감금한 시안 사건은 1936년에 일어났다. 쑨원은 1925년에 사망하였다.
② 태평천국 운동 세력은 멸만흥한, 토지의 균등 분배, 전족과 변발의 금지 등을 주장하였다.
③ 5·4 운동(1919)은 제1차 세계 대전이 종결된 후, 일본의 대중국 '21개조 요구'의 철회를 주장하면서 베이징의 학생들을 중심으로 일어났다.
⑤ 장제스의 국민당이 공산당 토벌 작전을 전개하자 1934년에 중국 공산당이 대장정을 단행하였다.

6 간디의 활동 이해

문제 분석 자료에서 소금 행진에 나섰다는 점, 소금세 징수에 항의했다는 내용 등을 통해 밑줄 친 '그'는 간디임을 알 수 있다.

정답 찾기 ④ 간디는 비폭력·불복종 운동의 일환으로 영국 정부가 소금에 부과한 세금에 저항하는 운동인 소금 행진을 전개하였다.

오답 피하기 ① 제1차 세계 대전 이후 영국은 1935년 신인도 통치법을 제정하여 인도의 각 주에 대해 외교와 군사를 제외한 자치권을 인정하였다.
② 19세기 전반 람 모한 로이 등이 중심이 되어 순수 힌두교 교리로의 복귀 등을 주장하는 브라흐마 사마지 운동을 전개하였다.
③ 무굴 제국의 아크바르 황제는 비이슬람교도에 대한 지즈야를 폐지하였다.
⑤ 영국의 벵골 분할령에 항거하여 틸라크 등은 콜카타 대회에서 스와라지, 스와데시 등을 강령으로 채택하였다.

7 제2차 세계 대전의 전개 과정 파악

문제 분석 자료에서 스탈린그라드 전투의 상황, 폴란드를 침공하고 프랑스의 파리를 점령한 독일, 독소 불가침 조약을 파기하고 소련을 침공, 스탈린그라드 전투에서 소련군의 승리 등의 내용을 통해 밑줄 친 '이 전쟁'은 제2차 세계 대전(1939~1945)임을 알 수 있다.

정답 찾기 ② 1943년에 열린 카이로 회담에는 미국, 영국, 중국의 대표가 참석하였다.

오답 피하기 ① 영국 동인도 회사의 인도인 용병인 세포이들은 영국에 대항하여 세포이의 항쟁을 일으켰다(1857).
③ 군벌 타도와 반제국주의를 위한 제1차 국공 합작이 1924년에 이루어졌다.
④ 독일의 정권을 잡은 히틀러는 오스트리아 합병을 추진하였다. 결국 1938년 3월 독일군은 오스트리아로 진격하였으며, 이후 오스트리아는 독일에 합병되었다.

⑤ 1917년 레닌과 볼셰비키가 주도한 무장봉기의 결과 임시 정부가 무너지고 소비에트 정부가 수립되었다(러시아력 10월 혁명).

8 제2차 세계 대전의 영향 이해

문제 분석 자료에서 친독일계 정부가 비시를 중심으로 하여 남부 프랑스에 들어섰다는 점, 독일은 알자스와 로렌을 차지했다는 점, 처칠이 히틀러에 대항하자고 국민들을 독려한 점 등의 내용을 통해 밑줄 친 '전쟁'은 제2차 세계 대전(1939~1945)임을 알 수 있다.

정답 찾기 ④ 제2차 세계 대전에서 독일이 항복한 이후 1945년 11월부터 독일의 뉘른베르크에서 전범 재판을 위한 국제 군사 재판이 열렸다.

오답 피하기 ① 프랑스의 황제로 즉위한 나폴레옹은 19세기 초에 신성 로마 제국을 해체하였다.
② 제1차 세계 대전의 말미에 독일에서는 킬 군항 해군의 봉기를 시작으로 혁명이 일어나 독일의 빌헬름 2세가 망명하고 공화정이 선포되었다. 이후 바이마르 공화국이 수립되었다.
③ 러시아에서 1905년 니콜라이 2세에게 청원을 하기 위해 행진하던 군중에게 군대가 총격을 가하여 많은 사람이 죽거나 다친 사건(피의 일요일 사건)이 일어났다.
⑤ 19세기 전반 그리스는 영국, 프랑스 등 유럽 국가들의 지원으로 오스만 제국과의 전쟁(1821~1829)에서 승리하여 독립을 쟁취하였다.

V 단원 실력 플러스

본문 141~143쪽

01 ③	02 ⑤	03 ①	04 ①
05 ①	06 ④		

01 미국의 제국주의 정책 파악

문제 분석 자료에서 쿠바의 지배권을 내세웠다는 점 등을 통해 (가) 국가는 에스파냐임을, 전쟁에서 승리하여 쿠바를 보호국화하고 필리핀을 차지했다는 점을 통해 (나) 국가는 미국임을 알 수 있다.

정답 찾기 ③ 미국은 페리 제독의 무력시위를 통해 일본을 개항시켰다.

오답 피하기 ① 이탈리아는 아도와에서 에티오피아군에 패배하였다.
② 인도차이나 연방은 19세기 말에 프랑스가 베트남과 캄보디아 일대를 아우르면서 조직하였다.
④ 1860년에 체결된 베이징 조약으로 러시아가 연해주를 차지하였다.
⑤ 제1차 세계 대전 중 러시아에서는 1917년에 러시아력 2월 혁명(3월 혁명)이 일어나 니콜라이 2세가 퇴위하였고, 독일에서는 킬 군항 해군의 봉기를 시작으로 혁명이 일어나 빌헬름 2세가 망명하고 공화정이 선포되었다.

02 양무운동 이해

문제 분석 자료에서 근대적 해군 창설, 문포선이라 불리는 함선을 영국으로부터 네 척 구매, 청프 전쟁을 전후한 시기에 청은 영국으로부터 두 척의 순양함을 구매, 청일 전쟁의 일방적인 패배 등을 통해 자료의 근대화 운동이 양무운동임을 파악할 수 있다.

정답 찾기 ⑤ 19세기 후반 중국에서는 태평천국 진압에 앞장선 증국번과 이홍장 등 한인 관료가 주도하는 양무운동이 전개되었다. 그러나 양무운동은 청일 전쟁의 패배로 한계가 드러났다.

오답 피하기 ① 태평천국 운동 세력은 천조전무 제도를 발표하여 토지 균등 분배를 지향하였다.
② 쑨원은 혁명 운동의 체계적·통일적 지도를 위해 1905년 일본에서 중국 동맹회를 조직하였다. 그리고 삼민주의가 담긴 강령을 반포하고 활동 이념으로 삼았다.
③ 입헌 군주제를 추구하던 캉유웨이, 량치차오 등은 메이지 유신을 본떠 변법자강 운동을 전개하였다.
④ 아편 중독자 증가 등으로 중국에서 사회 문제가 발생하자 임칙서가 광저우의 아편을 몰수하고 영국 상인의 무역을 금지하였다. 이에 영국이 청을 공격하면서 제1차 아편 전쟁이 일어났다.

03 인도 국민 회의의 활동 이해

문제 분석 자료에서 벵골 분할령의 철회를 주장, 스와데시 운동, 영국산 제품들의 수입과 사용을 보이콧 등의 내용을 통해 자료가 콜카타 대회에 대한 내용임을 알 수 있다.

정답 찾기 ① 영국이 벵골 분할령을 발표하자 인도 국민 회의가 콜카타 대회를 개최하여 스와라지, 스와데시, 영국 상품 불매 등 4대 강령을 채택하였다.

오답 피하기 ② 영국에서 제1차 선거법 개정(1832)의 혜택을 받지 못한 노동자들이 인민헌장을 발표하고 참정권 확대를 요구하는 차티스트 운동을 전개하였다.
③ 오스만 제국에서는 19세기 후반 미드하트 파샤 주도로 근대적인 헌법이 제정되었다. 그러나 보수 세력의 반발, 외세의 간섭, 러시아와 벌인 전쟁 패배를 계기로 술탄은 헌법을 정지하고 전제 정치를 강화하였다. 이에 젊은 장교·관리·지식인 등이 중심이 되어 청년 튀르크당을 결성하였다. 이들은 무장봉기로 정권을 장악하고 헌법을 부활시켰으며, 산업을 육성하고 조세를 덜어 주는 등의 개혁을 추진하였다.
④ 소비에트 정부는 급진적인 통제 경제에서 비롯된 문제점을 보

완하기 위해 곡물의 강제 징발 금지, 소규모 산업에서 개인의 소유 인정 등을 내용으로 하는 신경제 정책[NEP]을 시행하였다.
⑤ 무굴 제국의 아우랑제브 황제는 이슬람 제일주의를 지향하며 힌두교 사원을 파괴하고 지즈야를 부활시켰다. 이는 마라타족의 반란을 초래하였는데, 마라타 동맹은 힌두교도인 마라타족이 결성한 동맹이다.

04 제1차 세계 대전과 그 이후의 상황 이해

문제 분석 자료에서 소비에트 러시아 정부와 독일 측이 만나 회담, 독일과 정전에 성공한 소비에트 러시아 정부 등을 통해 밑줄 친 '조약'은 브레스트리토프스크 조약(1918)임을 알 수 있다.

정답 찾기 ① 국제 연맹은 제1차 세계 대전이 종결되고 1920년에 창설되었다.

오답 피하기 ② 러시아의 차르인 알렉산드르 2세는 1861년에 농노 해방령을 발표하였다.
③ 1917년 3월(러시아력 2월) 노동자와 병사의 대표들이 소비에트를 결성하고 혁명을 추진하였다. 그 결과 니콜라이 2세가 퇴위하여 제정이 붕괴되었다.
④ 19세기 전반 그리스는 영국, 프랑스 등 유럽 국가들의 지원으로 오스만 제국과의 전쟁(1821~1829)에서 승리하여 독립을 쟁취하였다.
⑤ 1914년 오스트리아·헝가리 제국의 황태자 부부가 보스니아의 사라예보를 방문하였을 때 세르비아의 민족주의를 지지하는 청년이 황태자 부부를 암살하는 사라예보 사건이 일어났다. 이를 계기로 제1차 세계 대전이 발발하였다.

05 중일 전쟁의 이해

문제 분석 자료에서 루거우차오 사건을 빌미로 전쟁을 일으켜, 제2차 국공 합작이 성립, 홍군을 국민 혁명군 팔로군으로 개편, 항일 민족 통일 전선이 결성 등의 내용을 통해 밑줄 친 '전쟁'은 중일 전쟁임을 파악할 수 있다.

정답 찾기 ① 중일 전쟁 시기인 1937년 난징을 점령한 일본군은 수십만 명의 중국인을 학살하였다(난징 대학살).

오답 피하기 ② 일본은 1931년에 만주 사변을 일으키고 이듬해 만주국을 세웠다.
③ 러일 전쟁은 1905년 체결된 포츠머스 조약으로 마무리되었다.
④ 장제스의 국민당이 공산당 토벌 작전을 전개하자 1934년에 중국 공산당이 대장정을 단행하였다.
⑤ 1912년 3월 위안스카이는 중화민국 임시 대총통의 자리에 올랐다.

06 제2차 세계 대전의 전개 과정 이해

문제 분석 자료에서 노르망디에서 작전 개시 1일 전, 독일군 포대의 불꽃, 작전 장소인 프랑스 해안, 노르망디 일대의 고요한 농장 등의 내용을 통해 밑줄 친 ㉠ 시기는 제2차 세계 대전이 시작된 1939년부터 1944년까지임을 알 수 있다.

정답 찾기 ④ 제2차 세계 대전 중에 미국, 영국, 소련 등의 대표들이 포츠담 회담(1945)을 개최하여 전후 평화를 논의하였다.

오답 피하기 ① 스탈린그라드 전투(1942~1943)에서 독일군과 소련군은 치열한 공방전을 벌였다.
② 1941년 일본이 미국의 하와이 진주만을 기습 공격함으로써 태평양 전쟁이 발발하여 제2차 세계 대전의 전선이 확대되었다.
③ 1940년 6월 파리가 독일군에 의해 함락되자 프랑스의 페탱 장군을 수반으로 하는 비시 정부가 수립되었다.
⑤ 1941년에 독일은 독소 불가침 조약을 파기하고 소련 영토를 침공하였다.

12 냉전과 탈냉전, 21세기의 세계

닮은꼴 문제

본문 147쪽

1 제3 세계의 형성 과정 이해

정답 ②

문제 분석 자료에서 네루와 저우언라이가 발표한 평화 원칙, 제1차 비동맹 회의 등을 통해 (가)에 들어갈 내용이 제3 세계의 형성과 관련된 것임을 알 수 있다. 제3 세계 국가들은 미국과 소련을 중심으로 좌우되는 냉전 상황을 비판하고, 아시아·아프리카 국가의 단결과 중립 등을 주장하였다.

정답 찾기 ② 제국주의의 침략을 당하였던 아시아와 아프리카 국가들을 중심으로 제3 세계가 형성되었다.

오답 피하기 ① 미국, 영국, 프랑스가 자신들의 독일 내 관할 구역에 새로운 통화 제도를 도입하자, 소련은 베를린 봉쇄를 단행하여 물자 공급 등을 차단하였다.
③ 소련의 고르바초프가 추진한 정책의 영향을 받아 1980년대 후반 동유럽 공산 정권이 붕괴되었다.
④ 1944년에 개최된 브레턴우즈 회의를 통해 자유 무역이 확대되고 경제 성장의 기반이 마련되었는데, 이를 브레턴우즈 체제라고 한다.
⑤ 세계 경제의 세계화 추세 속에서 1995년에 세계 무역 기구[WTO]가 창설되어 자유 무역 체제를 강화하고 관세 인하와 무역 장벽 철폐 등을 추진하였다.

수능 기본 문제

본문 148쪽

01 ②	02 ②	03 ①	04 ②

01 마셜 계획의 특징 이해

문제 분석 자료에서 공산당이 유럽에서 집권하는 것을 막기 위해 시행하는 것이며 경제 원조를 내용으로 하는 점을 통해 밑줄 친 '이 계획'이 마셜 계획임을 알 수 있다. 미국은 공산주의 확산을 막고자 트루먼 독트린을, 서유럽 각국의 경제를 재건하고자 마셜 계획을 발표하였다(1947).

정답 찾기 ㄱ. 마셜 계획은 미국의 주도로 추진되었다.
ㄷ. 마셜 계획이 발표되자 공산주의 진영에서는 이에 대항하여 코메콘을 조직하였다.

오답 피하기 ㄴ. 대서양 헌장은 제2차 세계 대전 중에 발표된 것으로 국제 연합의 성립에 영향을 주었다.
ㄹ. 1995년 세계 무역 기구[WTO]가 창설되어 자유 무역 체제를 강화하고 관세 인하와 무역 장벽 철폐 등을 추진하였다.

02 제3 세계의 형성 이해

문제 분석 자료에서 아시아·아프리카 회의(반둥 회의)에서 인도 수상 네루의 연설이며 제3 세계의 단결을 강조하였다는 내용을 통해 (가)에는 제3 세계와 관련된 내용이 들어가야 함을 알 수 있다. 1955년 인도네시아의 반둥에서 열린 회의에 아시아와 아프리카의 29개국 대표들이 참가하였다.

정답 찾기 ② 1961년 티토, 네루, 나세르 등이 주도한 제1차 비동맹 회의가 개최되었다.

오답 피하기 ① 트루먼 독트린은 반둥 회의 이전인 1947년에 발표되었다.
③ 1941년 일본이 미국의 하와이 진주만을 기습 공격 함으로써 태평양 전쟁이 발발하였다.
④ 1944년에 개최된 브레턴우즈 회의를 통해 자유 무역이 확대되고 경제 성장의 기반이 마련되었는데, 이를 브레턴우즈 체제라고 한다.
⑤ 1985년에 소련의 공산당 서기장이 된 고르바초프는 페레스트로이카(개혁), 글라스노스트(개방)를 표방하였다.

03 베를린 장벽 붕괴 이해

문제 분석 자료에서 서방 여행 규제법을 완화함으로써 동독에서 고조되는 긴장을 풀기로 결정했다는 점, 샤보프스키가 자유롭게 서독으로 출국이 가능한 법령이 즉시 발효된다고 한 점 등을 통해 1989년 동독의 상황임을 알 수 있다.

정답 찾기 ① 독일에서는 1989년 베를린 장벽이 붕괴되었고, 이듬해 통일이 이루어졌다.

오답 피하기 ② 1949년 소련은 베를린 봉쇄를 해제하였다.
③ 1972년 미국의 닉슨 대통령은 중국을 방문하여 중국과의 관계 개선을 시도하였다.
④ 대공황이 발생한 후 이탈리아는 1935년 에티오피아를 침공하였고, 이후 국제 연맹을 탈퇴하였다.
⑤ 1972년에 소련은 미국과 제1차 전략 무기 제한 협정[SALT]을 체결하였다.

04 문화 대혁명 시기의 사실 파악

문제 분석 자료에서 소련에서 마오쩌둥이 권력 투쟁을 은폐하고 가장하는 것이라 판단한 점, 지식을 거부하고 문화와 관련 없다고 비난한 점 등을 통해 (가) 사건이 중국의 문화 대혁명임을 알 수 있다. 문화 대혁명은 1966년 마오쩌둥이 홍위병을 동원하여 일으켰다.

정답 찾기 ② 문화 대혁명 기간에 어린 학생들로 구성된 홍위병은 지식인과 예술인을 공격하고, 전통 문화유산을 파괴하였다.

오답 피하기 ① 대약진 운동은 문화 대혁명 이전의 사건이다.
③ 1949년 중화 인민 공화국이 수립되었다.
④ 중국 국민당의 공격으로 수세에 몰린 중국 공산당은 1934년 대장정을 단행하였다.
⑤ 마오쩌둥 사후 덩샤오핑은 시장 경제 체제를 일부 도입하고 동남 해안 지대에 경제특구를 설치하는 등 개혁·개방 정책을 추진하였다.

수능 실전 문제

본문 149~150쪽

1 ③	2 ⑤	3 ④	4 ③

1 베를린 봉쇄의 영향 이해

문제 분석 자료에서 스탈린이 전망이 보이지 않는 모험을 감행하였고, 서방 동맹국이 포위된 도시에 공중으로 보급품을 제공하여 베를린 시민들이 고마움을 느꼈다는 점을 통해 밑줄 친 '조치'가 베를린 봉쇄(1948~1949)임을 알 수 있다. 소련은 미국, 영국, 프랑스가 자신들의 독일 내 관할 구역에 새로운 통화 제도를 도입하자, 베를린 봉쇄를 단행하였다.

정답 찾기 ③ 베를린 봉쇄 해제 이후, 독일은 자유 민주주의를 표방한 서독과 공산주의를 표방한 동독으로 분단되었다.

오답 피하기 ① 제2차 세계 대전 중 연합국은 노르망디 상륙 작전을 성공시키고 파리를 수복하였다.
② 폴란드 침공 직전 히틀러는 독소 불가침 조약을 체결하여 소련의 군사적 위협을 방지하고 서유럽 방면으로 군사력을 집중시킬 수 있었다.
④ 고르바초프의 페레스트로이카(개혁) 정책의 영향으로 소련 연방 내 각 공화국이 독립을 선포하기 시작하였고, 독립 국가 연합[CIS]이 출범하였다.
⑤ 1945년 11월부터 약 1년 동안 나치 전범 처리를 위한 국제 군사 재판이 독일 뉘른베르크에서 열렸다.

2 미국과 중국의 관계 개선 이해

문제 분석 자료에서 미국이 인도차이나 문제와 관련하여 중국의 협조를 얻으려 할 것이라는 점, 미국과의 관계 개선이 타이완 문제의 평화적 해결에 도움이 될 것이라는 점 등을 통해 중국이 미국과 관계가 개선될 것으로 판단하는 상황임을 알 수 있다. 자료는 1971년 저우언라이가 보고한 내용이다.

정답 찾기 ⑤ 1969년 닉슨 독트린 발표 이후 냉전 체제가 완화되면서 미국과 중국의 관계 개선이 이루어졌다.

오답 피하기 ① 독일의 통일은 1990년의 사실이다.
② 스탈린은 1950년대까지 집권하였다.
③ 코민포름은 소련의 후원으로 1947년 조직된 공산당 정보국이다. 자본주의 진영에 대응하기 위하여 조직되었다.
④ 국제 연합은 제2차 세계 대전 종전 직후인 1945년에 성립되었다.

3 동유럽 공산주의권의 붕괴 이해

문제 분석 자료에서 고르바초프가 소련은 주변국의 사태에 대해 개입할 권리가 없다고 선언한 점을 통해 소련이 동유럽 국가에 대한 불간섭을 선언한 상황임을 알 수 있다. 1985년 소련의 공산당 서기장이 된 고르바초프는 페레스트로이카(개혁), 글라스노스트(개방)를 표방하였으며, 시장 경제 도입, 정치 민주화, 미국 및 서방 국가와의 관계 개선, 언론 통제 완화, 동유럽 국가들에 대한 불간섭을 선언하였다.

정답 찾기 ④ 소련이 개혁·개방 정책을 추진하면서 동유럽 국가에 대한 정치적 간섭을 약화하자 폴란드, 헝가리, 체코슬로바키아 등에서 공산주의 정권이 무너졌다.

오답 피하기 ① 제1차 세계 대전 이후 이탈리아, 독일, 일본 등에 전체주의 세력이 등장하여 권력을 장악하였고, 독일이 제2차 세계 대전을 일으켰다.
② 소련이 쿠바에 미사일 기지 설치를 시도하면서 쿠바 미사일 위기가 일어났다(1962).
③ 반둥 회의(1955)에 참여한 아시아·아프리카 29개국은 대체로 제국주의 세력의 침략을 당하였거나, 식민지로 전락하였다가 독립을 이룬 공통점이 있다.
⑤ 중국의 문화 대혁명은 1966년부터 1976년까지 전개되었다.

4 유럽 연합[EU]의 특징 이해

문제 분석 자료에서 창설 당시 합의에 따라 단일 통화인 유로화가 도입되었다는 내용을 통해 밑줄 친 '이 기구'가 유럽 연합[EU]임을 알 수 있다.

정답 찾기 ③ 유럽 공동체 소속 국가들은 1992년 마스트리흐트 조약을 체결하여 공동 외교와 안보 정책, 유럽 단일 통화 등을 결의하였고 그 결과로 이듬해 유럽 연합[EU]이 정식 출범하였다.

오답 피하기 ① 나폴레옹 전쟁의 전후 처리와 유럽의 질서 회복을 위해 메테르니히의 주도로 빈 회의(1814~1815)가 열렸다.
② 브레턴우즈 회의는 1944년에 개최된 국제 통화 금융 회의로 국제 부흥 개발 은행 창설 등을 결정하였다.
④ 미국 대통령 윌슨의 평화 원칙 14개조는 제1차 세계 대전 이후 국제 연맹이 창설되는 데 영향을 주었다.
⑤ 국제 연합 안전 보장 이사회의 결의에 대해 5개 상임 이사국은 거부권을 행사할 수 있다.

VI단원 실력 플러스 본문 151쪽

01 ① 02 ①

01 쿠바 미사일 위기 발생 시기 파악

문제 분석 자료에서 미사일을 제거할 수 없을 것 같다고 말한 점, 흐루쇼프의 체면만 세워 주면 미사일 제거가 가능하다고 답변한 점 등을 통해 쿠바 미사일 위기가 일어난 상황임을 알 수 있다. 1962년 소련이 쿠바에 미사일 기지 설치를 시도하면서 쿠바 미사일 위기가 일어났다.

정답 찾기 ① 1962년 쿠바 미사일 위기가 일어나자, 미국과 소련 정상이 메시지를 통해 의견을 교환하며 원만한 타결을 보았다. 제1차 비동맹 회의는 유고슬라비아의 티토 등이 주도하여 1961년 베오그라드에서 개최되었고, 닉슨 독트린은 1969년에 발표되었다.

02 독립 국가 연합의 성립 이해

문제 분석 자료에서 소련이 국제법상 존재하지 않는다고 결론을 내린 점, 당사국들이 독립 국가 연합[CIS]을 결성한 점 등을 통해 독립 국가 연합의 성립과 관련된 조약임을 알 수 있다. 옐친의 주도로 독립 국가 연합이 출범하고 소련이 해체되었다(1991).

정답 찾기 ① 1985년 소련의 공산당 서기장이 된 고르바초프는 페레스트로이카(개혁), 글라스노스트(개방)를 표방하였으며, 시장 경제 도입, 정치 민주화, 미국 및 서방 국가와의 관계 개선, 언론 통제 완화, 동유럽 국가들에 대한 불간섭을 선언하였다. 이러한 정책은 동유럽 공산주의권의 붕괴와 소련의 해체에 영향을 주었다.

오답 피하기 ② 1989년에 덩샤오핑은 톈안먼 광장에서 일어난 민주화 요구를 무력으로 진압하였다.
③ 1955년 인도네시아 반둥에서 아시아·아프리카의 29개국 대표가 모여 개최한 아시아·아프리카 회의에서 반식민주의 등의 내용을 담은 평화 10원칙이 발표되었다.
④ 소비에트 정부는 급진적인 통제 경제에서 비롯된 문제점을 보완하기 위해 곡물의 강제 징발 금지, 소규모 산업에서 개인의 소유 인정 등을 내용으로 하는 신경제 정책[NEP]을 시행하였다.
⑤ 미국은 트루먼 독트린(1947)을 발표하여 공산주의에 대항하는 국가를 지원하겠다는 뜻을 밝혔다.

Mini Test 1 본문 154~158쪽

01 ③ 02 ④ 03 ① 04 ⑤
05 ⑤ 06 ⑤ 07 ③ 08 ④
09 ① 10 ⑤

01 송 왕조의 경제 이해

문제 분석 자료에서 제시된 시에 청묘법, 균수법 등의 취지가 담겨 있다는 내용을 통해 왕안석의 시임을 알 수 있고 따라서 (가) 왕조가 송임을 알 수 있다.

정답 찾기 ③ 송대에는 모내기법이 전국적으로 확산되고 용골차 등 농기구가 보급되어 농업 생산력이 크게 증가하였다.

오답 피하기 ① 지정은제는 정세를 지세에 포함시켜 은으로 징수하게 한 제도로, 청의 옹정제 때에 전국적으로 확대되었다.
② 당대에 일종의 약속 어음인 비전이 사용되기 시작하였다.
④ 명대에는 창장강 중류 지역이 최대 곡창 지대로 발달하였다.
⑤ 원대에는 수도인 대도와 강남의 항저우를 연결하는 대운하가 정비되었고, 강남에서 톈진에 이르는 연안 해운이 발달하였다.

02 청 강희제의 활동 이해

문제 분석 자료에서 서양인들이 역법을 연구하며 남방에서 일어난 번왕의 반란을 토벌할 때 무기와 화포를 제작하였다는 점, 러시아와 조약을 체결할 때 사신으로 파견되었다는 점 등을 통해 밑줄 친 '폐하'가 청의 강희제임을 알 수 있다. 청의 강희제 때에는 예수회 선교사들이 역법 분야에서 활동하였으며 남방에서 삼번의 난이 일어났을 때 무기 제작에 적극 협력하였다. 또한 러시아와 네르친스크 조약을 체결할 때 사신과 함께 조약 체결에 참가하였다.

정답 찾기 ④ 청의 강희제는 타이완의 반청 세력을 진압하였다.

오답 피하기 ① 명의 홍무제는 이갑제를 마련하였다.
② 청의 옹정제는 황제권을 강화하기 위해 군기처를 설치하였다.
③ 명의 영락제, 청의 순치제 등이 대표적이다.
⑤ 명의 만력제는 장거정을 등용하여 개혁을 추진하였다.

03 무굴 제국 아우랑제브 황제의 활동 이해

문제 분석 자료에서 제국의 제6대 황제라는 점, 데칸고원 등지를 공격하여 제국의 최대 영역을 확보하였다는 점, 마라타족 등의 반란에 직면하였다는 점 등을 통해 (가) 황제가 무굴 제국의 아우랑제브 황제임을 알 수 있다.

정답 찾기 ① 무굴 제국의 아우랑제브 황제는 이슬람 제일주의를 지향하며 힌두교 사원을 파괴하고 지즈야를 부활시켰다.

오답 피하기 ② 무굴 제국의 황제 샤자한은 자신의 부인 뭄타즈 마할을 추모하기 위해 타지마할을 조성하였다.
③ 쿠트브 미나르는 아이바크가 델리를 정복한 것을 기념하여 세운 승전 탑이다. 아이바크는 델리를 정복한 후 이슬람 왕조를 수립하였다.
④ 바부르는 델리 술탄 왕조를 무너뜨리고 무굴 제국을 건국하였다.
⑤ 파티마 왕조, 사파비 왕조 등이 대표적이다.

04 피핀의 활동 이해

문제 분석 자료에서 궁재에게 실권이 넘어갔다는 점, 마르텔의 사후에 궁재의 직책을 이어받았다는 점 등을 통해 밑줄 친 '둘째 아들'이 프랑크 왕국의 피핀임을 알 수 있다. 피핀은 메로베우스 왕조를 무너뜨리고 카롤루스 왕조를 개창하였다.

정답 찾기 ⑤ 피핀은 롬바르드(랑고바르드)족을 공격하여 얻은 이탈리아 중부 지역을 교황에게 기증하였다.

오답 피하기 ① 카롤루스 대제 사후 베르됭 조약과 메르센 조약에 따라 프랑크 왕국이 분열되었다.
② 게르만족 용병 대장인 오도아케르는 서로마 제국을 무너뜨렸다.
③ 카롤루스 대제는 프랑크 왕국의 전성기를 이끌었으며, 옛 서로마 제국 영토의 상당 부분을 회복하였다. 곳곳에 교회를 세워 크리스트교를 전파하였으며, 궁정 학교도 건립하였다.
④ 클로비스는 아리우스파에서 아타나시우스파로 개종하였다.

05 유스티니아누스 황제의 활동 이해

문제 분석 자료에서 사산 왕조 페르시아와 평화 조약을 체결하였다는 점, 그가 파견한 군대가 북아프리카 지역의 반달 왕국을 정복하고 콘스탄티노폴리스로 귀환하였다는 점 등을 통해 (가) 황제가 비잔티움 제국의 유스티니아누스 황제임을 알 수 있다.

정답 찾기 ⑤ 비잔티움 제국의 전성기를 이끈 유스티니아누스 황제는 로마법을 집대성하여 『유스티니아누스 법전』을 편찬하였다.

오답 피하기 ① 파르티아는 3세기 사산 왕조 페르시아에 멸망하였다.
② 로마 제국의 콘스탄티누스 황제는 밀라노 칙령을 발표하여 크리스트교를 공인하였다.
③ 로마의 옥타비아누스는 악티움 해전에서 안토니우스와 클레오파트라의 연합군에 승리하였다.
④ 알렉산드로스는 아케메네스 왕조 페르시아를 정복하고 인더스강 유역까지 진출하였다.

06 종교 개혁에 대한 로마 가톨릭의 대응 이해

문제 분석 자료에서 교황의 허가를 얻어 순결, 청빈, 복종의 계율을 갖춘 예수회가 설립되었다는 점을 통해 16세기 전반 신교의 확대에 대응하는 로마 가톨릭의 활동임을 알 수 있다. 자료의 그는 예수회를 설립한 로욜라이다.

정답 찾기 ⑤ 교황 레오 10세가 성 베드로 성당의 증축을 위한 비용 마련을 위해 면벌부를 판매하자, 이에 반발하여 루터는 「95개조 반박문」을 발표하였다. 이를 계기로 종교 개혁이 시작되었다.

오답 피하기 ① 비잔티움 제국의 황제 레오 3세가 성상 파괴령을 내리자 로마 가톨릭교회가 이를 거부하면서 동서 교회의 대립이 격화되었고, 1054년 동서 교회가 분열되었다.
② 프랑스의 앙리 4세는 낭트 칙령(1598)을 발표하여 위그노 전쟁을 수습하였다.
③ 신성 로마 제국 황제는 로마 교황과 보름스 협약을 체결하여 교황의 성직자 서임권을 공식적으로 인정하였다(1122).
④ 독일에서 일어난 30년 전쟁의 결과 체결된 베스트팔렌 조약(1648)에 따라 칼뱅파가 공인되었다.

07 계몽사상의 이해

문제 분석 자료에 제시된 『백과전서』, 몽테스키외, 볼테르 등을 통해 계몽사상과 관련된 수행 평가임을 알 수 있다. 계몽사상은 18세기 유럽에서 확산되었으며 미국과 프랑스에서 일어난 시민 혁명에 영향을 끼쳤다.

정답 찾기 ③ 계몽사상은 과학 혁명의 성과와 사회 계약설 등의 영향을 받아 출현하였고, 디드로와 달랑베르 등이 편찬한 『백과전서』를 통해 확산되었다.

오답 피하기 ① 제1차 세계 대전 이후 이탈리아, 독일, 일본 등에 전체주의 세력이 등장하여 권력을 장악하였고, 전체주의 국가인 독일이 제2차 세계 대전을 일으켰다.
② 왕권신수설은 국왕의 권력은 신이 부여한 것이므로 의회나 국민이 이에 간섭할 수 없다는 주장으로, 절대 왕정을 옹호하고 뒷받침하는 정치 이론이다.
④ 제국주의 열강은 대외 침략을 정당화하는 이론으로 사회 진화론을 활용하였다.
⑤ 이탈리아의 르네상스는 알프스 이북으로 확산되었다. 알프스 이북의 인문주의자들은 현실 사회와 교회를 비판하는 사회 비판적 경향을 띠었다.

08 조지 워싱턴의 활동 이해

문제 분석 자료에서 대륙 회의에 참석하여 총사령관직을 사직하였다는 내용을 통해 (가) 인물이 미국 혁명을 이끈 조지 워싱턴임을 알 수 있다. 미국 혁명이 전개되는 과정에서 제2차 대륙 회의는 조지 워싱턴을 총사령관으로 임명하였다.

정답 찾기 ④ 북아메리카 식민지인들은 파리 조약(1783)을 통해 독립을 인정받았다. 이후 헌법이 제정되었고 워싱턴이 미합중국 초대 대통령에 선출되었다.

오답 피하기 ① 미국의 루스벨트 대통령은 대공황을 극복하기 위해 뉴딜 정책을 추진하였다.
② 프랑스의 루이 14세는 베르사유 궁전을 건설하였다.
③ 러시아의 니콜라이 1세는 데카브리스트의 봉기를 진압하였다.
⑤ 프랑스의 나폴레옹 1세와 나폴레옹 3세가 대표적이다.

09 시모노세키 조약의 영향 이해

문제 분석 자료에서 타이완 민주국이 청으로부터의 독립이 아니라 할양에 반발하여 수립되었다는 내용을 통해 밑줄 친 '이 조약'이 1895년에 체결된 시모노세키 조약임을 알 수 있다. 시모노세키 조약에 따라 청은 일본에 타이완을 할양하였다.

정답 찾기 ① 청이 타이완과 랴오둥반도를 일본에 할양하는 내용의 시모노세키 조약이 체결되자, 러시아는 프랑스, 독일과 함께 일본에 랴오둥반도의 반환을 요구하였다(삼국 간섭).

오답 피하기 ② 제1차 아편 전쟁의 결과 체결된 난징 조약에 따라 공행 무역이 폐지되었다.
③ 19세기 중엽부터 청에서 증국번, 이홍장 등의 주도로 양무운동이 전개되었다.
④ 포츠담 선언에 따라 1946년부터 일본의 전범을 처벌하기 위해 극동 국제 군사 재판(도쿄 재판)이 개최되었다.
⑤ 제2차 아편 전쟁 결과 체결된 톈진 · 베이징 조약에 따라 청은 외교관의 베이징 주재를 허용하였다.

10 북대서양 조약 기구[NATO] 이해

문제 분석 자료에서 베를린 봉쇄가 계기가 되어 미국에 군사적 보호를 요청하였다는 점, 베를린 봉쇄가 해제될 즈음에 창설되었다는 점 등을 통해 (가) 기구가 북대서양 조약 기구[NATO]임을 알 수 있다. 미국과 서유럽 국가 등은 공산주의에 대항하기 위한 군사 협력 기구로 북대서양 조약 기구[NATO]를 결성하였다(1949).

정답 찾기 ⑤ 미국을 중심으로 북대서양 조약 기구가 창설되자, 소련은 동유럽 공산권 국가들과 상호 방위를 목적으로 하는 바르샤바 조약 기구[WTO]를 설립하였다(1955).

오답 피하기 ① 트루먼 독트린은 1947년에 발표된 것으로 북대서양 조약 기구 성립 이전의 사실이다.
② 유럽 공동체 소속 국가들이 1992년 마스트리흐트 조약을 체결하여 공동 외교와 안보 정책, 유럽 단일 통화 등을 결의하였고, 그 결과로 1993년에 유럽 연합[EU]이 정식 출범하였다.
③ 국제 연합은 안전 보장 이사회의 결의에 대해 거부권을 행사할 수 있는 5개 상임 이사국을 두었다.
④ 브레턴우즈 회의는 1944년에 개최된 국제 통화 금융 회의로 국제 부흥 개발 은행 창설 등을 결정하였다.

Mini Test 2

본문 159~163쪽

01 ③	02 ④	03 ①	04 ④
05 ④	06 ①	07 ⑤	08 ②
09 ①	10 ③		

01 이집트 문명의 특징 이해

문제 분석 자료에서 파라오의 거대한 무덤, 카이로 등의 내용을 통해 (가) 문화유산이 피라미드임을 알 수 있다. 따라서 자료는 이집트 문명에 대한 것이다.

정답 찾기 ③ 이집트 문명의 사람들은 태양력과 10진법을 사용하였다.

오답 피하기 ① 인도 문명의 아리아인은 자연 현상을 찬미하는 『베다』를 제작하였다.
② 고대 그리스에서는 건축과 조각에서 조화와 균형을 갖춘 아름다움을 추구하여 파르테논 신전과 같은 건축물을 만들었다.
④ 인더스 문명에서는 하라파와 모헨조다로 등의 계획도시를 건설하였다.
⑤ 중국의 상 왕조가 점을 친 내용과 결과를 갑골에 기록하였다.

02 중국 전국 시대의 경제 상황 파악

문제 분석 상앙과 한비자가 당시의 상공업 발전을 비판하였다는 내용을 통해 자료가 중국의 전국 시대에 대한 것임을 알 수 있다.

정답 찾기 ④ 철제 농기구 등의 보급에 따라 중국 전국 시대에는 농업 생산력이 발달하고 상업과 수공업이 성장하였다. 이에 따라 전국 시대 각국에서는 도전, 포전 등의 화폐가 사용되었다.

오답 피하기 ① 16세기 이후 서양과의 교역 등으로 은 유입이 증가하면서 명의 일조편법, 청의 지정은제 등 조세를 은으로 거두는 제도가 시행되었다.
② 한 무제는 잦은 대외 원정에 따른 재정 문제를 해결하기 위해 균수법과 평준법 등을 시행하였다.
③ 명 · 청대 전국을 무대로 활동하는 대상인들이 성장하였고, 이들이 각지에 공소, 회관 등을 설치하였다.
⑤ 비전은 일종의 약속 어음으로 당대에 사용되기 시작하였다.

03 아바스 왕조의 특징 이해

문제 분석 자료에서 제2대 칼리프가 원형의 수도를 건설하였고, '지혜의 집'을 세웠다는 내용을 통해 (가) 왕조가 아바스 왕조임을 알 수 있다.

정답 찾기 ① 아바스 왕조는 탈라스 전투에서 승리하는 등 번영을 구가하였으나 지방 총독들의 독립과 이민족의 침입으로 쇠퇴하였고, 결국 13세기 몽골의 침략으로 멸망하였다.

오답 피하기 ② 이스마일 1세가 세운 사파비 왕조가 시아파 이슬람교를 국교로 삼았다.
③ 술탄 아흐메드 사원은 오스만 제국이 조성하였다.
④ 우마이야 왕조가 투르·푸아티에 전투에서 프랑크 왕국에 패배하였다.
⑤ 이란 계통의 민족이 세운 파르티아가 로마와 한을 연결하는 동서 무역로를 장악하였다.

04 무굴 제국에서 전개된 사실 파악

문제 분석 자료에서 북인도를 정복하였고 스스로 티무르를 계승했다고 생각한다는 내용을 통해 사료가 무굴 제국을 세운 바부르가 남긴 것임을 알 수 있다. 따라서 밑줄 친 '제국'은 무굴 제국이다.

정답 찾기 ④ 무굴 제국 시기 힌두어에 페르시아어, 아랍어 등이 합쳐진 우르두어가 일상생활에서 사용되었다.

오답 피하기 ① 굽타 왕조 시기에 산스크리트어가 공용어가 되면서 산스크리트 문학이 발달하였다. 이 시기 칼리다사는『샤쿤탈라』를 남겼고,『마하바라타』,『라마야나』 등의 서사시가 정리되었다.
② 마우리아 왕조의 아소카왕이 산치 대탑을 건립하였다.
③ 마케도니아의 알렉산드로스는 기원전 4세기 인더스강 유역까지 진출하였다. 이후 찬드라굽타 마우리아가 마우리아 왕조를 세우고 인도 북부를 통일하였다.
⑤ 무굴 제국 멸망 이후 인도에서 민족 운동이 확대되자 영국이 인도인들을 회유하고자 정치 조직 결성을 지원하였다. 그 결과 1885년 인도 국민 회의가 결성되었다.

05 펠로폰네소스 전쟁의 결과 이해

문제 분석 자료에서 상대 동맹 측의 공격을 받았지만 아테네의 자유를 지켜 내면 육지의 손실을 복구할 수 있다는 내용을 통해 밑줄 친 '전쟁'이 기원전 5세기 아테네 중심의 델로스 동맹과 스파르타 중심의 펠로폰네소스 동맹 사이에 벌어진 펠로폰네소스 전쟁임을 알 수 있다. 자료를 발표한 인물은 아테네의 페리클레스이다.

정답 찾기 ④ 펠로폰네소스 전쟁은 펠로폰네소스 동맹의 승리로 끝났고, 그 결과 펠로폰네소스 동맹을 주도한 스파르타가 그리스 세계의 패권을 잡았다. 하지만 그리스 세계는 내분을 겪다가 기원전 4세기 마케도니아의 필리포스 2세에 의해 정복되었다.

오답 피하기 ① 아테네의 클레이스테네스가 혈연 중심의 부족제를 거주지 중심으로 재편하고 500인 평의회를 설치하였다.
② 아케메네스 왕조 페르시아는 마케도니아의 알렉산드로스에 의해 멸망하였다.
③ 로마는 기원전 3세기 무렵 이탈리아반도를 통일하였고, 이후 지중해 제해권을 둘러싼 카르타고와의 세 차례 전쟁(포에니 전쟁)에서 승리하여 서지중해 일대를 장악하였다.
⑤ 옥타비아누스가 악티움 해전에서 승리하여 로마의 권력을 장악한 이후 원로원이 그에게 아우구스투스라는 칭호를 부여하였다.

06 14세기 후반 ~ 15세기 전반 유럽의 상황 파악

문제 분석 얀 후스가 교회를 비판하는 내용을 담은 책을 저술한 점에서 자료가 14세기 후반부터 15세기 전반까지의 상황임을 알 수 있다. 이 시기 영국의 위클리프와 보헤미아의 후스가 교회의 세속화를 비판하였다. 이에 맞서 로마 가톨릭교회는 콘스탄츠 공의회(1414~1418)를 열어 위클리프를 이단으로 규정하고 후스를 화형에 처하는 등 교회의 분열을 수습하기 위해 노력하였다.

정답 찾기 ① 아비뇽 유수(1309~1377) 이후 로마와 아비뇽에서 각각 선출된 교황이 서로 정통성을 내세우며 대립하던 교회의 대분열 시기(1378~1417) 영국의 위클리프와 보헤미아의 후스 등이 교회 개혁 운동을 전개하였다.

오답 피하기 ② 1122년 황제가 행사하던 서임권을 교황이 갖는다는 내용을 담은 보름스 협약이 맺어졌다.
③ 16세기 자신의 이혼 문제로 교황과 마찰을 빚은 헨리 8세는 수장법을 통해 국왕이 영국 교회의 수장임을 선포하였다.
④ 1453년 오스만 제국의 메(흐)메트 2세가 콘스탄티노폴리스를 점령하여 비잔티움 제국을 멸망시켰다.
⑤ 11세기 후반 교황 그레고리우스 7세는 성직 매매와 성직자의 결혼을 금지하는 등 교회의 폐단을 시정하는 한편, 성직자 서임권을 둘러싸고 신성 로마 제국의 황제 하인리히 4세와 대립하였다. 결국 그레고리우스 7세는 하인리히 4세를 파문하였고, 하인리히 4세는 1077년 카노사성에서 그레고리우스 7세에게 용서를 빌며 굴복하였다. 이를 카노사의 굴욕이라고 한다.

07 프로이센(독일)·프랑스 전쟁 시기 파악

문제 분석 자료에서 프로이센과의 전쟁에서 패배한 정부군이 적군이 지켜보는 가운데 파리 시민을 학살하였다는 등의 내용을 통해 밑줄 친 '이 전쟁'이 1870년에 일어난 프로이센·프랑스 전쟁임을 알 수 있다.

정답 찾기 ⑤ 프랑스 2월 혁명 이후 나폴레옹의 조카 루이 나폴레옹은 대통령에 당선되었다가, 곧 황제로 즉위하였다. 이를 제2 제정이라고 한다. 프랑스 제2 제정은 세력을 확대하던 프로이센과의 전쟁에서 패배하였다. 프로이센의 빌헬름 1세는 1871년 베르사유 궁전에서 황제로 즉위하고 통일된 독일 제국의 수립을 선포하였다. 한편, 전쟁에서 패배한 제2 제정은 붕괴되었고, 패전의 혼란 속에서 1871년 파리의 사회주의자와 노동자들이 파리 코뮌이라는 자치 정부를 수립하였으나 정부군에 의해 진압되었다. 메테르니히는 1848년에 일어난 프랑스 2월 혁명의 영향으로 실각하였다. 독일, 오스트리아·헝가리 제국, 이탈리아의 3국 동맹은 1882년에 맺어졌다.

08 난징의 역사 이해

문제 분석 상제(하나님)를 섬기고, 만주족으로부터 큰 피해를 입은 백성들을 동정한다는 등의 내용을 통해 자료의 '나'가 태평천국을 건설한 홍수전임을 알 수 있다. 홍수전은 난징을 수도로 태평천국을 건설하였다. 따라서 (가) 도시는 난징이다.

정답 찾기 ② 신해혁명의 결과 1912년 난징을 수도로 중화민국이 수립되었으며, 이곳에서 쑨원이 임시 대총통에 취임하였다.

오답 피하기 ① 의화단 운동이 일어나자 영국, 프랑스 등 8개국이 연합군을 결성하고 베이징 등을 점령하였다.
③ 북위는 평성(다퉁)에서 뤄양으로 천도하였다.
④ 베이징 조약에 따라 영국은 주룽반도 일부를 할양받았다.
⑤ 청은 유럽 상인에게는 광저우에 설치된 공행을 통해서만 교역하도록 하였다.

09 제1차 세계 대전 중의 사실 파악

문제 분석 자료에서 전쟁의 발단이 오스트리아·헝가리 제국의 황태자가 암살된 것이라는 내용을 통해 (가) 전쟁이 1914년~1918년에 걸쳐 전개된 제1차 세계 대전임을 알 수 있다.

정답 찾기 ① 1917년 러시아력 2월 혁명(3월 혁명)의 결과 차르 니콜라이 2세가 퇴위하였다.

오답 피하기 ② 대서양 헌장은 제2차 세계 대전 중이던 1941년에 발표되었다.
③ 제1차 세계 대전 이후 무솔리니는 파시스트당을 결성하였고, 이들은 1922년 로마 진군을 통해 정권을 장악하였다.
④ 미국 독립 전쟁 중이던 1775년 렉싱턴 근교에서 영국 군대와 식민지 민병대 사이에 전투가 벌어졌다.
⑤ 제1차 세계 대전 이후인 1923년 무스타파 케말이 터키 공화국을 수립하였다.

10 1972년~1991년의 사실 파악

문제 분석 자료에서 미국 대통령이 중국을 방문한 지 3개월만에 소련의 모스크바를 방문하였고, 이때 군축 문제에 있어 미국과 소련이 어느 정도 양보하였다는 내용을 통해 (가)가 1972년 제1차 전략 무기 제한 협정[SALT] 체결에 대한 것임을 알 수 있다. 고르바초프 대통령의 노력이 좌절되고 독립국 공동체가 창설되었다는 내용을 통해 (나)가 1991년 독립 국가 연합[CIS]의 출범에 대한 것임을 알 수 있다.

정답 찾기 ③ 폴란드에서 자유 노조 운동을 이끈 바웬사는 1989년 선거에서 승리하였고, 이후 대통령에 당선되었다.

오답 피하기 ① 닉슨 독트린은 1969년에 발표되었다.
② 대약진 운동의 실패로 정치적 위기에 빠진 마오쩌둥은 1966년 문화 대혁명을 일으켰다.
④ 유럽 공동체 소속 국가들은 1992년 마스트리흐트 조약을 체결하여 공동 외교와 안보 정책, 유럽 단일 통화 등을 결의하였고, 이듬해 유럽 연합 출범으로 이어졌다.
⑤ 유고슬라비아의 티토, 인도의 네루, 이집트의 나세르 등은 1961년 제1차 비동맹 회의를 개최하여 미국 및 소련과 동맹을 맺지 않은 나라들 사이의 협력을 강화하고자 하였다.

Mini Test 3

본문 164~168쪽

01 ③	02 ②	03 ③	04 ②
05 ②	06 ⑤	07 ④	08 ③
09 ④	10 ②		

01 수 왕조의 사회 모습 파악

문제 분석 자료에서 백성을 징발하여 영제거를 만들었다는 것, 남쪽으로 황허강에 이르게 하고 북쪽으로 탁군과 통하게 했다는 것, 고구려 공격을 위한 물자 공급의 책임자가 반란을 일으켰다는 것, 랴오둥에 있던 황제가 돌아왔다는 것 등을 통해 수 왕조의 상황임을 알 수 있다.

정답 찾기 ③ 수의 문제(양견)는 9품중정제를 폐지하고 과거제를 실시하였다.

오답 피하기 ① 명의 영락제는 베이징에 자금성을 건설하였으며, 난징에서 베이징으로 천도하였다.
② 황소의 난은 875~884년에 일어난 농민 봉기이며, 이로 인해 당이 급격히 쇠퇴하게 되었다.
④ 원에서는 국가 재정을 확충하기 위해 지폐인 교초를 발행하였는데, 이것이 남발되면서 경제 혼란을 겪었다.
⑤ 명 말의 선교사 마테오 리치는 「곤여만국전도」를 제작하였다.

02 나라 시대의 사실 파악

문제 분석 자료에서 도다이사 대불전과 청동 불상, 수도가 헤이조쿄라는 것, 쇼무 천황의 명으로 제작되었다는 것 등을 통해 (가) 시대는 일본의 나라 시대임을 알 수 있다. 나라 시대에 도다이사 대불전이 조성되었다.

정답 찾기 ② 나라 시대에 일본의 고전 시가를 엮은 『만엽집』이 편찬되었다.

오답 피하기 ① 에도 막부 시기 데지마의 네덜란드인을 통해 서양의 천문학과 의학 등이 유입되면서 서양의 학문과 의술 등을 연구하는 난학(란가쿠)이 발달하였다.
③ 무로마치 막부 시기에 일본과 명 사이에 감합 무역이 이루어졌다. 명은 공식 사절단임을 증명하는 감합을 가진 선박에만 교역을 허락하였다.
④ 야마토 정권 시기에 국왕 중심의 중앙 집권 체제를 지향한 다이카 개신이 단행되었다.
⑤ 가마쿠라 막부 시기에 두 차례에 걸쳐 원의 침공을 받았다.

03 파르티아의 특징 이해

문제 분석 자료에서 중국식 명칭이 안식국이라는 것, 쿠샨 왕조와 접했다는 것, 중국 『후한서』에 양국이 교역한 사실이 있다는 것, 한이 안식국에 사신을 보냈다는 것 등을 통해 (가) 왕조는 파르티아임을 알 수 있다.

정답 찾기 ③ 파르티아는 로마와 중국의 한 왕조 사이에서 중계 무역을 통해 번영하였으며, 사산 왕조 페르시아에 멸망하였다.

오답 피하기 ① 아이바크는 델리를 정복한 후 이슬람 왕조를 수립하였는데, 이후 델리를 중심으로 한 이슬람 왕조들이 연이어 세워졌다(델리 술탄 왕조 시대).
② 술탄 아흐메드 사원은 오스만 제국의 술탄 아흐메드 1세가 성 소피아 성당을 능가하기 위해 콘스탄티노폴리스(이스탄불)에 지은 사원이다. 푸른색 타일을 많이 사용해서 블루 모스크라고도 불린다.
④ 우마이야 왕조 시기 이슬람 세력은 이베리아반도를 차지하고 유럽 세계를 공격하였으나, 투르·푸아티에 전투에서 프랑크 왕국에 패배하였다.
⑤ 아케메네스 왕조 페르시아의 다리우스 1세는 '왕의 눈', '왕의 귀'라 불리는 감찰관을 지방에 파견하였다.

04 티무르 왕조의 특징 파악

문제 분석 지도에서 수도 사마르칸트, 건국자의 주요 원정로, 주변국으로 오스만 제국, 맘루크 왕조, 주치 울루스가 있는 것 등을 통해 (가) 국가는 티무르 왕조임을 알 수 있다.

정답 찾기 ② 티무르 왕조는 티무르가 사망한 이후 후계자 분쟁 등을 겪으며 점차 약해지다가 우즈베크인에게 멸망하였다.

오답 피하기 ① 쿠트브 미나르는 구르(고르) 왕조의 맘루크였다가 새 왕조를 세워 델리 술탄 왕조 시대를 연 아이바크가 델리를 정복하고 세운 탑이다.
③ 16세기 초 이스마일 1세가 사파비 왕조를 건국하였다.
④ 굽타 왕조는 유목민 에프탈의 침입과 왕위를 둘러싼 내분으로 쇠퇴하였다.
⑤ 오스만 제국은 크리스트교도 청소년 등을 징집하여 이슬람교로 개종시킨 후 술탄의 친위 부대인 예니체리나 관료로 육성하는 데브시르메 제도를 시행하였다.

05 포에니 전쟁의 결과 이해

문제 분석 자료에서 세 차례에 걸쳐 벌어졌다는 것, 로마가 최종 승리했다는 것, 스키피오와 한니발이 충돌했다는 것, 카르타고 진영이 초토화되었다는 것 등을 통해 밑줄 친 '이 전쟁'은 포에니 전쟁임을 알 수 있다.

정답 찾기 ② 포에니 전쟁 이후 로마의 유력자들이 넓은 땅을 차지하고 노예 노동을 이용한 대농장(라티푼디움)을 경영하였다. 반면 오랜 전쟁으로 타격을 입은 자영농 계층은 토지를 잃고 몰락하여 빈민이 되었다.

오답 피하기 ① 아케메네스 왕조 페르시아의 재침에 대비하기 위해 그리스 세계에서 아테네를 중심으로 델로스 동맹이 결성되었다.
③ 로마의 옥타비아누스는 악티움 해전(기원전 31)에서 클레오파트라와 연합한 안토니우스의 군대를 격파하였다.
④ 독일 지역에서 구교와 신교 사이의 갈등으로 시작된 30년 전쟁은 베스트팔렌 조약의 체결(1648)로 종결되었다.
⑤ 펠로폰네소스 전쟁에서 스파르타가 승리하여 그리스 세계의 패권을 차지하게 되었다.

06 프리드리히 2세의 정책 파악

문제 분석 자료에서 폴란드 분할의 주역, 국가 제일의 공복, 계몽 전제 군주, 상수시의 철학자 등을 통해 (가) 국왕이 프로이센의 프리드리히 2세임을 알 수 있다.

정답 찾기 ⑤ 18세기 중반 프로이센의 프리드리히 2세는 오스트리아와의 전쟁을 통해 슐레지엔 지방을 차지하였다.

오답 피하기 ① 에스파냐의 코르테스는 아스테카 제국을 정복하였고, 에스파냐의 피사로는 잉카 제국을 침략하여 멸망시켰다.
② 왕당파와의 내전에서 승리한 뒤 찰스 1세를 처형하고 호국경에 취임한 크롬웰은 청교도 윤리에 입각한 독재 정치를 펼쳤다.
③ 에스파냐의 펠리페 2세는 레판토 해전에서 오스만 제국을 격파하였다.
④ 프랑스의 앙리 4세는 낭트 칙령을 발표하여 칼뱅파 신교도인 위그노에게 신앙의 자유를 부분적으로 허용하였다. 이 조치로 프랑스 내에서 구교와 신교의 갈등이 어느 정도 완화되었다.

07 프랑스 혁명의 국민 의회 시기 파악

문제 분석 자료에서 프랑스 인민의 대표들이 선언한 것, 제시된 조항의 내용, 혁명의 전개 과정에서 발표한 선언, 계몽사상에 입각한 자유와 평등, 인민 주권, 압제에 대한 저항권 등이 포함되어 있다는 것 등을 통해 (가) 의회는 국민 의회임을 알 수 있다.

정답 찾기 ④ 1791년 국민 의회는 입헌 군주제와 재산에 따른 제한 선거제에 기초한 새로운 헌법을 제정하였고, 이에 따라 입법 의회가 소집되었다.

오답 피하기 ① 입법 의회의 뒤를 이은 국민 공회는 1792년 공화정을 선포하였으며, 이듬해 루이 16세를 처형하였다.
② 국민 공회 시기 로베스피에르의 공포 정치에 대한 불만이 커지면서 결국 1794년에 테르미도르 반동이 발생하였다. 이로 인해 로베스피에르가 실각하고 총재 정부가 수립되었다.
③ 1791년 국민 의회가 제정한 새로운 헌법에 따라 국민 의회가 해산되고 선거를 통해 입법 의회가 구성되었다. 입법 의회는 오스트리아에 선전 포고를 함으로써 혁명전쟁을 시작하였다.
⑤ 1848년 프랑스 2월 혁명으로 7월 왕정이 붕괴되고 제2 공화정이 수립되었다.

08 제1차 세계 대전의 전개 과정 파악

문제 분석 자료에서 러시아력 2월 혁명(3월 혁명)과 러시아력 10월 혁명(11월 혁명), 러시아가 전쟁을 수행하고 있다는 것, 러시아에서 벌어지는 상황을 지켜보는 프랑스인들이 프랑스가 전쟁에 져서는 안된다고 판단한 것 등을 통해 밑줄 친 '전쟁'은 제1차 세계 대전임을 알 수 있다.

정답 찾기 ③ 제1차 세계 대전 중 독일은 무제한 잠수함 작전을 전개하였고 이는 미국이 참전하는 계기가 되었다.

오답 피하기 ① 제1차 세계 대전 종전 이후 1920년 국제 평화와 협력을 위한 국제기구로 국제 연맹이 창설되었다.

② 19세기 전반 러시아의 젊은 장교들과 일부 지식인들이 데카브리스트의 봉기를 일으켰으나 차르 니콜라이 1세에 의해 진압되었다.

④ 러시아력 10월 혁명(11월 혁명) 이후 레닌은 급격한 공산화에 따른 경제적 혼란을 극복하기 위해 1921년 신경제 정책[NEP]을 실시하여 자본주의적 요소를 일부 도입하였다.

⑤ 19세기 후반 사르데냐 왕국의 재상 카보우르는 프랑스의 지원을 받아 오스트리아를 물리치고, 이탈리아 중부와 북부 지역을 통합하였다.

09 인도 통치 개선법의 제정 시기 이해

문제 분석 자료에서 제1차 아편 전쟁이 발발한 해에 발행되었다는 것, 영국 여왕이 인도 제국 황제를 겸임하게 된 해에 발행되었다는 것 등을 통해 1840년부터 1877년 사이 시기에 있었던 사실을 묻고 있음을 알 수 있다.

정답 찾기 ④ 세포이의 항쟁을 계기로 영국은 인도 통치 개선법(1858)을 제정하였고 동인도 회사의 인도 지배권을 박탈하였으며, 영국의 빅토리아 여왕을 인도 황제로 하는 영국령 인도 제국을 수립하였다(1877).

오답 피하기 ① 17세기 무굴 제국의 제5대 황제인 샤자한은 그의 부인 뭄타즈 마할을 위해 타지마할을 건립하였다.

② 플라시 전투는 1757년 영국과 벵골·프랑스 연합군이 무력 충돌한 사건이다. 플라시 전투에서 프랑스가 패배하였고, 결국 영국이 벵골 지역의 통치권을 확보하였다.

③ 1905년 발표된 벵골 분할령은 영국이 벵골 지역을 이슬람교도 거주 지역과 힌두교도 거주 지역으로 분할하려 한 것으로, 반영 운동을 약화시키려는 의도가 담겨 있었다.

⑤ 영국의 동인도 회사는 엘리자베스 1세 재위 시기인 1600년에 설립되었다.

10 베르사유 조약의 영향 이해

문제 분석 자료에서 독일이 승전국 영국, 프랑스, 미국, 이탈리아 등과 체결했다는 것, 패전국 독일이 전쟁의 책임을 졌다는 것, 배상 규모가 막대하였다는 것, 독일이 모든 식민지를 상실하고 알자스·로렌을 프랑스에 양도하게 되었다는 것 등을 통해 밑줄 친 '이 조약'이 베르사유 조약임을 알 수 있다.

정답 찾기 ② 파리 강화 회의 결과 전승국들은 1919년 독일과 베르사유 조약을 체결하였다. 베르사유 조약은 독일의 모든 식민지 상실, 알자스·로렌을 프랑스에 양도, 군비 축소, 배상금 지불 등의 내용을 담고 있는데, 이 조약의 체결로 베르사유 체제가 성립하였다.

오답 피하기 ① 미국은 제2차 세계 대전으로 피폐해진 서유럽 국가들을 지원하기 위해 마셜 계획을 추진하였다.

③ 국제 연합[UN]은 1941년 발표된 대서양 헌장을 기초로 하여 1945년에 창설되었다.

④ 19세기 초 프랑스 황제로 즉위한 나폴레옹은 오스트리아·러시아 연합군을 물리치고 신성 로마 제국을 해체하여 유럽 대륙의 패권을 장악하였다.

⑤ 19세기 전반 독일에서는 통일 움직임이 나타나 프로이센 주도의 관세 동맹이 결성되었다.

인용 사진 출처

© CNG(http://www.cngcoins.com/) / CC BY-SA 3.0 샤푸르 1세 동전(45쪽)

© CNG(http://www.cngcoins.com/) / CC BY-SA 3.0 헤라클레스가 새겨진 쿠샨 왕조 금화(55쪽)

© Gangulybiswarup / CC BY-SA 3.0 산치대탑 탑문 부조(59쪽)

© Harrieta171 / CC BY-SA 3.0 파르테논 신전(61쪽)

© Emanuele / CC BY-SA 2.0 프랑스 가르에 있는 수도교(63쪽)

© CNG(http://www.cngcoins.com/) / CC BY-SA 2.5 콘스탄티누스 황제 기념 주화(69쪽)

© MOD / OGL v1.0 노르망디 상륙 작전(136쪽)

© Bundesarchiv, Bild 183-R92623 / CC BY-SA 3.0 브레스트리토프스크 회담 장면(142쪽)

© Петров Эдуард / CC0 1.0 DEED '빅토리아 여왕'이라고 새겨진 1루피 동전(168쪽)

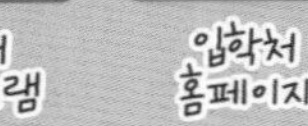
입학처
인스타그램
입학처
홈페이지